A SOCIEDADE DO CONTROLE?

Macrofilosofia do poder no neoliberalismo

DURVAL ÂNGELO ANDRADE
GONÇAL MAYOS SOLSONA
JOSÉ LUIZ BORGES HORTA
RODRIGO MARZANO ANTUNES MIRANDA
Coordenadores

A SOCIEDADE DO CONTROLE?

Macrofilosofia do poder no neoliberalismo

Belo Horizonte

2022

© 2022 Editora Fórum Ltda.

É proibida a reprodução total ou parcial desta obra, por qualquer meio eletrônico, inclusive por processos xerográficos, sem autorização expressa do Editor.

Conselho Editorial

Adilson Abreu Dallari
Alécia Paolucci Nogueira Bicalho
Alexandre Coutinho Pagliarini
André Ramos Tavares
Carlos Ayres Britto
Carlos Mário da Silva Velloso
Cármen Lúcia Antunes Rocha
Cesar Augusto Guimarães Pereira
Clovis Beznos
Cristiana Fortini
Dinorá Adelaide Musetti Grotti
Diogo de Figueiredo Moreira Neto (*in memoriam*)
Egon Bockmann Moreira
Emerson Gabardo
Fabrício Motta
Fernando Rossi
Flávio Henrique Unes Pereira

Floriano de Azevedo Marques Neto
Gustavo Justino de Oliveira
Inês Virgínia Prado Soares
Jorge Ulisses Jacoby Fernandes
Juarez Freitas
Luciano Ferraz
Lúcio Delfino
Marcia Carla Pereira Ribeiro
Márcio Cammarosano
Marcos Ehrhardt Jr.
Maria Sylvia Zanella Di Pietro
Ney José de Freitas
Oswaldo Othon de Pontes Saraiva Filho
Paulo Modesto
Romeu Felipe Bacellar Filho
Sérgio Guerra
Walber de Moura Agra

FÓRUM
CONHECIMENTO JURÍDICO

Luís Cláudio Rodrigues Ferreira
Presidente e Editor

Coordenação editorial: Leonardo Eustáquio Siqueira Araújo
Aline Sobreira de Oliveira

Av. Afonso Pena, 2770 – 15º andar – Savassi – CEP 30130-012
Belo Horizonte – Minas Gerais – Tel.: (31) 2121.4900 / 2121.4949
www.editoraforum.com.br – editoraforum@editoraforum.com.br

Técnica. Empenho. Zelo. Esses foram alguns dos cuidados aplicados na edição desta obra. No entanto, podem ocorrer erros de impressão, digitação ou mesmo restar alguma dúvida conceitual. Caso se constate algo assim, solicitamos a gentileza de nos comunicar através do *e-mail* editorial@editoraforum.com.br para que possamos esclarecer, no que couber. A sua contribuição é muito importante para mantermos a excelência editorial. A Editora Fórum agradece a sua contribuição.

Dados Internacionais de Catalogação na Publicação (CIP) de acordo com a AACR2

S678	A sociedade do controle?: macrofilosofia do poder no neoliberalismo / coordenado por Durval Ângelo Andrade ... [et al.]. - Belo Horizonte : Fórum, 2022. 366 p. ; 14,5cm x 21,5cm.
	Inclui bibliografia. ISBN: 978-65-5518-260-6.
	1. Filosofia. 2. Sociologia. 3. Ciências do Estado. 4. Direito Constitucional. 5. Teoria do Estado. 6. Direitos Humanos. 7. Direito Público. I. Andrade, Durval Ângelo. II. Mayos Solsona, Gonçal. III. Horta, José Luiz Borges. IV. Miranda, Rodrigo Marzano Antunes. V. Título.
2021-4030	CDD: 100 CDU: 1

Elaborado por Vagner Rodolfo da Silva - CRB-8/9410

Informação bibliográfica deste livro, conforme a NBR 6023:2018 da Associação Brasileira de Normas Técnicas (ABNT):

ANDRADE, Durval Ângelo; MAYOS SOLSONA, Gonçal; HORTA, José Luiz Borges; MIRANDA, Rodrigo Marzano Antunes (Coords.). *A sociedade do controle?*: macrofilosofia do poder no neoliberalismo. Belo Horizonte: Fórum, 2022. 366 p. ISBN 978-65-5518-260-6.

À memória de Dom Pere Casaldàliga i Pla
(1928-2020), catalão e brasileiro.

As sociedades disciplinares são aquilo que estamos deixando para trás, o que já não somos. Estamos entrando nas sociedades de controle, que funcionam não mais por confinamento, mas por controle contínuo e comunicação instantânea.

(Gilles Deleuze, *Conversações*)

SUMÁRIO

PREFÁCIO
Gonçal Mayos Solsona... 15

APRESENTAÇÃO
Durval Ângelo Andrade... 25

PARTE I
A DISTOPIA DO PRESENTE

AUTORITARISMOS POPULISTAS FRUTOS DO DESCONCERTO
NEOLIBERAL
Gonçal Mayos Solsona... 33
    As "políticas do desconcerto" causadas pelas crises neoliberais 33
    Neoliberalismo e desconcerto como marco dos populismos...... 36
    Como nos anos 1930 ou no peronismo?.................................... 39
    Populismo "do desconcerto" e sua capacidade de mobilização
    emotiva.. 42
    Revolução possibilitista constituinte, oposta ao modelo
    "Outubro".. 45
    Partido disciplinado *versus* movimento e comunicação direta
    do líder.. 46
    Aproveitar a oportunidade política da crise pós-2007 e do
    desconcerto... 48
    Dilemas do espectro populista: agenda oculta, limite
    constituinte e choque entre poderes.. 49
    Horizontalizar ou verticalizar a política? Mais pluralismo ou
    menos?... 52
    Conclusão: o populismo é mais antiliberal e pouco cooperativo
    que antidemocrático?.. 54
    Referências... 58

A JAULA DO TEMPO COMO DISPOSITIVO DE GOVERNO NO
DISCURSO ECONÔMICO
Borja Muntadas Figueras.. 63
1   Realidade e capitalismo... 63

2	Da economia política à biopolítica	66
3	O tempo como um dispositivo do governo	68
4	Governar a partir do crédito	69
	Referências	70

DESERTIFICAÇÃO DA POLÍTICA
Renon Pessoa Fonseca ... 73

Referências ... 85

CONTROLE SOCIAL: ENTRE DISTOPIAS E REALIDADES POLÍTICAS
João Pedro Braga de Carvalho, Raphael Machado de Castro ... 87

1	Considerações iniciais	87
2	*Eros*, história e *1984*	89
3	*Sociedade do cansaço*, coerção digital e *Admirável mundo novo*	93
4	Violência, linguagem e *Fahrenheit 451*	95
5	Considerações finais	98
	Referências	99

POLÍTICAS DO DESCONCERTO: ANTIPOLÍTICA E POLARIZAÇÃO
Renon Pessoa Fonseca ... 101

1	Introdução	101
2	A crise política contemporânea	102
3	A política já não estava superada?	105
4	Antipolítica e polarização	107
5	Conclusão	110
	Referências	111

PARTE II
SUBJETIVIDADE E CONTROLE

CIDADÃO DO MUNDO?! – NARRATIVAS SUBJETIVAS, COMUNITÁRIAS E DA HUMANIDADE
Hugo Rezende Henriques ... 117

Considerações iniciais	117
Narrativas antigas!	119
Narrativas modernas?	122
Considerações finais	127
Referências	129

A MORTE DO OUTRO
João Batista Miguel, Leandro de Oliveira Batista ... 131

Referências ... 139

O OCULTAMENTO DA SUBJETIVIDADE; ALIENAÇÃO E O SISTEMA GLOBAL

Gabriel Niquini Mota, Vinicius de Siqueira 141

Referências 153

TRANSFORMAÇÕES SOCIAIS NAS SUBJETIVIDADES DEVIDO À HIPERACELERAÇÃO DA VIDA; OU REFLEXÕES DE BYUNG-CHUL HAN E GONÇAL MAYOS SOLSONA NA FORMAÇÃO DA DESIDEOLOGIZAÇÃO E DA ESTERILIZAÇÃO DO DEBATE POLÍTICO, NA EXPULSÃO DO OUTRO

Raphael Silva Rodrigues, Rodrigo Marzano Antunes Miranda 155

I   Introdução.. 155

II   Das reflexões de Han e Mayos... 158

III   Conclusão.. 170

Referências 172

PARTE III
RELIGIÃO E PODER

RELIGIÃO E PODER: ASPECTOS DE UMA ALIANÇA?

Rodrigo Marzano Antunes Miranda 177

1   Religião e poder: forças em disputa.. 177

2   Um projeto de poder? 182

3   O sincretismo é a Aliança?.. 185

Referências 190

A ÁGUIA CONTRA O OCIDENTE: AS GUERRAS HÍBRIDAS E SUAS CONSEQUÊNCIAS PARA OS PILARES DO ESTADO DE DIREITO

Paulo Roberto Cardoso, Hugo Rezende Henriques 195

Considerações iniciais.. 195

O voo da águia 198

O ataque da rapina 200

Ainda o Ocidente resiste!... 204

Referências 205

TERRORISMO, RACISMO, EXTERMÍNIO: A NOVA POLÍTICA DE SEGURANÇA PÚBLICA DO RIO DE JANEIRO/BR

Carola Maria Marques de Castro, Azula Marina Couto Marinho 207

Introdução.. 207

Mudanças de foco no uso da violência letal estatal e o caso do Rio de Janeiro/BR 209

Campo discursivo: a edificação de narrativas de legitimidade
da política do terror 214

Medidas preparatórias estruturantes da nova política de
extermínio: a intervenção federal no Rio de Janeiro/BR 216

Percursos da institucionalização da política de extermínio: das
eleições ao Governo Wilson Witzel no Rio de Janeiro/BR 218

Considerações 220

Referências 221

PEDRO POETA. PEDRO PASTOR. PEDRO PROFETA: *CASALDÁLIGA
EM UMA VIDA DE TESTEMUNHO*
**Durval Ângelo Andrade, João Batista Miguel, Rodrigo Marzano
Antunes Miranda** 225

Referências 236

PARTE IV
CONTRA O NEOLIBERALISMO

GLOBALIZAÇÃO, NEOLIBERALISMO E POLÍTICAS PÚBLICAS
Renata Ramos de Castro, Sebastião Helvécio Ramos de Castro 239

Introdução 239

A irrefutável globalização 240

Neoliberalismo: gigante na montanha ou risco real? 243

A relação entre globalização e políticas públicas 245

Conclusão 247

Referências 249

TRANSFORMAÇÕES DO CONTROLE SOCIAL SOBRE A
ADMINISTRAÇÃO PÚBLICA NO CONTEXTO DO ESTADO
DEMOCRÁTICO DE DIREITO E DA SOCIEDADE DA
INFORMAÇÃO: ABORDAGEM TEÓRICA E PRÁTICA, COM
ENFOQUE EM FERRAMENTAS TECNOLÓGICAS DESENVOLVIDAS
PELO TRIBUNAL DE CONTAS DO ESTADO DE MINAS GERAIS
Gilberto Pinto Monteiro Diniz 251

1   Introdução 251

2   Sociedades democráticas 254

3   Controle da Administração Pública 259

3.1   Formas de controle 260

3.1.1   Controle social 261

3.1.2   Controle exercido pelo Tribunal de Contas 265

4   Conexão entre os controles social e o exercido pelo Tribunal
de Contas 270

5	Ferramentas tecnológicas de apoio ao controle social criadas pelo Tribunal de Contas do Estado de Minas Gerais (TCE-MG)	271
5.1	Programa na Ponta do Lápis	272
6	Considerações finais	274
	Referências	276

O ESTADO CONTRA O NEOLIBERALISMO: A CULTURA E A EDUCAÇÃO NO PENSAMENTO DE LENIN

João Batista Miguel, Raphael Machado de Castro		279
	Considerações iniciais	279
1	Cultura	280
1.1	As noções de cultura em Lenin	280
1.1.1	Cultura e civilização	281
1.1.2	Cultura e ideologia	283
1.1.3	Cultura e saber	283
1.2	A criação de uma cultura proletária	284
1.3	Considerações finais acerca da cultura	284
2	Educação em Lenin	285
2.1	O analfabetismo de massa: herança maldita dos primeiros anos da Revolução	285
2.2	Da escuridão às luzes: a experiência russa da educação transformadora	289
	Considerações finais	293
	Referências	294

PARTE V
A MORTE DA JUSTIÇA

HEGEL E O DESTINO DO ESTADO DE DIREITO: UM COMBATE À DESERTIFICAÇÃO NEOLIBERAL

Hugo Rezende Henriques, João Pedro Braga de Carvalho		299
	Considerações iniciais	299
	Por um Estado consciente de si	302
	Por um Estado soberano	304
	Considerações finais	306
	Referências	308

CONTRA O ABSOLUTISMO EPISTEMOLÓGICO: UMA LEITURA NIETZSCHEANO-BENJAMINIANA DO INDEPENDENTISMO CATALÃO

Franky Boffi		311
1	A *Jetztzeit* benjaminiana como ativismo (revolucionário)	311

2	Daqueles pós, estas lamas	314
3	O independentismo transversal da última década	315
4	A verdade como perspectiva e como representação dóxica (identidade como constructo)	316
5	Distintas interpretações libertárias	320
6	Periculosidade ou ridículo: o fanatismo radical	322
7	Independência sem melindres (*Jetztzeit* benjaminiana)	325
	Referências	327

CONTROLE DE CONSTITUCIONALIDADE OU DE POLITICIDADE?
SOBRE O IMPÉRIO DOS TRIBUNAIS CONSTITUCIONAIS
José Luiz Borges Horta 329

Referências 334

A MORTE DA JUSTIÇA
Durval Ângelo Andrade 337

O caso brasileiro 339

"Jogo de cartas marcadas" 344

Dois pesos e duas medidas 347

Lógica capitalista 350

Sem controle público ou social 352

Quem controla o poder? 353

Referências 356

POSFÁCIO
José Luiz Borges Horta 359

SOBRE OS AUTORES 363

PREFÁCIO

Novas bases (fundamentos) da sociedade de controle e formas de resistir a elas[1]

A tendência histórica para as sociedades de controle foi proposta já nos anos de 1970 por Gilles Deleuze. Este previu o desenvolvimento das práticas e dos dispositivos que por enquanto estavam sendo pensados por seu amigo Michel Foucault. Muitos dos apontamentos-chave que indicam para as "sociedades de controle" aparecem no díptico *Capitalismo e esquizofrenia* que Deleuze escreveu com o psicanalista e ativista político Félix Guattari. São mais evidentes na segunda parte, *Mille Plateaux* (1980), ainda que também haja antecipações significativas na primeira parte, intitulada *O Anti-Édipo* (1972).

No entanto, apesar dessa rápida e genial intuição de Deleuze e Guattari, há um consenso generalizado de que ela não é acompanhada por análises e desdobramentos pormenorizados equivalentes aos realizados por Foucault sobre o poder disciplinar. Preencher essa lacuna tem sido um dos objetivos prioritários de muitos discípulos e seguidores desses três pensadores.

Assim, muitos aspectos e teorias das sociedades de controle foram ampliados, mas consideramos que hoje ainda falta uma formulação "macro", integrada e coerente de uma realidade por outro lado cada vez mais evidente e inquietante, principalmente quando estamos entrando em um novo estado que poderíamos chamar de "sociedades de confinamento".[2]

---

[1] Traduzido do original em castelhano *Nuevas bases de la Sociedad de control y como resistirlas*, por João Pedro Braga de Carvalho e Raphael Machado de Castro.

[2] Para mais informações: https://goncalmayossolsona.blogspot.com/2020/03/del-transport-fisic-al-confinament-el.html e https://goncalmayossolsona.blogspot.com/2020/03/confinament-regresn-lexclusivisme.html.

* * *

Ainda que na década de 1970 as análises de Foucault, Deleuze e Guattari fossem basicamente tentativas e não conclusões detalhadas, o tempo lhes deu a razão, com a consolidação de novidades, até então apenas intuídas, como:

- As sociedades biopolíticas são baseadas em administrar, gerir, prevenir e – definitivamente – controlar a população em todos os momentos de sua vida cotidiana, produtiva e reprodutiva... Assim, deslocava-se a um segundo plano, o que havia sido o objetivo político primordial do moderno Estado-nação que se centrava em controlar, sobretudo, o território "nacional".

- A evolução do poder, que tradicionalmente era exercido com castigos e ameaças de morte até versões – aparentemente mais "humanitárias", mas também mais eficazes – atentas, sobretudo, a vigiar e a conduzir "positivamente" a vida (biopoder).

- A superação e a substituição das tecnologias modernas, físicas, sólidas (Bauman) e fordistas (Gramsci) por novas tecnologias pós-modernas, digitais, "líquidas", flexíveis (Sennett) e pós-fordistas. Assim veremos que o panóptico de Jeremy Bentham (sem dúvida o dispositivo clássico e mais bem teorizado das primeiras) é superado em direção a novas e mais poderosas versões digitais.

- A construção de uma sociedade, toda ela "de controle", que totalitariamente integre, sobreponha e conecte as "instituições totais", de confinamento e disciplinação[3] que costumavam ter como base o panóptico clássico. Estamos nos referindo ao desenvolvimento desde o final do século XVII até o fim do século XX das escolas, das fábricas, das prisões, dos quartéis militares, dos hospitais ou dos manicômios.

- A superação das práticas tradicionais baseadas em uma alta concentração macrofísica e central do poder que, ao estar embasada em um exercício da violência explícito e altamente provocativo, pode ter consequências arriscadas ao fomentar a rebelião. Assim se imporiam tendências microfísicas, mais distribuídas e automatizadas, em que o poder pode

---

[3] N.T.: O autor faz uso do neologismo *disciplinación*. Optamos por manter sua construção mais próxima na língua portuguesa ao invés da mera utilização da palavra "disciplina", pois dessa forma o sentido original de uma determinação disciplinar é mantido.

exercer-se de formas menos evidentes e expostas, mas que – não obstante – costumam ser mais efetivas, mais capazes de penetrar intensamente na sociedade e não necessariamente menos opressivas.

* * *

Os desenvolvimentos mencionados se tornaram mais evidentes com acontecimentos históricos cruciais, como o colapso da URSS em 1991, a evolução pragmática da China de Deng em direção ao capitalismo, a hegemonia do neoliberalismo com as presidências de Margareth Thatcher e Ronald Reagan e as políticas inspiradas pelos chamados "neocons", especialmente com o surgimento de um terrorismo global após os atentados de 11 de setembro de 2001.

Todos esses acontecimentos foram decisivos para a genealogia das sociedades de controle, as quais tiveram um impulso-chave com a série de crises econômicas pós 2007 e sua antecedente com a explosão da bolha especulativa das empresas de tecnologia ".com" entre os anos 2000 e 2002. Foram crises vinculadas à desregulamentação e à imposição do sistema financeiro sob a governança global do chamado "Consenso de Washington", que tensionaram profundamente as potências desenvolvidas e que, portanto, impulsionaram sua evolução às "sociedades de controle".

Como seus resultantes, atualmente, poderosos mal-estares sociais questionam o consenso teórico-ideológico herdado, o *nomos* consensual de até então e as práticas institucionais baseadas no progresso igualitário, o Estado de bem-estar social e os mecanismos democráticos. Essas crises econômicas neoliberais tiveram um grande efeito "desconcertante",[4] tanto para o conjunto da sociedade quanto nas elites governantes, as quais optaram por controlar ainda mais, e de forma cotidiana, a população.

Bem equipadas e presentes nos principais mecanismos estatais, usaram *seus enormes meios e possibilidades, para minimizar a dissidência e o descontentamento de grande parte da cidadania* e dos movimentos sociais alternativos. Podemos destacar o salto que a eleição presidencial de

---

[4] N.T.: O termo usado pelo autor faz referência à expressão *políticas del desconcierto* trabalhada anteriormente no texto: MAYOS, Gonçal. 'Políticas del desconcierto' y redefinición democrática. Una síntesis macrofilosófica. *In*: AMAT, Joan Lara (Ed.). *La ciudadanía y lo político*. Ciudadanía y crisis de la democracia liberal en un mundo en transformación. Lima: Oficina Nacional de Procesos Electorales (ONPE) y Universidad Nacional Mayor San Marcos, 2020.

Donald Trump em 2017, sob a inspiração ideológica de Steve Bannon,[5] representou nessas tendências. Constatou-se que grande parte da população era vulnerável aos mecanismos de exaltação e mobilização graças às novas ferramentas de mineração e análise do *big data* (por exemplo, da Cambridge Analytica).

Isto deu asas aos movimentos populistas radicais (sobretudo de direita, mas não exclusivamente) e impulsionou muitas das elites dominantes a "branqueá-los" politicamente. Percebeu-se logo uma mudança significativa em relação à estratégia das últimas décadas que tendia a conter, manter a certa distância e como "exército de reserva" os grupos ultraconservadores que – daí em diante – seriam legitimados, fomentados, instrumentalizados e incorporados em instâncias-chave do poder (por exemplo, Vox na Espanha pós-franquista, pentecostalismo no Brasil e inclusive antes o Tea Party nos Estados Unidos).

Descontentes com o fim do "socialismo real" e a derrota político-econômica do "marxismo" nos anos 1989-91, os movimentos populistas conservadores propõem-se a adicionar sua total derrota "cultural". O objetivo final é eliminar qualquer resíduo da sua hegemonia cultural popular, em instituições políticas, na mídia de massa e, inclusive, nas universidades e *think tanks*. Chamam redutivamente de "marxismo cultural" tanto os avanços democrático-progressistas decantados durante o ciclo político-histórico de 1945 a 1979, como os intelectuais que, naquele período, e atualmente, advogam por esses valores. Assim, ideólogos como Steve Bannon, Olavo de Carvalho e Aleksandr Duguin constroem em seus próprios interesses um "bode expiatório" sociopolítico, que exigem sacrificar em benefício de uma nova hegemonia conservadora e até mesmo fascista.

Em plena pandemia de Covid-19, com suas muitas mortes e graves consequências econômicas, ainda se percebe o profundo desconcerto provocado pelas crises pós-2007 e pelas novas derivas populistas na maioria da população, em grande parte da esquerda e em movimentos alternativos. Ainda mais, desde Trump até Bolsonaro, o *"trifachito"*[6]

---

[5] Apesar de Trump ter o demitido como seu principal assessor, Bannon segue liderando seu ambicioso projeto de "infraestrutura para um movimento populista global", a partir do qual criou, em Bruxelas, o *The Movement*. Estabeleceram-se contatos com movimentos políticos conservadores nacional-populistas como o Vox da Espanha, o Rassemblement Nacional da França, o Fidesz da Hungria, a Alternativa para Alemanha, a Liga do Norte da Itália, o Partido da Liberdade da Áustria, além de tentar somar líderes autoritários como Jair Bolsonaro, Vladimir Putin, o japonês Shinzo Abe, o indiano Narendra Modi, assim como líderes do Egito, das Filipinas, da Polônia, da Coreia do Sul...

[6] N.T.: A expressão espanhola se refere ao pacto de coalisão entre o *Partido Popular*, *Ciudadanos* e *Vox*, personificados em seus líderes conservadores Pablo Casado, Inés Arrimadas (antes

espanhol ou a crescente pressão autoritária da China sobre Hong Kong, as elites mais poderosas deram importantes saltos qualitativos para aplicar generalizadamente novos mecanismos digitais de controle e "concertar" "constitucionalmente" um novo marco que os legitime. Essa é a batalha mais decisiva após 2020 e – por isso – é muito importante fazer um diagnóstico realista e que permita reconstruir as forças progressistas e preparar uma potente estratégia alternativa. A elas dedicamos muitos dos escritos que apresentamos neste livro.

* * *

Ora, ainda que a série de crises econômicas neoliberais pós-2007 e as estratégias ideológicas populistas sejam muito decisivas para o advento das sociedades de controle, existem também outros elementos de grande importância e que constituem sua condição de possibilidade. Muitos deles estão associados ao desenvolvimento de ferramentas tecnológicas e estratégias políticas de controle, que permitem fazer frente à crescente ruptura do "concerto" social e à ampliação das desconfianças e antagonismos. Assim é possível instrumentalizá-las rápida e eficientemente por grupos conservadores que esperavam – há algum tempo – essa oportunidade e que vão de Trump até Bolsonaro ou ao *trifachito* espanhol.

Entre as novidades a serem destacadas, consideramos brevemente as seguintes:

1) As novas tecnologias digitais de comunicação romperam a verticalidade hierárquica do sistema de comunicação audiovisual fordista, em que poucos poderosos e proativos se impunham sobre uma ampla multidão passiva e com pouco poder. Certamente, o mundo da internet é mais horizontal e menos hierárquico, pois são muitos que estão em disposição de agir autônoma e proativamente, transformando os equilíbrios tradicionais. Assim se reduzem as possibilidades tradicionais de controle hierárquico por parte do poder e – em contrapartida – empodera-se a multidão (Negri e Hardt).

2) No entanto, também apresentam efeitos negativos e de aumento das possibilidades de controle autoritário. Destacam-se especialmente os desenvolvimentos tecnológicos baseados em *big data*, inteligência artificial, localização constante de praticamente toda a população, sua identificação biométrica

---

Albert Rivera) e Santiago Abascal. Esse neologismo se forma a partir da fusão dos termos *tripartito* (tripartite) e *fachista* (facista).

precisa, algoritmos capazes de conceder ou negar em tempo real alguns direitos aos cidadãos (como na China, que se pode chegar a negar o uso de serviços de transporte público) etc.

3) O mundo digital gera uma complexa "extimidade"[7] que abala os padrões e as experiências tradicionais do íntimo e do secreto ante o publicamente conhecido. Cada vez menos nos relacionamos cara a cara, direta e profundamente com outras pessoas. Além disso, trocamos esse íntimo contato necessário por uma falsa substituição "extímica" na internet e nas redes virtuais (que, às vezes, de "sociais" têm pouco). Essas mudanças são mais disruptivas e têm efeitos mais radicais sobre a convivencialidade[8] humana do que suspeitávamos até então.

4) Tais tecnologias disruptivas acentuam a ruptura das sociedades modernas no que diz respeito aos tradicionais vínculos hipersociais, às solidariedades coletivas e ao comunitário. Em contrapartida, fomentam um individualismo radical, competitivo e crescentemente egoísta. Imersos nessas novidades, as pessoas chegam a pensar que são átomos totalmente invulneráveis que não necessitarão nunca da ajuda, da assistência e, inclusive, da compreensão de mais ninguém. Isto gera indivíduos "bunkerizados",[9] com pouquíssimos vínculos humanos realmente profundos, íntimos, emotivos e corporais. Pois são substituídos pela inflação extímica de uma multidão de "amizades" virtuais, às vezes fictícias e construídas com inteligência artificial, e onde aparecem bolhas e efeitos-túnel humanamente negativos.

Assim, novas tecnologias amplificam os piores aspectos da psicologia moral humana e polarizam violentamente a sociedade. Acentuam-se as respostas viscerais, automáticas e irreflexivas, sob pressão de grupos cada vez menores e apartados do amplo consenso social. Ademais, os mecanismos humanos que diminuem a agressividade pelo contato

---

[7] N.T.: O autor utiliza-se do neologismo *extimidad* em contraposição à *intimidad* (intimidade). Optamos por manter, inclusive em suas derivações, a construção mais próxima do original nos momentos em que esses casos aparecem.

[8] N.T.: A expressão provavelmente faz referência aos trabalhos do pensador austríaco Ivan Illich, autor da obra *A convivencialidade*, de 1986.

[9] N.T.: Neologismo derivado da palavra *bunker*, da língua inglesa, que denomina uma estrutura ou reduto fortificado, parcial ou totalmente subterrâneo, construído para resistir aos projéteis de guerra.

empático cara a cara, pelo uso da palavra, pela expressão corporal não verbal e pelas habilidades convencionais perdem efetividade. Além de facilitar a rápida exclusão do discordante (gerando os chamados efeitos-túnel e bolhas digitais).

5) Dessa forma, tende-se a cindir a sociedade em muitas *e*-comunidades construídas por consensos antagônicos viscerais (às vezes com messianismos telemáticos) e subordinar as "solidariedades" tradicionais cada vez mais enfraquecidas de família, classe, bairro-vizinhança, partido-sindicato, formação, profissão e, inclusive, nacionalidade (reduzida a compartilhar "papéis", serviços estatais, bandeira ou time nacional). A crescente fragmentação antagonista do espaço público (antecipado com as máfias, seitas e tribos urbanas) evidencia o enfraquecimento do cimento e da *philia* político-sociais.

6) No extremo, a soma de hiperindividualismo, fragmentação social e perda dos vínculos empáticos comunitários leva muita gente a pensar que pode prescindir totalmente dos que não compartilham plenamente os valores radicalizados do pequeno grupo das redes sociais (os outros-como-eu, o nós). Inclusive pode levar a considerar que seria positivo prescindir desses outros-que-eu (eles), que são cada vez mais apoiadores da redução, da fragmentação e da radicalização que comentamos. Já sabemos o que aconteceu e aonde nos levaram essas dinâmicas na Alemanha nazista. Uma vez que se rompe o vínculo social empático, o enfrentamento extremista converte-se em uma possibilidade.

7) Essa fragmentação unida ao enfrentamento extremista pode ser vista no aumento do uso cotidiano das armas, que os Estados Unidos estão exportando ao Brasil de Bolsonaro. Exemplifica perfeitamente até que ponto o outro, o próximo ou o concidadão é visto cada vez mais como um inimigo potencial, o qual deve ser enfrentado ou – ao menos – mantido sob vigilância e ameaça constantes. Nesse sentido, a simples posse de armas tem um efeito fortalecedor e de *feedback* em potencial: pois a mera compra de uma arma desperta nos indivíduos o *frame*[10] (Lakoff) da ameaça, a necessária

---

[10] N.T.: Expressão em inglês relativa aos quadros presentes nas produções audiovisuais (vídeos, jogos digitais...) que sobrepostos conjuntamente em certas velocidades geram a impressão de movimento na percepção humana.

defesa e a preparação para a agressão (seja recebendo-a ou repelindo-a). A posse cotidiana de armas tem, portanto, um efeito psicológico intensamente negativo que facilita sua utilização cedo ou tarde, ou ao menos reafirma a angustia ante a fragmentação social. Significativamente, os novos autoritarismos iliberais fomentam a tendência privada de armas, não apenas como negócios senão – sobretudo – porque assim impõem o *frame* da insegurança social que facilita o sacrifício de valores de liberdade, reconhecimento e, inclusive, redistribuindo-os em favor dos autoritários e da segurança.

8) Por isso, nas sociedades neoliberais avançadas é mais difícil que os diversos grupos incomunicáveis e conflitantes aceitem sacrifícios solidários tanto na redistribuição econômica como no reconhecimento. Significativamente vivemos um ataque frontal com as políticas afirmativas igualitárias e de reconhecimento de direitos aos "outros grupos". Apenas as mulheres e o feminismo no Ocidente (não sei se se incluem o catalanismo soberanista ou alguns grupos étnicos-raciais) têm mostrado uma determinação capaz de impedir os primeiros grandes golpes. Em todo o caso, devemos reconhecer que a social democracia clássica nos dias de hoje está bastante desconcertada e sem nenhuma estratégia alternativa.

9) Essa pode ser uma explicação de porque, atualmente, é falha a teoria eleitoral "da viagem ao centro". Esta postulava que a vitória nas eleições se produzia por movimentos de transferência de voto e abstenção dos setores moderados do centro (que algumas vezes votam em uma direção e outras na oposta). Ganhar esses eleitores decisivos impulsionava os partidos a competir com propostas moderadas e não destinadas aos fãs nem mesmo aos militantes, havia uma tendência de pacificar suas proposições. No lugar "da viagem ao centro", os movimentos políticos atuais (populismos de direita e esquerda) estão se radicalizando nos extremos que retroalimentam as tendências perigosas, apontadas anteriormente, e que dissolvem o cimento social no sentido de "salve-se quem puder" e "concentra a atenção-indignação ainda que te critiquem".

10) Portanto, crescem (destaca o jornalista David Brooks) os ataques furibundos ao tradicional "politicamente correto" e ao rentismo igualitário-compensador. Esse é um bom

exemplo da *ruptura das solidariedades sociais*, a qual provoca a crescente inimizade contra os "outros-que-eu" (imigrantes, minorias...). Quiçá seja por isso que atualmente exista menos tolerância diante da presença de costumes "outros" (sejam culturais, étnicos, de sexualidade-gênero...) que se tornam facilmente invisíveis na internet (efeito túnel) e, portanto, provocam reações mais agressivas quando presenciados ao "vivo". Daniel Innerarity tem razão ao defender que o novo antagonismo político e a crescente cisão social geram um grande conflito em um novo "eixo ideológico" marcado pelos polos: fechar-se no próprio-conhecido ou abrir-se à mudança-outra.

11) Como vemos, uma vez que se rompe o vínculo empático hipersocial, o enfrentamento extremista se converte em uma possibilidade. Por isso, deve-se manter como algo sagrado o reconhecimento da dignidade humana (base dos direitos humanos) incluindo aos que não são exatamente iguais a nós mesmos porque têm outros projetos vitais. Da mesma forma que a economia é a ciência de administrar recursos escassos suscetíveis de usos alternativos, a política e a convivência humana se baseiam em administrar de forma pacífica esses recursos escassos suscetíveis de usos alternativos em função dos projetos existenciais e políticos que se confrontam pacificamente na ágora e no parlamento público.

12) A pandemia de Covid-19 está nos mostrando os graves efeitos das tendências que estamos apontando, especialmente nos países – como os Estados Unidos e o Brasil – que os levaram ao extremo.

13) Constatamos que os movimentos sociais progressistas parecem estar imediatamente em condições inferiores em relação aos mais próximos ao poder, que manifestam atualmente claras tendências autoritárias e dissolventes do Estado social de direito.

Portanto, consideramos que a análise das consequências de todos os tipos de sociedades de controle e sua reversão eficaz para salvaguardar os princípios democráticos são os objetivos mais importantes juntos à superação da Covid-19 e da previsível grande crise econômica imediatamente posterior.

Por isso, projetamos o presente livro como o necessário exercício dos dias atuais de diagnosticar realista e rigorosamente as sociedades de controle (cujo estágio superior pode ser a ameaçadora "sociedade do confinamento"); para assim recompor eficientemente uma ampla aliança das forças sociais progressistas e preparar uma potente estratégia de resposta. Ora – como acontece em momentos graves como o atual – o futuro está em jogo e toda crise é também uma oportunidade de melhora.

Gonçal Mayos Solsona
Professor titular de Filosofia da Universitat de Barcelona. Diretor dos grupos de pesquisa GIRCHE (Grupo Internacional de Investigación Cultura, História e Estado) e OPEN-PHI (Open Network for Postdisciplinarity and Macrophilosophy).

APRESENTAÇÃO

Foi um bom momento de estudo e aprofundamento a tríade de eventos ocorridos em Barcelona em novembro de 2019, composta pelos: *Debates Macrofilosóficos*; *XVI Jornadas Internacionais de Filosofia Política*; *Colóquio Macrofilosófico* e, sobretudo, pelo léxico de reflexões instigantes que emergiram de temas grandemente desafiadores que nos convocam à reflexão e nos inserem numa visão global, necessária nestes instantes decisivos para o mundo e para a humanidade.

Alimentados e encorajados pela subversiva mística literária de Alberto Caieiro, quando nos oferece a máxima: "Da minha aldeia vejo quanto da terra se pode ver no Universo... Por isso a minha aldeia é tão grande como outra terra qualquer. Porque eu sou do tamanho do que vejo. E não do tamanho da minha altura...",[11] partimos, de Minas Gerais,[12] em *caravana cívica/filosófica* rumo a Barcelona, na província da Catalunha.

Na comitiva homens e mulheres de *Estado*: professores, pesquisadores, estudantes do mestrado e do doutorado da Faculdade de Direito da UFMG, bem como de seu bacharelado em Ciências do Estado, conselheiros/educadores do Tribunal de Contas de Minas Gerais unidos por um fio condutor. Todos amantes do direito; da filosofia da dignidade da pessoa humana; e da liberdade seguravam suas bagagens de utopia, de esperança e de vontade. Reconhecendo que "cada um é filho de seu tempo e que ninguém fica atrás ou à frente de seu momento",[13] colocávamo-nos, assim, de pronto, a cumprir a missão hegeliana de se pensar uma filosofia do tempo presente e *para* o tempo presente. Com este intuito ousamos experienciar esta aventura ultramarina e nos somar a uma excelente equipe da Universidade de Barcelona.

As coincidências entre Minas Gerais e Barcelona poderiam simplesmente se esgotar na hospitalidade e na acolhida fraterna

---

[11] CAEIRO, Alberto. O guardador de rebanhos. *In*: PESSOA, Fernando. *Poemas de Alberto Caeiro*. 10. ed. Lisboa: Ática, 1946. Disponível em: http://www.dominiopublico.gov.br/download/texto/wk000263.pdf#:~:text=Alberto%20Caeiro,casa%20no%20cimo%20deste%20outeiro.

[12] Estado federado do Brasil.

[13] HEGEL, G. W. F. *Filosofia da História*. 2. ed. Tradução de Maria Rodrigues. Brasília: Ed. UnB, 1999. p 50.

característica comum de nossos povos. Contudo, um outro aceno de maior relevo marca a proximidade espiritual destes dois ambientes separados pelos mares da história: refiro-me ao inconteste espírito de insubmissão que acompanha o bailado lógico destas gentes, que na disputa entre a *vida e a liberdade*,[14] optaram, sempre e indubitavelmente, pela liberdade.

A pertinência dos debates em questão torna-se para todos nós, leitores, um ambiente de sofisticada interlocução filosófica regido pelas batutas dos Professores Doutores Gonçal Mayos Solsona (UB) e José Luiz Borges Horta (UFMG).

Somos tributários ao Professor Dr. Gonçal Mayos, titular da Faculdade de Filosofia de Barcelona, cuja linha reflexiva tem se firmado de maneira global. Suas meditações possibilitam fomentar o que há de mais radical na filosofia contemporânea, sobretudo pela pertinente arquitetura do saber com que se estrutura o termo *macrofilosofia*,[15] por ele cunhado.

De igual relevância temos militância intelectual do professor titular da Faculdade de Direito da UFMG, Dr. José Luiz Borges Horta, cuja obra se torna polar em defesa e em favor do Estado, sobretudo do Estado de direito e da liberdade, apresenta-se de forma irretocável. O Professor Horta é um dos pensadores brasileiros cuja vinculação se torna necessária e inconteste para aqueles que se decidem a pensar o Estado e a liberdade.

Em seu escopo os eventos apontavam para dois momentos distintos, que se dialetizam ainda hoje.

---

[14] Faço aqui uma inserção na alegoria do Senhor e do Escravo, presente na obra *Fenomenologia do espírito* (cf. HEGEL, Georg Wilhelm Friedrich. *Fenomenologia do espírito*. 9. ed. Tradução de Paulo de Meneses. Petrópolis: Vozes, 2014. p. 147-150, §190-196).

[15] Sobre o conceito de macrofilosofia, do filósofo catalão Gonçal Mayos: "De forma análoga, asociamos la «macrofilosofía» a los análisis de conceptos que, más allá de que los haya elaborado tal o cual filósofo concreto, manifiestan las mentalidades o cosmovisiones de amplias capas de la población y durante considerables períodos temporales. Así como la macroeconomía estudia las relaciones entre los valores económicos agregados y los explica a partir del comportamiento de los grupos de agentes económicos, la macrofilosofía estudia los conceptos filosóficos agregados (mentalidades sociales, grandes líneas culturales, ideas «fuerza», cosmovisiones, etc.) y las explica a partir de las circunstancias compartidas por los grupos de agentes culturales. Es decir, la macrofilosofía se ocupa sobre todo de aquellos conceptos y cuestiones tal y como han preocupado al conjunto de las sociedades y las épocas, yendo más allá de las aportaciones más personales que algunos filósofos hayan llevado a cabo, por valiosas que sean en sí mismas. Aun cuando la macrofilosofía también las tiene en cuenta, de esas cuestiones más idiosincrásicas, vinculadas al genio individual o centradas en detalles y concreciones muy particulares se ocupan específicamente los análisis «microfilosóficos» -por otra parte igual de valiosos" (MAYOS, Gonçal. *Macrofilosofía de la modernidad*. Barcelona: Ediciones dLibro, 2012. p 10).

O primeiro deles destaca a evidente consolidação de delírios autoritários que se fortificaram nos últimos anos. Horta já nos adverte sobre esta particularidade do tempo quando afirma que "vivemos tempos sombrios, tempos de incerteza, de crise de valores, de relativo abandono de muitas das conquistas e das obras que nos caracterizam como partícipes da civilização ocidental".[16] Assim vimos e vemos, a partir da propagação de discursos de ódio, da legitimação da xenofobia e do advento de governos populistas de extrema direita, que vicejam na política mundial, sustentados pela miopia sistêmica de seus representados.

Aos olhos de seus eleitores, as deficiências dos líderes populistas se transformam em qualidade, sua inexperiência demonstra que não pertencem ao círculo da "velha política", e sua incompetência é uma garantia de autenticidade. As tensões que causam em níveis internacionais são vistas como mostra de independência, e as *fakes news*, marca inequívoca de sua propaganda, evidenciam sua liberdade de pensamento.[17]

Impera, em concomitância, neste contexto, as chamadas *sociedades de controle*, inicialmente teorizadas por Deleuze ao afirmar que estas "funcionam não mais por confinamento, mas por controle contínuo e comunicação instantânea".[18]

Reelaborado por Byung-Chul Han, o conceito em voga ganha novos contornos e passa a exibir a cruel realidade de controle à qual se subordina, de modo generalizante, a sociedade atual. Agora o indivíduo produz sua própria exposição e seu autocontrole, partindo da premissa de uma sociedade cada vez mais transparente, "que caminha de mãos dadas com a pós-política".[19]

Na ânsia por cooptar os sinais dos tempos, Gonçal Mayos sugere-nos lentes macrofocais para a discussão referente à *sociedade de controle*. A estrutura de sua caminhada filosófica – digo, *macrofilosófica* – propõe-nos o movimento centrípeto para compreendermos a abundância de possibilidades que se fazem em trânsito pelas sendas de nossos dias, como a consolidação do *hiperindividualismo*; da desconstrução do

---

[16] HORTA, José Luiz Borges; SALGADO, Karine. *História, Estado e idealismo alemão*. Belo Horizonte: 2017. p. 84.

[17] EMPOLI, Giuliano Da. *Os engenheiros do caos*. 1. ed. Tradução de Arnaldo Bloch. São Paulo: Vestígio, 2019. p. 17-18.

[18] DELEUZE, G. *Conversações*. 2. ed. São Paulo: Editora 34, 1996. p. 220.

[19] HAN, Byung-chul. *Sociedade da transparência*. Tradução de Enio Paulo Giachini. Petrópolis: Vozes, 2017. p. 24.

tecido social; da vanglória de governos populistas de extrema direita; e da autoexposição narcísica e egocêntrica.

Com isso, sua filosofia nos serve de cordão-receptor em que serão colocadas as miçangas de nosso tempo. Sua dialeticidade e dialogicidade aplainam o pedregoso caminho que nos trouxe até este momento. É também por sua *macrofilosofia* que nos atrevemos a "enxergar o mundo da janela de nossa cidade".

Se o cenário que nos rodeia remete-nos à contemplação coletiva da *noite escura*,[20] alegoricamente apresentada por São João da Cruz, por outro lado ressurge a capacidade de se *esperançar*, que a seu turno se encarrega da difícil, mas possível, tarefa de *suprassumir* o caos político reinante em nossos dias. É assim que vejo por exemplo aflorar, mesmo que ainda timidamente, o resgate da política; a recolocação da centralidade do papel do Estado; e um novo despertar para a solidariedade.

Os eventos em Barcelona proporcionaram a elaboração deste significativo acervo filosófico que se respalda, sobremaneira, em parâmetros dialéticos.

Vejo na metáfora a seguir o espírito que dá unidade a esta obra coletiva:

Na floresta há caminhos que no mais das vezes, invadidos pela vegetação, terminam subitamente no não-trilhado. Eles se chamam caminhos da floresta. Cada um segue um traçado separado, mas na mesma floresta. Muitas vezes parece que se assemelha ao outro. Contudo, apenas assim parece. Lenhadores e guardas da floresta conhecem os caminhos. Eles sabem o que quer dizer estar num caminho da floresta.[21]

A citação acima, mais do que a metáfora que Heidegger utilizou para explicar sua vida, nos anos posteriores à segunda Grande Guerra (e aqui não desconsideramos as contradições de toda sorte as quais permearam a vida do filósofo, sobretudo no que se refere à sua adesão ao programa nazista, em que chegou a assumir a reitoria da Universidade de Freiburg, no ano de 1933), nos permite e nos convoca a pensarmos sobre os dias que vivemos e sobre nosso jeito de trilharmos *novos caminhos da floresta*.

Faz-se mister decifrar os enigmas de nosso tempo, sob o prejuízo de sermos devorados pelo monstro de uma sociedade cada vez mais de *controle*, cujas raízes se sustentam em solo de regimes autoritários, a exemplo do que a humanidade já experienciou. Hoje, porém, com o

---

[20] JOÃO DA CRUZ, São. *Noite escura*. 2. ed. Petrópolis: Vozes, 2009.

[21] HEIDEGGER, Martin. *Caminhos de floresta*. Lisboa: Edição Fundação Calouste Gulbenkian, 1998, p. 3

advento das novas ágoras/vitrines virtuais, nosso desafio se agiganta com o surgimento de artifícios da *inteligência artificial* que tem condicionados a todos, de certa forma, a novos e modernos modelos de campos de concentração.

Termino como bom mineiro, citando um conterrâneo "orgulhoso e triste", que tinha "oitenta por cento de ferro na alma", com uma grande "vontade de amar", Carlos Drummond de Andrade:

Não serei o poeta de um mundo caduco.
Também não cantarei o mundo futuro.
Estou preso à vida e olho meus companheiros.
Estão taciturnos mas nutrem grandes esperanças.
Entre eles, considero a enorme realidade.
O presente é tão grande, não nos afastemos.
Não nos afastemos muito, vamos de mãos dadas.[22]

Este livro, tão plural e diferenciado, nos apresenta a "grande floresta" humana que vivemos neste vasto mundo. É um trabalho de muitos "guardas da floresta", construído de "mãos dadas" pelos que querem caminhar na senda que pode nos retirar do labirinto de nosso tempo. A obra que ora apresento propõe desbravar um "caminho não trilhado", novo e desafiante. Só a leitura, à luz das reflexões de um fio condutor da *macrofilosofia* de Gonçal Mayos, nos indicará se existem saídas ao final.

Durval Ângelo Andrade
Professor e Conselheiro do Tribunal de Contas do Estado de Minas Gerais.

---

[22] ANDRADE, C. D. *Nova reunião*. Rio de Janeiro: J. Olympio, 1985.

PARTE I

A DISTOPIA DO PRESENTE

AUTORITARISMOS POPULISTAS FRUTOS DO DESCONCERTO NEOLIBERAL[1]

GONÇAL MAYOS SOLSONA[2]

As "políticas do desconcerto" causadas pelas crises neoliberais

A desregulação econômico-financeira neoliberal, o especulativo "capitalismo de cassino", o consenso de Washington e a era da austeridade estão na base de uma já longa série de crises econômicas e políticas (por exemplo, o crescimento de populismos) que atualmente se conecta com o resultado da pandemia Covid-19.

Um primeiro aviso foi o estouro da "bolha.com" que afetou as empresas tecnológicas digitais e vinculadas à internet a partir de março de 2000 e que apenas se recuperaram a partir do fim de 2003, quando se impôs um modelo de crescimento bem mais moderado. Ora, a tranquilidade foi breve, pois a partir da grande crise hipotecária *subprime* de 2007 se torna comum a desconfiança no crédito produzindo, quiçá, o colapso mais grave e global desde a Crise de 1929.

---

[1] Traduzido do original em castelhano *Autoritarismos populistas fruto del desconcierto neoliberal*, por João Pedro Braga de Carvalho e Raphael Machado de Castro.

[2] Partindo de pesquisas sobre movimentos e pensadores modernos, Mayos pesquisou sobre suas influências e transformações contemporâneas, para compreender os desafios humanos atuais. Isso o levou a ampliar suas análises interdisciplinares e acunhar o neologismo "macrofilosofia", definida como a pesquisa dos processos de longa duração que unem transversalmente aspectos políticos, sociológicos, filosóficos, epistemológicos..., atendendo aos grandes movimentos culturais e às rupturas nas mentalidades sociais.

Assim, em 2008, uma profunda crise financeira mundial provoca a quebra de instituições tão emblemáticas como a Companhia Blackstone ou o famoso banco de investimento Lehman Brothers. Este causou o resgate de bilhões de dinheiro público de praticamente todo o setor bancário e de seguros norte-americano e europeu. Mais uma vez e contrariamente a toda predição durante décadas, ninguém pode ou não quis evitar a cruel dinâmica de privatizar os ganhos e os benefícios, mas nacionalizar e cobrar as finanças públicas pelos fracassos e pelas perdas gerados – precisamente – pela avareza na busca a todo custo daqueles benefícios privados.

Em meio a essa grande crise surgiram muitas propostas de "reforma do capitalismo" neoliberal em expressão do Presidente francês Nicolás Sarzoky. A princípio, tratava-se de reverter a principal causa dessa série de bolhas especulativas e de suas consequentes crises: concretamente, a eliminação drástica desde os anos 1980 de controles e regulações criados de resultados da Crise de 1929 para evitar sua futura reedição. Ora, quando o momento culminante do pânico econômico cessou e a injeção de dinheiro público salvou *in extremis* a economia, esqueceram-se incompreensivelmente das propostas da reforma em profundidade.

Afinal, continuou-se e, inclusive, aprofundou-se em um processo neoliberal de longa duração que havia começado – relembremos – como uma suavização do keynesianismo posterior à Segunda Guerra Mundial diante da desaceleração do crescimento econômico a partir da crise do petróleo de 1973. Este mesmo ano produziu o golpe de Estado contra o presidente Allende, que permitiu o "experimento" econômico chileno inspirado na Escola de Chicago de Hayek e Friedmann. Logo, e apesar das penúrias sofridas pela população, foi considerado um êxito, convertendo-se em um modelo a se generalizar.[3]

Impulsionaram-se especialmente as políticas neoliberais de desmonte do Estado de bem-estar e de desregulação econômico-financeira levadas a cabo pelos presidentes da Grã-Bretanha Margaret Thatcher e dos Estados Unidos Ronald Reagan. Apesar das fortes lutas sindicais, do sofrimento de grande parte da população e de uma notável desindustrialização nesses países, também foram consideradas um sucesso. Ajudaram extraordinariamente o contexto social, econômico e político favorável ao neoliberalismo provocado pela queda final do "socialismo real" da URSS e da pragmática evolução econômica

---

[3] KLEIN, Naomi. *The shock doctrine*. London: Penguin Books, 2007.

da China de Deng Xiaoping. Por isso, superando muitas críticas, da experiência chilena (generalizada por toda América Latina), britânica e estadunidense, sintetizou-se um modelo de política neoliberal que se globalizou através do chamado "Consenso de Washington" nos anos 1990.[4]

Como temos sintetizado, tudo isto provocou distintas "bolhas" especulativas que levaram à Grande Crise 2007-2009, que tem sido a chave para as "políticas do desconcerto"[5] e duas ondas populistas de "direita" e de "esquerda". O desconcerto político está associado à má resolução das crises econômicas e aos mal-estares acumulados por grande parte da população, que se sente menosprezada e abandonada pelas instituições, provocando sua desafeição e anomia social.

No início da segunda década do século XXI, camadas importantes da sociedade vivem momentos de angústia e desorientação. Estão com ausência de guias e de referências críveis, pois, inclusive, não foi atualizado o concerto teórico-prático de governança global do "Consenso de Washington". Sua evidente inadequação facilitou a proliferação de movimentos populistas de esquerda e direita, enquanto os partidos tradicionais não conseguem defender o modelo capitalista neoliberal e parecem superados pelos acontecimentos.

Ora, muitas das alternativas propostas pelos movimentos populistas são políticas institucionais e desinstitucionais das quais não se sabe quais serão as consequências em longo prazo. Por outro lado, o contexto social e trabalhista incorpora novas questões. À forte competição internacional econômico-tecnológica pela turboglobalização se soma a chegada de uma nova revolução tecnológica baseada na inteligência artificial e na robótica que ameaça gerar uma concorrência estrutural em nível mundial totalmente inédita até agora.[6] Por isso, desenvolveram-se urgentes debates sobre possíveis fórmulas de "renda básica universal", que a crise econômica provocada pelo confinamento do Covid-19 converte em imprescindível, apesar das muitas resistências.

---

[4] WILLIAMSON, J. A short history of the Washington Consensus. *Law & Bus. Rev. Am.*, v. 15, n. 7, p. 7-23, 2009. Disponível em: https://scholar.smu.edu/cgi/viewcontent.cgi?referer=https:// scholar.google.es/&httpsredi r=1&article=1381&context=lbra.

[5] Cf. MAYOS, Gonçal. 'Políticas del desconcierto' y redefinición democrática. Una síntesis macrofilosófica. *In*: AMAT, Joan Lara (Coord.). *Ciudadanía y crisis de la democracia liberal en un mundo en transformación*. Lima: Oficina Nacional de Procesos Electorales (ONPE), 2020; MAYOS, Gonçal. *Políticas del desconcierto*. 2018. Disponível em: https://goncalmayossolsona. blogspot.com/2018/11/politica-del-desconcierto.html.

[6] Cf. RIFKIN, Jeremy. *El fin del trabajo*. Nuevas tecnologías contra puestos de trabajo. El nacimiento de una nueva era. Barcelona: Paidós, 1996; MASON, Paul. *Postcapitalismo*. Hacia un nuevo futuro. Barcelona: Paidós, 2016.

Neoliberalismo e desconcerto como marco dos populismos

O explicado na parte anterior converteu em obsoleto o "concerto" econômico, social, político e cosmovisional que dificilmente se havia construído nos últimos 30 anos. Recordemos que, ao grande eixo da política tradicional baseado na maior ou menor redistribuição econômica que se conectava com a distinção "de classe" esquerda-direita, somou-se o eixo de maior ou menor reconhecimento, das questões ecológicas, das diferenças de gênero, étnicas, raciais e culturais; e da inclusão das distintas minorias sociais.

Mas ambos os eixos têm se mostrado pouco eficazes para estruturar ideologicamente os novos populismos que – às vezes – afirmam não ser "nem de direita nem de esquerda" e atacam violentamente muitos dos consensos sociais alcançados trabalhosamente sobre a mudança climática, a ecologia, os gêneros, os coletivos LGBT, as minorias, as políticas positivas etc. Isso provocou um desconcerto superior àquele que se experimentou nos anos 1960, quando se incorporaram com força pela primeira vez as politizações do reconhecimento. Então os partidos – tanto de direita como de esquerda – baseados quase exclusivamente no eixo redistributivo ficaram desorientados ante a eclosão dos novos movimentos sociais. Estes coincidiam em ir mais além da estrita dualidade de classe e encarar conflitos complexos entre incluídos-excluídos, *establishment*-dissidência/contracultura ou maiorias-minorias, que até então tinham uma tendência de relativização.

A grande recessão pós-2007, as políticas de austeridade, a turbo-globalização e as mudanças tecnológicas provocaram um desconcerto ainda maior, sobretudo porque na atualidade o contexto econômico é muito mais negativo que nos anos 1960. Especialmente os populismos detectaram e usaram politicamente os mal-estares frutos da crescente cisão entre os vencedores e os perdedores dessas grandes mudanças. Como diz o *Informe CIDOB 'El món 2019'*, introduziram-se divisões internas e "muros invisíveis" que às vezes são mais retumbantes e impactantes que os tradicionais entre as fronteiras nacionais. Por isso, não se pode estranhar que tanto os populismos de direita como de esquerda reclamem proteções nacionais, isolamentos, discriminação xenofóbica e práticas de guerra comercial.

Provém daí grande parte da predileção atual de autoritarismos ou iliberalismos com tendências antidemocráticas de Putin, Xi Jinping, Trump, Le Pen, Orbán, Bolsonaro, Erdogan... Muitas vezes se anseia o velho Estado-Nação com um sentimento de que se perderam a agência e a capacidade de proteger a população sem que – em troca – emerja uma clara, ordenada e protetora governança que o substitua. Tudo parece indicar que na saída da Grã-Bretanha da União Europeia exista tanto a nostalgia do antigo Império britânico como também – e quiçá mais – que a governança europeia não consegue inspirar confiança nas pessoas.

As "políticas do desconcerto" e os populismos são assim em grande medida resultado da falta de uma nova governança preparada para a turboglobalização e – ademais – da ineficácia das instituições democráticas atuais. Nascem assim de tensões sociais, econômicas e políticas provocadas sobretudo por:

- competição turboglobalizada que fomenta as deslocalizações industriais, a mobilidade e a pouca tributação dos capitais internacionais, e as migrações e o multiculturalismo das sociedades;

- "fenômenos-inter"[7] que vão integrando crescentes regiões mundiais a efeitos econômicos (mas não exclusivamente), sem conseguir substituir no imaginário, mas também na vida cotidiana das pessoas, os velhos "Estados-Nação" que tradicionalmente eram capazes de estabelecer umas fronteiras estanques que hoje se tornaram impossíveis (como mostra a expansão da Covid-19);

- dificuldade de equilibrar e satisfazer as tensões opostas entre a globalização, a democracia política e a soberania nacional.[8]

As consequências da depressão pós-2007 provocaram um grande estresse nas economias, mas também no conjunto das sociedades e estruturas políticas. O sistema anterior de partidos e instituições não geriu bem esta larga crise[9] que empobreceu grande parte da população. Isso oferece uma oportunidade histórica a novos movimentos sociais e lideranças políticas que irromperam com força, gerando respostas

---

[7] MAYOS, Gonçal; REMOTTI, J. C.; MOYANO, Y. *Interrelación filosófico-jurídica multinivel. Estudios desde la interconstitucionalidad, la interculturalidad y la interdisciplinariedad para un mundo global.* Barcelona: Linkgua, 2016. p. 9-11; 39-61.

[8] RODRIK, Dani. *La paradoja de la globalización*: democracia y el futuro de la economía mundial. Barcelona: Antoni Bosch Editor, 2012.

[9] HOPKIN, Jonathan; BLYTH, Mark. *The global economics of European populism*: growth regimes and party system change in Europe. Cambridge: Cambridge U.P., 2018. Disponível em: https://www.cambridge.org/core/journals/government-and-opposition/article/global-economics-of-european-populism-growth-regimes-and-party-system-change-in-europe-the-government-and-oppositionleonard-schapiro-lecture-2017/32CECBB2EB9F6D707564D5A7944FAB04.

crescentemente iliberais[10] e fora do marco tradicional. Ora, trata-se de uma oportunidade política que manifesta posturas ideológicas muito distintas.

Ademais, como remarca Laclau, a "razão populista"[11] pode ser instrumentalizada por qualquer conteúdo ideológico concreto, tanto de direita como de esquerda (o próprio de Laclau). Pois, se se trata de obter o poder mediante eleições (e não por um golpe de Estado), é vital gerar uma aliança majoritária que unifique os distintos mal-estares e politizações em um marco "popular" comum. Laclau destaca a importância de usar "conceitos flutuantes" (a "liberdade" tem um uso habitual desde muitas décadas) que permitam mobilizar ao máximo as multidões. Entretanto, essa estratégia política pode ser concretizada desde ideologias opostas.

Ainda que já houvesse antecedentes que muitas vezes eram menosprezados, o populismo contemporâneo explode sobretudo depois das crises conectadas entre 2007-2009. Primeiro se mobilizaram setores críticos da esquerda entre 2011 e 2014, por exemplo, no 15M, nas Primaveras árabes, no *Occupy Wall Street*, nas manifestações brasileiras de 2013 ou nas reações ante a dívida grega. Mas logo – entre 2016 e 2019 – a mobilização se centrou em setores mais à direita, por exemplo, ao redor de Steve Bannon e Trump, a saída da Grã-Bretanha da União Europeia, o voto contrário ao pacto de pacificação na Colômbia, a deriva iliberal da presidência de Viktor Orbán na Hungria ou a eclosão de Cs e Vox na Espanha e de Matteo Salvini na Itália.

Isso concentrou a atenção no livro de 2005 *On Populist Reason*, do politólogo pós-marxista argentino e professor na Universidade de Essex Ernesto Laclau. O termo "populismo" parecia descrever esses novos movimentos e antecipar as posteriores "políticas do desconcerto"[12] que rompiam os consensos e as práticas políticas tradicionais. Ora, a desorientação dos analistas era praticamente comparável à dos eleitores, enquanto aumentava a virulência dos conflitos e das lutas políticas, mostrando que a sociedade que surgira da grande crise econômica

---

[10] Cf. RODRIK, Dani. *La paradoja de la globalización*: democracia y el futuro de la economía mundial. Barcelona: Antoni Bosch Editor, 2012; RODRIK, Dani. Populism and the economics of globalization. *Journal of International Business Policy*, v. 1, p. 12-33, 2018.

[11] LACLAU, Ernesto. *La razón populista*. Buenos Aires: FCE, 2005.

[12] MAYOS, Gonçal. 'Políticas del desconcierto' y redefinición democrática. Una síntesis macrofilosófica. In: AMAT, Joan Lara (Coord.). *Ciudadanía y crisis de la democracia liberal en un mundo en transformación*. Lima: Oficina Nacional de Procesos Electorales (ONPE), 2020.

estava mais profundamente cindida do que ninguém havia suspeitado.[13] Brotavam nela poderosas forças antagonistas que – ademais – eram amplificadas por novas tecnologias com grande impacto político, como se viu nos resultados eleitorais inesperados como a vitória presidencial de Donald Trump sobre Hillary Clinton ou o resultado do referendo pelo Brexit.

Haviam aparecido novas e profundas tensões nos Estados e governanças democráticas, que não desapareceriam facilmente, como alguns insistiam em crer. Mas faltava, todavia, uma teoria minimamente completa que as explicasse e que – sobretudo – permitisse reconduzir essas profundas tensões político-sociais.

Como nos anos 1930 ou no peronismo?

A atenção preocupada se dirigia a outros momentos parecidos com as "políticas do desconcerto" como a Europa dos anos 1930. Pois era uma sociedade marcada também pela crise econômica e enfrentamentos radicais entre regimes fascistas e comunistas que, ajudados pela inoperância das democracias ocidentais, impunham uma agenda cada vez mais totalitária, menosprezadora das instituições liberais e belicista, que provocou a Segunda Guerra Mundial.

Ora, as tentativas de analisar detalhadamente em termos de fascismo e comunismo as "políticas do desconcerto" posteriores à série de crises econômicas de 2007-2009 não conseguiam captar as complexidades da segunda década do século XXI. Inclusive analistas matizados, como o liberal José María Lassalle, exageram quando descrevem o populismo como uma espécie de totalitarismo como os de 1930,[14] mas de menor intensidade devido às características da sociedade pós-moderna.

Uma diferença importante é que tanto os fascismos como os comunismos dos anos 1930 tendiam a identificar democracias e instituições liberais. De tal maneira que propunham revoluções – certamente de sinal contrário – que deveriam superar o ideal democrático tradicional.

---

[13] MAYOS, Gonçal. 'Políticas del desconcierto' y redefinición democrática. Una síntesis macrofilosófica. *In*: AMAT, Joan Lara (Coord.). *Ciudadanía y crisis de la democracia liberal en un mundo en transformación.* Lima: Oficina Nacional de Procesos Electorales (ONPE), 2020.

[14] LASSALLE, José María. *Contra el populismo.* Cartografía de un totalitarismo postmoderno. Barcelona: Debate, 2017. p. 26.

Ao contrário, as "políticas do desconcerto" da segunda década do século XXI desafiam certamente a governança liberal, mas ao menos nominalmente se respeita o princípio democrático e as eleições livres e multipartidárias.

Surpreendentemente e apesar de alguns excessos muito inquietantes, os novos movimentos políticos desafiadores e populistas se mantêm basicamente dentro dos marcos eleitorais. Ademais, assim como veremos, muitos de seus eleitores, que aplaudem ou ao menos aceitam suas derivações iliberais, não manifestam uma crítica semelhante ao ideal democrático. Isso não costumava acontecer nos anos 1930, nem por parte dos fascismos nem por parte do comunismo, e nos parece uma diferença a levar em conta, pois faz com que a evolução atual das políticas "do desconcerto" possa ser bem diferente do passado.

Certamente grande parte da população transaciona hoje – angustiada – valores de liberdade e alguns direitos civis em troca de valores de segurança, de lideranças fortes e da exclusão de setores que vê como competidores (como os imigrantes). Mas os direitos humanos e as liberdades civis são – com a democracia – um dos poucos ideais que mantêm hoje um consenso muito majoritário. Repetimos que isso não acontecia nos anos 1930.

A respeito nos parece significativo que os ataques diretos da ultradireita às conquistas feministas, de liberdade e igualdade de gênero, eutanásia, aborto e divórcio não conseguiram o apoio amplamente majoritário da cidadania que esperavam. Ações como *Me Too*, "o assediador é você" e contrárias à violência de gênero se mantêm muito potentes, majoritárias e obrigaram a extrema direita à redefinição de estratégias agressivas. Já Vallespín e Martínez-Bascuñáin apontaram certa inflexão no crescimento dos populismos de direita por reação de parte de seus eleitores ante seu crescimento agressivo.[15] Pode-se perceber já em 2017 nas eleições holandesas e presidenciais francesas que Macron era naquele momento renovador, mas "representante da política sistêmica".

Lamentavelmente os esforços humanitários a favor e contra os refugiados e imigrantes não têm suporte tão majoritário, e por toda parte se levantam muros separatistas. Apesar da crise fronteiriça na Grécia provocada pelo presidente turco Recep Erdogan a princípio de 2020, mantêm-se em um alto nível os valores de acolhimento em grande parte

---

[15] VALLESPÍN, Fernando; MARTÍNEZ-BASCUÑÁN, Máriam. *Populismos*. Madrid: Alianza, 2017. p. 14.

da cidadania. Recordemos por exemplo que Matteo Salvini teve que renunciar e está intimado judicialmente, enquanto que a agressividade de Vox teve que se suavizar recentemente de forma similar a como tem feito Ciudadanos e o Partido Popular na Espanha.

Apontamos apenas alguns exemplos muito debatidos que marcam uma grande diferença entre as décadas de 1930 e de 2010. Quiçá pode haver uma agenda oculta semelhante entre grupos radicais, mas a tática pública, reivindicativa e eleitoral é bem mais suave bem como livre de riscos. O retorno ao fascismo e ao totalitarismo dos anos 1930 não está se confirmando por enquanto.

Ao contrário, como apontava claramente Laclau, reclamavam Vallespín e Martínez-Bascuñán e sintetizavam Rivero, Zarzalejos e Palacio, é importante superar o eurocentrismo e analisar os populismos latino-americanos e do resto do mundo.[16] Pois muitas vezes introduziram novidades que se perpetuaram nos atuais. É o caso – por exemplo – do modelo populista do general Juan Domingo Perón e sua midiática e mobilizadora esposa Eva Duarte "Evita", em sua presidência de 1946-55, que teria uma significativa reiteração na nova vitória presidencial de 1973 que – pela morte de Perón – levaria ao poder entre 1974-1976 sua segunda esposa María Estela Martínez "Isabelita". Também seria interessante se aprofundar no populismo presente no Brasil de Getúlio Vargas, período cuja história analisou muito bem o Professor Alexandre Walmott em sua segunda tese doutoral, todavia em editoração.

Nas atuais políticas do desconcerto, os ideais democráticos, o voto popular e os direitos humanos e civis mantêm em geral uma grande vigência como "campo de jogo" político básico e com muito suporte cidadão. Não são desafiados no mesmo nível que nos anos 1930 e como os *checks and balances* liberais, pois estes são acusados de perpetuar a inoperância das instituições tradicionais ante a muito premente e dolorosa crise econômica, social e política.

Atitudes autoritárias e autocráticas – que se percebem em diversos líderes e movimentos populistas – são consentidas e, inclusive, celebradas por partes consideráveis da população como uma "necessidade" e tentativa "sincera" de não postergar as reformas e decisões. Isto é, sem dúvida, a chave para entender a popularidade persistente de, por exemplo, Donald Trump, que está superando notáveis contratempos

---

[16] Cf. LACLAU, Ernesto. *La razón populista*. Buenos Aires: FCE, 2005; VALLESPÍN, Fernando; MARTÍNEZ-BASCUÑÁN, Máriam. *Populismos*. Madrid: Alianza, 2017; RIVERO, Ángel; ZARZALEJOS, Javier; PALACIO, Jorge del. *Geografía del populismo*. Un viaje por el universo del populismo desde sus orígenes hasta Trump. Madrid: Tecnos, 2017.

nacionais – *impeachment,* demissões de membros importantes de sua equipe – e internacionais – fracassos militares e atrasos em desmilitarizações prometidas.

Populismo "do desconcerto" e sua capacidade de mobilização emotiva

Quiçá tudo mudará logo, mas por enquanto tanto os movimentos populistas mais de direita quanto os mais de esquerda coincidem em alguns pontos significativos. Como veremos, alguns deles são de grande eficácia nas sociedades avançadas, pelo que essas práticas dos populismos lhes estão dando significativas vantagens dentro da "janela de oportunidade" que representam para eles as atuais "políticas do desconcerto".

Destacamos em primeiro lugar que se demonstram incluir na agenda política (veremos se a inclusão será real e permanente) os mal-estares e interesse de partes da população que consideram a si mesmas esquecidas pelas políticas e pelo sistema de partidos hegemônicos antes, durante e depois das duras crises econômicas. Ademais, os populismos evitam o elitismo comunicativo dos partidos tradicionais somando – a argumentações frias, racionais e de cálculo instrumental – muitas apelações emotivas e passionais. Este último é um aspecto muito destacado e que, às vezes, se apresenta como um traço antiquado quando se conecta com as atuais teorias de persuasão política e da natureza humana (por exemplo Storytelling, George Lakoff, António Damásio...).

Ernesto Laclau e Chantal Mouffe haviam criticado em *Hegemony and socialist strategy*[17] o sistema ideológico marxista do qual eles mesmos partiram. Assim incluíam em sua denúncia da crescente imposição de uma governança neoliberal. Desde esse livro germinal defendiam uma profunda renovação da política que atualizava a função dos partidos, das práticas e dos discursos políticos. Chantal Mouffe associa o populismo de esquerda com o ideal de "democracia radical" e a polêmica construção democrática do "povo".[18] Recordemos que coincide plenamente com Laclau em que não se pode dar por suposta nem a mobilização política eficaz do "povo" nem a coesão das distintas demandas que se

---

[17] LACLAU, Ernesto; MOUFFE, Chantal. *Hegemonía y estrategia socialista.* Buenos Aires: FCE, 2004.

[18] MOUFFE, Chantal. *For a left populism.* London: Verso, 2018.

podem apresentar em seu seio; ao contrário, isso é algo que se constrói precisamente com a ação política.[19]

Mouffe considera que uma "democracia radical" pode equilibrar a hierarquização vertical dos mal-estares e reinvindicações com o empoderamento autônomo e horizontal dos distintos grupos implicados. Assim se evitaria tanto a anarquia caótica como o despotismo tecnocrático paternalista; e a democracia radical populista poderia exercer um saudável poder constituinte que superaria os tradicionais déficits democráticos da esquerda revolucionária. Ora, também esqueceria os tradicionais equilíbrios iliberais e a estrita divisão de poderes de Montesquieu, aos quais parece que as tendências iliberais são presentes tanto nos populismos de esquerda como de direita.

Por outro lado, as estratégias mobilizadoras emotivistas não são em absoluto patrimônio das esquerdas, pois os populismos de direita estão demonstrando uma enorme capacidade para usá-las. Formam parte da decisiva influência nos respectivos presidentes de autênticas potências mundiais como Vladimir Putin, Jair Bolsonaro e Donald Trump seus intelectuais "de cabeceira" Aleksandr Duguin, Olavo de Carvalho e Steve Bannon. Depois de deixar seu cargo na Casa Branca, Bannon está se convertendo no mais importante impulsor internacional do populismo de ultradireita, assessorando muitos partidos nessa linha.

Em grande medida graças a conselheiros como eles, os movimentos populistas (apesar de suas divergências ideológicas e inclusive perigosas "invenções" políticas) estão se adaptando agilmente às dificuldades das "políticas do reconhecimento" e superando os partidos tradicionais que se mostram escassos de reflexos. Vallespín e Martínez-Bascuñaín inclusive consideram contraproducentes muitas reações antipopulistas dos partidos tradicionais, pois são percebidas por muitos como eleitistas, defendendo ao máximo o *establishment* e "antipovo".[20]

Podemos constatar que as mencionadas características dos populismos têm sido chave em casos concretos como – por exemplo – a grande mobilização do voto a favor de Donald Trump. A primeira a detectá-la nitidamente foi Arlie Russell Hochschild, em seu estudo de campo iniciado antes das eleições presidenciais, mas confirmado pouco depois.[21] Foi no magma social e mental que analisou Hochschild onde

---

[19] LACLAU, Ernesto. *La razón populista*. Buenos Aires: FCE, 2005.

[20] VALLESPÍN, Fernando; MARTÍNEZ-BASCUÑÁN, Máriam. *Populismos*. Madrid: Alianza, 2017. p. 15.

[21] HOCHSCHILD, Arlie Russell. *A strangers in their own land*: anger and mourning [ràbia i dol] on the American right. [s.l.]: The New Press, 2016.

Trump conseguiu fidelizar militantemente as populações que certamente formavam parte do curral de votos que radicalizou o partido republicano, mas também a gente que havia manifestado tentações absentistas ou que – inclusive – votavam contra os republicanos.

A mudança obtida de atitude se percebe estatisticamente em grupos *lumpen* ou descavalgados (*rednecks, hillbillies,* ou *white trash*), mas também em grupos *wasp* (*white, anglo-saxon* e *protestant*) que eram até pouco tempo *mainstream* da chamada América profunda e inclusive de operários do cinturão "da ferrugem", que sofreu uma importante desindustrialização. Esses grupos tendiam a perceber Hillary Clinton (mais que o também democrata Bernie Sanders) como defensora de um frio, distante e indiferente *establishment* de Washington, ao qual precisamente se enfrentavam Donald Trump e Sanders (por isso houve uma inesperada transferência de votos do segundo ao primeiro).

Algo parecido acontece com a vitória de Le Pen em cidades "proletárias" e que costumavam votar socialista, como Marsella (Guilluy documenta perfeitamente as bases econômicas desse descontentamento)[22] ou de Vox nas zonas da Espanha mais desafetas ao regime democrático de 1978 e que sentem falta do ditador Francisco Franco. Muitos eleitores se sentiram interpelados e incluídos pela proximidade emotiva do discurso populista, mais que pelos sempre vagos argumentos que foram profusamente reiterados nas últimas décadas. Algo parecido, cremos, está detrás de muitos eleitores populares a favor de Jair Bolsonaro, que seguramente antes haviam votado no Partido dos Trabalhadores de Luiz Inácio Lula da Silva.

Em todos os casos, a mudança de voto de muitas pessoas constata que se sentem esquecidas pelo *establishment* político e danificadas pela perda de trabalho com as novas tecnologias, pela precariedade impulsionada pelo neoliberalismo e pelas deslocalizações geradas pela turboglobalização.[23] Ronald Inglehart constata que desde a série de crises pós-2007 se manifestou na "Pesquisa Mundial de Valores" um "refluxo autoritário" em grande parte da população, que estaria associado com o crescimento dos populismos.[24] Essa mesma população, ao contrário,

---

[22] GUILLUY, Christophe. *La France périphérique*. Comment on a sacrifié les classes populaires. [s.l.]: Flammarion, 2015.

[23] MAYOS, Gonçal. *Macrofilosofia della Globalizzazione e del pensiero unico*. Barcelona: Red ediciones, 2016.

[24] INGLEHART, Ronald. *Cultural evolution*: people's motivations are changing, and reshaping the world. Cambridge: Cambridge U.P., 2018.

sente que é interpelada, considerada e que pode ser incluída pelos movimentos populistas.

Outra coisa é se isso será de forma suficiente e em longo prazo. Não deixa de ser surpreendente que líderes como Trump, Bolsonaro ou Johnson conservem um importante apoio popular apesar de suas muito desacertadas políticas e declarações sobre a Covid-19. O custo eleitoral parece bem menor do que permitiriam supor suas erráticas políticas levadas a cabo. Em todo caso, parece claro que os populismos não apenas roubam eleitores dos velhos partidos senão que muitas vezes atraem aqueles que haviam passado à abstenção por se sentirem esquecidos, muito pouco reconhecidos ou não interpelados diretamente.

Revolução possibilitista constituinte, oposta ao modelo "Outubro"

Outro elemento transversalmente compartilhado pelos populismos de direita e esquerda nas políticas do desconcerto é a aspiração de exercer um significativo poder constituinte. É dizer, proclamam sua vontade de transformar profundamente o exercício concreto da política, de superar os hábitos e formalidades políticas herdadas, de subverter as práticas habituais e de revitalizar as instituições ineficazes. Seus êxitos eleitorais se baseiam em que muita gente enxerga a causa de seus mal-estares atuais nessas inércias políticas. Que se reforme efetivamente o que chamamos "poder constituído" é – uma vez mais – outra questão. Mas a mudança de votos parece contemplar essa possibilidade e apostar nela.

Como insiste Ernesto Laclau, o populismo é uma tendência permanente na política que aparece quando fracassa ostensivamente a política tradicional.[25] É uma tendência constituinte que se impõe quando uma grande maioria da cidadania mostra sua desafeição a respeito das elites hegemônicas e das instituições desgastadas, como acontece com a crise pós-2008 e a imposição generalizada do pensamento único neoliberal.[26] Nesses casos, o populismo lidera um processo "destituinte" dessas elites e instituições, a favor de "instituir" outras de alternativas e assim fazer frente aos novos desafios históricos-políticos.

Isto nos leva a outra característica dos populismos atuais: assumem um discurso da vez revolucionário e possibilitista. Pois, no

---

[25] LACLAU, Ernesto. *La razón populista*. Buenos Aires: FCE, 2005.
[26] VALLESPÍN, Fernando; MARTÍNEZ-BASCUÑÁN, Máriam. *Populismos*. Madrid: Alianza, 2017. p. 26.

lugar de propor uma revolução completa da sociedade e do modo de produção, concentram-se em alguma mudança que as pessoas percebem como urgente e muito relevante. Esta característica populista costuma desconcertar partidos associados ao marxismo; os quais sofrem as consequências de que, ou bem suas propostas revolucionárias foram renegadas uma e outra vez, ou bem quando foi pretendido levar à prática não cumpriram com as expectativas ou foram de pronto revertidas (pelos mesmos partidos ou por uma mudança de regime mais ou menos forçada).

O resultado é que grande parte da população que deseja uma mudança profunda e inclusive revolucionária se contenta hoje com propostas não totais, mas que se percebem como significativas e factíveis. Dentro dessas medidas percebidas como suficientemente "revolucionárias" e "constituintes", costuma incluir-se em primeiro lugar uma mudança significativa das elites governantes. Os populismos costumam ser alimentados por elites relativamente marginais ao sistema que denunciam a inoperância das dominantes e propõem as substituir. Ainda que possam haver estado relativamente perto dos poderes tradicionais, tanto Trump como Bolsonaro, Le Pen ou Vox se apresentam como inimigos intransigentes daqueles e dispostos a substituí-los de maneira espetacular.

Veremos como reagem os grupos sociais que esperam mudanças radicais, se esses se mantêm como meros cosméticos, se não têm um grande impacto em suas vidas ou se – como se diz – terminam exaltando os "mesmos cachorros com outras coleiras". Mas o sistema de partidos e provavelmente muitas práticas políticas sofreram uma decisiva transformação. A situação real das pessoas poderia não mudar profundamente, mas sem dúvida farão as elites e as supraestruturas institucionais. Por isso e além de que se mantenham no tempo, as atuais "políticas do desconcerto" e os populismos terão dado lugar a uma significativa mudança político-institucional.

Partido disciplinado *versus* movimento e comunicação direta do líder

Recordemos brevemente que o modelo revolucionário hegemônico foi durante décadas o bolchevique de outubro de 1917. Era um movimento político-militar que aspirava a tomada direta e inevitavelmente violenta dos centros vitais do poder estatal: governo, ministérios, quartéis, meios de comunicação, centros logísticos, grandes fábricas... Ao contrário, o populismo das políticas do desconcerto melhor utiliza estratégias não violentas, de conquistar o poder de forma indireta, por exemplo, através de controlar economicamente os meios, influir no voto e conseguir o que Antonio Gramsci chamava de uma "hegemonia cultural" ou um novo "sentido comum".

Nas revoluções tradicionais o meio político principal era a criação de um disciplinado partido, bem estruturado com fiéis quadros ideologizados e militantes aguerridos. O tipo leninista de partido era o ideal para levar a cabo um golpe de Estado e – no caso de êxito – governar desde o primeiro momento com mão de ferro a sociedade e impor o novo regime.

Ora, os populismos contemporâneos mais nascem como movimentos amplos, pouco coerentes e estruturados, e relativamente informais. Podem manifestar uma ideologização flexível, às vezes extraída de correntes religiosas independentes, como a chamada "Maioria moral" que exaltou Ronald Reagan ou o "evangelismo" que – recentemente – levou Jair Bolsonaro à presidência brasileira ou expulsou Evo Morales da presidência da Bolívia.

Também estão se generalizando estratégias sistemáticas e inéditas até o momento, pelas quais os líderes populistas como Trump se dirigem diretamente, através das novas tecnologias e de maneira personalizada ao conjunto do eleitorado. Assim os populismos conseguem se dirigir a seus partidos sem depender estritamente do "aparato", os quadros e "militantes" dos poderosos partidos "leninistas" de outros tempos. De forma similar estão se desenvolvendo novas práticas e estratégias políticas tanto nas eleições (p. ex., o uso de ferramentas digitais da Cambridge Analytica por Trump) como na comunicação das decisões (p. ex., o uso de *fake news* em um marco de uma assumida pós-verdade).

As revoluções tipo "Outubro" eram pensadas como uma mudança total entre duas ordens políticas, sociais, econômicas, ideológicas e, inclusive, culturais. Eram significativas as apelações ao "novo homem" e à radicalidade da contraposição antes-depois. A revolução era um momento de exceção que rompia totalmente a continuidade entre passado e futuro. Ao contrário e apesar de certa retórica, os movimentos populistas atuais assumem que a mudança em absoluto será total, que haverá uma inevitável continuidade e que as metamorfoses radicais (na linha do "novo homem") se manifestarão somente em longo prazo.

As revoluções eram imaginadas como rupturas pontuais que alteravam tudo em um curto lapso de tempo, logo do qual a história voltaria a tranquilizar-se e as mudanças se limitariam a consolidar-se. Ao contrário, os populistas atuais sonham com estender no tempo as transformações em certa tensão permanente que se nega a "fechar" rápido demais o processo de mudança e de consolidação do novo sistema. Certamente, também no modelo revolucionário "Outubro 1917" podiam se dar elementos populistas, mas estes se pensavam muito concentrados no tempo. Ao contrário, no populismo "do desconcerto" as mudanças "revolucionárias" se imaginam mais estendidas no tempo, incidindo na sociedade em longo prazo e como "uma gota malaya"[27] lenta, mas que termina dominando qualquer resistência. Como vemos, no fundo, a comparação entre os revolucionários clássicos e os populistas contemporâneos não é uma questão simplesmente de maior ou menor ambição.

Aproveitar a oportunidade política da crise pós-2007 e do desconcerto

Outra característica que compartilham hoje os populismos de esquerda e de direita é que identificaram a situação de longa crise posterior às quebras econômicas de 2007-2009 como propícia para levar a cabo as mudanças que desejam. Perceberam – muito mais nitidamente que os partidos tradicionais – o profundo descontentamento da população e, portanto, a melhor oportunidade em décadas para grandes mudanças políticas. Ao menos desde inícios dos anos 1990, com a queda da URSS e a evolução do Partido Comunista Chinês sob Deng Xiaoping, não se havia aberto uma janela de oportunidade tão clara e generalizada para novos partidos, novas elites e novos projetos político-sociais.

Seguramente a diversidade ideológica entre os populismos fará com que suas consequências se movam em direções distintas e não em uma única. Ora, isso pode incrementar seu impacto sobre a história, no lugar de reduzi-lo. Em certo sentido, as "políticas do desconcerto" e os populismos dentro delas abriram uma espécie de "tempo revolucionário" em que se está lutando incansavelmente para definir o que será o marco político-social hegemônico nos próximos anos.

---

[27] N.T.: A expressão utilizada pelo autor foi mantida em castelhano para que permanecesse o significado original; trata-se de uma referência ao método de tortura que consistia em submeter a pessoa a uma incessante queda de gotas d'água de ritmo contínuo que a impedia de dormir e deteriorava a pele, uma crueldade planejada por um cálculo de tempo, referindo-se assim à persistência de que algo pequeno e indolor pode acabar levando a pessoa (ou a sociedade) à morte.

Sem dúvida, definir-se-á tanto dentro dos distintos Estados-Nações como na governança internacional que substituirá o chamado "Consenso de Washington".[28] Pois deve dar resposta à, todavia aberta, Grande Recessão, às dolorosas políticas de austeridade, ao galopante crescimento da desigualdade (em recorde histórico desde que temos dados confiáveis, segundo Piketty), aos estragos sociais da Covid-19 e suas inevitáveis consequências econômicas. Deve enfrentar também os efeitos da revolução digital, robótica e de inteligência artificial, que inclui como grande desafio a inevitável redução no trabalho massivo.[29]

Tudo isso coincide ademais com mudanças geopolíticas significativas, como a ascensão da China como grande potência mundial, os esforços da Rússia e da Turquia para voltarem a exercer influência político-militar global e o surpreendente recuo isolacionistas dos Estados Unidos. Em todo caso, este parece focalizar-se em 2020 num pequeno grupo de aliados fiéis (como o Israel de Benjamín Netanyahu e o Reino Unido de Boris Johnson) e disposto a distanciar-se da União Europeia (que cada vez percebe mais como competidora), do México e, inclusive, do Canadá.

Dilemas do espectro populista: agenda oculta, limite constituinte e choque entre poderes

Como todo processo complexo e relativamente novo (pois rompe com muitas características que anteriormente o antecipavam), o populismo desorienta e inclusive gera uma profunda desconfiança. Temos exposto a complexidade ideológica e social dos populismos. Distingui-los em dois polos tradicionais de esquerda e direita tão somente é uma necessidade comunicativa, para não bloquear o avanço do discurso. Na verdade, não é trabalho deste artigo classificar e definir detalhadamente os distintos tipos de populismos hoje existentes. Terminaremos analisando concisamente os principais dilemas que se manifestam nos populismos "do desconcerto", pois efetivamente mostram as tensões que suportam, as dificuldades que enfrentam e os desafios que devem assumir.

---

[28] WILLIAMSON, J. A short history of the Washington Consensus. *Law & Bus. Rev. Am.*, v. 15, n. 7, p. 7-23, 2009. Disponível em: https://scholar.smu.edu/cgi/viewcontent.cgi?referer=https://scholar.google.es/&httpsredi r=1&article=1381&context=lbra.

[29] Cf. RIFKIN, Jeremy. *El fin del trabajo*. Nuevas tecnologías contra puestos de trabajo. El nacimiento de una nueva era. Barcelona: Paidós, 1996; MASON, Paul. *Postcapitalismo*. Hacia un nuevo futuro. Barcelona: Paidós, 2016.

No momento, a maioria dos movimentos populistas afirma respeitar os valores democráticos, a vontade popular e os direitos civis e humanos; algo que não costumava acontecer nos anos 1930. Mas se preocupa generalizadamente e é um dos dilemas dos populistas atuais que isso não seja uma característica permanente e que – no futuro – possam derivar em atitudes inequivocamente totalitárias.

Ainda mais, cabe se perguntar se os movimentos populistas têm algum tipo de agenda totalitária mantida em segredo e não publicitada. Se existe essa agenda oculta, é imperioso elucidar o que estão dispostos a manter dos equilíbrios institucionais liberais e quais aspectos da democracia participativa e do governo popular aspiram a eliminar ou a degradar. Quais garantias civis até agora respeitadas nas democracias avançadas seriam prescindíveis ou negociadas para eliminação? Quais valores de liberdade podem ser vulnerados para garantir uma ordem política estrita, outros valores securitários ou lideranças populistas fortes? Quais direitos humanos são inegociáveis para eles e quais podem ser transacionados ou diretamente eliminados?

Não cabe dúvidas de que essas questões dilemáticas planteiam perguntas a muitos dos eleitores que veem o populismo como uma opção legítima e inclusive necessária, mas que temem que possam se repetir nefastos acontecimentos não tão distantes. Certamente persistem muitas dúvidas razoáveis que angustiam as pessoas e os analistas políticos.

Também é muito relevante se perguntar: que limites contemplam os populismos para suas próprias ações críticas, degastadoras e desti-tuintes do *establishment* político-institucional? Como temos visto, praticamente todos os populismos atuais consideram necessário abrir um processo e um poder constituintes ou – ao menos – levar a cabo práticas desafiadoras das elites e instituições vigentes que forcem sua rápida renovação. Até que ponto cada um deles está disposto a desestabilizar o Estado e a governança atual, a colocar em perigo a necessária "segurança jurídica" e a impor a agenda das maiorias sociais por cima das minorias?

Todo poder constituinte em algum aspecto tem diretas conse-quências destituintes ou desconstituintes. Até que ponto os benefícios em cada caso superam os perigos, os riscos e as inconveniências assumidas? A respeito Hans Kelsen avisava que toda democracia sem controle não pode ser duradoura nem estável. Hoje temos complexos exemplos que reconfiguram a relação entre o poder judicial e os poderes legislativo-parlamentar e executivo.

Boris Johnson propôs fechar por cinco semanas o parlamento britânico em seu momento crítico da negociação da saída do Reino

Unido da União Europeia, embora sua tentativa tenha sido bloqueada pela ação paralela do próprio parlamento e do poder judiciário. Donald Trump suscitou distintas "insistências" para impor suas políticas a outros poderes federais, por exemplo, pressionando juízes para que aceitassem suas propostas de restrição de entrada nos Estados Unidos de cidadãos de certos países vistos com desconfiança pela sua presidência. Também chegou a fechar a Administração Federal não vital como parte de sua pressão para que o Congresso aprovasse os pressupostos extraordinários que pediam para ampliar o muro entre o México.

Na Espanha e na Catalunha, mas também no Brasil, algumas instâncias judiciais ou eleitorais realizaram ações e invocaram prerrogativas pouco habituais e que ameaçam romper a tradicional divisão de poderes. Assim se levou a destituir, a evitar a eleição ou a inabilitar presidentes e altos cargos da *Generalitat* catalã, inclusive colocando em perigo os direitos civis dos afetados. No Brasil são muito conhecidos e debatidos os complexos processos de destituição e acusação dos presidentes Dilma Rousseff e Luiz Inácio Lula da Silva, invocando-se conceitos – que podemos qualificar de "inseparavelmente constituintes e destituintes" – de por exemplo "mutação constitucional".

Se se rompe o equilíbrio e a separação dos poderes de Montesquieu, facilmente um deles ou alguma instância institucional se impõe e adquire características totalitárias. Por si só, pode exercer um poder constituinte (já não meramente constituído) e evitar a subordinação democrática à soberania popular. Em termos de Hobbes, essa pessoa, assembleia, instância ou poder se converte no que Hobbes definia como "o Soberano" efetivo, isto é, o poder último inexcedível de todo o sistema político e não condicionado no fundo por nenhum outro. Isso é o que se chamou totalitarismo,[30] avisando que não surge tão somente da ignorância ou da lavagem cerebral, senão que tem causas mais profundas na condição humana, que pode ressurgir com facilidade.

Processos e mecanismos similares estão aparecendo em muitos países. Há que se perguntar, portanto: trata-se de um fenômeno momentâneo que a própria dinâmica política situará em seu justo lugar ou – pelo contrário – irão além, deslocando as "políticas do desconcerto"? São reações pontuais, excessivas, demagógicas, muito limitadas e espetacularizadas que não têm o impacto real que parecem ter? Sua capacidade de inquietar através de *massmedia* muita gente é seu principal efeito ou tão somente a ponta do *iceberg*? Mostram uma

---

[30] ARENDT, Hannah. *Los orígenes del totalitarismo*. Madrid: Taurus, 1974.

tendência da "nova política" e das possibilidades tecnológicas digitais que vieram para ficar e podem alterar tudo?

Não é possível aqui se aprofundar nos mencionados exemplos, mas sem dúvida eles mostram o enorme impacto alcançado pelas "políticas do desconcerto" e pelos movimentos populistas. A desorientação e a preocupação de grande parte da população também contagiam – em questões deste tipo – muitos expertos politólogos. São dilemas não somente dos populismos, senão também das "políticas do desconcerto", que continuam vigentes no início da terceira década do século XXI.

Horizontalizar ou verticalizar a política? Mais pluralismo ou menos?

Como vemos, é urgente resolver os complexos dilemas que criam os populismos, embora devamos reconhecer que eles também afetam aos demais agentes políticos nas atuais caóticas "políticas do desconcerto". Ora, os populismos – inclusive além de suas diferenças ideológicas – tenderam a apresentar-se como movimentos que pendiam para horizontalizar e dar pluralidade à paralisada vida política tradicional. Uma vez mais, o problema é até que ponto isso é certo.

Pois – como temos apontado – costumam incorporar novas capas sociais que se haviam afastado da política. Ora, é preocupante que tendam a estruturar seus movimentos de forma mais informal e com uma liderança forte. Ademais, este se comunica sem intermediários, diretamente com os eleitores, e recupera a velha dinâmica verticalista: uma ou algumas poucas pessoas ativas projetando-se sobre muitos que se comportam passivamente. Certamente se deram casos – em todos os partidos e não somente nos populistas – em que o líder "desconecta" de "sua" rede social qualquer interlocutor não obediente. Isso, sim, evidenciou o valor de bombardear a cidadania com mensagens adequadamente "personalizadas" de acordo com os perfis que certas empresas adquiriram normalmente de forma fraudulenta.

Esses mecanismos que permitem as novas tecnologias digitais podem empoderar e organizar as pessoas, mas também subordiná-las e convertê-las em "clientes" políticos de líderes com poucos escrúpulos (o "ciberleviatã" que temem os liberais Lassalle e Krause).[31] Portanto, facilmente podem melhor provocar a verticalização carismática da

---

[31] LASSALLE, José María; KRAUSE, Enrique. *Ciberleviatán*: el colapso de la democracia liberal frente a la revolución digital. Barcelona: Arpa, 2019.

política e não sua horizontalização democrática. Certamente, essas novas relações diretas entre o "líder" e a "massa" podem ter efeitos negativos que lhes façam sentir falta dos contrapesos liberais e das moderações tradicionais como a mediação dos partidos, dos periódicos e mídias audiovisuais sérias, das academias e universidades, dos *think tanks* livres ou relativamente autônomos etc.

Eliminar, reduzir ou invisibilizar drasticamente essas mediações converteu-se em um importante dilema que se está desfazendo agora mesmo. Além das dúvidas legítimas, todavia, não sabemos se a ciência agiliza e horizontaliza a política, ou provoca todo o contrário. Mas está claro que as novas tecnologias digitais estão abrindo atualmente possibilidades nessa direção, completamente impensáveis há poucos anos.

Supondo que os populismos do desconcerto consigam transformar profundamente o sistema político vigente de até então, introduzirão maior pluralidade e democracia no sistema ou as reduzirão perigosamente? Permitirão que as oligarquias econômicas (que saíram muito reforçadas da crise 2007-2009 e quiçá da Covid-19) possam governar e exercer diretamente o poder político como tenta Donald Trump? Poderão prescindir de uma classe política profissional que atuava como mediadora ou poderão realizar de forma bem mais direta sua própria agenda política particular? Facilitar-se-ão pelas novas tecnologias digitais, levando a política a novos clientelismos e lideranças carismáticas?

Como temos apontado, quiçá isso não adquirirá a forma dos fascismos e totalitarismos de 1930, pois hoje são possíveis outras soluções político-tecnológicas. Significativamente no aceleracionismo anarcocapitalista radical, já existe quem pensa que os presidentes e chefes de Estado devem atuar e ser considerados como uma espécie de CEO ou *chief executive officer* que governa populistamente as massas ou através de uma reduzida quantidade de *stakeholders* sociais.

Mas em todo caso a "nova política", que surgiu após "o desconcerto" e os populismos, pode ter perigos tão importantes ou mais que as velhas políticas que creiamos superadas para sempre. Muitos analistas (por exemplo Fassin e Villacañas)[32] temem que os populismos, depois de um efêmero êxito e um aumento do pluralismo durante o que chamamos de "políticas do desconcerto", acabarão tendo um impacto

---

[32] Cf. FASSIN, Eric. *Populisme*: le grand ressentiment. Paris: Textuel, 2017; VILLACAÑAS, José Luis. *Populismo*. Madrid: Huerta Grande, 2015.

majoritário que reforçará o *establishment* neoliberal e inclusive reduzirá significativamente o pluralismo político. Villacañas enxerga uma correlação estrita entre a persistência e a radicalização do neoliberalismo e do populismo, pois ambos se retroalimentariam decisivamente.[33]

Evidentemente outros estudiosos são muito mais otimistas nas possibilidades de um populismo de esquerda triunfante, precisamente porque facilitaria a aliança com outros movimentos emancipatórios como o feminismo, o ecologismo e a reivindicação dos subalternizados.[34] Também desde a esquerda, Carlos Fernández Liria ou José Luis Villacañas adotam uma postura intermediária em que os populismos de esquerda ofereceriam uma oportunidade histórica que acabaria reforçando as opções do republicanismo mais clássico na sua luta contra o neoliberalismo.[35] Por isso Fernández Liria elogia a capacidade da coalizão espanhola Podemos para convencer os indignados do 15M a invadir as instituições no lugar de manterem-se em uma atitude meramente ressentida.

Por outro lado, o malsucedido Mark Fisher destacou que o neoliberalismo havia sido imposto por cima de qualquer oposição efetiva, até o ponto que hoje pode prescindir de toda legitimação política.[36] Portanto, parece haver garantido sua sobrevivência sem ter que seduzir e inclusive sem oferecer demasiadas contrapartidas à sociedade. O argumento básico seria do tipo: ou o neoliberalismo ou o caos?

Conclusão: o populismo é mais antiliberal e pouco cooperativo que antidemocrático?

Certamente os populismos dizem respeitar o princípio democrático do mandato popular e insistem nele destacando suas taxas de voto. Em contrapartida, mostram-se muitíssimo mais explicitamente críticos com os mecanismos liberais de freios e contrapesos, pois dificultam suas políticas ao mesmo tempo constituintes e destituintes. Isso é especialmente surpreendente em populismos de direita como o húngaro de Víctor Orbán, que defendem a ortodoxia neoliberal em questões

---

[33] VILLACAÑAS, José Luis. *Populismo*. Madrid: Huerta Grande, 2015. p. 99.

[34] Cf. MOUFFE, Chantal. *For a left populism*. London: Verso, 2018; MOUFFE, Chantal; ERREJÓN, Íñigo. *Construir pueblo*. Hegemonía y radicalización de la democracia. Barcelona: Icaria, 2015.

[35] Cf. FERNÁNDEZ LIRIA, Carlos. *En defensa del populismo*. Madrid: Catarata, 2016; VILLACAÑAS, José Luis. *Populismo*. Madrid: Huerta Grande, 2015.

[36] FISHER, Mark. *Realismo capitalista. ¿No hay alternativa?*. Buenos Aires: Caja Negra, 2009.

econômicas, mas – em contrapartida – se manifestam explicitamente "iliberais" no desmonte dos contrapesos entre poderes. Aqui optam por instituir políticas autoritárias que colocam em perigo os direitos civis básicos e a separação de poderes. Inclusive, não duvidam em se aliar com movimentos claramente de extrema-direita para levar a cabo políticas destituintes dos mecanismos clássicos liberais.

Podem-se constatar essas tendências na evolução de Orbán na presidência húngara a partir de 2010 que – inclusive – foram radicalizadas a partir de 2014, quando definiu o regime que defendia como "democracia iliberal". Uma vez mais, usa-se de um êxito eleitoral e uma popularidade indiscutíveis como um mandato democrático, desde o qual controla na prática a totalidade dos mecanismos estatais em virtude de um "autoritarismo eleito".

De forma semelhante, o Presidente da Polônia Jaroslaw Kaczynski ataca a divisão de poderes submetendo ao tribunal supremo e ao judiciário em geral as diretrizes de seu executivo. Paralelamente o presidente das Filipinas Rodrigo Duterte (que orgulhosamente ostenta o apelido de "Harry" pelo personagem hollywoodiano de "Perseguidor Implacável") impôs uma espécie de guerra "suja" contra as drogas. Está permitindo por exemplo que a polícia dispare para matar sem nenhum problema, provocando um balanço de mortes violentas entre 4.500 e 12.000 óbitos.

Também o Ex-Ministro italiano do interior Matteo Salvini impôs uma política de fechamento dos portos italianos aos refugiados, negando as normas de ajuda marítima e de direitos humanos. Inclusive manteve tais políticas contra algumas sentenças judiciais e, portanto, violando a separação de poderes. Finalmente e ante a impossibilidade de ser exaustivo, o presidente da Turquia, Recep Tayyip Erdogan, instrumentalizou uma suspeita tentativa de golpe de Estado em 2016 para impor seu autoritarismo no conjunto dos mecanismos estatais, estreitar drasticamente os direitos civis e perseguir a oposição, os dissidentes e o povo kurdo. Inclusive muitos governos aproveitaram a pandemia da Covid-19 para impor políticas de controle que são muito restritivas e que permitem prever uma perigosa "sociedade do confinamento".[37]

Surpreende que, apesar do perigo para as democracias de qualidade e alto nível dessas políticas a princípio basicamente iliberais, em muitos casos a popularidade e o voto a favor dos líderes que as

---

[37] Veja a postagem de MAYOS, Gonçal. *Societat del confinament*: el món que ve?. 2020. Disponível em: https://goncalmayossolsona.blogspot.com/2020/03/del-transport-fisic-al-confinament-el.html.

concretizam continuam. Inquieta o apoio que segue dando uma parte significativa dos cidadãos a essas agressivas políticas destituintes das instituições liberais e democráticas. Provavelmente têm razão Vallespín e Martínez-Bascuñán[38] de que esse apoio cidadão está relacionado com tais contrapesos que adquiriram uma complexidade, lentidão e ineficácia que as pessoas os avaliam como praticamente irreformáveis, pelos quais apoiam suas eliminações ou subordinações ao líder populista.

Nesse caso, a população não seria absolutamente contrária – pensamos – ao equilíbrio de poderes nem aos contrapesos institucionais. Os cidadãos tampouco seriam escravos manipulados por líderes carismáticos e pelos novos mecanismos digitais de controle. Em muitos casos sua aquiescência seria – melhor – uma resposta indignada, mas também pragmática, calculada, temporal e não gratuita ante a falta de agilidade das instituições para resolver os urgentes desafios econômicos, sociais e políticos da atual era do desconcerto.

De fato e como expõe Dani Rodrik, atualmente os governos vivem sob a tensão quase impossível de harmonizar as exigências próprias da democracias, da turboglobalização internacional e da soberania nacional.[39] Se os governos sacrificam as primeiras para poder manter as outras duas, Rodrik chama essa "solução" parcial de "camisa de força dourada", que oferece exemplos de grande crescimento como Cingapura ou a própria China. Notemos que também aqui se diz respeitar o princípio do voto popular, enquanto que ao invés se menosprezam os contrapesos institucionais de origem liberal que moldaram o poder executivo e garantiram os direitos civis.

Analistas norte-americanos como Rodrik e também Steven Levitsky e Daniel Ziblatt quiçá identificam excessivamente a democracia com a tradição norte-americana de *checks and balances*.[40] Ora, deve-se reconhecer que tanto eles como Daron Acemoglu e James A. Robinson argumentam que a liberdade político-social somente está garantida no "estreito corredor" de equilíbrio entre o poder do Estado (que inclui as elites que o controlam) e da sociedade civil.[41]

---

[38] VALLESPÍN, Fernando; MARTÍNEZ-BASCUÑÁN, Máriam. *Populismos*. Madrid: Alianza, 2017. p. 146.

[39] RODRIK, Dani. *La paradoja de la globalización*: democracia y el futuro de la economía mundial. Barcelona: Antoni Bosch Editor, 2012.

[40] LEVITSKY, Steven; ZIBLATT, Daniel. *How democracies die*: what history tells us about our future. [s.l.]: Penguin Books, 2018.

[41] Cf. ACEMOGLU, Daron; ROBINSON, James A. *The narrow corridor*: states, societies, and the fate of liberty. [s.l.]: Penguin, 2019; ACEMOGLU, Daron; ROBINSON, James A. *Por qué fracasan los países*. Los orígenes del poder, la prosperidad y la pobreza. Barcelona: Deusto, 2012.

Por isso são muito preocupantes os importantes desgastes que está sofrendo essa estreita margem de equilíbrio pelos ataques de líderes e partidos populistas. Pois se estão superando "linhas vermelhas" bem importantes que ao final terminam afetando tanto o princípio democrático da vontade popular como a separação de poderes e os contrapesos institucionais liberais. Em última instância, o resultado acaba sendo uma clara redução da qualidade, pluralidade, inclusão, resiliência e confiabilidade das democracias avançadas.

Yascha Mounk – especialmente em seus artigos em conjunto com Roberto Stefan Foa – analisou distintos mecanismos e sinais de "desconsolidação democrática".[42] Também Steven Levitsky e Daniel Ziblatt manifestam tendências que, caso mantidas, poderiam colocar em perigo democracias consolidadas, como as ocidentais.[43] Recordemos que Samuel P. Huntington analisou até três ondas de países que transitam à democracia (com suas respectivas contraondas antidemocráticas).[44] Isso evidencia que a democracia não é algo que se pode dar por assegurado para sempre senão um ideal e prática que se devem validar dia a dia. Nesse mesmo espírito, Naomi Klein avisou dos perigos e das estratégias antidemocráticas no "capitalismo do desastre" que aproveita do desconcerto social ante situações inesperadas para desmontar direitos sociais adquiridos.[45]

Como temos visto, existem relevantes dilemas abertos sobre a natureza profunda e a evolução esperada dos populismos do desconcerto. À medida que vão avançando, serão marcantes no novo consenso sociopolítico futuro, que inevitavelmente terá que surgir, como aconteceu depois da II Guerra Mundial, do colapso da URSS e da evolução da China de Deng. Já mostramos alguns dos desafios das democracias avançadas que em plenas "políticas do desconcerto" parecem flertar com perigosas tendências de "desconsolidação democrática".

O enigma mais inquietante das atuais "políticas do desconcerto" é a maneira como nos próximos anos se decidirão esses dilemas populistas, mas também os das democracias avançadas. Quiçá a tarefa político-social mais importante nesse momento seja conseguir que se resolvam tais dilemas pacificamente, com um amplo consenso

---

[42] MOUNK, Yascha. *The people vs. democracy*. Why our freedom is in danger and how to save it. Cambridge: Harvard U.P., 2018.

[43] LEVITSKY, Steven; ZIBLATT, Daniel. *How democracies die*: what history tells us about our future. [s.l.]: Penguin Books, 2018.

[44] HUNTINGTON, Samuel P. *La tercera ola*: la democratización a finales del siglo XX. Barcelona: Paidós, 1994.

[45] KLEIN, Naomi. *The shock doctrine*. London: Penguin Books, 2007.

internacional e dentro do marco democrático. Pois isso configurará o modelo básico de governança que será hegemônico durante as futuras décadas. É evidente que a humanidade em conjunto e todos nós nos julguemos muito nos próximos poucos anos.

Referências

ACEMOGLU, Daron; ROBINSON, James A. *Por qué fracasan los países*. Los orígenes del poder, la prosperidad y la pobreza. Barcelona: Deusto, 2012.

ACEMOGLU, Daron; ROBINSON, James A. *The narrow corridor*: states, societies, and the fate of liberty. [s.l.]: Penguin, 2019.

ARENDT, Hannah. *Los orígenes del totalitarismo*. Madrid: Taurus, 1974.

BÁRCENA GÓMEZ, Alfonso. *Macrofilosofia del Capitalismo*. Tesis (Doctoral) – Universitat de Barcelona, 2015.

BAUMAN, Zygmunt. *Modernidad líquida*. México: FCE, 2005.

BAUMAN, Zygmunt; TESTER, Keith. *La ambivalencia de la modernidad y otras conversaciones*. Barcelona: Paidós, 2002.

BECK, U. *La sociedad del riesgo*. Hacia una nueva modernidad. Barcelona: Paidós, 2006.

BOLTANSKY, L.; CHIAPELLO, E. *El nuevo espíritu el capitalismo*. Madrid: Akal, 2002.

CASTELLS, Manuel. *La sociedad red*. Una visión global. Madrid: Alianza, 2006.

CHENOWETH, Erica; STEPHAN, Maria. *Why civil resistance works*: the strategic logic of nonviolent conflict. [s.l.]: Columbia U.P., 2012.

FASSIN, Eric. *Populisme*: le grand ressentiment. Paris: Textuel, 2017.

FERNÁNDEZ LIRIA, Carlos. *En defensa del populismo*. Madrid: Catarata, 2016.

FISHER, Mark. *Realismo capitalista*. ¿No hay alternativa?. Buenos Aires: Caja Negra, 2009.

FRASER, Nancy; JAEGGI, Rahel. *Capitalism*. A conversation in critical theory. Oxford: Blackwell's UK, 2018.

GÓMEZ VILLAR, Antonio. *Ernesto Laclau i Chantal Mouffe*: Populisme i hegemonia, Barcelona: Gedisa, 2018.

GUILLUY, Christophe. *La France périphérique*. Comment on a sacrifié les classes populaires. [s.l.]: Flammarion, 2015.

HAN, Byung-Chul. *La sociedad del cansancio*. Barcelona: Herder, 2012.

HARDT, Michael; NEGRI, Antonio. *Multitud*. Guerra y democracia en la era del Imperio. Barcelona: Debate, 2004.

HARVEY, David. *La breve historia del neoliberalismo*. Madrid: Akal, 2007.

HOCHSCHILD, Arlie Russell. *A strangers in their own land*: anger and mourning [ràbia i dol] on the American right. [s.l.]: The New Press, 2016.

HONNETH, Axel. *Crítica del agravio moral*. Patologías de la sociedad contemporánea. Buenos Aires: FCE, 2009.

HOPKIN, Jonathan; BLYTH, Mark. *The global economics of European populism*: growth regimes and party system change in Europe. Cambridge: Cambridge U.P., 2018. Disponível em: https://www.cambridge.org/core/journals/government-and-opposition/article/global-economics-of-european-populism-growth-regimes-and-party-system-change-in-europe-the-government-and-oppositionleonard-schapiro-lecture-2017-/32CECBB2EB9F6D707564D5A7944FAB04.

HORKHEIMER, Max; ADORNO, Theodor W. *Dialéctica de la ilustración*. Fragmentos filosóficos. Madrid: Trotta, 1998.

HORTA, José Luiz Borges. *Teoria da Justiça* – Ensaios em homenagem a Joaquim Carlos Salgado. 2018. *En prensa*.

HUNTINGTON, Samuel P. *El choque de civilizaciones y la reconfiguración del orden mundial*. Barcelona: Paidós, 2005.

HUNTINGTON, Samuel P. *La tercera ola*: la democratización a finales del siglo XX. Barcelona: Paidós, 1994.

INGLEHART, Ronald. *Cultural evolution*: people's motivations are changing, and reshaping the world. Cambridge: Cambridge U.P., 2018.

INGLEHART, Ronald. *Modernización y posmodernización*. El cambio cultural, económico y político en 43 sociedades. Madrid: Centro de Investigaciones Sociológicas & Siglo XXI, 2001.

INNERARITY, Daniel. *Política para perplejos*. Barcelona: Galaxia Gutenberg, 2018.

INNERARITY, Daniel. *Una teoría de la democracia compleja*: gobernar en el siglo XXI. Barcelona: Galaxia Gutenberg, 2020.

KLEIN, Naomi. *No is not enough*: resisting Trump's shock politics and winning the world we need. Chicago: Haymarket, 2017.

KLEIN, Naomi. *The shock doctrine*. London: Penguin Books, 2007.

LACLAU, Ernesto. *La razón populista*. Buenos Aires: FCE, 2005.

LACLAU, Ernesto; MOUFFE, Chantal. *Hegemonía y estrategia socialista*. Buenos Aires: FCE, 2004.

LASSALLE, José María. *Contra el populismo*. Cartografía de un totalitarismo postmoderno. Barcelona: Debate, 2017.

LASSALLE, José María; KRAUSE, Enrique. *Ciberleviatán*: el colapso de la democracia liberal frente a la revolución digital. Barcelona: Arpa, 2019.

LEVITSKY, Steven; ZIBLATT, Daniel. *How democracies die*: what history tells us about our future. [s.l.]: Penguin Books, 2018.

LIPOVETSKY, Gilles *La felicidad paradójica*. Ensayo sobre la sociedad del hiperconsumo. Barcelona: Anagrama, 2007.

LYOTARD, Jean-François. *La condición postmoderna*. Informe sobre el saber. Madrid: Teorema, 1984.

MACPHERSON, Crawford B. *La teoría política del individualismo posesivo*. De Hobbes a Locke. Barcelona: Fontanella, 1979.

MASON, Paul. *Postcapitalismo*. Hacia un nuevo futuro. Barcelona: Paidós, 2016.

MAYOS, Gonçal. 'Políticas del desconcierto' y redefinición democrática. Una síntesis macrofilosófica. *In*: AMAT, Joan Lara (Coord.). *Ciudadanía y crisis de la democracia liberal en un mundo en transformación*. Lima: Oficina Nacional de Procesos Electorales (ONPE), 2020.

MAYOS, Gonçal. Time is money, el hombre de nuestro tiempo. *In*: XAVIER, Dennys G. (Coord.). *A lanterna de Diógenes*: reflexões sobre o homem da pólis contemporânea. Uberlândia: Laboratório Americano de Estudos Constitucionais Comparado – LAECC, 2018. p. 403-425.

MAYOS, Gonçal. Vulnerabilidad, precarización y cambio social. Del capitalismo nofordista al postfordista. *In*: POLIDO, Fabricio; REPOLÈS, María Fernanda (Ed.). *Law & Vulnerability/ Direito & Vulnerabilidade*. São Paulo: Almedina Brasil, 2015.

MAYOS, Gonçal. Cognitariado es precariado. El cambio en la sociedad del conocimiento turboglobalizada. *In*: CASTRO, Gonzalo de; ROMÁ, Begoña (Ed.). *Cooperación y cambio social en el siglo XXI*. Barcelona: Intervida, 2013. p. 143-157.

MAYOS, Gonçal. *Homo obsoletus*. Precariedad y desempoderamiento en la turboglobalización, Barcelona: Red ediciones, 2016.

MAYOS, Gonçal. *Macrofilosofia della Globalizzazione e del pensiero unico*. Barcelona: Red ediciones, 2016.

MAYOS, Gonçal. *Políticas del desconcierto*. 2018. Disponível em: https://goncalmayossolsona. blogspot.com/2018/11/politica-del-desconcierto.html.

MAYOS, Gonçal; BREY, Antoni (Ed.). *La sociedad de la ignorancia*. Barcelona: Península, 2011.

MAYOS, Gonçal; REMOTTI, J. C.; MOYANO, Y. *Interrelación filosófico-jurídica multinivel*. Estudios desde la interconstitucionalidad, la interculturalidad y la interdisciplinariedad para un mundo global. Barcelona: Linkgua, 2016.

MCLUHAN, M.; POWERS, B. R. *The global village*. Transformations in world life and Media in the 21st Century. [s.l.]: [s.n.], 1989.

MILANOVIC, Branko. *Los que tienen y los que no tienen*. [s.l.]: Alianza, 2012.

MOUFFE, Chantal. *En torno a lo politico*. Buenos Aires: FCE, 2007.

MOUFFE, Chantal. *For a left populism*. London: Verso, 2018.

MOUFFE, Chantal; ERREJÓN, Íñigo. *Construir pueblo*. Hegemonía y radicalización de la democracia. Barcelona: Icaria, 2015.

MOUNK, Yascha. *The people vs. democracy*. Why our freedom is in danger and how to save it. Cambridge: Harvard U.P., 2018.

MUKAND, Sharun; RODRIK, Dani. The political economy of liberal democracy. *NBER Working Paper*, n. 21540, set. 2015. Disponível em: https://www.nber.org/papers/w21540.

PIKETTY, Thomas. *Capitalisme i ideología*. Barcelona: Grup62, 2019.

PIKETTY, Thomas. *El capital al segle XXI*. Barcelona: RBA, 2013.

POLIDO, Fabricio; REPOLÈS, María Fernanda (Ed.). *Law & Vulnerability/Direito & Vulnerabilidade*. São Paulo: Almedina Brasil, 2015.

RIFKIN, Jeremy. *El fin del trabajo*. Nuevas tecnologías contra puestos de trabajo. El nacimiento de una nueva era. Barcelona: Paidós, 1996.

RIVERO, Ángel; ZARZALEJOS, Javier; PALACIO, Jorge del. *Geografía del populismo*. Un viaje por el universo del populismo desde sus orígenes hasta Trump. Madrid: Tecnos, 2017.

RODRIK, Dani. *La paradoja de la globalización*: democracia y el futuro de la economía mundial. Barcelona: Antoni Bosch Editor, 2012.

RODRIK, Dani. Populism and the economics of globalization. *Journal of International Business Policy*, v. 1, p. 12-33, 2018.

RUSHKOFF, Douglas. *Present shock*: when everything happens now. [s.l.]: Penguin, 2013.

SADIN, Éric. *La humanidad aumentada*. La administración digital del mundo. Buenos Aires: Caja Negra, 2017.

SENNETT, Richard. *La corrosión del carácter*. Las consecuencias personales del trabajo en el nuevo capitalismo. Barcelona: Anagrama, 2000.

STIEGLER, Bernard. *Dans la disruption*: comment ne pas devenir fou? Paris: Les Liens qui Libèrent, 2016.

VALLESPÍN, Fernando; MARTÍNEZ-BASCUÑÁN, Máriam. *Populismos*. Madrid: Alianza, 2017.

VILLACAÑAS, José Luis. *Populismo*. Madrid: Huerta Grande, 2015.

WALMOTT, Alexandre *O castigo de Latona*. As estratégias da ditadura militar para os direitos sociais do trabalhador rural: do estatuto do trabalhador rural do Governo João Goulart, de 1963, ao Estatuto do Trabalhador Rural de Emílio Médici, de 1973. Tese (Doutorado em História) – Universidade Federal de Uberlândia, Uberlândia, 2019.

WILLIAMSON, J. A short history of the Washington Consensus. *Law & Bus. Rev. Am.*, v. 15, n. 7, p. 7-23, 2009. Disponível em: https://scholar.smu.edu/cgi/viewcontent. cgi?referer=https://scholar.google.es/&httpsredi r=1&article=1381&context=lbra.

Informação bibliográfica deste texto, conforme a NBR 6023:2018 da Associação Brasileira de Normas Técnicas (ABNT):

MAYOS SOLSONA, Gonçal. Autoritarismos populistas frutos do desconcerto neoliberal. *In*: ANDRADE, Durval Ângelo; MAYOS SOLSONA, Gonçal; HORTA, José Luiz Borges; MIRANDA, Rodrigo Marzano Antunes (Coords.). *A sociedade do controle?*: macrofilosofia do poder no neoliberalismo. Belo Horizonte: Fórum, 2022. p. 33-61. ISBN 978-65-5518-260-6.

A JAULA DO TEMPO COMO DISPOSITIVO DE GOVERNO NO DISCURSO ECONÔMICO[1]

BORJA MUNTADAS FIGUERAS

Gostaria de focar em três aspectos centrais que, de uma maneira ou de outra, relacionam o tempo como um dispositivo de governo no discurso econômico. Primeiro, o tempo da vida e da biopolítica nos séculos XVIII e XIX, tanto nos fisiocratas quanto no mercantilismo; segundo, o debate entre o tempo humano e o tempo divino que ocorreu entre os séculos XIII e XVI, na escolástica e no renascimento; e terceiro, a imanência do futuro e a aceleração no século XXI, que denominamos era global.

1 Realidade e capitalismo

Partimos da tese de que a realidade social em que vivemos é identificada com o capitalismo.[2] Tudo o que fazemos se move dentro de seus limites; o capitalismo não é apenas um sistema econômico, mas é um sistema de organização social, que coloca no centro de sua operação a construção de crises – estouro das bolhas, reconfiguração do modelo de trabalho, crises climáticas, crise da dívida etc. Então, para nos orientar, poderíamos definir o capitalismo como um conjunto de

---

[1] Artigo traduzido por Pedro Gustavo Gomes Andrade, Professor de Filosofia do Direito da Escola Superior Dom Helder Câmara (ESDHC).

[2] LÓPEZ PETIT, S. *La movilización global*. Breve tratado para atacar la realidad. Madrid: Traficantes de sueños, 2009.

normas sociais e políticas que são construídas sobre relações econômicas definidas por um único modelo econômico: liberalismo e neoliberalismo. Economistas clássicos, como Von Mises, veem no início da civilização um capitalismo incipiente que eclodiu no final do século XVIII; no entanto, essas teses são seriamente questionadas por Polanyi e antropólogos como Pierre Clastres, que demonstrou meticulosamente, nos anos 1970, que as economias de subsistência das tribos do Paraguai funcionavam por princípios muito distantes do sistema capitalista. O que tenho interesse em enfatizar no trabalho de campo de Clastres, e que podemos usar hoje, é como uma economia com excedentes mínimos valoriza o tempo livre e o que significa tempo livre. Ele foi capaz de observar que o horário de trabalho, por exemplo, nunca excedia quatro horas por dia e que os níveis de qualidade de vida eram mais do que aceitáveis.[3]

Assim, seguindo Polanyi, podemos datar seu início ou no final do século XVIII. Mas podemos datar o seu final? Piketty estima seu fim entre 2020 e 2030. A acumulação de capital em pouquíssimas mãos, resultado de grandes heranças, fará com que o nível de investimentos seja reduzido consideravelmente para níveis que tornarão insustentável a operação do sistema. A isso devemos acrescentar o aumento progressivo das desigualdades. Por sua vez, grandes acumulações de capital tornarão as oportunidades de novos investimentos muito pouco atraentes. Em um artigo recente no jornal *El País*, refletiu-se a preocupação do Banco Central Europeu com o aumento dos empréstimos bancários, no valor de 42 trilhões de euros, que foram denominados "operação bancária paralela".[4] Talvez estejamos diante do estouro de uma nova bolha, da qual ainda não conhecemos o impacto ou a natureza.

No início dos anos 1990, o economista Christian Marazzi afirmou que o sistema econômico mundial se encontrava plenamente num novo ciclo, no qual a linguagem, ou seja, a linguagem lógica formal, baseada na programação de computação, e o fenômeno digital se incorporavam como elemento essencial de uma nova forma de capitalismo. Segundo ele, a tecnologia da informação, que se funda em princípios de organização linguística, "aspira organizar a empresa como se fosse uma espécie de 'banco de dados' capaz de se coagir através do uso de uma comunicação

---

[3] CLASTRES, P. *La sociedad contra el Estado*. Barcelona: Virus, 2010; PIKETTY, T. *El capital del segle XXI*. Barcelona: RBA, 2014; POLANYI, K. *La gran transformación*. Crítica del liberalismo económico. Madrid: La Piqueta, 1989.

[4] Jornal *El País* do dia 18.11.2019.

linguística livre de tropeços, subitamente fluida, que atua como uma 'interface'".[5]

Em 2020, as principais empresas globais de cobrança, como Uber, Google e Amazon, baseiam suas atividades em desenvolvimento, coleta, armazenamento e interconexão de bancos de dados. A estabilização desse novo ciclo econômico é chamada pelo economista Srnicek de capitalismo de plataformas,[6] o que fez com que a previsão de Piketty se acelerasse ainda mais. Nesse novo modelo, os usuários são trabalhadores não assalariados que produzem dados que são armazenados e vendidos pelas empresas a qualquer parte interessada. Portanto, àqueles que declararam o fim da propriedade e o fato de estarmos no início de uma nova era, a "era do acesso", será necessário dizer que não apenas não estamos enfrentando o fim da propriedade, mas estamos diretamente na "era da concentração de propriedades".[7] Sem dúvida, na linha do artigo do *El País*, os investidores, em busca de interesses atraentes, fazem seus investimentos em fundos não transparentes e de alto risco.

Retorno ao ponto anterior. Temos chamado esta nova era, tão complexa, de *era global*. A era global é o ponto de chegada onde o capitalismo, o Estado do bem-estar e a democracia estão interligados num processo complexo de aceleração constante, desintegrando a classe operária como sujeito político. Muitos economistas, num momento noutro, previram o fim do capitalismo: Keynes, na década de 1950, Roubini, em 2010, Piketty em 2013, Srnicek, em 2019. Agora esse fim parece um pouco mais próximo, e não exatamente porque dados apoiam tal conclusão, mas por sua leitura histórica.

O fim do capitalismo parece improvável. Afinal, apesar de tudo, ele sempre sabe como se reajustar através de uma ferramenta mais do que eficiente: a crise. Como Virilio defendeu em 2000: inventar o navio é inventar o naufrágio; inventar o trem, o descarrilamento. Assim, inventar o capitalismo é inventar crises e depressões econômicas. Nesse sentido, as palavras de um representante dos empresários espanhóis parecem mais esclarecedoras:

> O capitalismo foi transformado para o seu próprio bem e aí está sua própria sobrevivência, em excelente saúde, vivo e muito bem. Nenhum outro sistema foi capaz de adotar suas próprias medidas, soluções ou

---

[5] MARAZZI, C. *El sitio de los calcetines*. El giro lingüístico de la economía y sus efectos sobre la política. Madrid: Akal, 2003. p. 23.

[6] SRNICEK, N. *Capitalismo de plataformas*. Buenos Aires: Caja Negra, 2018. p. 47.

[7] SRNICEK, N. *Capitalismo de plataformas*. Buenos Aires: Caja Negra, 2018. p. 86.

ideias que tenham sido rejeitadas, mas que as circunstâncias e o passar dos anos tornaram absolutamente essencial.[8]

Então, nas palavras de Harvey, a crise é o racionalizador irracional de um sistema irracional.[9]

No entanto, a globalização neoliberal não é um processo irreversível, mas descontínuo, conflituoso e reversível. Em outras palavras: a globalização capitalista não é um processo – de acordo com a definição de processo histórico de Arendt –,[10] mas um evento que se repete[11] e se alimenta de outros processos disruptivos para permanecer vivo. Badiou nos diz que um evento é algo que vem em quantidade excessiva, que desloca lugares e pessoas, e que propõe novas formas de pensamento.[12] Não há dúvida de que, desde o início do século XIX, o capitalismo transformou radicalmente as formas de trabalho, relações sociais, instituições, estruturas de pensamento, enfim, toda a vida que existia antes de florescer.

2 Da economia política à biopolítica

Nos anos seguintes à obra *Vigiar e punir*, Foucault fez uma série de cursos no *Collège de France*, nos quais abordou a problemática energia/corpo, ampliada à problemática Estado/população. Esses cursos se focavam na questão da governabilidade através de doutrinas econômicas do mercantilismo e da fisiocracia, para analisar o liberalismo. Nesse contexto, aparecem os termos "biopoder" e "biopolítica". Tanto na sequência potência/corpo quanto na sequência Estado/população, está presente *uma norma* que se comunica.

O eixo da nossa reflexão é encontrado nessa *norma*. Essa norma é uma forma de cálculo ou racionalidade que busca a autorregulação e autolimitação da razão do governo, portanto, intrínseca às operações do governo. Desde o século XVIII, à forma de cálculo que permite uma razão

---

[8] ROSELL, J.; TORRAS, J. *Crear 80.000 empresarios*. Barcelona: Random House Mondadori, 2010. p. 187.

[9] HARVEY, D. *El enigma del capitla y las crisis del capitalismo*. Madrid: Akal, 2012. p. 179.

[10] ARENDT, H. *Entre el pasado y el futuro*. Ocho reflexiones sobre la reflexión política. Madrid: Alianza, 2018. p. 93-100.

[11] LÓPEZ PETIT, S. *La movilización global*. Breve tratado para atacar la realidad. Madrid: Traficantes de sueños, 2009. p. 24.

[12] Entrevista a Badiou na revista *Archipielago*, n. 80-81, p. 149.

governamental autolimitada é a economia política.[13] Esse fato marca a passagem da sociedade disciplinar para a sociedade de controle. A primeira buscou fazer a obediência funcionar por meio de mecanismos e instituições, com foco na disciplina do corpo. O objetivo da disciplina era normalizar comportamentos desviantes. Por outro lado, diz Negri:

> a sociedade de controle, por outro lado, deve ser entendida como aquela sociedade (que se desenvolve à beira da modernidade e se estende até a era pós-moderna), na qual os mecanismos de dominação se tornam ainda mais "democráticos", ainda mais imanentes ao campo social, e são completamente distribuídos pelos cérebros e corpos dos cidadãos, de tal maneira que os próprios sujeitos internalizam, cada vez mais, os comportamentos de integração e exclusão social adequados a esse domínio.[14]

Nessa nova perspectiva, o objetivo será o controle da vida. Ao autolimitar-se, o poder pode se espalhar por todo o corpo social, até o ponto de levar cada um dos indivíduos a uma nova forma de alienação, quase voluntária.

A partir do discurso econômico, o poder do Estado será questionado, mas não como contrapoder, mas como uma nova maneira de exercer o poder além de suas fronteiras territoriais, porque o poder não é exercido apenas sobre os corpos, mas sobre a vida. Até o século XIX, o poder foi exercido sobre o espaço, a partir deste momento, será exercido sobre o tempo. A biopolítica, à qual Foucault se refere nos cursos de *Collège*, é a do controle do indivíduo através do tempo. Precisamente nessa época, de todo o conhecimento disponível, a economia era a que melhor incluía, em todas as suas reflexões, o dispositivo de tempo como variável de estudo. Considere, por exemplo, o tempo variável em estudos de nascimento, cálculos de juros, seguros etc. A economia política permitiu um novo modelo de governança através do tempo e da vida.

Assim, o surgimento da economia política e o problema do governo mínimo estão intimamente relacionados. A autolimitação ao governar é mais do que apenas conselhos de prudência. Primeiro, porque o governo que não conhece suas limitações é ineficiente. Segundo, porque a autorregulação deve poder ser estendida em qualquer circunstância

---

[13] FOUCAULT, M. *El nacimiento de la biopolítica*. Curso del Collège de France (1978-1979). Madrid: Akal, 2009. p. 26.

[14] NEGRI, A.; HARDT, M. *Imperio*. Barcelona: Paidós, 2005. p. 44.

possível. Essa autolimitação foi apresentada como a melhor maneira de alcançar seus próprios objetivos. Essa nova técnica de governo, não disciplinar, mas de controle, foi aplicada à vida dos homens como um todo, não a um pequeno grupo, mas ao homem como espécie.

No entanto, seria um erro pensar que a economia política se desenvolveu fora da razão do Estado. Pelo contrário, foi construída dentro da própria estrutura dos objetivos da razão do Estado, porque a economia política não propunha outra coisa senão o enriquecimento do Estado. O eixo central das discussões do século XIX sobre legitimidade e soberania se move em direção ao eixo do sucesso/fracasso. O critério que define um bem de um governo ruim é o conhecimento e a descoberta de uma *verdade normativa*. Essa verdade é encontrada no mercado, que definirá as diretrizes para governar. Essa verdade é o valor da troca. Ele medirá o valor da utilidade do governo.

O mercado é o espaço da governamentalidade regulatória indefinida. Assim, pois, a necessidade de deixá-lo agir com o menor número possível de intervenções será reconhecida para que ele possa formular sua verdade e a propor como regra de governo.[15] O mercado é o local de verificação e falsificação de práticas governamentais. Assim, já no seu início, há uma conexão clara entre o Estado e as finanças. Esse é o significado da liberdade liberal, sua formação ontológica como um mecanismo revelador de uma verdade que servirá como regra de governo.

3 O tempo como um dispositivo do governo

A verdade que limita e guia a atividade do governo é encontrada no mercado. Uma dessas verdades é o tempo, que guiará a vida dos indivíduos e os conectará à sociedade. "Em outras palavras, o dispositivo do tempo é social, econômica e politicamente construído no e do mercado".[16] Tomemos a pergunta do ganhador do Prêmio Nobel de economia, Krugman: como e por que a economia está organizada no tempo?[17] Quando e por que estranha razão o tempo pode ser comprado e vendido? Quando e de que maneira o tempo pertence ao homem? Essas questões são aquelas analisadas pelo historiador Jacques Le Goff.

---

[15] HAYEK, F. A. *Camino de servidumbre*. Madrid: Alianza, 2011. p. 212.

[16] MUNTADAS, B. *Inmediatez*. Capitalimo y vidas aceleradas. Lisboa: Chiado Editorial, 2016. p. 218-219.

[17] KRUGMAN, P. *La organización espontánea de la economía*. Barcelona: Antoni Bosch Editor, 1997. p. 87.

Durante os séculos XIII e XV, o desenvolvimento comercial e o aumento das operações mercantis, principalmente marítimas, disparou a demanda por crédito comercial e bancário. A questão do crédito será acompanhada de certos problemas, morais e religiosos. Alguns dos novos instrumentos que pareciam vinculados à atividade de crédito são as letras de câmbio, os seguros ou a contabilidade de dupla entrada. Não podemos esquecer que Tomás de Aquino condenará o comércio de usura porque satisfaz a ganância pelo lucro.[18] A Igreja da Idade Média, construída em um ambiente principalmente rural, considera apenas o trabalho como a única fonte legítima de riqueza. Por sua vez, sob uma perspectiva aristotélica, o dinheiro nunca pode gerar mais dinheiro. Nesse contexto histórico, somos confrontados com a dicotomia de um pensamento cristão que nega o valor do crédito e uma evolução econômica em rápida expansão. Sobre esse impasse, toda a concepção cristã de tempo é construída. A prática dos "juros" consiste em comprar e vender tempo, e isso só pertence a Deus. Então o usurário é um ladrão de tempo.[19] O comerciante estava roubando tempo não apenas de Deus, mas também da Igreja, que o usava como um dispositivo de governo sobre a comunidade. Pouco a pouco, a Igreja transformará esse conceito quase diabólico de usura em um novo, o de "juros". Esta tentativa de cobrir o conceito de juros com uma roupa moralmente aceitável foi o compromisso da Escola de Salamanca ao longo do século XVI. Vemos então como o tempo passa do divino para o humano.

4 Governar a partir do crédito

O século XXI não é mais o século do capitalismo industrial, mas sim o do capitalismo financeiro em plena expansão digital. Nosso século criou uma pluralidade de instrumentos e estratégias para que o capital gere mais capital sem passar pela produção. O capitalismo sempre funcionou graças ao capital que não foi patrimonializado na íntegra, mas que tomou a forma de fluxo e de movimento. Hoje, o capitalismo financeiro é sustentado apenas pelo movimento, como uma roda gigantesca que não pode ser parada. Já desde o século 19, as crises são principalmente crises financeiras. Mas o que é crédito? "É um modo de presença do futuro no presente que tem impacto no

---

[18] TOMÁS DE AQUINO. *Suma teológica*. Cuestión 78. Parte II. (Várias edições).

[19] LE GOFF, J. *La bolda y la vida*. Economía y religión en la Edad Media. Barcelona: Gedisa, 2013. p. 57-58.

presente".[20] Em outras palavras, o virtual é um futuro que modifica o presente. O crédito permite que você faça algo imediatamente, mesmo que não possa. É potência virtual como criação monetária. Para quem não tem capital, o poder está no futuro. Do ponto de vista do banco: o banco controla e domina o presente e decide possíveis futuros. Do ponto de vista do devedor: não sendo dono do seu presente, hipoteca o seu futuro. Assim, num modelo econômico como o nosso, o crédito não é apenas outro elemento da economia, mas é a própria economia. Quem controla o futuro domina o presente. Não estamos falando de presente e futuro metafóricos, mas no sentido mais radical do conceito material.

Outro aspecto importante é a velocidade. Como Simmel argumentou, o que experimentamos como velocidade da vida é o resultado de sequências de transformações mais ou menos encadeadas. Não há dúvida de que o dinheiro é um fator relevante na determinação da velocidade vital de uma época, que pode ser determinada nas transformações das relações monetárias. Com velocidades maiores, maiores são os benefícios. Os dispositivos tecnológicos multiplicam essa aceleração. A aceleração reduz o intervalo de tempo e aumenta não apenas os benefícios, mas também os riscos. Essa classe de operações que buscam a compressão do intervalo de tempo é chamada de *operações financeiras curtas*. Planos de pensão, serviços sociais, taxas de juros etc. dependem desse tipo de operação. Não há dúvida de que nossas vidas dependem deles. Nossas longas vidas estão nas mãos de segundos além do nosso controle. "A fatura de tempo curto pode ser muito longa, quando o dispositivo de tempo pode ser politicamente longo, reduzindo riscos e incertezas. A justiça passa pelo tempo".[21]

Referências

ARENDT, H. *Entre el pasado y el futuro*. Ocho reflexiones sobre la reflexión política. Madrid: Alianza, 2018.

CLASTRES, P. *La sociedad contra el Estado*. Barcelona: Virus, 2010.

FOUCAULT, M. *El nacimiento de la biopolítica*. Curso del Collège de France (1978-1979). Madrid: Akal, 2009.

HARVEY, D. *El enigma del capitla y las crisis del capitalismo*. Madrid: Akal, 2012.

---

[20] MOULIER BAUTANG, Y. *La abeja y el economista*. Madrid: Traficantes de Sueños, 2012. p. 116.

[21] MUNTADAS, B. *Inmediatez*. Capitalimo y vidas aceleradas. Lisboa: Chiado Editorial, 2016. p. 234.

HAYEK, F. A. *Camino de servidumbre*. Madrid: Alianza, 2011.

KRUGMAN, P. *La organización espontánea de la economía*. Barcelona: Antoni Bosch Editor, 1997.

LE GOFF, J. *La bolda y la vida*. Economía y religión en la Edad Media. Barcelona: Gedisa, 2013.

LÓPEZ PETIT, S. *La movilización global*. Breve tratado para atacar la realidad. Madrid: Traficantes de sueños, 2009.

MARAZZI, C. *El sitio de los calcetines*. El giro lingüístico de la economía y sus efectos sobre la política. Madrid: Akal, 2003.

MOULIER BAUTANG, Y. *La abeja y el economista*. Madrid: Traficantes de Sueños, 2012.

MUNTADAS, B. *Inmediatez*. Capitalimo y vidas aceleradas. Lisboa: Chiado Editorial, 2016.

NEGRI, A.; HARDT, M. *Imperio*. Barcelona: Paidós, 2005.

PIKETTY, T. *El capital del segle XXI*. Barcelona: RBA, 2014.

POLANYI, K. *La gran transformación*. Crítica del liberalismo económico. Madrid: La Piqueta, 1989.

ROSELL, J.; TORRAS, J. *Crear 80.000 empresarios*. Barcelona: Random House Mondadori, 2010.

SRNICEK, N. *Capitalismo de plataformas*. Buenos Aires: Caja Negra, 2018.

TOMÁS DE AQUINO. *Suma teológica*. Cuestión 78. Parte II. (Várias edições).

Informação bibliográfica deste texto, conforme a NBR 6023:2018 da Associação Brasileira de Normas Técnicas (ABNT):

MUNTADAS FIGUERAS, Borja. A jaula do tempo como dispositivo de governo no discurso econômico. *In*: ANDRADE, Durval Ângelo; MAYOS SOLSONA, Gonçal; HORTA, José Luiz Borges; MIRANDA, Rodrigo Marzano Antunes (Coords.). *A sociedade do controle?*: macrofilosofia do poder no neoliberalismo. Belo Horizonte: Fórum, 2022. p. 63-71. ISBN 978-65-5518-260-6.

DESERTIFICAÇÃO DA POLÍTICA

RENON PESSOA FONSECA

Em seu recente livro *Homo obsoletus: precariedade e desempoderamento na turboglobalização*,[1] Gonçal Mayos, inspirando-se no conto *Os dois reis e os dois labirintos*, de Borges, oferece uma imagem muito rica e interessante para contrapor à sociedade atual, *turboglobalizada* e pós-fordista, à sociedade que se desenvolveu sob o capitalismo fordista. Enquanto esta última se compara ao labirinto tradicional, que, com seus muros, portas e obstáculos, leva o homem que o desafia a se perder por seus caminhos tortuosos, o indivíduo contemporâneo se encontra em uma espécie diferente de labirinto: o labirinto do deserto, que, destituído de qualquer barreira física, o coloca no meio de uma imensidão que angustia exatamente por não propor nenhum caminho, ainda que falso. Enquanto o primeiro é uma espécie de prisão que limita, que priva de liberdade, o segundo concede liberdade total para depois mostrar como ela é inútil, porque não o levará a lugar algum, já que não há saída.

Apesar de a análise de Mayos recair sobre a estrutura produtiva da sociedade atual, isto é, ao novo modo de produção estabelecido pelo capitalismo cognitivo pós-fordista e às suas formas de opressão da massa de trabalhadores que gera – o *cognitariado* –, ela nos remeteu ao diagnóstico de Henrique Cláudio de Lima Vaz sobre a crise que ele verifica se abater sobre o Ocidente. Para o filósofo mineiro, somos assolados por uma crise de natureza ética que resulta do deslocamento promovido pela modernidade do vetor que direciona (ou que deveria

---

[1] MAYOS, Gonçal. *Homo obsoletus*: precariedade e desempoderamento na turboglobalização. Tradução de Ana Paula Diniz e Gabriel Rocha. Barcelona: Red Ediciones, 2019.

direcionar) o homem a se realizar eticamente, junto ao *outro* – o *encontro intersubjetivo* –, para o *locus* econômico que gira em torno do indivíduo e da satisfação de seus interesses. Tomaremos de empréstimo, assim, a ilustração do labirinto do deserto para apresentar o contexto ético-político dessa sociedade na qual, apesar da alardeada liberdade de que se faz portador, o indivíduo vê as possibilidades de seu exercício drasticamente reduzidas não pela ausência de condições materiais para tanto (pois certamente são as melhores até então), mas pela ausência de um norte verdadeiramente adequado para a sua realização. Esse indivíduo, hedonista, materialista e egoísta, caminha solitário, destarte, por esse deserto que lhe rodeia tentando se distrair com alguns objetos que encontra pelo caminho (e dos quais logo se entedia), mas sem rumo, pois não sabe em que direção seguir.

Segundo Lima Vaz, "o advento da modernidade assinala a primeira vez em que o homem levantou a pretensão de absorver na imanência da sua liberdade as razões e os fundamentos do seu *ethos*".[2] Ele atribui à cisão moderna entre o indivíduo e a ordem comunitária o soerguimento dessa sociedade focada no indivíduo autônomo e apartado do todo, cuja única preocupação é a satisfação de seus interesses: dinheiro, consumo, sucesso, *status* social etc. Na raiz desse problema estaria o modelo liberal-hobbesiano, contratualista, que parte de uma insuperável oposição entre ordem e indivíduo para fundamentar teoricamente a organização político-estatal. Essa matriz binária, dualista, surge de uma lógica analítica e abstrata que, ao colocar em polos opostos o princípio de ordem e o princípio individual, sendo este a tomar a dianteira, impede a compatibilização entre eles na comunidade política, apesar de normalmente se julgar ser esse o escopo do contrato social. Assim,

> Uma vez pressuposta essa prioridade lógica e axiológica dos indivíduos sobre o seu existir comunitário, o fundamento da relação recíproca do reconhecimento reflui da comunidade para os próprios indivíduos. A comunidade passa a ser um resultado, não um princípio e fundamento. Ela se apresenta como incapaz de assegurar as razões do reconhecimento e, portanto, de demonstrar-se como comunidade ética.[3]

---

[2] VAZ, Henrique Cláudio de Lima. *Escritos de filosofia III*: filosofia e cultura. São Paulo, Loyola, 1997. p. 144,

[3] VAZ, Henrique Cláudio de Lima. *Escritos de filosofia III*: filosofia e cultura. São Paulo, Loyola, 1997. p. 149.

E prossegue:

> o postulado da autonomia do indivíduo como primeiro princípio da ordem das razões do ser-em-comum-social, ou a absolutização da sua *práxis*, implica, necessariamente, em filosofia social e política, um empirismo nominalista que, suprimindo a categoria lógico-ontológica da natureza humana e da sua sociabilidade constitutiva, abre caminho para a dramática anomia ética que reina nas sociedades modernas e, com ela, para a instauração do hobbesiano "estado de natureza" do *bellum omnium contra omnes* que caracteriza, para a nossa civilização, a impossibilidade de constituir a Ética do seu projeto universalizante.[4]

A ética separa-se da política, o indivíduo dissocia-se da comunidade, e, autocentrado, autossuficiente, atomizado, ele tem trilhado o caminho oposto àquele que o encaminharia à sua realização pessoal, ao encontro consigo mesmo, que é o encontro com o outro. Nas palavras de Lima Vaz, "a forma da existência ética é a mais significativa de nosso ser",[5] mas o que temos instaurado em termos de teoria e práxis éticas na contemporaneidade é um "programa que absolutiza o uso da liberdade, ao mesmo tempo em que proclama seu ceticismo com respeito às razões e aos fins de ser livre".[6] O individualismo e o materialismo são alimentados pela propaganda e pelos meios de comunicação a serviço do capitalismo, e o homem se vê a cada dia mais alijado do contato com o outro, de onde adviria sua realização como ser livre. A tão proclamada liberdade individual se mostra incapaz de proporcionar a realização humana, porque ela sequer consegue se realizar no plano objetivo, já que as normas e instituições são tidas como uma limitação. Órfão de uma ordenação na qual a liberdade de que se diz portador realmente faça algum sentido, e contrariamente à proposta da modernidade, o homem atual não enxerga sua comunidade, suas leis, seus costumes – seu *ethos*, em suma – como obra sua, e se isola mais ainda, num círculo vicioso de alienação e descontentamento, do qual tenta inutilmente escapar com a busca incessante por bens materiais, *status* social, sucesso profissional etc.

---

4 VAZ, Henrique Cláudio de Lima. *Escritos de filosofia III*: filosofia e cultura. São Paulo, Loyola, 1997. p. 149.

5 VAZ, Henrique Cláudio de Lima. *Escritos de filosofia II*: ética e cultura. São Paulo: Loyola, 2004. p. 19.

6 VAZ, Henrique Cláudio de Lima. *Escritos de filosofia III*: filosofia e cultura. São Paulo, Loyola, 1997. p. 145.

Inexoravelmente inclinado para a autorrealização social, o homem, cuja essência é ética, se vê desalojado da sua morada, o *ethos*. Efetivamente, é no sentido de abrigo, lugar sólido e estável no qual encontra guarida que o termo grego *ethos* (com eta inicial), traduzido como *costume*, designa a morada do homem, aquele espaço simbólico no qual se inscrevem normas, valores, virtudes e hábitos por ele criados, oferecendo uma estrutura padronizada e estável de comportamentos, um modo de vida homogêneo, como tal consolidado.[7] Como lembra Lima Vaz, "para Aristóteles seria insensato e mesmo ridículo (*geloion*) querer demonstrar a existência do *ethos*, assim como é ridículo querer demonstrar a existência da physis".[8] Para os gregos clássicos, *physis* e *ethos* são conceitos muito próximos, e só irão se distanciar quando os sofistas depreenderem do *ethos* o *nomos* (conceitos que até então se identificavam) e separarem-no da *physis*, recebendo o *nomos* o sentido restrito de lei humana, em contraposição às leis naturais da *physis*.

É por isso que Aristóteles, que retrata muito fielmente a visão de mundo grega, afirma que a conformação política da existência humana é uma efetividade natural: "É evidente, pois, que a cidade faz parte das coisas da natureza, que o homem é naturalmente um animal político, destinado a viver em sociedade".[9] O homem está condicionado por natureza a viver em comunidade, e o Estado é a realidade natural cujo *telos* é o bem comum e a felicidade que só se concretizam, portanto, na ordem política.[10]

Entretanto, entre o homem moderno e o homem grego, que se plenificava na *polis*, se interpôs um agudo e incontornável processo de

---

[7]   Evidentemente, contudo, que, por ser criação humana, o *ethos* se solidifica mas não se incrusta, norteia o homem mas não o agrilhoa, já que, enquanto manifestação de sua liberdade – e não da necessidade que rege a *physis* – trata-se de uma conformação passível de ser remodelada e recriada a todo tempo.

[8]   VAZ, Henrique Cláudio de Lima. *Escritos de filosofia II*: ética e cultura. São Paulo: Loyola, 2004. p. 11.

[9]   ARISTÓTELES. *A política*. Tradução de Nestor Silveira Chaves. São Paulo: Lafonte, 2012. 1253a.

[10] Restaria tautológica para ele, ademais, a afirmação de que é no plano político, é dizer, no plano da comunidade política, da *polis*, que se inscrevem as formas unificadas de existência na configuração geral do *ethos*. Anota Gonçal Mayos: "No olvidemos que la definición de la humanidad como 'ser político' proviene del 'zóon politikon' de los griegos, que definían al hombre como 'el animal político'. Ahora bien, recordemos que '*politikon*' proviene de '*polis*' que era la forma urbana, política, social, institucional y ¡cultural! como organizaban su vida los griegos antiguos. [...] Pues bien eso público compartido y vivido en la '*polis*' era la cultura griega, todo lo demás son parcelaciones y fragmentaciones, que limitan la complejidad de la *polis* y el *zóon politikon*" (MAYOS, Gonçal. *Reconocimiento*: cultura es política. Disponível em: http://goncalmayossolsona.blogspot.com.br/2013/05/reconocimiento-cultura-es-politica. html. Acesso em: 5 jan. 2019).

subjetivação inaugurado por Sócrates,[11] aprofundado pelo cristianismo e, na modernidade, radicalizado pelo pensamento de Descartes e Kant. Para Hegel, Sófocles foi quem melhor intuiu e traduziu em termos poéticos a cisão profunda que a irrupção da subjetividade acarretou na ordem "natural" da *polis*: Antígona opõe à lei positiva injusta que Creonte editara proibindo o sepultamento de seu irmão a lei natural e eterna que ordenava à família promover as honras fúnebres a seus mortos, e por essa contestação (atitude característica de um sujeito liberto, que julga a partir de si) atrai a força implacável do destino.[12]

Mais de dois mil anos depois de Sófocles, em seu célebre encontro com Goethe, Napoleão, imbuído do mesmo ímpeto audaz e liberto que desgraçara Antígona, afirmará que a política – doravante o palco no qual se realiza o homem ativo, que determina sua realidade –, para o homem moderno, ocupa o lugar que a tragédia – representação da inexorabilidade do destino, da imponderabilidade pelo ser humano da ordem que lhe é superior – ocupa para o antigo. O grande ícone político da modernidade sabia melhor que ninguém que doravante a política, em contraposição ao destino, manifestação necessária, vingativa e implacável de uma causa transcendente, seria a realização da liberdade do homem na construção autônoma de sua vida, obra sua.

Com efeito, já antes de Maquiavel cunhar o termo "Estado", iniciara-se pelos humanistas cívicos italianos a exortação do ideal da vida política, ativa, em contraposição à vida contemplativa apregoada pela escolástica, com a correlata exortação da autonomização das cidades italianas, da emancipação dessas coletividades ante as pretensões universais do Império e da Igreja, enfrentamento esse que levará à construção do conceito de jurisdição no nascedouro do Estado moderno. Por isso é que nestas cidades, como dirá Burckhardt em seu célebre *O Estado como obra de arte*:

> pela primeira vez, o espírito do Estado europeu moderno manifesta-se livremente, entregue a seus próprios impulsos. Com suficiente frequência, elas exibem em seus traços mais medonhos o egoísmo sem peias, escarnecendo de todo o direito, sufocando o germe de todo desenvolvimento

---

[11] Como explica Joaquim Carlos Salgado, "Sócrates afirma a subjetividade conscientemente no ético e faz-se medida do *nomos* da cidade, julgando-o e rompendo a harmonia ou a medida objetiva da ordem da *polis*. Significa isso abrir caminho para a participação de uma nova ordem, como fez Platão" (SALGADO, Joaquim Carlos. *A idéia de justiça em Kant*: seu fundamento na liberdade e na igualdade. Belo Horizonte: UFMG, 1995. p. 24).

[12] Cf. HEGEL, G. W. F. *Fenomenologia do espírito*. 5. ed. Petrópolis: Vozes, 2008. p. 308-331, §§446-476.

sadio. Onde, porém, essa tendência é superada ou, de alguma forma, contrabalançada, ali um novo ser adentra a história: o Estado como criação consciente e calculada, como obra de arte.[13]

Os filósofos modernos irão conceber o Estado como obra humana (não mais como um dado natural), resultado da sua atividade, do seu querer, sendo o conceito de vontade livre de Rousseau seu grande fundamento, tal como o admitem Kant e Hegel. Entretanto, o tratamento que Kant dá a essa liberdade o situa no ponto mais elevado da trilha contra a qual Hegel se insurge, a trilha ilustrada, responsável por submeter a política (e todo o resto) ao sujeito e sua razão. Como coloca Mayos, "indubitavelmente o Iluminismo representa uma clara radicalização da subjetivação como componente essencial do projeto moderno",[14] projeto este que, se bem que seja o responsável por cortar os laços entre ordem Estatal e ordem divina (ou natural), acaba por romper também os laços entre Estado e comunidade, entre direito e cultura, fundando os primeiros, destarte, na razão e na liberdade do sujeito, do indivíduo atomizado, egocêntrico, *privado* (porque privado de algo).

A despeito dos laços comunitários que perfazem a germinação do Estado moderno nas cidades italianas em conformidade com o ideal humanista de refundação contínua mediante a virtude cívica,[15] do aspecto nacional que de tão essencial lhe confere a alcunha pela qual também se distingue, a de Estado-Nação[16] (aspecto esse que ressalta, também, como decorrência necessária, no processo de positivação e

---

[13] BURCKHARDT, Jacob. *O Estado como obra de arte*. Tradução de Sergio Tellaroli. São Paulo: Penguin Classics Companhia das Letras, 2012. p. 6-7.

[14] MAYOS, Gonçal. *O iluminismo frente ao romantismo no marco da subjetividade moderna*. Tradução de Karine Salgado. p. 6. Disponível em: http://www.ub.edu/histofilosofia/gmayos_old/PDF/IluminismoFrenteRomantPort.pdf. Acesso em: 5 jan. 2020.

[15] Afirma Maquiavel sobre os Estados: "É evidente que, quando tais entidades não se podem renovar, perecem. O caminho a seguir para a renovação é, como já disse, o de reconduzi-las ao seu princípio. De fato, há no princípio das religiões, das repúblicas e das monarquias uma certa virtude que lhes permite reaver seu impulso original. E como o curso do tempo altera necessariamente aquela virtude, todos os seres sucumbem se algo não lhes faz voltar ao princípio" (MACHIAVELLI, Nicolo. *Comentários sobre a primeira década de Tito Lívio*. Tradução de Sérgio Bath. Brasília: Editora UnB, 1982. p. 301). Como Newton Bignotto esclarece, "Maquiavel reafirma a tese de que a fundação não se reduz ao momento histórico no qual foram criadas as leis de um povo, mas que ela implica a ocupação imaginária do lugar de união entre o povo e seu princípio de organização" (BIGNOTTO, Newton. *Maquiavel republicano*. São Paulo: Loyola, 1991. p. 165-166).

[16] "Em via de regra, o Estado Moderno é nacional e pressupõe uma 'integração nacional'. A prova mais evidente dessa verdade encontramo-la no fato de que todo Estado Moderno constituído sem base nacional procura imediatamente a formação de uma, na certeza de que só o espírito nacional é capaz de cimentar os grupos e de dar vigor à vida do Estado" (REALE, Miguel. *Teoria do direito e do Estado*. 4. ed. São Paulo: Saraiva, 1984. p. 205).

codificação do direito que leva a efeito),[17] entre outros tantos fatores que patenteiam o inolvidável aspecto comunitário que lhe conforma, o Estado moderno passa a ser concebido como fruto de um acordo de vontades entre indivíduos, um contrato; um instituto de direito privado, destarte, é o que lhe assenta.

A formulação contratualista que mais acentuadamente ressalta tal individualismo é a de Hobbes, cujo Estado é fundado na proteção à segurança e interesse individuais, daí porque Hannah Arendt lhe confere o título de *filósofo da burguesia*.[18] Locke, igualmente, estabelece o direito de propriedade como o direito natural supremo, sendo o Estado o resultado de um ajuste entre partes que têm como objetivo comum a preservação de seu patrimônio. Já Rousseau, apesar de fundar o Estado também no contrato, na vontade livre, estabelece a vontade geral em contraposição à vontade de todos;[19] mas aquela, apesar de concernir ao bem geral da comunidade, não tem um conteúdo determinado, permanecendo, assim, abstrata.

O direito passa a ser concebido por todos esses jusnaturalistas da Ilustração separadamente de qualquer elemento concreto, cultural, fundando-se exclusivamente numa razão individual necessariamente apartada da história. Mas se aqui repousa um inegável avanço no que diz respeito ao estabelecimento de um direito fundado no homem, legislador para si mesmo, e não mais em instâncias superiores, decorreu daí a tormentosa radicalização que deu ao indivíduo isolado proeminência sobre a cultura na qual se insere para a determinação do conteúdo das prescrições jurídicas. Na lição de Bonavides:

---

[17] Como lembra Reale, o Estado moderno, mormente a partir da Revolução Francesa, estabelece "uma realidade histórica que muitas vezes nos olvidamos: o *Direito nacional*, um Direito único para cada Nação, Direito este *perante o qual todos são iguais*. O princípio da igualdade perante a lei pressupõe um outro: o da existência de um único Direito para todos que habitam num mesmo território" (REALE, Miguel. *Lições preliminares de direito*. São Paulo: Saraiva, 2002. p. 152).

[18] ARENDT, Hannah. *Origens do totalitarismo*. Tradução de Roberto Raposo. São Paulo: Companhia das Letras, 2009. p. 168.

[19] "Via de regra, há muita diferença entre a vontade de todos e a vontade geral; esta se refere somente ao interesse comum, enquanto a outra diz respeito ao interesse privado, nada mais sendo que uma soma das vontades particulares" (ROUSSEAU, J.-J. *O contrato social*: princípios do direito político. Tradução de Antônio de Pádua Danesi. São Paulo: Martins Fontes, 2006. p. 37). Afirma ainda o pensador genebrino: "Enquanto muitos homens reunidos se consideram como um só corpo, têm uma só vontade que se refere à conservação comum e ao bem-estar geral. Então todos os móveis do Estado são vigorosos e simples, suas máximas são claras e luminosas, não existem interesses confusos e contraditórios, o bem comum mostra-se por toda parte com evidência e não exige senão bom senso para ser percebido" (ROUSSEAU, J.-J. *O contrato social*: princípios do direito político. Tradução de Antônio de Pádua Danesi. São Paulo: Martins Fontes, 2006. p. 125).

Perante a filosofia individualista do jusnaturalismo, direito e Estado achavam no indivíduo a sua legitimação, repousando em verdades eternas, postulados imutáveis no tempo e no espaço, com suposta validade absoluta. Assumindo assim os fins do Estado sentido ideal e abstrato, deviam ser sempre análogos qualquer que fosse o Estado.[20]

Difundiu-se a visão segundo a qual os direitos individuais não são produto do Estado que os declara e protege, mas, pelo contrário, suas presas iminentes, e dele devem ser cuidadosamente protegidos. Essa concepção pervertida e perversa determinou para o Ocidente a lastimável e desditosa separação entre política e ética, que, como ensina Lima Vaz, "acaba sendo consagrada pelo refluxo individualista da Ética moderna que irá condicionar a ideia de 'comunidade ética' ao postulado rigoroso da autonomia do sujeito moral tal como o definiu Kant".[21]

É precisamente contra a filosofia de Kant, a quem coube dar, na trilha ilustrada, a mais acabada, e por isso mesmo mais cindida, mais abstrata, fundamentação à ordem jurídico-estatal, que Hegel irá erigir seu pensamento. Mas é acolhendo o princípio da subjetividade moderna – o indivíduo – em seu Estado, que doravante ele fará do restabelecimento da ideia de comunidade ética, inspirada no seu ideal da "bela totalidade" grega, o estandarte de sua filosofia política. Esta se caracteriza, portanto, por um enorme esforço "para conciliar a concepção aristotélica da 'vida política', expressão de uma anterioridade de natureza da comunidade política com relação aos indivíduos, e a recente descoberta da Economia política moderna e do individualismo da sociedade do trabalho livre".[22]

Ao contrário de algumas infundadas e levianas acusações que lhe dirigem aqueles que não compreendem a dialética e a noção de "totalidade" que dela se depreende e que caracteriza seu Estado, Hegel não propõe a supressão da subjetividade, mas sua afirmação máxima, concretamente, no seio da ordem ética estatal; é dizer, sua *suprassunção* no Estado, para que aí, mediatamente identificada com o todo, mantenha-se preservada atuando como a vontade livre que o sustenta. Para Hegel, os estados modernos têm "esse vigor e essa profundidade prodigiosos de deixar o princípio da subjetividade completar-se até o *extremo autônomo*

---

[20] BONAVIDES, Paulo. *Teoria do Estado*. São Paulo: Malheiros, 1995. p. 30.
[21] VAZ, Henrique Cláudio de Lima. *Escritos de filosofia II*: ética e cultura. São Paulo: Loyola, 2004. p. 259.
[22] VAZ, Henrique Cláudio de Lima. Sociedade civil e Estado. *Síntese*, Rio de Janeiro, v. 7, n. 19, p. 21-29, 1980. p. 22.

da particularidade pessoal e, ao mesmo tempo, o *reconduz* para a *unidade substancial* e, assim, mantém essa nele mesmo".[23]

É assumindo plenamente o princípio da subjetividade que o Estado hegeliano se constitui tendo em vista justamente a acorrência quista do indivíduo para o todo. Ele tem como ponto nodal a assunção pelo cidadão da disposição *patriótica*[24] que o constitui como o animal político que é e que o reinserirá (após a cisão moderna), identificado com os outros cidadãos, nos domínios éticos da comunidade política.

Hegel buscará a superação teórica do "Estado do entendimento", externo, mecânico, pois este é o Estado oco criado por um contrato com a mera finalidade de proteger a liberdade e a propriedade de indivíduos a ele estranhos e aos quais resta submetido. Entretanto, como constata Lima Vaz, "o intento hegeliano de unificar, numa superior Filosofia do Espírito objetivo, práxis individual e práxis social e política [...] não encontrou herdeiros à altura de suas ambições teóricas".[25] Com efeito:

> Os tempos pós-hegelianos assistiram à hipertrofia da estrutura binária indivíduo-sociedade, seja na forma de uma exacerbação do individualismo, seja na cisão cada vez mais profunda entre sociedade civil e Estado, este arrastado pela dialética da acumulação do poder, aquela pela dialética da satisfação cumulativa de necessidades sempre novas.[26]

Prevaleceu a perspectiva liberal segundo a qual os direitos do indivíduo são anteriores ao Estado, e este é concebido tão somente como uma técnica de exercício de um poder que existe única e

---

[23] HEGEL, G. W. F. *Linhas fundamentais da filosofia do direito, ou, direito natural e ciência do estado em compêndio*. Tradução de Paulo Meneses, Agemir Bavaresco, Alfredo Moraes, Danilo Vaz-Curado R. M. Costa, Greice Ane Barbieri e Paulo Roberto Konzen. São Leopoldo: Ed. Unisinos, 2010. p. 236, §260.

[24] Afirma ele: "A disposição de espírito política, o patriotismo, [...] é, em geral, a confiança (que pode passar para um discernimento mais ou menos cultivado), – a consciência de que meu interesse substancial e particular está conservado e contido no interesse e no fim de um outro (aqui, do Estado), enquanto na relação comigo está como singular, – com o que precisamente esse não é imediatamente um outro para mim e eu sou livre nessa consciência. [...] Essencialmente [o patriotismo] é a disposição de espírito, que na situação e nas relações de vida habituais está habituado a saber que a comunidade é a base substancia; e o fim" (HEGEL, G. W. F. *Linhas fundamentais da filosofia do direito, ou, direito natural e ciência do estado em compêndio*. Tradução de Paulo Meneses, Agemir Bavaresco, Alfredo Moraes, Danilo Vaz-Curado R. M. Costa, Greice Ane Barbieri e Paulo Roberto Konzen. São Leopoldo: Ed. Unisinos, 2010. p. 240, §268).

[25] VAZ, Henrique Cláudio de Lima. *Escritos de filosofia II*: ética e cultura. São Paulo: Loyola, 2004. p. 15.

[26] VAZ, Henrique Cláudio de Lima. *Escritos de filosofia III*: filosofia e cultura. São Paulo, Loyola, 1997. p. 150.

exclusivamente para garanti-los, o que nada mais configura senão a privatização do Estado. Esse discurso faz dos direitos e liberdades individuais – construções políticas das coletividades que os consagram historicamente – abstrações racionalistas que servem de simulacros retóricos de interesses privados. Como denuncia José Luiz Borges Horta, domada e subjugada pelos interesses do grande capital, a ditar uma pauta exclusivamente econômica, a expensas de sua Constituição, seu direito e seu povo, na atualidade,

> a obra máxima do ocidente é cruelmente vitimada, a uma, pela dura realidade do mercado globalizado, que pretende reduzi-lo a algo como um Estado mercadológico, e a duas, pela insensatez desestatizante dos que acreditam poder plasmar fora do espaço estatal uma *sociedade democrática de Direito*. Numa e noutra vertente, manifesta-se a inequívoca reserva tanto ao Estado quanto ao político que o anima. Vivemos tempos sombrios de esvaziamento do político, de tecnização do jurídico.[27]

A neutralidade e a tecnicidade que caracterizam o Estado *poiético*[28] (correspondente na terminologia de Joaquim Carlos Salgado ao "Estado liberal do entendimento" de Hegel e ao "Estado burguês de direito" de Schmitt)[29] são estratégias típicas do discurso liberal para submeter o Estado aos seus ditames. Vende-se a ideia da *sociedade civil* como o *locus* verdadeiro da realização humana, uma esfera de sociabilidade pura, sem a contaminação da política e seus potenciais arroubos, blindada do campo de ação estatal. Mas esse espaço insípido não é pensado para acolher o homem nem para propiciar sua convivência harmônica, tratando-se

---

[27] HORTA, José Luiz Borges. *História do Estado de Direito*. São Paulo: Alameda, 2011. p. 235.

[28] SALGADO, Joaquim Carlos. O Estado ético e o Estado poiético. *Revista do Tribunal de Contas do Estado de Minas Gerais*, Belo Horizonte, v. 27, n. 2, abr./jun. 1998.

[29] Também, Schmitt, um século depois de Hegel, tratará de se opor veementemente ao individualismo liberal, ao tempo dele ainda mais consolidado na versão normativista de Kelsen, com sua concepção estritamente formal de Estado e direito. À democracia formal de Kelsen, Schmitt oporá sua democracia substancial, fundada na homogeneidade do povo, a unidade política que conforma o Estado e que confere concretamente o conteúdo do direito. Em sua crítica ferrenha ao liberalismo, Schmitt denuncia que o Estado de direito tal como teorizado pelos liberais é o Estado burguês de direito, já que seu escopo e fundamentação são dados exclusivamente em virtude da defesa dos direitos e garantias individuais, a ele anteriores, sendo o oposto do Estado verdadeiro, orgânico e efetivo, apoiado na unidade política do povo. Trata-se, portanto, do ponto de vista segundo o qual "la sociedad posee un propio orden en sí misma y que el Estado le está subordinado; ella lo controla con más desconfianza que otra cosa, y lo sujeta a límites estrictos" (SCHMITT, Carl. *El concepto de lo político*. Tradução de Rafael Agapito. Madrid: Alianza, 1991. p. 89). Schmitt entende que esse discurso liberal ignora propositalmente o aspecto comunitário da democracia por temer seus possíveis arroubos com uma consequente suspensão das liberdades que pretende, por isso, imunizar, blindar do jogo político.

de um mero quantitativo de indivíduos que buscam a consecução de seus interesses, travestidos de direitos. É por isso que Lima Vaz afirma que "o advento da sociedade civil como lugar histórico da realização da liberdade e, portanto, da vigência da lei e do Direito, está na origem da cisão moderna entre *ethos* e *nómos*".[30]

Hegel, destarte, irá definir a *sociedade civil* como um mero *sistema de necessidades*, que se opõe ao Estado; mas essa negação é nele assumida dialeticamente. Assim, também, para Salgado, do ponto de vista do "Estado ético", "não há um Estado separado da sociedade, pois é ele a própria sociedade politicamente organizada, ou uma organização política da sociedade".[31] É o *Estado poiético* que "opera essa tarefa técnica e aprofunda a divisão do Poder Político – Sociedade Civil como um todo, como se coisas diversas fossem".[32] Evidente, portanto, que um discurso que estabeleça o social fora do político estabelece o social antes do político, e contra o político, olvidando que "o *citoyen*, homem político, e não o *bourgeois*, homem privado, faz a democracia".[33]

Resulta do arranjo binário que coloca indivíduo e comunidade, sociedade civil e Estado, em polos antagônicos, a eleição de um deles como o principal, fundamento do outro, não sendo necessário ressaltar para qual tende a teoria e a *práxis* político-jurídicas ulteriores. A recuperação do projeto hegeliano não visa, destarte, inverter o quadro, fazendo novamente um prevalecer sobre o outro. Trata-se de identificá-los dialeticamente para que, doravante, o Estado se mantenha firmemente assentado na vontade, e o indivíduo possa achar uma instância de integração que o acolha em sua destinação ao todo, sem o que continuará vagando perdido pelo labirinto do deserto que não é nada mais que a terra arrasada que o discurso liberal fez do *ethos*, que é solo no qual o homem pisa.

O labirinto do deserto que suga o homem pós-moderno para o torvelinho das permanentes exigências de produtividade, atualização e inovação do capitalismo *turboglobalizado* pós-fordista é o deserto de conteúdo ético consagrado pela agenda neoliberal, resumida ao lucro e ao consumo. É o deserto de uma sociedade civil composta por

---

[30] VAZ, Henrique Cláudio de Lima. *Escritos de filosofia II*: ética e cultura. São Paulo: Loyola, 2004. p. 168.

[31] SALGADO, Joaquim Carlos. O Estado ético e o Estado poiético. *Revista do Tribunal de Contas do Estado de Minas Gerais*, Belo Horizonte, v. 27, n. 2, abr./jun. 1998. p. 9.

[32] SALGADO, Joaquim Carlos. O Estado ético e o Estado poiético. *Revista do Tribunal de Contas do Estado de Minas Gerais*, Belo Horizonte, v. 27, n. 2, abr./jun. 1998. p. 14.

[33] SALGADO, Joaquim Carlos. Carl Schmitt e o Estado democrático de direito. *In*: SCHMITT, Carl. *Legalidade e legitimidade*. Belo Horizonte: Del Rey, 2007. p. viii.

indivíduos isolados, atomizados, que não enxergam nada mais para além de si mesmos, que não vêm no horizonte nada mais que ensejos ao desfrute de sua ilimitada liberdade, mas uma liberdade restrita à persecução de objetivos e metas pessoais e satisfação dos seus próprios desejos, sempre do ponto de vista material. Destarte, estamos com Lima Vaz, para quem:

> A crise das sociedades políticas nascidas da modernidade impõe [...] a busca de uma outra concepção do ponto de partida da filosofia política. Esse ponto de partida deve pressupor, em qualquer hipótese, a ideia de comunidade ética como anterior, de direito, aos problemas de relação com o poder do indivíduo isolado e submetido ao imperativo da satisfação das suas necessidades e carências. É no terreno da ideia de comunidade ética que se traça a linha de fronteira entre Ética e Política. A partir daí é possível formular a questão fundamental que se desdobra entre os dois campos e estabelece entre elas uma necessária comunicação: como recompor, nas condições do mundo atual, a comunidade humana como comunidade ética e como fundar sobre a dimensão essencialmente ética do ser social a comunidade política?[34]

É a essa questão que os tempos atuais nos chamam a responder. Lima Vaz irá intentá-lo aportando os conceitos de reconhecimento e consenso ético[35] como as peças-chave para o restabelecimento da comunidade ética – e não da sociedade civil, porque despolitizada – como o plano do existir-em-comum do homem, em que a política assume seu lugar de direito. Gonçal Mayos aponta na mesma direção, sugerindo que, para sairmos do labirinto do deserto,

> teremos que construir novas formas sociais, de vida coletiva e individual, e renovar as instituições políticas, ideológicas e antropológicas. Também teremos que criar novas subjetivações, mentalidades, culturas, ideais e adaptações existenciais. As demandas das pessoas vão nessa direção como por exemplo, e sem querer ser exaustivo: edificar uma nova cultura do comum; a reconstrução de velhos laços comunitários; aprender a viver ecológica e sustentavelmente; escapar da sedução da espetacularização da vida; separar o viver novamente do incessante trabalhar ou do consumo

---

[34] VAZ, Henrique Cláudio de Lima. *Escritos de filosofia II*: ética e cultura. São Paulo: Loyola, 2004. p. 262.

[35] Cf. FONSECA, Renon Pessoa. Comunidade ética e intersubjetividade em Lima Vaz. *Revista da Escola Superior de Guerra*, v. 32, p. 198-228, 2017.

bulímico; recuperar atividades conduzidas pela cura e a solidariedade coletiva mais que por dividendos crematísticos, etc.[36]

Não é necessário (e ademais nem possível) encontrarmos uma saída do labirinto do deserto, pois fomos nós que o colocamos sob nossos próprios pés. Mayos bem lembra o aforisma de René de Chateaubriand segundo o qual "as florestas precedem as civilizações, os desertos as seguem", o que parece ser o caso desse deserto ético que sucedeu uma civilização cujo florescimento se deu em seu berço, com os gregos, a partir de seu forte componente ético-político. Os sinais atuais de descontentamento e desilusão com a política, que parecem estar na raiz da alardeada crise da democracia, e que rios de tinta vêm tentando decifrar, não nos parecem apenas resultado de contingências como crise econômica, imigração, *fake news* etc., mas sim sintomas de uma crise ética anterior, a partir da qual as pessoas pararam de vislumbrar o outro e a comunidade como finalidades, aptas a suprir sua existência de sentido.

Urge empreendermos uma mudança de rumos hábil para desfazer a aridez humana de nossa sociedade, tornando-a novamente fecunda de eticidade. Para tanto, o homem deve se voltar novamente para a política e nela perseguir sua realização como o animal político que é, em sua relação com o outro. Como o existir humano é um coexistir no *locus* ético da comunidade política, é sobre esse terreno fértil e florido que o homem deve voltar a caminhar.

Referências

ARENDT, Hannah. *Origens do totalitarismo*. Tradução de Roberto Raposo. São Paulo: Companhia das Letras, 2009.

ARISTÓTELES. *A política*. Tradução de Nestor Silveira Chaves. São Paulo: Lafonte, 2012.

BIGNOTTO, Newton. *Maquiavel republicano*. São Paulo: Loyola, 1991.

BONAVIDES, Paulo. *Teoria do Estado*. São Paulo: Malheiros, 1995.

BURCKHARDT, Jacob. *O Estado como obra de arte*. Tradução de Sergio Tellaroli. São Paulo: Penguin Classics Companhia das Letras, 2012.

FONSECA, Renon Pessoa. Comunidade ética e intersubjetividade em Lima Vaz. *Revista da Escola Superior de Guerra*, v. 32, p. 198-228, 2017.

HEGEL, G. W. F. *Fenomenologia do espírito*. 5. ed. Petrópolis: Vozes, 2008.

---

[36] MAYOS, Gonçal. *Homo obsoletus*: precariedade e desempoderamento na turboglobalização. Tradução de Ana Paula Diniz e Gabriel Rocha. Barcelona: Red Ediciones, 2019.

HEGEL, G. W. F. *Linhas fundamentais da filosofia do direito, ou, direito natural e ciência do estado em compêndio*. Tradução de Paulo Meneses, Agemir Bavaresco, Alfredo Moraes, Danilo Vaz-Curado R. M. Costa, Greice Ane Barbieri e Paulo Roberto Konzen. São Leopoldo: Ed. Unisinos, 2010.

HORTA, José Luiz Borges. *História do Estado de Direito*. São Paulo: Alameda, 2011.

MACHIAVELLI, Nicolo. *Comentários sobre a primeira década de Tito Lívio*. Tradução de Sérgio Bath. Brasília: Editora UnB, 1982.

MAYOS, Gonçal. *Homo obsoletus*: precariedade e desempoderamento na turboglobalização. Tradução de Ana Paula Diniz e Gabriel Rocha. Barcelona: Red Ediciones, 2019.

MAYOS, Gonçal. *O iluminismo frente ao romantismo no marco da subjetividade moderna*. Tradução de Karine Salgado. Disponível em: http://www.ub.edu/histofilosofia/gmayos_old/PDF/IluminismoFrenteRomantPort.pdf. Acesso em: 5 jan. 2020.

MAYOS, Gonçal. *Reconocimiento*: cultura es política. Disponível em: http://goncalmayossolsona.blogspot.com.br/2013/05/reconocimiento-cultura-es-politica.html. Acesso em: 5 jan. 2019.

REALE, Miguel. *Lições preliminares de direito*. São Paulo: Saraiva, 2002.

REALE, Miguel. *Teoria do direito e do Estado*. 4. ed. São Paulo: Saraiva, 1984.

ROUSSEAU, J.-J. *O contrato social*: princípios do direito político. Tradução de Antônio de Pádua Danesi. São Paulo: Martins Fontes, 2006.

SALGADO, Joaquim Carlos. *A idéia de justiça em Kant*: seu fundamento na liberdade e na igualdade. Belo Horizonte: UFMG, 1995.

SALGADO, Joaquim Carlos. Carl Schmitt e o Estado democrático de direito. *In*: SCHMITT, Carl. *Legalidade e legitimidade*. Belo Horizonte: Del Rey, 2007.

SALGADO, Joaquim Carlos. O Estado ético e o Estado poiético. *Revista do Tribunal de Contas do Estado de Minas Gerais*, Belo Horizonte, v. 27, n. 2, abr./jun. 1998.

SCHMITT, Carl. *El concepto de lo político*. Tradução de Rafael Agapito. Madrid: Alianza, 1991.

VAZ, Henrique Cláudio de Lima. *Escritos de filosofia II*: ética e cultura. São Paulo: Loyola, 2004.

VAZ, Henrique Cláudio de Lima. *Escritos de filosofia III*: filosofia e cultura. São Paulo, Loyola, 1997.

VAZ, Henrique Cláudio de Lima. Sociedade civil e Estado. *Síntese*, Rio de Janeiro, v. 7, n. 19, p. 21-29, 1980.

Informação bibliográfica deste texto, conforme a NBR 6023:2018 da Associação Brasileira de Normas Técnicas (ABNT):

FONSECA, Renon Pessoa. Desertificação da política. *In*: ANDRADE, Durval Ângelo; MAYOS SOLSONA, Gonçal; HORTA, José Luiz Borges; MIRANDA, Rodrigo Marzano Antunes (Coords.). *A sociedade do controle?*: macrofilosofia do poder no neoliberalismo. Belo Horizonte: Fórum, 2022. p. 73-86. ISBN 978-65-5518-260-6.

CONTROLE SOCIAL: ENTRE DISTOPIAS E REALIDADES POLÍTICAS

JOÃO PEDRO BRAGA DE CARVALHO
RAPHAEL MACHADO DE CASTRO

1 Considerações iniciais

O conhecimento produzido ao longo da história teve sua forma, seu conteúdo e suas repercussões no cenário acadêmico alterados de acordo com o modo de pensar e de expor os conteúdos pelos quais os principais intelectuais atuaram. Como apresentado por C. P. Snow em sua obra *As duas culturas*, dois foram os métodos de trabalhar o objeto formal das ciências: a maneira literária, sublime e subjetiva, própria da filosofia, e o modo científico, formalista e objetivo, pertencente às demais ciências.

> Acredito que a vida intelectual de toda a sociedade ocidental está se dividindo cada vez mais entre dois grupos polares. Quando me refiro a vida intelectual, pretendo incluir também uma grande parte de nossa vida prática, porque deveria ser a última pessoa a sugerir que essas duas vidas possam, no nível mais profundo, ser distinguidas. [...] Dois grupos polares: em um polo, temos os intelectuais literários, que aliás, enquanto ninguém estava olhando, se referiam a si mesmos como 'intelectuais', como se não houvesse outros. [...]
> No outro (polo) cientistas e, como os mais representativos, os cientistas físicos.[1]

---

[1] SNOW, C. P. *As duas culturas e uma segunda leitura*. São Paulo: Edusp, 2015. p. 20-21.

Nesse sentido, desde as primeiras universidades, a filosofia literária perpassou o tempo cumprindo seu papel de descrever a realidade de forma poética, trágica e, mais especificamente em certos momentos, romântica. No entanto, os marcos ao redor da Revolução Copernicana serviram como ponto de inflexão para alterar os paradigmas de produção do conhecimento. A partir do momento em que Isaac Newton explicou a natureza e seu funcionamento por meio de leis matemáticas, abriu-se espaço para que surgissem respostas fora da alçada divina, que estivessem em consonância com a física; ciência limitada ao seu objeto. A filosofia, ciência do absoluto, passou a tratar, nesse momento, de descrever o conhecimento cientificamente, tendo como principal expoente desse efeito o filósofo Immanuel Kant.

> Até então, tentara-se explicar o conhecimento supondo que o sujeito devia girar em torno do objeto. Mas, como desse modo muitas coisas permaneciam inexplicadas, Kant inverteu os papéis, supondo que o objeto é que deveria girar em torno do sujeito. Copérnico havia feito uma revolução análoga: dado que, mantendo a terra firme no centro do universo e fazendo os planetas girarem em torno dela, muitos fenômenos permaneciam inexplicados, ele pensou em mover a terra e fazê-la girar em torno do sol.[2]

A ruptura com o estilo literário diferenciou a filosofia kantiana das demais e criou, por outro lado, um distanciamento dos outros métodos de formular a filosofia. Essa disputa de formas segue nos dias de hoje, em que a vertente filosófica-literária tem como um dos maiores expoentes o pensador sul-coreano e de cosmovisão alemã, Byung-Chul Han. O filósofo revela sua visão da sociedade contemporânea por meio de ensaios literários sobre os mais diversos temas e fatores constituintes da realidade, tendo sua produção apresentado a mesma – ou até maior – validade e relevância que filosofias em forma científica, a ponto de não ser possível ignorar as contribuições apresentadas pelo autor, mas sim reconhecer a necessidade de compreensão entre as diferenças estilísticas presentes no embate filosófico.

Nesse contexto literário, o presente trabalho pretende comparar criticamente os cenários prospectivos de controle social dos romances *1984*, de George Orwell, *Admirável mundo novo*, de Aldous Huxley e *Fahrenheit 451*, de Ray Brandbury, tendo como horizonte de comparação

---

[2] REALE, Giovanni; ANTISERI, Dario. *História da filosofia* – De Spinoza a Kant. São Paulo: Paulus, 2005. v. 4. p. 358.

a análise da contemporaneidade realizada por Byung-Chul Han. Apesar das diferenças próprias dos enredos, as três obras tratam de futuros distópicos, nos quais a sociedade vive em uma crise de identidade em que a tecnologia alterou por completo a dinâmica dos cidadãos com o Estado, sendo esse caracterizado primordialmente como totalitário nos referidos livros.

A distopia enquanto uma "utopia negativa" merece um lugar de destaque nas análises contemporâneas, é importante a dedicação reflexiva sobre um possível cenário em que todas as crenças tivessem sido superadas e o mundo fosse ideal (utopia). No entanto, se tratamos a utopia não como um futuro impossível, ao qual nunca iremos chegar, mas sim como um vetor valorativo que nos indica aonde queremos ir, deveríamos tratar a distopia como um sinal negativo de onde não deveríamos ter nem uma leve aproximação. Assim, o estudo das distopias, nesse caso, políticas nos serve de alarme, ou melhor de segurança, para não direcionarmos o caminhar histórico para um desvelar opressor e totalitário.[3]

2   *Eros*, história e *1984*

Na obra *Agonia do eros*, Byung-Chul Han diagnostica a ausência de alteridade das sociedades contemporâneas que, imersas pelo individualismo e pela igualdade massificante, não se encontram próximas das experiências eróticas. Pressuposto pela assimetria e pela exterioridade do outro, o *eros* não se mostra em sua capacidade plena de contraposição da depressão, de conversão da desgraça em salvação.

> Nos últimos tempos tem-se propalado o fim do amor. Hoje, o amor estaria desaparecendo por causa da infinita liberdade de escolha, de multiplicidade de opções e da coerção de otimização [...].
> Não é apenas na oferta de *outros* que contribui para a crise do amor, mas a erosão do *Outro*, que por ora ocorre em todos os âmbitos da vida e caminha cada vez mais de mãos dadas com a narcisificação do si-mesmo [...].
> No inferno do igual, que vai igualando cada vez mais a sociedade atual, já não mais nos encontramos, portanto, com a experiência erótica.[4]

---

[3]   Cabe aqui ressaltar que a valoração de cenários como utópicos ou distópicos é relativa à visão daquele que o interpreta. Uma distopia sempre poderá ser chamada de utopia por quem a enxergar dessa forma.

[4]   HAN, Byung-Chul. *Agonia do eros*. Petrópolis: Vozes, 2017. p. 7-8.

Já de início, podemos observar semelhanças e diferenças em relação ao cenário distópico descrito por Orwell e na leitura da contemporaneidade de Han. Em uma primeira análise, também é possível observar a referida erosão do *Outro* em *1984*. Porém, na distopia em questão, tal erosão se deve pelo Estado de vigilância no qual a trama se desenvolve. Nele, a negatividade, a proibição e a supressão dos desejos e necessidades se dão em função do controle e acabam por limitar por completo a experiência erótica.

> O único fim reconhecido do casamento era procriar filhos para o serviço do Partido. A cópula devia ser considerada uma pequena operação ligeiramente repugnante, como um clister. Isto tampouco era dito em voz alta, mas de modo indireto era ensinado a cada membro do Partido, desde a infância. Havia até organizações como a Liga Juvenil Anti-Sexo, que advogava completo celibato para ambos os sexos. Todas as crianças deveriam nascer por inseminação artificial (*insemart*) e educadas em instituições públicas.[5]

Ainda ao falar sobre o *eros*, o amor e as relações humanas, Byung-Chul Han enfatiza a importância do outro para a saída de si efetivada pelo sujeito, de modo que atribui a esse *eros* a cura para as distorções que o filósofo observa nos tempos presentes. "O eros vence a depressão",[6] frase marcante de *Agonia do eros*, reflete precisamente o referido papel.

> A depressão é uma enfermidade narcísica. O que leva à depressão é uma relação consigo mesmo exageradamente sobrecarregada e pautada num controle exagerado e doentio. O sujeito depressivo-narcisista está esgotado e fatigado de si mesmo. *Não tem mundo* e é abandonado pelo *outro*. Eros e depressão se contrapõem mutuamente. O eros arranca o sujeito de si mesmo e direciona-o para o outro [...]. No inferno do igual, a chegada do outro *atópico* pode tomar uma forma apocalíptica. Aliás, hoje, só um apocalipse nos poderá libertar – sim, redimir, – de um inferno do igual em direção ao outro.[7]

Ao pensarmos em *1984* e na relação vivida pelo protagonista Winston e por Júlia, ainda que por fim se vejam derrotados pelo *status quo* do Grande Irmão, é a partir do *eros* e do reconhecimento no outro

---

[5] ORWELL, George. *1984*. São Paulo: Editora Nacional, 1991. p. 65.
[6] HAN, Byung-Chul. *Agonia do eros*. Petrópolis: Vozes, 2017. Quarta capa.
[7] HAN, Byung-Chul. *Agonia do eros*. Petrópolis: Vozes, 2017. p. 10.

que ambos passam a questionar os valores impostos em seu tempo e batalham pela realização de um sentido próprio para suas vidas. Na obra, o *eros* não vence a depressão, mas serve de abrigo contra o sistema autoritário e repressivo do Partido Interno.[8]

> Durante o mês de junho encontraram-se quatro, cinco, seis... sete vezes. Winston abandonara o hábito de beber gim a toda hora. Parecia não precisar mais dele [...]. O processo da vida cessara de ser intolerável, e não sentia mais ímpetos de fazer caretas para a teletela nem de gritar nomes feios. Agora que possuíam um esconderijo seguro, quase um lar, já não lhes parecia tão mau encontrar-se frequentemente, e penas por algumas horas [...].
> Winston e Júlia sabiam – de modo que nunca baniam do espírito – que não podia durar muito o que estava acontecendo [...].
> Mas havia também ocasiões em que tinham a ilusão não apenas de segurança como de permanência. Tinham a impressão de que, enquanto estivessem naquele quarto, nenhum mal lhes poderia advir.[9]

A força do *eros* e a conexão de Winston com Júlia é tamanha que a estrutura do Estado autoritário descrito por Orwell, ao capturá-los, ataca com seu aparato mais incisivo: torturas físicas e psicológicas tamanhas que chegam a um ponto de neutralizá-los. Mais que isso, faz o protagonista amar somente aquele que deve ser amado: "Mas agora estava tudo em paz, tudo ótimo, acabada a luta. Finalmente lograra a vitória sobre si mesmo. Amava o Grande Irmão".[10]

A história, como narrativa constituída por um controle, tem papel protagonista na obra de George Orwell. O Ministério da Verdade, em que Winston trabalha, controla as narrativas do passado e as tornam adequadas à ideologia do Partido Interno. Assim, a realidade passa a se adequar ao gosto de quem comanda.

---

[8] Não é possível afirmar categoricamente que Júlia tenha experimentado de forma efetiva a vivência no outro a qual Winston tem contato. Há de se admitir, inclusive, a possibilidade de Júlia fazer parte da trama do partido para neutralizar as atitudes de Winston. Tal fato, porém, não exclui tudo aquilo que fora experienciado pelo protagonista da obra. Em outras palavras, ainda que a vivência erótica de Winston viesse a fazer parte de sua neutralização, enquanto essa não se desvelou por completo sua subjetividade esteve fora do aparato repressivo do Grande Irmão. Ao cogitar o suicídio como alternativa caso fossem descobertos, por exemplo, Winston se mostra capaz de aniquilar sua existência para não sofrer as penas do Partido.

[9] ORWELL, George. *1984*. São Paulo: Editora Nacional, 1991. p. 141-142.

[10] ORWELL, George. *1984*. São Paulo: Editora Nacional, 1991. p. 277.

Todavia, a razão mais importante para o reajuste do passado é a infalibilidade do Partido [...]. Argui-se que os acontecimentos passados não têm existência objetiva, porém só sobrevivem em registros escritos e na memória humana. O passado é o que dizem os registros e as memórias. E como o Partido tem pleno controle de todos os registros, e igualmente dos cérebros dos os seus membros, segue-se que o passado é o que o Partido deseja que seja. Segue-se também que embora o passado seja alterável, jamais foi alterado num caso específico. Pois quando é reescrito na forma conveniente, a nova versão passa a ser o passado, e nada diferente pode ter existido.[11]

A importância da pluralidade de narrativas, aliada com o caráter poético e literário das humanidades, vai de embate direto ao direcionamento propalado pelo Partido Interno e seu projeto interminável de poder e controle. Assim,

O autor é participante de um mundo em marcha, e, portanto, não possui qualquer distanciamento científico do objeto analisado; ao contrário, se escreve uma *História do Estado de Direito* (não "a", mas "uma"), é por pretender somar-se aos esforços dos intelectuais hodiernos para compreender o mundo e, em o compreendendo, concorrer para sua suprassunção no futuro (também ele) em construção [...].[12]

Já em *Agonia do eros*, Han descreve um processo de certo modo semelhante por qual passamos, ainda que não tão abrupto e coercivo como o visto em *1984*. Tal invasão, porém, é intensa a ponto de ser vista não somente dentro da ciência história, mas também na vida cotidiana e em sua leitura do *Espírito do tempo*, de modo que afeta as relações subjetivas e contribui para o *inferno do igual* e o estado em que nos encontramos. Para ele, o *tempo do igual* esvai tudo o que é vivo e orgânico no passado e em suas narrativas:

A relação com o futuro é a relação com o *outro* atópico, que não pode ser enquadrada na linguagem do igual. Hoje, o futuro elimina a negatividade do outro e positiva-se em *atualidade otimizada*, que exclui todo e qualquer desastre. A transformação de todo o passado em museu aniquila o passado. Enquanto *atualidade repetível*, ele se desvencilha da negatividade do irrecuperável. A memória não é um mero órgão de mera recomposição, com o qual presentifica-se o que já passou. Na memória, o passado se

---

[11] ORWELL, George. *1984*. São Paulo: Editora Nacional, 1991. p. 199-200.

[12] HORTA, José Luiz Borges. *História do Estado de direito*. São Paulo: Alameda, 2011. p. 24.

modifica constantemente. É um processo vivo, progressivo, narrativo. Nisso se distingue do armazenamento de dados.[13]

Por fim, podemos refletir que a diferença fundamental entre a leitura de Han do tempo presente e a distopia *1984* se encontra no núcleo duro da estruturação pelas quais estão configuradas ambas sociedades e, mais diretamente, ambas essências dos principais mecanismos de poder. O Estado orwelliano, ainda que alce voos com destinos similares em relação ao neoliberalismo, se comporta de forma diferente.

Esse Estado de vigilância orwelliana, com suas teletelas e as suas câmaras de tortura, diferencia-se fundamentalmente do pan-óptico digital (com a internet, os smartphones e o Google glass), que é dominado pela aparência de liberdade e comunicações ilimitadas. Nesse pan-óptico não se é torturado, se é tuítado ou postado. Não há nenhum Ministério da Verdade. A transparência e a informação substituem a verdade. O novo objeto do poder não consiste na administração do passado, mas no controle psicopolítico do futuro.[14]
O princípio da negatividade, que ainda define o Estado de vigilância de Orwell, cede lugar ao de positividade. As necessidades não são suprimidas, mas estimuladas. Em vez de confissões extorquidas, há exposição voluntária. O smartphone substitui a câmara de tortura. O Grande Irmão tem agora um rosto *amável*. A eficiência de sua vigilância está em sua *amabilidade*.[15]

3 Sociedade do cansaço, coerção digital e Admirável mundo novo

Logo no início do prefácio de *Admirável mundo novo*, escrito em 1946, Aldous Huxley inicia uma digressão a respeito do que consideraria como aspectos a serem alterados na versão original de sua obra, publicada pela primeira vez em 1931. Nesse caminho, o autor propõe a reflexão em torno da possibilidade de novas alternativas para o fim de uma das personagens:

Se eu reescrevesse o livro agora, ofereceria uma terceira alternativa ao Selvagem. Entre as duas pontas do seu dilema, a utópica e a primitiva,

---

[13] HAN, Byung-Chul. *Agonia do eros*. Petrópolis: Vozes, 2017. p. 31-32.
[14] HAN, Byung-Chul. *Psicopolítica* – O neoliberalismo e as novas técnicas de poder. Belo Horizonte: Âiné, 2018. p. 56.
[15] HAN, Byung-Chul. *Sociedade do cansaço*. Petrópolis: Vozes, 2017. p. 57.

estaria a possibilidade de alcançar a sanidade de espírito [...] numa comunidade de exilados e refugiados do Admirável mundo novo. Nessa comunidade, a economia seria descentralizada e segundo o georgismo, e a política, kropotkiniana e cooperativista. A ciência e a tecnologia seriam usadas como se, a exemplo do sábado, tivessem sido feitas para o homem e não (como no presente e ainda mais no Admirável mundo novo) como se o homem tivesse de ser adaptado e escravizado a ela.[16]

Nessa passagem, Huxley acaba por tocar em pontos nodais da crítica e reflexão de sua obra: a opressão do modelo econômico e a subversão da finalidade alçada pela tecnologia. Ao tratarmos do primeiro assunto, fica evidente que o trabalho em *Admirável mundo novo* esgota toda e qualquer possibilidade de saída de si e acaba por aprisionar as classes inferiores:

[...] é verdade – acrescentou – que poderiam pedir uma jornada de trabalho mais curta. E, por certo, nós poderíamos concedê-la. Do ponto de vista técnico, seria perfeitamente possível reduzir a três ou quatro horas a jornada de trabalho das castas inferiores. Mas isso as faria mais felizes? Não, de modo algum. A experiência foi tentada, há mais de século e meio [...]. Qual o resultado? Perturbações e um acréscimo considerável do consumo de *soma*, nada mais.[17]

Na ótica de Byung-Chul Han, a *Sociedade do cansaço*, do trabalho e do desempenho vividas no tempo presente caminham de forma semelhante ao descrito por Aldous Huxley em sua obra seminal:

A sociedade do trabalho e a sociedade do desempenho não são uma sociedade livre. Elas geram novas coerções. A dialética de senhor e escravo está, não em última instância, para aquela sociedade na qual cada um é livre e que seria capaz também de ter tempo livre para o lazer. Leva ao contrário a uma sociedade do trabalho, na qual o próprio senhor se transformou num escravo do trabalho.[18]

Caso a semelhança entre as descrições da *Sociedade do cansaço* de Han e o modelo de trabalho das classes inferiores de *Admirável mundo novo* já não fossem suficientes para exortar as interconexões entre a referida distopia e a leitura do nosso tempo presente, a análise dos

---

[16] HUXLEY, Aldous. *Admirável mundo novo*. São Paulo: Globo, 2014. p. 8-9.
[17] HUXLEY, Aldous. *Admirável mundo novo*. São Paulo: Globo, 2014. p. 8-9.
[18] HAN, Byung-Chul. *Sociedade do cansaço*. Petrópolis: Vozes, 2017. p. 46-47.

aspectos tecnológicos descritos na obra de Huxley também casam com as reflexões do filósofo sul-coreano. Nesses moldes,

> Hoje, o globo como um todo está se transformando em um único panóptico. Não existe um fora do panóptico; ele se torna total, não existindo muralha que possa separar o interior do exterior. Google e redes sociais, que se apresentam como espaços de liberdade, estão adotando cada vez mais formas panópticas. Hoje, a supervisão não se dá como se admite usualmente, como *agressão à liberdade*. Ao contrário, as pessoas se expõem *livremente* ao olho do panóptico.[19]

Já em *Admirável mundo novo*, a tecnologia permeia a coerção em todos os estágios da vida humana, inclusive, na formação da infância pós-parto.

> "Silêncio, silêncio", murmurou um alto-falante, enquanto saíam do elevador no décimo quarto andar, e "Silêncio, silêncio", repetiram incansavelmente, a intervalos regulares, outros autofalantes ao longo de cada corredor. Os estudantes, e o próprio diretor, puseram-se automaticamente a caminhar na ponta dos pés. Eles eram Alfas, por certo, mas até mesmo os Alfas haviam sido bem condicionados "Silêncio, silêncio". Toda a atmosfera do décimo quarto andar vibrava com o imperativo categórico. [...]
> - Eles ouviram isso repetido mais de quarenta ou cinquenta vezes antes de acordarem; depois, outra vez na quinta-feira, e novamente no sábado. Cento e vinte vezes, três vezes por semana, durante trinta meses. Depois disso, passarão a uma lição mais adiantada.[20]

4   Violência, linguagem e *Fahrenheit 451*

Em 1933, os nazistas alemães revelaram o começo do que viria ser uma política de comportamento do regime: a queima de livros em praça pública de escritores e intelectuais como Karl Marx, Franz Kafka, Thomas Mann, Albert Einstein e Sigmund Freud, mostrando a gênese do que futuramente terminaria em Auschwitz. É sobre esta possibilidade totalitária e despótica de queimar e proibir livros que Ray Brandbury escreve sua obra *Fahrenheit 451*, na qual é trabalhado um futuro distópico em que os bombeiros não servem mais para apagar incêndios, mas sim para queimar os livros restantes de uma sociedade controlada política e

---

[19] HAN, Byung-Chul. *Sociedade da transparência*. Petrópolis: Vozes, 2017. p. 115.
[20] HUXLEY, Aldous. *Admirável mundo novo*. São Paulo: Globo, 2014. p. 36-37.

intelectualmente. O texto trata da vida de um bombeiro, Guy Montag, que rompeu com os paradigmas impostos e passou a questionar o funcionamento de seu meio social. Há visivelmente na obra um controle que impede a pluralidade e a diferença de pensamento através da violência, de modo comparativamente próximo com o mostrado por Han em sua filosofia.

> E assim, quando as casas finalmente se tornaram à prova de fogo, no mundo inteiro [...], já não havia necessidade de bombeiros para os velhos fins. Eles receberam uma nova missão, a guarda de nossa paz de espírito, a eliminação do nosso compreensível e legítimo sentimento de inferioridade: censores, juízes e carrascos oficiais. Eis o nosso papel, Montag, o seu e o meu.[21]

Contudo, ainda é necessário relacionar o ponto em comum que une as três obras trabalhadas neste texto, tal conceito que é essencial para tratarmos de distopias políticas e não de outras espécies; é evidente a presença de um *inimigo* em todos os romances. Já que apenas a partir de um inimigo declarado, é que uma comunidade precisa afirmar-se contra essa ameaça. Esse processo, essencialmente conflituoso, possibilita que a violência permeie a égide social e crie um cenário de guerra, logo, um cenário político. Seja Goldstein, os Selvagens ou os livros, é preciso que os manipulados acreditem e diferenciem o amigo e o inimigo,[22] para que a estabilidade do sistema distópico se mantenha. Como mostrado por Han, intérprete de Carl Schmitt, o inimigo pode ser até mesmo interior ao Estado: "A possibilidade real da violência forma a essência da política, e a luta não acontece apenas entre estados, mas também dentro de um Estado. Também em seu interior, um Estado só é político diante de um inimigo interno".[23]

No contexto de *Fahrenheit 451*, o inimigo internamente no primeiro momento declarado parecem ser os livros, no entanto, deve-se ir mais além: o inimigo é, na verdade, a *informação*. Nesse sentido, essa informação se revela como objeto da linguagem castrada pelo regime totalitário executado pelos bombeiros. Pois é através do agir conjunto permeado pela linguagem, enquanto meio de comunicação para disseminar a informação, que se dá a essência do político, como mostrado por Hannah Arendt. Limitar a informação e impedir a linguagem é

---

[21] BRADBURY, Ray. *Fahrenheit 451*. São Paulo: Globo, 2012. p. 82.
[22] HAN, Byung-Chul. *Topologia da violência*. Petrópolis: Vozes, 2017. p. 84.
[23] HAN, Byung-Chul. *Topologia da violência*. Petrópolis: Vozes, 2017. p. 86.

estabelecer um controle social edificado sobre uma comunidade, agora muda e, por isso, apolítica.

Torna-se possível analisar, também, que o Estado policialesco de Montag tem como objetivo, ao queimar os livros, incinerar a negatividade contida neles. Os bombeiros têm o papel de garantir a paz de espírito e eliminar o compreensível sentimento de inferioridade da população, fazendo, assim, com que todos devam ser iguais, não sendo permitido minorias, um vale tudo em nome da manutenção da felicidade. Desta feita, relaciona-se diretamente à *Sociedade da transparência* de Han, ao defender que as categorias se tornam transparentes quando se elimina toda e qualquer negatividade, o que as constitui como rasas e planas, sem qualquer singularidade, de fato "um abismo infernal do igual".[24]

> A transparência não brota da luz amigável, que permite ao aleatório aparecer em sua aleatoriedade, o arbitrário em sua bela arbitrariedade, isto é, que o outro se manifeste em sua alteridade incomensurável. A política generalizada da transparência consiste em fazer desaparecer totalmente a alteridade, condenando tudo à *luz do igual*; alcança-se a transparência justamente pela eliminação do outro. A violência da transparência se manifesta, portanto, no nivelamento do outro em igual, como eliminação da alteridade. Ela é i-*gualitadora*. Por isso, a política da transparência é uma ditadura do igual.[25]

Uma sociedade muda está sob uma ditadura do igual, muda não pela impossibilidade de se comunicar, mas exatamente pelo oposto: a transparência proporciona uma informação não mais comunicativa, mas sim cumulativa. O excesso de informação nas redes deforma o conceito de comunicação e não mais cria uma comunidade, mas uma massa, que não é informativa nem comunicativa. A sociedade atual precisa sentir o que Montag sentiu ao esconder um livro e presenciar a autoimolação de uma senhora que se recusou a abandonar sua biblioteca, é necessária uma epifania do real:

> Portanto, fora a mão que começara aquilo tudo. Sentiu uma delas, depois a outra, trabalhando para tirarem o casaco e deixá-lo cair ao chão. Ele estendeu as calças em um abismo e as deixou cair para a escuridão. Suas mãos haviam sido infectadas e logo seriam os braços. Podia sentir o veneno subindo pelos pulsos, cotovelos e ombros e, depois, o salto de uma espádua para a outra, como faísca entre dois polos. Suas mãos

---

[24] HAN, Byung-Chul. *Sociedade da transparência*. Petrópolis: Vozes, 2017. p. 67.
[25] HAN, Byung-Chul. *Topologia da violência*. Petrópolis: Vozes, 2017. p. 204-205.

estavam sôfregas. E seus olhos começaram a ficar famintos, como se tivessem de olhar para algo, qualquer coisa, tudo.[26]

Na realidade contemporânea a queima de livros revela-se na submissão social de todos os processos a uma coação por transparência. Queimar livros no romance distópico é anular a diferença e desconstruir a negatividade, é submeter o funcionamento da sociedade à total transparência, o inimigo de nossa sociedade é o outro. Nos dias de hoje, de acordo com Han, a política perde seu posto axial de funcionamento da sociedade e dá lugar à violência das necessidades, pelo fato de a própria política necessitar de um caráter oculto para seu devir, a transparência se torna *despolitizante*.

5 Considerações finais

Após a análise específica de cada romance, é hora de conectá-los, assim como em *Admirável mundo novo*, em que o *soma* é um narcótico usado para provocar um bem-estar politicamente anestesiante, em *Fahrenheit 451*, a esposa de Montag sobrevive à base de pílulas que modificam e suavizam seu cotidiano, muitas vezes, dotado de paradigmas alienantes e quase irreais. Já em *1984*, a privacidade era anulada pela onipresença do Grande Irmão nas teletelas, as casas do universo de Montag têm murais televisivos que transmitem interruptamente "novelas", as quais são constituídas por familiares impostos para os próprios moradores interagirem diretamente.

No entanto, no ano de 1984, foi transmitido um comercial da empresa norte-americana produtora de computadores Apple, que tornou real o fio de ligação entre as distopias e as realidades políticas, era de fato um reflexo do que um dia propôs Georg Orwell, mas com as particularidades de seu tempo.

O comercial da Apple transmitido durante o Super Bowl de 1984 tornou-se lendário. A empresa se apresentava como a libertadora do Estado de vigilância orwelliano. Em marcha, trabalhadores sem vontade e apáticos entram em um grande salão para ouvir o discurso fanático do Grande Irmão na teletela. Então uma mulher invade o lugar, perseguida pela Polícia das Ideias. Ela continua a correr sem vacilar, carregando um grande martelo diante de seus seios bamboleantes. Determinada, segue em direção ao Grande Irmão e joga o martelo com toda a força na

---

[26] BRADBURY, Ray. *Fahrenheit 451*. São Paulo: Globo, 2012. p. 62-63.

teletela, que explode violentamente. As pessoas despertam de sua apatia e uma voz anuncia: "Em 24 de janeiro, a Apple Computer apresentará o Macintosh. E você verá porque 1984 não será como *1984*". Apesar da mensagem da Apple, o ano de 1984 não marca o fim do Estado vigilante, mas o início de um novo tipo de sociedade de controle, cuja eficácia excede em muito o Estado de vigilância orwelliano. A comunicação coincide inteiramente com o controle. Cada um é o pan-óptico de si mesmo.[27]

A partir da análise de Han, é possível observar que o controle social de *1984*, efetivado dentro de uma lógica de coerção e negatividade, se diferencia do que vivemos nos tempos presentes. Por outro lado, tal modelo se assemelha diretamente com as descrições distópicas de *Admirável mundo novo*, cuja sociedade se tutela com base em uma positividade, uma coerção desvelada e aberta aos próprios sujeitos passíveis da referida coerção. Ou seja, é revelado em *1984* um controle social baseado na negatividade, enquanto em *Admirável mundo novo* nos é apresentado um sistema baseado na positividade, sendo ambos esses aspectos prejudiciais aos seres humanos da mesma maneira quando em excesso, sem ter uma avaliação qualitativa para diferenciá-los.

Percebe-se que a perda das categorias políticas e sociais pertencentes a um povo da cultura ocidental e, por isso, democrático, corrompe a vida dos cidadãos da atualidade. A tecnologia usada de maneira efetiva, algo presente nos três romances, é percebida por Byung-Chul Han como usurpadora dos ideais construídos e edificados pelo Estado de direito. Portanto, cabe à academia denunciar o urgente resgate dessas categorias, para que rompamos com o controle social estabelecido diante da pluralidade, do pensamento crítico e da diferença, características responsáveis por permitir o desvelar do próprio Ocidente.

Referências

BRADBURY, Ray. *Fahrenheit 451*. São Paulo: Globo, 2012.

HAN, Byung-Chul. *Agonia do eros*. Petrópolis: Vozes, 2017.

HAN, Byung-Chul. *Psicopolítica – O neoliberalismo e as novas técnicas de poder*. Belo Horizonte: Âiné, 2018.

HAN, Byung-Chul. *Sociedade da transparência*. Petrópolis: Vozes, 2017.

HAN, Byung-Chul. *Sociedade do cansaço*. Petrópolis: Vozes, 2017.

---

[27] HAN, Byung-Chul. *Psicopolítica – O neoliberalismo e as novas técnicas de poder*. Belo Horizonte: Âiné, 2018. p. 58.

HAN, Byung-Chul. *Topologia da violência*. Petrópolis: Vozes, 2017.

HORTA, José Luiz Borges. *História do Estado de direito*. São Paulo: Alameda, 2011.

HUXLEY, Aldous. *Admirável mundo novo*. São Paulo: Globo, 2014.

ORWELL, George. *1984*. São Paulo: Editora Nacional, 1991.

REALE, Giovanni; ANTISERI, Dario. *História da filosofia* – De Spinoza a Kant. São Paulo: Paulus, 2005. v. 4.

SNOW, C. P. *As duas culturas e uma segunda leitura*. São Paulo: Edusp, 2015.

Informação bibliográfica deste texto, conforme a NBR 6023:2018 da Associação Brasileira de Normas Técnicas (ABNT):

CARVALHO, João Pedro Braga de; CASTRO, Raphael Machado de. Controle social: entre distopias e realidades políticas. *In*: ANDRADE, Durval Ângelo; MAYOS SOLSONA, Gonçal; HORTA, José Luiz Borges; MIRANDA, Rodrigo Marzano Antunes (Coords.). *A sociedade do controle?*: macrofilosofia do poder no neoliberalismo. Belo Horizonte: Fórum, 2022. p. 87-100. ISBN 978-65-5518-260-6.

POLÍTICAS DO DESCONCERTO: ANTIPOLÍTICA E POLARIZAÇÃO

RENON PESSOA FONSECA

1 Introdução

Diante dos eventos políticos recentes que vêm se desenrolando no Brasil e no mundo, muitos intelectuais e analistas, compartilhando grande inquietação e preocupação com os rumos da democracia, vêm tentando interpretar e compreender o que está ocorrendo com a política nesses dias turbulentos que atravessamos. Precisamente por se tratar dos tempos atuais, e, dada a velocidade dos acontecimentos, é praticamente impossível encontrarmos uma explicação satisfatória, quanto mais definitiva. Mas ainda assim, evitandos os modismos e alarmismos, nos arriscaremos a aportar aqui algumas despretensiosas considerações.

Elas são fruto do generoso convite feito pelo Professor Gonçal Mayos para que falássemos na abertura do *XVII Colóquio Macrofilosófico*, no Liceu Barcelonês, em novembro de 2019, a respeito da crise política no Brasil, relacionando-a com o contexto mundial. A dificuldade da empreitada de resumir e encontrar um fio condutor para expor os eventos que se seguiram aos protestos de 2013 e ainda identificando o denominador comum com a situação de outros países só não foi maior porque o título dado pelo professor ao painel casara perfeitamente com a conclusão que apresentaríamos (ademais, a única possível): a de que estamos diante de um grande desconcerto.

2 A crise política contemporânea

Mayos chama de "políticas do desconcerto" esse contexto cujo marco inicial seria a crise de 2008 e cujos cenários político-sociais decorrentes surpreendem a todos e desafiam as teorias políticas em voga.[1] Essa expressão, explica,

> remite en primer lugar a la desorientación que provoca tanto en los expertos políticos como en una población desconcertada y angustiada. Pero también en segundo lugar a la ruptura del "concierto" ideológico, tanto en la teoría como en la práctica política, que se construyó hace unos 30 años.[2]

As análises de acadêmicos e estudiosos do tema não têm sido diferentes, convergindo para a constatação de que atravessamos uma crise *da democracia liberal*.[3] Essencialmente assentada nos princípios da representação popular e regra da maioria, além, é claro, do respeito aos direitos das minorias e da separação de poderes, ela vem sendo sistematicamente golpeada e contestada pelos próprios cidadãos. Segundo Castells, mais de dois terços dos habitantes do planeta acham que os políticos não os representam, que os partidos políticos priorizam seus próprios interesses e buscam a perpetuação dos quadros atuais, que os parlamentos não são representativos e que os governos, independentemente do viés partidário, são corruptos, burocráticos e opressores.[4]

---

[1] MAYOS, Gonçal. Conflictos de legitimación en la turboglobalización. *In*: BILBENY, Norbert (Org.). *Legitimidad y acción política*. Barcelona: Universitat de Barcelona, 2018. p. 317-338.

[2] MAYOS, Gonçal. *Políticas del desconcierto*. Disponível em: http://goncalmayossolsona. blogspot.com/2018/11/politica-del-desconcierto.html. Acesso em: 5 jan. 2020.

[3] Há farta bibliografia recente traduzida para o português, entre a qual destacamos: CASTELLS, Manuel. *Ruptura*: a crise da democracia liberal. 1. ed. Tradução de Joana Angélica D'Avila Melo. Rio de Janeiro: Zahar, 2018; INNERARITY, Daniel. *A política em tempos de indignação*: a frustração popular e os riscos para a democracia. Tradução de João Pedro George. Rio de Janeiro: LeYa, 2017; LEVITSKY, Steven; ZIBLATT, Daniel. *Como as democracias morrem*. Tradução de Renato Aguiar. Rio de Janeiro: Zahar 2018; MOUNK, Yasha. *O povo contra a democracia*: por que nossa liberdade corre perigo e como salvá-la. Tradução de Cássio de Arantes Leite e Débora Landsberg. São Paulo: Companhia das Letras, 2019; RUNCIMAN, David. *Como a democracia chega ao fim*. Tradução de Sergio Flaksman. São Paulo: Todavia, 2018.

[4] CASTELLS, Manuel. *Ruptura*: a crise da democracia liberal. 1. ed. Tradução de Joana Angélica D'Avila Melo. Rio de Janeiro: Zahar, 2018. p. 14.

Nesse tempos *hipermodernos*[5] marcados pela *turboglobalização*,[6] pela revolução científico-tecnológica, pela velocidade das telecomunicações, pelo enorme fluxo de informações e pela radicalização da mudança da dinâmica social, "a obsoleta democracia liberal [...], manifestamente, está caindo aos pedaços em todo o mundo, porque deixa de existir no único lugar em que pode perdurar: a mente dos cidadãos".[7]

Fernando Henrique Cardoso entende que "uma nova sociedade está se formando e não se vê claramente que instituições políticas poderão corresponder a ela".[8] Para ele, "no cerne dessa crise está o hiato entre as aspirações da população e a capacidade das instituições políticas de responder às exigências da sociedade",[9] e que "essa quebra de confiança afeta instituições políticas criadas ao longo dos dois últimos séculos, como os partidos e os parlamentos".[10]

Por outro lado, Daniel Innerarity, afastando as vozes alarmistas que decretam a morte da democracia, nos lembra que em verdade ela é constitutivamente caracterizada pela ideia de imperfeição e incompletude, o que sempre induzirá os sentimentos de decepção e desconfiança na população pelas promessas não cumpridas. Afirma ele que "a história da democracia é a história da sua crise; a crise da democracia não é uma fase transitória, e sim uma situação permanente, porque é um sistema aberto",[11] e assim entende que são justamente as diversas e incessantes crises da democracia que permitem que ela se reinvente continuamente, e eis seu trunfo. Desse modo, "não estamos presenciando a morte da política, e sim uma transformação que nos obriga a concebê-la e a praticá-la de outra maneira".[12]

---

5   LIPOVETSKY, Gilles. *Os tempos hipermodernos*. São Paulo: Barcarolla, 2004.
6   MAYOS, Gonçal. *Homo obsoletus*: precariedade e desempoderamento na turboglobalização. Tradução de Ana Paula Diniz e Gabriel Rocha. Barcelona: Red Ediciones, 2019.
7   CASTELLS, Manuel. *Ruptura*: a crise da democracia liberal. 1. ed. Tradução de Joana Angélica D'Avila Melo. Rio de Janeiro: Zahar, 2018. p. 144.
8   CARDOSO, Fernando Henrique. *Crise e reinvenção da política no Brasil*. São Paulo: Companhia das Letras, 2018. p. 76.
9   CARDOSO, Fernando Henrique. *Crise e reinvenção da política no Brasil*. São Paulo: Companhia das Letras, 2018. p. 73.
10 CARDOSO, Fernando Henrique. *Crise e reinvenção da política no Brasil*. São Paulo: Companhia das Letras, 2018. p. 75.
11 INNERARITY, Daniel. *A política em tempos de indignação*: a frustração popular e os riscos para a democracia. Tradução de João Pedro George. Rio de Janeiro: LeYa, 2017. p. 130.
12 INNERARITY, Daniel. *A política em tempos de indignação*: a frustração popular e os riscos para a democracia. Tradução de João Pedro George. Rio de Janeiro: LeYa, 2017. p. 167.

Ele lembra que "o surgimento do novo é algo tão antigo quanto a humanidade", e que "apenas a falta de memória pode ser a explicação para nosso desconcerto ou falta de entusiasmo diante dessa ruptura que faz parte do velho ciclo de nossas democracias".[13] De fato, tendo emergido na Grécia antiga como grande novidade, a democracia reaparece (mas agora com outra feição) como uma revolução no sistema político do antigo regime, trazendo, em substituição ao velho, novos conceitos – como a legitimidade popular no lugar da autoridade divina – e novos procedimentos – como o voto em vez da hereditariedade. Foi devido a essa sua capacidade adaptativa que atravessou todos os percalços dos séculos XIX e XX e chegou até nós substituindo e acumulando conceitos, procedimentos, regras e estruturas, o que Charles Lindblom chama de *inteligência da democracia*.[14]

Mas apesar de concordarmos com Innerarity que a democracia é constitutivamente inacabada, não desconsideramos que ela corre riscos. Há indicativos bastante palpáveis de que ela se encontra ameaçada, ou, no mínimo, acuada pela própria população com a tendência de rejeição à política e polarização extremada. Este último problema, em particular, extrapola em muito a deterioração das relações pessoais e dos almoços em família, mas contamina todo o sistema político. De fato, na obra *Como as democracias morrem*, que se popularizou bastante, Steven Levitsky e Daniel Ziblatt são categóricos ao afirmar que a polarização está na raiz do enfraquecimento da democracia, e que "se uma coisa é clara ao estudarmos colapsos ao longo da história, é que a polarização extrema é capaz de matar democracias".[15]

No Brasil, esses ingredientes aparecem claramente pelo menos desde os protestos de 2013, cujo lema era "não nos representam": uma acusação claramente voltada não para um ou outro governante, órgão ou partido, mas para todos os políticos, é dizer, para a política. Nas eleições de 2014, nas quais Dilma Rousseff se reelegeu por uma margem mínima, evidenciou-se também uma grande polarização, que só fez aumentar durante e após seu *impeachment*, em 2016, e nos acontecimentos posteriores, como a prisão de Lula e a eleição de Jair Bolsonaro, em 2018, que, vocalizando a antipolítica, se apresentou como um *outsider* (apesar

---

[13] INNERARITY, Daniel. *A política em tempos de indignação*: a frustração popular e os riscos para a democracia. Tradução de João Pedro George. Rio de Janeiro: LeYa, 2017. p. 187.

[14] LINDBLOM, Charles. *The intelligence of democracy* – Decision making through mutual adjustment. Nova York: Free Press, 1965.

[15] LEVITSKY, Steven; ZIBLATT, Daniel. *Como as democracias morrem*. Tradução de Renato Aguiar. Rio de Janeiro: Zahar 2018. p. 12.

de ser deputado há 30 anos). No começo totalmente desacreditado (assim como Trump), e apostando num discurso forte e radicalizado que ecoou facilmente no eleitorado, Bolsonaro foi eleito presidente do Brasil para a surpresa de todos, e desde então tem conduzido o governo de modo bastante atípico e conturbado.

É com esse mesmo pano de fundo de polarização extremada, ânimos exaltados, rejeição e revolta contra o sistema político e os políticos tradicionais que a maioria dos processos político-eleitorais tem se desenrolado mundo afora. A votação do *Brexit* (e o imbróglio que a sucedeu) e a eleição de Donald Trump são os grandes exemplos, mas nos arriscamos a dizer que são pouquíssimos os países em que as eleições transcorreram em clima de normalidade nos últimos anos. Para além das causas pontuais desse fenômeno (associadas em geral a crises econômicas, globalização, imigração, terrorismo, redes sociais, *fake news* etc.), importa percebermos, no plano das ideias, como esse quadro se relaciona com os principais discursos políticos e formulações teóricas que o precederam. Nesse sentido, buscaremos aqui associar o discurso antipolítico, um *topos* da retórica liberal, reeditado nas últimas décadas, sob a égide do neoliberalismo, pelos ideólogos da "pós-política", com o atual recrudescimento do embate político.

3 A política já não estava superada?

Quase que imediatamente à queda do Muro de Berlim, que em 2019 completou 30 anos, emerge um "consenso" de que era chegado o ocaso da política tradicional baseada em ideologias, com o ingresso em uma nova era de tecnicismo, neutralidade e despolarização. Apesar das evidentes nuances presentes em diferentes discursos que proliferaram a partir de então, podemos identificar neles algumas palavras-chave, quais sejam: globalização, cosmopolitismo, governança global, direitos humanos, universalismo, razão, diálogo, consenso, técnica, sociedade civil, fim da soberania, nova política etc.

Gonçal Mayos utiliza o termo "era-post" para designar a era pós-ideologias que daí se julga emergir,[16] da qual o grande corifeu foi Francis Fukuyama, que decreta em *O fim da história e o último homem*

---

[16] MAYOS, Gonçal. *Macrofilosofia de la globalización y del pensamiento único*. Un macroanálisis para el "empoderamiento". Saarbrücken: Editorial Académica Española, 2012; MAYOS, Gonçal. *Macrofilosofia de la modernidad*. Sevilla: dLibro, 2012.

a superação definitiva dos conflitos político-ideológicos e o fatal e irrevogável triunfo da democracia liberal.[17]

Mas desde muito antes já se vinha preparando o terreno para o florescimento dessas teses de inspiração neoliberal acerca do advento da tão aguardada hegemonia definitiva do livre mercado – e aqui nos referimos aos pensadores de matriz político-sociológica; no âmbito das ciências econômicas isso é ainda mais evidente com as escolas austríaca e de Chicago.

De fato, desde a década de 60, Daniel Bell já apostava que uma visão pós-política haveria de substituir a dimensão conflituosa da política por uma racionalidade consensual e despolitizada.[18] Na sociedade pós-industrial, dizia ele, a melhoria das condições de vida dos trabalhadores amenizou o conflito de classes, e com isso as ideologias mobilizadoras de massas nascidas no século XIX perderam sua razão de ser. Nas sociedades de capitalismo avançado, o sucesso do casamento entre economia de mercado e democracia liberal levaria a um consenso indestrutível em torno da conservação desse cenário de liberdade e prosperidade, e a política tradicional seria uma exótica peça de museu.

Seria esse também, de certa forma, o sentido da *subpolítica* que aparece na *sociedade do risco* de Ulrich Beck,[19] que, sujeita a diversos riscos de catástrofes (ambientais, financeiras, bélicas etc.), é engolida pela globalização e impelida para um processo de individualização dado pela superação das instâncias de identificação coletiva típicas da modernidade (família, nação, partidos, sindicato, religião etc.). Daí emerge um indivíduo triunfante que promoveria a reinvenção da política ao encampar o programa da subpolítica, de "moldar a política de baixo para cima", mas sem grandes projetos ou metas totalizantes, pois para Beck "o programa político de uma modernização radicalizada é o ceticismo".[20]

Assim, também, Anthonny Giddens, um dos mais influentes nomes do Novo Trabalhismo (que nada mais é que uma guinada ao centro da esquerda social-democrata), irá, por sua vez, propor *a terceira*

---

[17] FUKUYAMA, Francis. *O fim da história e o último homem*. Tradução de Aulyde Soares Rodrigues. Rio de Janeiro: Rocco, 1992.

[18] BELL, Daniel. *The end of ideology*. On the exhaustion of political ideas in the fifties. Glencoe: Free Press, 1960.

[19] BECK, Ulrich. *La sociedad del riesgo*. Hacia una nueva modernidad. Barcelona: Paidós, 2006.

[20] BECK, Ulrich. Vivir en la sociedad del riesgo mundial. *Documentos CIDOB Dinámicas interculturales*, n. 8, jul. 2007. p. 168-169.

via[21] como programa da *sociedade pós-tradicional*, que veicularia "uma política de toda a nação", para além da esquerda e da direita.[22]

Mas, seguramente, entre todos eles, Jürgen Habermas é, na atualidade, com sua teoria do discurso,[23] o mais influente e destacado teórico neoliberal da pós-política, apesar de definitivamente não se identificar como tal, e, inclusive, promover a façanha de arrebanhar críticos do neoliberalismo. Imerso na mesma abstração liberal de sempre, opera esse arguto seguidor de Kant a transposição da razão pura *a priori* para o plano de uma razão comunicativa, portanto *a posteriori*, só que determinada por condições estabelecidas *a priori*. Destarte, no âmbito do direito e da política,[24] a observância dos devidos procedimentos democráticos instauraria uma discussão saudável que inevitavelmente conduziria a um consenso pleno e feliz.

Contudo, enquanto esses autores e outros mais insistiam em alardear a superação das categorias ideológicas, outros se recusaram a desconhecer a essencialidade e perene atualidade do conflito ideológico no terreno político. Esse é o caso de Chantal Mouffe, para quem "a crença na possibilidade de um consenso racional universal pôs o pensamento democrático no caminho errado",[25] e de cujas reflexões nos valeremos aqui para analisar a questão da antipolítica e da polarização, que, como veremos, se implicam.

4 Antipolítica e polarização

Reconhecida como uma das principais teóricas da denominada democracia radical (mas que aqui não será objeto de nossa análise), Chantall Mouffe recupera o conceito do político de Carl Schmitt[26] para distinguir inicialmente a *política*, que se dá no *nível ôntico*, do *político*, que a fundamenta no *nível ontológico*. Afirma ela:

---

[21] GIDDENS, Anthony. *A terceira via*: reflexões sobre o impasse político atual e o futuro da social-democracia. 4. ed. Rio de Janeiro: Record, 2001; GIDDENS, Anthony. *A terceira via e seus críticos*. Rio de Janeiro: Record, 2001.

[22] GIDDENS, Anthony. *Para além da Esquerda e da Direita*. São Paulo: Unesp, 1996.

[23] HABERMAS, Jürgen. *Consciência moral e agir comunicativo*. Rio de Janeiro: Tempo Brasileiro, 1989.

[24] HABERMAS, Jürgen. *Direito e democracia*: entre facticidade e validade. Tradução de Flávio Beno Siebeneichler. Rio de Janeiro: Tempo Brasileiro, 1997. v. II.

[25] MOUFFE, Chantal. *Sobre o político*. Tradução de Fernando Santos. São Paulo: Martins Fontes, 2015. p. 3.

[26] SCHMITT, Carl. *O conceito do político*. Tradução de Alvaro L. M. Valls. Petrópolis: Vozes, 1992.

entendo por "o político" a dimensão de antagonismo que considero constitutiva das sociedades humanas, enquanto entendo por "política" o conjunto de práticas e instituições por meio das quais uma ordem é criada, organizando a coexistência humana no contexto conflituoso produzido pelo político.[27]

A partir dessa visão do político como uma dimensão inerentemente conflitiva da vida humana, tal qual a relação *amigo/inimigo* de Schmitt, Mouffe busca, com seu conceito de *democracia agonística*, reaver a premência do embate, da luta, na arena política, contra a falsa ideia de neutralização e desideologização da política nos tempos atuais. Trazendo a lume também o pensamento psicanalítico, compreende que a busca pela constituição de uma identidade coletiva faz parte da psique humana, e que a afirmação dessa identidade carrega fatalmente a lógica binária *nós/eles*. Dessa forma, "a especificidade da política democrática não é a superação da relação nós/eles, mas a forma diferente pela qual ela se estabelece".[28] A relação entre *amigo* e *inimigo*, que ela chama de *antagonismo*, pode – e deve – ser substituída, ou *sublimada*, na democracia, pela correlata relação entre adversários, que ela chama de *agonismo* (daí *democracia agonística*):

> Enquanto o antagonismo é uma relação nós/eles em que os dois lados são inimigos que não possuem nenhum ponto em comum, o agonismo é uma relação nós/eles em que as partes conflitantes, embora reconhecendo que não existe nenhuma solução racional para o conflito, ainda assim reconhecem a legitimidade de seus oponentes. Eles são "adversários", não inimigos.[29]

A tarefa da democracia então é manter o conflito *nós/eles*, cuja eliminação é impossível (e ademais indesejável), em níveis aceitáveis. O problema aparece, justamente, quando se pretende eliminar o conflito e compreender a política *necessariamente* como a busca do consenso. Ora, é impossível atingir um consenso pleno; ou, melhor, é impossível atingir um consenso pleno de maneira democrática. É apenas eliminando os opositores que se logra eliminar o dissenso; é o famigerado silêncio das ditaduras. É aí que a aposta numa pós-política baseada na assimilação

---

[27] MOUFFE, Chantal. *Sobre o político*. Tradução de Fernando Santos. São Paulo: Martins Fontes, 2015. p. 8.

[28] MOUFFE, Chantal. *Sobre o político*. Tradução de Fernando Santos. São Paulo: Martins Fontes, 2015. p. 20.

[29] MOUFFE, Chantal. *Sobre o político*. Tradução de Fernando Santos. São Paulo: Martins Fontes, 2015. p. 19.

dos conflitos ideológicos e na consecução de um consenso pleno, a propósito de pretender neutralizar o político, leva-o para um terreno muito perigoso. A política democrática pressupõe a confrontação de ideias e de projetos antagônicos, e essa realidade é insuperável. À democracia compete, com seus procedimentos e regras, dos quais o principal é a regra da maioria,[30] manter esse embate em níveis civilizados, e para tanto cada parte deve reconhecer à outra o direito de coexistir e competir na arena política. Ora, quando não se concede legitimidade para o adversário, ele passa a ser visto em sua posição opositora como um "do contra", um "sabotador", "não patriota", e isso é um prato cheio para os populistas, que, criando clivagens e identificações coletivas (com as correspondentes exclusões), excitam e manipulam essas paixões para delas se valer eleitoralmente.

Mouffe entende, na tradição da *antropologia negativa*, segundo a qual o homem não é bom por natureza, que as motivações políticas não se resumem à razão nem ao interesse, mas que seu mais forte móbil é a paixão. Essa dimensão afetiva na política é incontornável, e dela decorre a necessidade de mobilizar as paixões por meio dos canais democráticos. Entretanto,

> o modelo racionalista de política democrática, com sua ênfase no diálogo e na decisão racional, é particularmente vulnerável quando confrontado com uma proposta política populista que oferece identificações coletivas que têm um elevado conteúdo afetivo como "povo".[31]

É dizer:

> Para funcionar, a democracia exige que haja um choque entre posições políticas democráticas legítimas. É assim que o confronto entre esquerda e direita deve ser. Esse confronto deve oferecer formas coletivas de identificação suficientemente fortes para mobilizar as paixões políticas.

---

[30] Chantal Mouffe lembra a interessante análise de Canetti sobre o que está por trás de uma votação no parlamento: "A votação parlamentar nada mais faz do que verificar a força relativa dos dois grupos num determinado momento e lugar. [...] Isso é tudo que restou do choque mortal original [...]. A contagem de votos encerra a batalha. [...] A solenidade de todas essas atividades decorre da renúncia à morte como instrumento de decisão. Cada voto põe a morte, por assim dizer, de um dos lados. Mas o efeito que a morte teria tido sobre a força do inimigo é meticulosamente registrado em números" (CANETTI, Elias. *Massa e poder apud* MOUFFE, Chantal. *Sobre o político*. Tradução de Fernando Santos. São Paulo: Martins Fontes, 2015. p. 21).

[31] MOUFFE, Chantal. *Sobre o político*. Tradução de Fernando Santos. São Paulo: Martins Fontes, 2015. p. 69.

Na ausência dessa configuração adversarial, as paixões não dispõem de uma válvula de escape democrática e as dinâmicas agonísticas do pluralismo são obstruídas. Corre-se o risco, portanto, de que o confronto democrático seja substituído pelo confronto entre formas essencialistas de identificação ou entre valores morais não negociáveis. Quando as fronteiras políticas se tornam indefinidas, começa a insatisfação com os partidos políticos; assistimos, então, à proliferação de outros tipos de identidade coletiva, que giram em torno de formas de identificação nacionalistas, religiosas ou étnicas.[32]

Quando aqueles autores pós-políticos, com ânimo pretensamente modernizante, estabelecem a superação da política tradicional baseada no embate ideológico, acabam por endossar a proscrição dos adversários do consenso de ocasião e sua taxação como inimigos da democracia, do progresso histórico, do bem e da justiça. Nesse caso, o político acaba sendo empurrado para o terreno da moral, o que é muito grave, porque com a moral não transige. Assim: "Quando os oponentes não são definidos em termos políticos, mas em termos morais, eles não podem ser encarados como 'adversários', mas unicamente como 'inimigos'. Com o 'eles do mal' nenhum debate agonístico é possível: é preciso exterminá-los".[33]

5 Conclusão

Pode parecer contraditório que, num texto que iniciamos mostrando os perigos da atual polarização para a democracia, tenhamos desenvolvido uma argumentação para evidenciar precisamente que a polarização é da essência do político. Mas pretendemos ter deixado claro, a partir do pensamento de Chantal Mouffe, que essa conflitividade precisa se submeter a limites, fora dos quais se torna pura e simples violência (ainda que "apenas" verbal), e que é precisamente esse o

---

[32] MOUFFE, Chantal. *Sobre o político*. Tradução de Fernando Santos. São Paulo: Martins Fontes, 2015. p. 29.

[33] MOUFFE, Chantal. *Sobre o político*. Tradução de Fernando Santos. São Paulo: Martins Fontes, 2015. p. 75. Discordamos nessa parte da leitura de Mouffe sobre o conceito do político de Schmitt, pois para ele o significado de inimigo não é literal. Não se trata de um inimigo moral, de viés pessoal, mas de um inimigo político, de caráter público; ele deve ser superado, não exterminado. Ou pelo menos não para o Schmitt de *O conceito do político*. Entendemos que os posicionamentos de Schmitt posteriores à sua adesão ao nazismo concernem a uma guinada em seu pensamento não apenas alheia, mas, mesmo, incompatível com o seu conceito do político. Sobre essa discussão, conferir nosso: FONSECA, Renon Pessoa. *O conflito político em Carl Schmitt e a democracia constitucional. E-Legis*, v. 9, p. 114-131, 2016.

escopo da democracia. Ela seria uma espécie de válvula que controla a pressão das paixões políticas, permitindo que se manifestem de maneira saudável. Seu mau funcionamento, portanto, pode ser explosivo. É o que parece estarmos presenciando.

Entre todos que estamos desconcertados com os rumos da política atual, certamente os mais empasmados são aqueles que apostaram no seu ocaso, e que agora a vêm despertar furiosamente, como uma fera enjaulada que se liberta do cativeiro. Mas, nessa sua desorientação, dificilmente perceberão a contribuição que o discurso neoliberal da pós-política que compraram e reproduziram deu para o desenho desse quadro. As propostas antipolíticas, ou pós-políticas, o que dá no mesmo, ao pretenderem exterminar os conflitos políticos, neutralizando a disputa ideológica e focando exclusivamente no consenso, conduzem ao seu exato oposto: a radicalização dos conflitos. Não se trata de questionar a importância de buscar consensos na política, mas de mostrar que o foco exclusivo no consenso pode deslegitimar o dissenso, que não apenas é possível como, quase sempre, necessário. A ênfase intransigente no consenso tem o condão de, inversamente ao que pretende, deteriorar o ambiente democrático ao transformar aquele que diverge em um inimigo mortal.

O atual déficit democrático representa uma fragilização dos mecanismos aptos a permitir a coexistência de visões de mundo diferentes, o que tem levado à intolerância e ao sectarismo extremista. Estes, por sua vez, inflamam ainda mais o ambiente democrático e tencionam as instituições políticas, numa retroalimentação que está formando uma bola de neve prestes a engolir todos nós.

O sentimento antipolítico e a radicalização política, ao contrário do que pode parecer, se implicam. São dois lados da mesma moeda. A única forma de afastá-los é dobrar a aposta na política, o que inclui eleger como prioridades tanto o combate à polarização extrema na prática quanto o combate ao discurso que reduz a política à busca pelo consenso no plano teórico. Só a política baseada no legítimo embate de ideias e projetos é possível, e só ela pode nos salvar de nós mesmos. Assumindo que não há solução fora da democracia, não nos resta outra solução que não mais democracia para fazer frente ao seu desprestígio atual.

Referências

BAUMAN, Zygmunt. *La globalización*. Consecuencias humanas. México: FCE, 2003.

BAUMAN, Zygmunt. *Modernidade líquida*. Tradução de Plínio Dentzien. Rio de Janeiro: Zahar, 2001.

BECK, Ulrich. *La sociedad del riesgo*. Hacia una nueva modernidad. Barcelona: Paidós, 2006.

BECK, Ulrich. Vivir en la sociedad del riesgo mundial. *Documentos CIDOB Dinámicas interculturales*, n. 8, jul. 2007.

BELL, Daniel. *The end of ideology*. On the exhaustion of political ideas in the fifties. Glencoe: Free Press, 1960.

CARDOSO, Fernando Henrique. *Crise e reinvenção da política no Brasil*. São Paulo: Companhia das Letras, 2018.

CASTELLS, Manuel. *Redes de indignação e esperança*: movimentos sociais na era da internet. 1. ed. Tradução de Carlos Alberto Medeiros. Rio de Janeiro: Zahar, 2013.

CASTELLS, Manuel. *Ruptura*: a crise da democracia liberal. 1. ed. Tradução de Joana Angélica D'Avila Melo. Rio de Janeiro: Zahar, 2018.

FONSECA, Renon Pessoa. O conflito político em Carl Schmitt e a democracia constitucional. *E-Legis*, v. 9, p. 114-131, 2016.

FUKUYAMA, Francis. *O fim da história e o último homem*. Tradução de Aulyde Soares Rodrigues. Rio de Janeiro: Rocco, 1992.

GIDDENS, Anthony. *A terceira via e seus críticos*. Rio de Janeiro: Record, 2001.

GIDDENS, Anthony. *A terceira via*: reflexões sobre o impasse político atual e o futuro da social-democracia. 4. ed. Rio de Janeiro: Record, 2001.

GIDDENS, Anthony. *Para além da Esquerda e da Direita*. São Paulo: Unesp, 1996.

HABERMAS, Jürgen. *Consciência moral e agir comunicativo*. Rio de Janeiro: Tempo Brasileiro, 1989.

HABERMAS, Jürgen. *Direito e democracia*: entre facticidade e validade. Tradução de Flávio Beno Siebeneichler. Rio de Janeiro: Tempo Brasileiro, 1997. v. II.

HOBSBAWM, Eric. *Globalização, democracia e terrorismo*. São Paulo: Companhia das Letras, 2008.

HORTA, José Luiz Borges. *História do Estado de direito*. São Paulo: Alameda, 2011.

INNERARITY, Daniel. *A política em tempos de indignação*: a frustração popular e os riscos para a democracia. Tradução de João Pedro George. Rio de Janeiro: LeYa, 2017.

LEVITSKY, Steven; ZIBLATT, Daniel. *Como as democracias morrem*. Tradução de Renato Aguiar. Rio de Janeiro: Zahar 2018.

LINDBLOM, Charles. *The intelligence of democracy* – Decision making through mutual adjustment. Nova York: Free Press, 1965.

LIPOVETSKY, Gilles. *Os tempos hipermodernos*. São Paulo: Barcarolla, 2004.

MAYOS, Gonçal. Conflictos de legitimación en la turboglobalización. *In*: BILBENY, Norbert (Org.). *Legitimidad y acción política*. Barcelona: Universitat de Barcelona, 2018. p. 317-338.

MAYOS, Gonçal. *Cultura, historia y Estado*: pensadores en clave macrofilosófica. Barcelona: La Busca Edicions, 2013.

MAYOS, Gonçal. *Homo obsoletus*: precariedade e desempoderamento na turboglobalização. Tradução de Ana Paula Diniz e Gabriel Rocha. Barcelona: Red Ediciones, 2019.

MAYOS, Gonçal. *Macrofilosofía de la globalización y del pensamiento único*. Un macroanálisis para el "empoderamiento". Saarbrücken: Editorial Académica Española, 2012.

MAYOS, Gonçal. *Macrofilosofía de la modernidad*. Sevilla: dLibro, 2012.

MAYOS, Gonçal. *Políticas del desconcierto*. Disponível em: http://goncalmayossolsona. blogspot.com/2018/11/politica-del-desconcierto.html. Acesso em: 5 jan. 2020.

MAYOS, Gonçal; BREY, Antoni (Org.). *La sociedad de la ignorancia*. 2. ed. Barcelona: Península, 2011.

MOUFFE, Chantal. *Sobre o político*. Tradução de Fernando Santos. São Paulo: Martins Fontes, 2015.

MOUNK, Yasha. *O povo contra a democracia*: por que nossa liberdade corre perigo e como salvá-la. Tradução de Cássio de Arantes Leite e Débora Landsberg. São Paulo: Companhia das Letras, 2019.

RUNCIMAN, David. *Como a democracia chega ao fim*. Tradução de Sergio Flaksman. São Paulo: Todavia, 2018.

SALGADO, Joaquim Carlos. O Estado ético e o Estado poiético. *Revista do Tribunal de Contas do Estado de Minas Gerais*, Belo Horizonte, v. 27, n. 2, p. 47-62, abr./jun. 1998.

SCHMITT, Carl. *O conceito do político*. Tradução de Alvaro L. M. Valls. Petrópolis: Vozes, 1992.

Informação bibliográfica deste texto, conforme a NBR 6023:2018 da Associação Brasileira de Normas Técnicas (ABNT):

FONSECA, Renon Pessoa. Políticas do desconcerto: antipolítica e polarização. *In*: ANDRADE, Durval Ângelo; MAYOS SOLSONA, Gonçal; HORTA, José Luiz Borges; MIRANDA, Rodrigo Marzano Antunes (Coords.). *A sociedade do controle?*: macrofilosofia do poder no neoliberalismo. Belo Horizonte: Fórum, 2022. p. 101-113. ISBN 978-65-5518-260-6.

PARTE II

SUBJETIVIDADE E CONTROLE

CIDADÃO DO MUNDO?! – NARRATIVAS SUBJETIVAS, COMUNITÁRIAS E DA HUMANIDADE

HUGO REZENDE HENRIQUES

Considerações iniciais

A história é, possivelmente, a mais importante descoberta da razão – a "razão histórica", dinâmica e dialética, em oposição à "razão física", estática e causal, determina uma imensa modificação, ainda que não inteiramente assimilada e assumida por nossa cultura, na forma como pensamos e percebemos o mundo.[1] Após uma descoberta desta magnitude, deve ser, de toda forma, inimaginável que qualquer instância de atividade humana seja concebida sem pensar em sua historicidade, a tal ponto que qualquer atividade empreendida sem uma consideração histórica que lhe fundamente resulta sempre em ausência de senso de lógica ou finalidade aparente. Nesse sentido, podemos compreender a história como um último esforço da razão na justificação do homem e da humanidade sem ter de se valer do puro mito; isto é, o constructo de cumeada do pensamento filosófico ocidental em seu esforço por

---

[1] "Três séculos de experiência 'racionalista' nos obrigam a reconsiderar o esplendor e os limites daquela prodigiosa *raison* cartesiana. Essa *raison* é só matemática, física, biológica. Seus fabulosos triunfos sobre a natureza, superiores a tudo que se possa sonhar, ressaltam ainda mais seus fracassos nos assuntos propriamente humanos, e convidam a integrá-la em outra razão mais radical, que é a 'razão histórica'" (ORTEGA Y GASSET, José. *A rebelião das massas*. Tradução de Felipe Denardi. Campinas: Vide, 2016. p. 69-70).

secularizar o próprio absoluto, instância esta sem a qual a dimensão *pathos*-lógica do homem não pode subsistir plenamente.[2]

A ascensão contemporânea do paradigma da individualidade, no entanto, e pelo menos em alguma medida, tende a submergir o sujeito em um turbilhão de niilismo e depressão[3] que parece estar conectado, em vários sentidos, à ausência constitutiva de narrativas que tenham a capacidade de reconectar este assim chamado "indivíduo" com a ideia de algo para além dele mesmo – isto é, à história.

Ao longo da existência da humanidade, e de nossas diversas comunidades (que se desenvolveram em povos), pode-se perceber com clareza a conexão entre a existência de um ambiente social razoavelmente estável e saudável e algum tipo de narrativa mítico-religiosa que posicione os sujeitos em um esforço e em uma caminhada contínua em direção a algo maior que ele mesmo (este é, afinal, o absoluto como destino).[4] Apesar de bem documentada, esta íntima conexão foi erroneamente menosprezada pelo movimento ocidental moderno da Ilustração (e a resposta do romantismo foi imediata, alta e clara nessa temática) e ainda mais ignorada pelos movimentos posteriores como positivismo e, contemporaneamente, pelos arautos do neoliberalismo, que ao tentarem construir – todos eles – uma narrativa comum baseada na razão física,[5] estática e causal, compreenderam mal a própria história,

---

[2] O absoluto, na perspectiva hegeliana, se manifesta ao humano por pelo menos três formas distintas: intuído na arte, representado na religião e como saber efetivo na filosofia. Este último momento é o que essencialmente nos interessa no presente texto, uma vez que é na filosofia, como ciência das ciências, que a razão histórica se desenvolve como conceito para subsidiar todo o conhecimento humano. Sobre o tema, os §§556-577 da *Enciclopédia* (cf. HEGEL, Georg Wilhelm Friedrich. *Enciclopédia das ciências filosóficas em compêndio* – A filosofia do espírito. Tradução de Paulo de Meneses. São Paulo: Loyola, 1995. v. 3).

[3] Para uma perspectiva filosófica que busca relacionar o paradigma contemporâneo da ausência do outro e do encimesmamento dos sujeitos com o crescimento de quadros de depressão, v. HAN, Byung-Chul. *Agonia do eros*. Tradução de Enio Paulo Giachini. Petrópolis: Vozes, 2017. Para uma visão mais sistêmica sobre estes mesmos paradigmas, v. HAN, Byung-Chul. *Sociedade do cansaço*. Tradução de Enio Paulo Giachini. Petrópolis: Vozes, 2017.

[4] Sobre este tema, é sempre interessante mencionar o texto hegeliano em que a religião é discutida em seu sentido mais amplo, em sua presença efetiva como manifestação (representação) do absoluto na história nos diferentes povos: "nas religiões, os homens produziram o que, para além da sua consciência, constitui o que há de mais elevado; elas são, por isso, a suprema obra da razão" (HEGEL, Georg Wilhelm Friedrich. *Introdução à filosofia da história*. Lisboa: Edições 70, 2006. p. 137).

[5] Ortega y Gasset argumenta de forma bastante interessante que nem mesmo a física moderna se funda em uma "razão física" fortemente baseada em fatos, dados e experimentos, no sentido que esta tomaria após o positivismo: "Nada hubiera sorprendido tanto a Galileo, Descartes y demás instauradores de la *nuova scienza* como saber que cuatro siglos más tarde iban a ser considerados como los descubridores y entusiastas del 'experimento'. Al estatuir Galileo la ley del plano inclinado, fueron los escolásticos quienes se hacían fuertes en el experimento contra aquella ley. Porque, en efecto, los fenómenos contradecían la fórmula

na crença vã de que a natureza dinâmica da razão dialética pudesse ser suplantada por uma lógica (uma que supostamente se origina da física) tão perfeita que nos dirigiria a uma única e perfeita resposta (isto é, em poucas palavras, a lógica do assim denominado *pensée unique*).[6]

Portanto, não deveria ser surpreendente percebermos, com alguns de nossos colegas já mencionados, que a razão neoliberal é também, e talvez seja sua mais importante característica, uma razão antiutópica.[7] De tal forma que esta racionalidade neoliberal enclausura toda a diversa e complexa gama de experiências humanas em uma única narrativa estática e um tanto quanto finita. A conclusão final desta pouco fecunda narrativa é um pântano: isto é, uma história tal que a própria razão termina por se ver presa e imóvel, suposta vítima de seu próprio desenvolvimento a um ponto de máxima "racionalidade".[8]

Narrativas antigas!

Nos detenhamos, entretanto, por um momento neste pensamento, e busquemos retraçar a história da conexão entre o homem, sua comunidade e o absoluto. Conforme interpretou Coulanges em sua

---

de Galileo. [...] Lo que observamos en el plano inclinado es siempre una desviación de la ley de caída, no sólo en el sentido de que nuestras medidas dan sólo valores aproximados a aquélla, sino que el hecho, tal y como se presenta, no es una caída. Al interpretarlo *como* una caída, Galileo comienza por negar el dato sensible, se revuelve contra el fenómeno y opone a él un 'hecho imaginario', que es la ley: el puro caer en el puro vacío un cuerpo sobre otro. [...] Lo que interesa a Galileo no es, pues, adaptar sus ideas a los fenómenos, sino, al revés, adaptar los fenómenos mediante una interpretación a ciertas ideas rigorosas y *a priori*, independientes del experimento, en suma, a formas matemáticas. [...] De modo que si los fenómenos – las bolas de plomo, hierro y piedra – no se comportan según nuestra construcción, peor para ellas, *suo danno*" (ORTEGA Y GASSET, José. La filosofia de la história de Hegel y la historiología. *In*: ORTEGA Y GASSET, José. *Ideas y creencias y otros ensayos*. Madrid: Alianza, 2019. p. 191-192).

[6] A origem da ideia de um "pensamento único" como marca da ideologia neoliberal foi desenvolvida pela filosofia francesa. Um retraçar desta ideia pode ser acompanhado em HORTA, José Luiz Borges; FREIRE, Thales Monteiro; SIQUEIRA, Vinicius de. A era pós ideologias e suas ameaças à política e ao Estado de Direito. *Confluências*, Niterói, v. 14, n. 2, p. 120-133, dez. 2012.

[7] A ideia foi brilhantemente defendida em sede de tese doutoral agora publicada como livro. Cf. ALMEIDA, Philippe Oliveira de. *Crítica da razão antiutópica*. São Paulo: Edições Loyola, 2018.

[8] Não é outra a ideia, posteriormente revista pelo próprio autor, que Fukuyama expressou em sua exposição nos congressos e encontros que ficariam conhecidos como "Consenso de Washington", posteriormente publicada como artigo e finalmente como livro. Cf. FUKUYAMA, Francis. *O fim da história e o último homem*. Tradução de Aulyde Soares Rodrigues. Rio de Janeiro: Rocco, 1992.

famosa obra *A cidade antiga*,[9] as antigas comunidades humanas se agregavam em torno da "família" e seus deuses familiares (*penates* e *lares*) – uma religião, em certo sentido – e, portanto, a narrativa de uma família (sua ancestralidade) e seu esforço para se estabelecer em um mundo inegável e visivelmente hostil eram, por si só, a narrativa da qual todos os sujeitos de determinada família participavam.[10] A conexão do homem antigo com a ideia do absoluto era intermediada pela percepção clara de sua participação em uma narrativa: a saga de uma família para se impor em um mundo hostil, perpetuando sua existência por meio dos novos membros nascidos, enquanto lutavam por garantir as condições de subsistência e melhor existência para as gerações porvir, tudo isso em honra (e sob a proteção mística) do esforço igualmente hercúleo de seus antepassados. Viver era, portanto, participar em um momento da grande narrativa familiar, e a morte era somente o átimo da transição do sujeito ao panteão dos deuses *lares* e *penates* de sua própria família. Nesse sentido, viver para a família era também viver pela eternidade na memória e nos pensamentos daquela família, o que significa que todo o esforço em vida levaria a algo eterno nas chamas que nunca se apagavam em devoção aos deuses familiares.

Portanto, não deveria causar surpresa perceber que quando um conjunto de família constituiu a primeira *polis* do mundo Ocidental, os deuses familiares – ou, pelo menos, os mais importantes e poderosos deles – foram paulatinamente sendo reconhecidos como deuses da própria *polis*, e assim a narrativa familiar foi se estendendo a toda uma comunidade mais ampla, isto é, foi se tornando a narrativa de toda a cidade/comunidade. Assim, novamente um *telos* se impõe para aquele grupo: viver para a *polis* era viver conforme sua missão, conforme e em

---

[9] COULANGES, Numa Denis Fustel de. *A cidade antiga*: estudo sobre o culto, o direito e as instituições da Grécia e de Roma. Tradução de Roberto Leal Ferreira. São Paulo: Martins Claret, 2009.

[10] É importante ressalvar, ainda que possivelmente despiciendo o cuidado com o culto leitor, a diferença significativa entre a ideia de "família" do mundo antigo (especialmente o sentido abrangente do óikos grego) e a ideia de uma família nuclear tipicamente moderna. A família antiga não se diferencia apenas pelo tamanho, no sentido do número de membros, mas especialmente pela abrangência, frequentemente abrangendo parentes distantes, trabalhadores, escravos etc. Para que se tenha uma percepção clara da "modernidade" da ideia de uma família nuclear (composta apenas por pai, mãe e filhos – ou menos que isso) vale ressaltar que no Brasil, até pelo menos a "velha república", imperou uma perspectiva de clãs familiares muito mais abrangente que aquela nuclear, especialmente graças ao movimento religioso católico e a instituição do batismo, que instituía os compadrios e os afilhados. Cf. VIANA, Francisco José de Oliveira. *Instituições políticas brasileiras*. Brasília: Editora do Senado Federal, 1999. p. 243 e ss.

busca do destino escrito e traçado pelos deuses e que naquele tempo era previsto (ou determinado) pelo próprio oráculo.

Quando, na Grécia antiga, a filosofia floresceu, especialmente em seu ponto de cumeada – Platão –, a importância das narrativas históricas (então tratadas como histórias dos deuses e dos heróis) já era clara. Esta centralidade das narrativas (do que então se compreendia mesmo como história) era particularmente evidente durante a formação (*paideia, bildung*) dos sujeitos de uma comunidade, especialmente, no caso da utopia da república de Platão, à formação dos guardiões, os sujeitos de máxima importância (a aristocracia) na defesa física e simbólica e para a perpetuação e o desenvolvimento político da *polis*.[11] Ao longo dos livros II a IV de *A república*, Platão paulatinamente desenvolve a ideia de que especialmente a filosofia e os filósofos deveriam ser vigilantes e constantemente revisar os mitos e as lendas (e mesmo a religião) da *polis* de tal maneira que elas contivessem principalmente exemplos positivos de grandes e boas atitudes, pensamentos e sentimentos que levariam a boas realizações.

Nesta intuição precoce, mas já bastante lúcida, do papel da conexão entre os homens e a História (ainda que nesse momento mediada pela mitologia de então), Platão acreditava que qualquer mau exemplo demonstrado por deuses e heróis poderia levar os guardiões a supor que estes fossem aceitáveis (e a cidade ideal não deveria acatar tal premissa). Ainda que o pluralismo ocidental rechace em boa medida a extensão da idealidade platônica nesse sentido, já parece certo desde então que as narrativas de uma comunidade são um tema filosófico central desde seu nascedouro. Até então, o Ocidente não havia ainda imaginado o absoluto como o universal em si mesmo; a comunidade, a *polis* era este absoluto (não havia ainda sua percepção como uma particularização deste, mas a percepção da *polis* como este mesmo). Afinal, ainda não poderia ter surgido uma ideia como a de uma "humanidade". O

---

[11] A preocupação de Platão com as narrativas das quais os sujeitos participam, especialmente durante sua formação, está presente em diversos textos: " – Ora, tu sabes que, em qualquer empreendimento, o mais trabalhoso é o começo, sobretudo para quem for novo e tenro? Pois é sobretudo nessa altura que se é moldado, e se enterra a matriz que alguém queira imprimir em uma pessoa? – Absolutamente. – Ora pois, havemos de consentir sem mais que as crianças escutem fábulas fabricadas ao acaso por quem calhar, e recolham na sua alma opiniões na sua maior parte contrárias às que, quando crescerem, entendemos que deverão ter? – Não consentiremos de maneira nenhuma. – Logo, devemos começar por vigiar os autores de fábulas, e selecionar as que forem boas, e proscrever as más. As que forem escolhidas, persuadiremos as amas e as mães a contá-las às crianças, e a moldar as suas almas por meio das fábulas, com muito mais cuidado do que os corpos com as mãos" (PLATÃO. *A república*. 13. ed. Tradução de Maria Helena da Rocha Pereira. Lisboa: Fundação Calouste Gulbenkian, 2012. p. 87, Livro II, 377b-c).

universalismo cristão ainda não havia dado sua plena contribuição ao pensamento ocidental.

Quando a religião cristã se espalhou pelo Império romano, convertendo-se mesmo o imperador, e então se erigiu a Igreja de Roma para governar o mundo – e efetivamente o fez, durante ao menos um milênio –, o reconhecimento de todos os sujeitos deveria ser construído em relação à narrativa da Igreja e ao próprio Cristo, percebido indubitavelmente como o maior Deus a pisar na Terra. A conexão entre os homens e o absoluto, antes intermediada pela família e pela *polis*, agora o seria pela Igreja – o que tornaria esta conexão, pela primeira vez, universal em sua premissa. A escatologia da Igreja católica traçava o destino da humanidade como um todo.

De fato, o que a Igreja de Roma podia oferecer à humanidade era precisamente a participação na mais elevada narrativa jamais imaginada, uma em que todos os homens pudessem se reconhecer no avatar de Cristo: tudo deveria ser construído e realizado para aproximar os homens da divindade daquele Deus que caminhou pela Terra e nos mostrou como viver e que retornara como chama para entusiasmar todos os homens (o Pentecostes) – isto significa, literalmente, que todos os homens poderiam e deveriam participar de uma comunidade de cristandade, que era em si mesma uma comunidade de destino. A força de tal ideia, por si só, deveria ser suficiente para explicar o relativo sucesso da Igreja de Roma em conduzir os rumos do Ocidente por tanto tempo. A participação no absoluto, como já mencionamos, tem sido sempre uma ideia sedutora para todos os homens.

Narrativas modernas?

Nesse sentido, não deveria ser difícil compreender a extensão do esforço que as cidades-estados renascentistas teriam diante de si quando buscaram advogar a distinção entre o poder milenar da Igreja e o poder secular do Estado, pois disputar este tipo de poder sobre o povo, sobre toda uma comunidade, era apenas um lado daquele esforço.[12] Capturar a narrativa dominante, da participação dos sujeitos

---

[12] A imensa querela entre o Papa Bonifácio VIII e o Rei Filipe, O Belo, de França ilustra bem a dimensão do problema e a magnitude das forças que teriam de ser arregimentadas no esforço de secularização do poder. Se Maquiavel pôde redigir *O príncipe* (v. MAQUIAVEL, Nicolau. *O príncipe*. 4. ed. Tradução de Maria Júlia Goldwasser. São Paulo: EMF Martins Fontes, 2010) já no século XVI, inaugurando à plenitude, segundo alguns, a filosofia política – e dando nome, Estado, à organização política humana mais plena –, foi somente

na Igreja de Cristo, era em verdade um esforço imenso, muito superior àquele, que caminharia para a necessidade de desenvolvimento de uma narrativa igualmente sedutora e lógica e de uma comunidade de destino que só seria plenamente capaz de fazer frente ao poderio da Igreja com a emergência do Estado-Nação e sua narrativa épica do esforço de um povo em se constituir no mundo contra todas as demais nações.

A singularidade necessária à narrativa nacional representa também o esforço em constituir uma narrativa de seus cidadãos (agora não mais sujeitos) e seu pertencimento a algo maior que eles mesmos. Novamente o absoluto se apresentava em uma comunidade política de destino real e agora autoconsciente (uma grande nação demandava o reconhecimento da grandeza de seu povo e a sua capacidade de se impor no mundo como um Estado soberano).[13] É realmente interessante perceber justamente que, enquanto a Igreja exerceu seu comando e governo razoavelmente pleno sobre a comunidade de destino, o Estado-Nação teve grandes problemas em se impor como tal. Logo, não deve ser relevado como fato de menor importância que este esforço, que durou pelo menos 300 anos, só teve um sucesso efetivo e pleno (se, de fato, algum dia o sucesso foi desta magnitude) após a Reforma Luterana e o verdadeiro rombo que tal evento abriu na logicidade e completude da narrativa cristã (que a partir de então não seria mais uma única narrativa, mas uma entre diversas outras narrativas – todas supostamente válidas em igualdade – em disputa no mesmo espaço e tempo).

O século XX, entretanto, caracterizaria um momento inteiramente diferente na história que aqui viemos buscando construir. E isso não se deu de forma fortuita, ao menos na forma como aqui buscamos compreender esse processo. Diversos autores buscaram compreender

---

porque todo o esforço e os acontecimentos dos 5 séculos anteriores permitiram tal feito. Em sentido exatamente inverso, para uma defesa aguerrida (e, vale ressaltar, profundamente acadêmica) do poder milenar da Igreja sobre o poder secular, v. ROMANO, Egídio. *Sobre o poder eclesiástico*. Tradução de Cléa Pitt B. Goldman Vel Lejbman e Luís A. de Boni. Petrópolis: Vozes, 1989.

[13] É esse, aliás, o chamado mais romântico de Hegel à autodeterminação dos povos: "Esse movimento é a via da libertação da substância espiritual, o ato pelo qual o fim último do mundo nele se cumpre, [pelo qual] o espírito que primeiro só é essente *em si*, se eleva à consciência e à consciência-de-si, e assim à revelação e à efetividade de sua essência essente em si e para si, e se torna para si mesmo o espírito exteriormente *universal*, o *espírito-do-mundo*. Enquanto esse desenvolvimento é no tempo e no ser-aí, e por isso, enquanto história, seus momentos e graus singulares são os espíritos-dos-povos; cada um, como espírito singular e natural em uma determinidade qualitativa" (HEGEL, Georg Wilhelm Friedrich. *Enciclopédia das ciências filosóficas em compêndio* – A filosofia do espírito. Tradução de Paulo de Meneses. São Paulo: Loyola, 1995. v. 3. p. 320, §549).

como as magníficas criações e promessas dos séculos XVIII e XIX – especialmente o Estado-Nação e o desenvolvimento desta suprema forma de generosidade com relação à diferença que a democracia parlamentar representa – puderam ser tão rápida e sumariamente rejeitadas pelo século XX. Para autores como Ortega y Gasset, a crença na permanência eterna dos avanços e no progresso unidirecional e ilimitado (quando não a crença bastante mais simplória de que já se havia atingido o ponto máximo de desenvolvimento social, político e cultural necessário ou possível) – características típicas de um ponto de vista sobre a história guiado por aquela "racionalidade física" que mencionamos no início deste texto – teria levado finalmente a um desapreço ou mesmo desprezo do Ocidente pelo esforço e pela luta contínua que a construção democrática do Estado-Nação havia requerido e continuava a requerer.[14]

Alguns outros autores, em perspectivas que não necessariamente se excluem em relação à anterior, compreendem que a emergência de um novo polo de Império no mundo anglo-saxão (de filosofia insular e bastante distinta da filosofia continental que moldara os séculos anteriores e, portanto, o Estado de direito), primeiro na vizinha Inglaterra, mas lentamente transmigrado aos Estados Unidos da América do Norte, em um percurso que paulatinamente aprofundaria a distância entre o pensamento continental típico e o pensamento do polo imperial emergente (que buscava ativamente se impor demarcando e realçando suas distinções com relação aos polos imperiais anteriores da Inglaterra e o ainda mais longínquo império europeu continental. Tal movimento teria minguado a prevalência da melhor tradição ocidental (que já havia, do romantismo ao idealismo – especialmente em terras germânicas – construído e desenvolvido a razão histórica como resposta à Ilustração) em favor de uma corrente que nos parece menos fecunda, mas inegavelmente mais empírica e ao gosto do pensamento anglo-saxão (que até hoje ainda sobrevive fortemente no e daquele paradigma da razão física).

Alguns autores, como Middelaar, chegariam mesmo a dizer que o pensamento do Ocidente pós-guerras mundiais teria cometido

---

[14] É este, a nosso ver, o ponto de vista central desenvolvido em ORTEGA Y GASSET, José. *A rebelião das massas*. Tradução de Felipe Denardi. Campinas: Vide, 2016. Para o autor, as maravilhas do século XVIII e XIX teriam sido compreendidas como conquistas inabaláveis e inafastáveis pelos homens médios que tomariam o poder no começo do século XX, desarticulando as defesas internas do Estado de direito, especialmente pelo rechaço veemente às elites culturais, intelectuais e políticas que haviam erigido aquele monumento do pensamento Ocidental e que teriam sido solapados por sua própria obra.

politicídio,[15] desprezando a centralidade da construção política das narrativas de suas comunidades (nações) e se centrando na mera existência. Romperam, ao menos por algum tempo, a conexão entre o homem e a ideia efetiva de um absoluto que fosse maior que ele próprio (focar na existência, afinal, é tomar o sujeito em seu isolamento como princípio, meio e fim de sua própria narrativa pessoal, que se finda com ele próprio). Quaisquer que tenham sido as causas, a percepção em relação ao Estado, com sua narrativa para a qual os homens e sua comunidade podiam se voltar sempre que precisassem de uma bússola, foram praticamente perdidos no ceticismo e no niilismo trazidos pelos eventos do princípio do século XX.

O mal-estar gerado por tal situação só não parece ter sido mais grave porque o mundo do pós-guerra não estava tentado a reconhecer nenhuma narrativa que não fossem as duas visões de mundo que, de forma absolutamente maniqueísta, passaram a disputar o monopólio mundial de toda a narrativa e de toda história humana ao longo da chamada Guerra Fria. Estas duas narrativas, entretanto, por mais fortes que fossem nos corações e mentes daqueles poucos homens verdadeiramente dispostos a se engajar na bipolaridade simplista do mundo, tinham pouca ou nenhuma mediação efetiva a realizar ou construir entre os homens comuns e aquele destino apocalíptico e cataclísmico que os profetas da Guerra Fria revelavam incessantemente a um mundo estarrecido. O sentimento de pertencimento foi substituído por um sentimento absoluto de impotência – um sentimento, diga-se, incompatível com qualquer perspectiva política de construção de narrativas e alternativas.

É possível que tenha sido justamente esse descaso pela construção de uma narrativa comum de pertencimento e participação (ou, ao menos, de qualquer narrativa minimamente positiva), que caracterizou o período da Guerra Fria, que abriu o caminho para o destroçamento neoliberal de toda e qualquer narrativa. A tal nível que dos esforços nacionais de construção de fortes narrativas por meio das quais os sujeitos pudessem se reconhecer e a partir das quais poderiam se situar no mundo e trabalhar em sua transformação (repita-se, em direção a algo maior do que ele próprio), o processo contemporâneo (posterior ao século XX) de secularização materialista de todos os aspectos da vida e, em especial, a ascensão absoluta do paradigma da

---

[15] O termo é de MIDDELAAR, Luuk van. *Politicídio*: o assassinato da política na filosofia francesa. Tradução de Ramon Alex Gerrits. São Paulo: É Realizações!, 2015.

individualidade[16] desenraizaram e desencantaram todas as narrativas que integravam o sujeito a uma comunidade – família, religião, nação. São todas elas percebidas como estruturas antiquadas, supostamente desprovidas de qualquer base lógica (ao menos de um ponto de vista ilustrado-empirista), sequer notadas como narrativas que conectam o sujeito ao absoluto. Todos os esforços em direção a uma comunidade de destino, até mesmo aquelas tão tímidas e íntimas quanto as familiares, são desprezadas como arcaísmos vulgares ou elitismos vãos, que deveriam ser rapidamente substituídos pela participação em um "mundo global" amorfo e a-histórico do qual todos os homens são cidadãos iguais e participantes e que não é, entretanto, em nenhum sentido, uma comunidade de destino, mas simplesmente a constatação óbvia – e sem qualquer capacidade de determinar politicamente um *telos* comum – do fato de que vivemos todos em um mesmo planeta.

Se digo aqui que a ideologia neoliberal é a-histórica não é porque esta simplesmente despreza a mera existência do tempo, ou em certo sentido da própria história, mas porque compreenda a história mesma por uma lente de uma "lógica física", que por si mesma não detém qualquer capacidade de produzir ou compreender narrativas para além da mera causalidade ou da lógica clássica. Como poderia uma mente, e aliás também uma cultura, aceitar a ideia de uma história sem uma narrativa é uma questão que somente as mais estreitas mentes positivistas podem verdadeiramente explicar. Contudo, o cenário era propício a isso. Ainda agora, qualquer narrativa plenamente lógica em sentido histórico, bem pensada e descrita, pode ser rápida e completamente ignorada e descartada por qualquer simples fato (qualquer dado que seja) que prove que aquela narrativa não esteja absolutamente acurada.[17]

---

[16] Talvez seja preciso reconhecer que o paradigma da individualidade seja talvez o único produto genuinamente norte-americano de exportação no campo cultural e simbólico. Fruto de um aprofundamento sem precedentes da perspectiva reformada calvinista, do afã igualitarista que distinguiu o mundo anglo-saxão norte-americano e sua metrópole, e do forte materialismo empirista que finalmente logrou um eficaz desenraizamento (no sentido de uma alienação do sujeito em relação à sua história) e um igualmente eficaz desencantamento (no sentido de uma alienação paralela do sujeito em relação à sua cultura) de todos aqueles que agora passam a ser vistos primeiro apenas como esse constructo denominado indivíduo e em seguida como meros consumidores.

[17] Como já tivemos oportunidade de frisar, o desenvolvimento do pensamento alemão já havia tido oportunidades de enfrentar esse dilema que a Ilustração já trouxera. Romantismo e idealismo buscaram suas respostas, e a crítica de Hegel a essa historiografia que não percebe a necessidade de uma finalidade (destino) na narrativa histórica já foi duramente criticada por ele: "[...] Quando se exige que o historiador não traga consigo nenhum determinado fim e parecer, segundo o qual selecionasse, dispusesse e avaliasse um acontecimento, mas que os narre justamente no modo-de-ser-contingente como os encontrou-aí, em sua particularidade carente de relação e de pensamento. [...] Uma história sem tal fim, e sem tal

Veja-se o absurdo: em vez de se buscar substituir aquela narrativa com falhas ou de subsidiar seu desenvolvimento em uma narrativa mais complexa e bem embasada diante de novos fatos e dados, a razão contemporânea usualmente desacredita inteiramente a narrativa, eliminando-a e deixando em seu lugar mais um vazio. Um único dado que falte a uma narrativa pode facilmente destruir mesmo uma história cuidadosamente bem construída, sem deixar nada no lugar. A razão contemporânea é, por tudo isso, realmente anti-histórica, no sentido de que ela não é mais capaz de criar e sustentar qualquer narrativa verdadeiramente satisfatória.

Considerações finais

A consciência humana não pode realmente suportar permanecer em uma tão completa ausência de qualquer sentimento de pertencimento. O sujeito (esta espécie de resíduo à deriva no pântano do pensamento neoliberal), em agonia causada por tal ausência de uma narrativa constitutiva para si mesmo, tem sido levado a tomar para si narrativas parciais, fragmentos de história, ausentes de uma totalidade racional (são, afinal, narrativas circulares ou segmentadas que não possuem qualquer caminho visível para o que aqui se denominou absoluto, ou destino), especialmente aquelas construídas a partir de pedaços da própria subjetividade (gênero, raça, sexualidade) –[18] a história do sujeito, ou como usualmente o chamam, do indivíduo, dessa forma, começa e termina nele mesmo; ela é autocentrada e autorreferenciada, deficiente e necessitada de toda conexão a qualquer perspectiva do absoluto que a família, a religião, ou o Estado em algum momento lhe asseguraram.

Uma tal narrativa individual não transcende a vida e o sujeito mesmo, nunca depende de uma comunidade de homens – já que nenhuma comunidade verdadeiramente poderá ter uma posição (senão

---

juízo, seria apenas um flanar idiota da representação; nem mesmo um conto para crianças, pois até as crianças exigem nas narrativas um interesse, isto é, um fim pelo menos dado a pressentir, e a relação que os acontecimentos e ações têm com ele" (HEGEL, Georg Wilhelm Friedrich. *Enciclopédia das ciências filosóficas em compêndio* – A filosofia do espírito. Tradução de Paulo de Meneses. São Paulo: Loyola, 1995. v. 3. p. 321-322, §549, adendo).

[18] Não buscamos aqui menosprezar as lutas destes segmentos, que seriam e são absolutamente necessárias para qualquer ambiente em que a diversidade democrática buscasse ser protegida e estimulada. Apenas chamamos a atenção de que são essas as únicas narrativas que parecem ter restado aos sujeitos, e às quais, portanto, ele tem se aferrado brutalmente. Contudo, esse reconhecimento em uma narrativa que parte da subjetividade e retorna a ela nunca é suficiente para dar o sentido de uma unidade na pluralidade que uma verdadeira comunidade de destino democrática necessita.

apenas um preconceito) em relação a tais assuntos – e nunca aponta para a construção de algo que trespasse a sua vida singular e perdure. Tal é o mundo que a ideologia neoliberal nos legou, um em que qualquer subjetividade singular está à deriva insípida e estupidamente em um deserto dentro de si mesma, nunca encontrando verdadeiramente um *alter* com quem queira e possa construir uma narrativa comum, ao menos uma proto-história para compartilhar e a partir da qual transcender.[19] Espíritos subjetivos incapazes de perceber plenamente a existência de qualquer intuição de um espírito objetivo ou menos ainda de um espírito absoluto, imagine só considerar seriamente sua participação em qualquer de tais momentos.[20]

Que a cultura ocidental precisa reforçar seu compromisso de abranger suas narrativas comuns com a necessidade de inclusão e compreensão da diversidade – isto é, que toda construção de uma comunidade de destino e sua narrativa precisa ser política e democraticamente determinada para que o chamado do Ocidente seja realizado – deveria ser algo bastante claro para qualquer mente racional. Contudo, o principal objetivo que tínhamos com este trabalho era o de jogar alguma luz sobre a necessidade humana de narrativas meta-humanas (ou comuns) nas quais cada sujeito possa se reconhecer e legitimar a si mesmo e ao seu esforço e ao trabalho que desenvolve ao longo de sua vida, dando sentido a ela. Um esforço efetivo e razoável, que o paradigma antiutópico que usualmente denominamos ideologia neoliberal (mas que, para o nosso ponto, está estritamente conectado à perduração da crença na razão física e ao desprezo pela razão histórica a qual o Ocidente já havia alcançado e da qual ele parece ter se distanciado, no curso do curto e trágico século XX) incessantemente parece impedir.

---

[19] Novamente nos apropriamos de parte do vocabulário manejado em HAN, Byung-Chul. *Agonia do eros*. Tradução de Enio Paulo Giachini. Petrópolis: Vozes, 2017.

[20] É interessante, contudo, notar a centralidade que a ideia de "comunidade" tem tomado no ambiente norte-americano, com grandes campanhas para que os sujeitos se engajem junto a suas respectivas "comunidades". Por esse termo, entretanto, a cultura norte-americana tende a significar grupos de pessoas que formam espécies de "guetos" com micronarrativas parciais e incapazes de interferir no processo político para definir a narrativa e as finalidades gerais do povo norte-americano – em geral micronarrativas centradas na subjetividade, como discutíamos. Nesse sentido, a centralidade do engajamento comunitário, que começa a ser exportada para outros países, especialmente aqueles na zona de influência mais direta do Império norte-americano, é uma forma de conferir uma mínima dignidade aos sujeitos pela sensação de um pertencimento a uma micronarrativa apenas para que a ausência absoluta de verdadeiras narrativas com pretensões de universalidade não seja absolutamente insustentável para os sujeitos. É dizer que o engajamento comunitário, ao menos em certo sentido, se torna uma forma de apaziguar a desvoluntarização do verdadeiro poder político que é intolerável ao humano.

Referências

ALMEIDA, Philippe Oliveira de. *Crítica da razão antiutópica*. São Paulo: Edições Loyola, 2018.

COULANGES, Numa Denis Fustel de. *A cidade antiga*: estudo sobre o culto, o direito e as instituições da Grécia e de Roma. Tradução de Roberto Leal Ferreira. São Paulo: Martins Claret, 2009.

FUKUYAMA, Francis. *O fim da história e o último homem*. Tradução de Aulyde Soares Rodrigues. Rio de Janeiro: Rocco, 1992.

HAN, Byung-Chul. *Agonia do eros*. Tradução de Enio Paulo Giachini. Petrópolis: Vozes, 2017.

HAN, Byung-Chul. *Sociedade do cansaço*. Tradução de Enio Paulo Giachini. Petrópolis: Vozes, 2017.

HEGEL, Georg Wilhelm Friedrich. *Enciclopédia das ciências filosóficas em compêndio* – A filosofia do espírito. Tradução de Paulo de Meneses. São Paulo: Loyola, 1995. v. 3.

HEGEL, Georg Wilhelm Friedrich. *Introdução à filosofia da história*. Lisboa: Edições 70, 2006.

HORTA, José Luiz Borges; FREIRE, Thales Monteiro; SIQUEIRA, Vinicius de. A era pós ideologias e suas ameaças à política e ao Estado de Direito. *Confluências*, Niterói, v. 14, n. 2, p. 120-133, dez. 2012.

MAQUIAVEL, Nicolau. *O príncipe*. 4. ed. Tradução de Maria Júlia Goldwasser. São Paulo: EMF Martins Fontes, 2010.

MIDDELAAR, Luuk van. *Politicídio*: o assassinato da política na filosofia francesa. Tradução de Ramon Alex Gerrits. São Paulo: É Realizações!, 2015.

ORTEGA Y GASSET, José. *A rebelião das massas*. Tradução de Felipe Denardi. Campinas: Vide, 2016.

ORTEGA Y GASSET, José. La filosofia de la história de Hegel y la historiología. *In*: ORTEGA Y GASSET, José. *Ideas y creencias y otros ensayos*. Madrid: Alianza, 2019.

PLATÃO. *A república*. 13. ed. Tradução de Maria Helena da Rocha Pereira. Lisboa: Fundação Calouste Gulbenkian, 2012.

ROMANO, Egídio. *Sobre o poder eclesiástico*. Tradução de Cléa Pitt B. Goldman Vel Lejbman e Luís A. de Boni. Petrópolis: Vozes, 1989.

VIANA, Francisco José de Oliveira. *Instituições políticas brasileiras*. Brasília: Editora do Senado Federal, 1999.

Informação bibliográfica deste texto, conforme a NBR 6023:2018 da Associação Brasileira de Normas Técnicas (ABNT):

HENRIQUES, Hugo Rezende. Cidadão do mundo?! – Narrativas subjetivas, comunitárias e da humanidade. *In*: ANDRADE, Durval Ângelo; MAYOS SOLSONA, Gonçal; HORTA, José Luiz Borges; MIRANDA, Rodrigo Marzano Antunes (Coords.). *A sociedade do controle?*: macrofilosofia do poder no neoliberalismo. Belo Horizonte: Fórum, 2022. p. 117-129. ISBN 978-65-5518-260-6.

A MORTE DO OUTRO

JOÃO BATISTA MIGUEL
LEANDRO DE OLIVEIRA BATISTA

Na abertura da *Jornada Macrofilosófica*, realizada na Universidade de Barcelona, o professor que abriu o debate alertou-nos muito bem sobre a existência dos muros visíveis e invisíveis que, ao longo da história, promoveram e reforçaram os *apartheids* epistemológicos, culturais, sociais, políticos, religiosos, etnológicos e de gêneros.

De fato, essas fronteiras sempre existiram e foram ganhando novos contornos ao longo do tempo, de modo que suas divisas parecem ampliadas, promovendo agora o isolamento do *indivíduo* em si mesmo.

Talvez a maior de todas as angústias de nosso tempo possa ser expressa a partir da construção destes pequenos muros particulares que nos jogam numa espécie de cavernas de isolamento, se quisermos lembrar de Platão, ou mesmo no sinuoso caminho dos desertos dos quais nos fala o Professor Gonçal Mayos.[1]

Neste processo de isolamento, cada *indivíduo* proíbe o aceso de um outro, isto é: nos empreendimentos destas novas fronteiras, aqueles que estão à margem são propositalmente eliminados.

Eliminar o acesso do outro, do diferente e do estranho parece ser a grande profissão de fé deste novo modelo de sociedade, denunciada por Byung-Chul Han,[2] em diversos de seus ensaios.

---

[1] Gonçal Mayos Solsona é filósofo, ensaísta e professor da Universidade de Barcelona. Especialista em Nietzsche, Hegel, Herder, Kant, Descartes e D'Alembert, tem evoluído para o estudo dos grandes movimentos modernos e sua influência contemporânea e na pós-modernidade.

[2] Filósofo e teórico cultural da Alemanha nascido na Coreia do Sul.

Com isso chegamos ao triste anúncio da morte do outro. Ora, se se mata o outro, mata-se por consequência o fazer político, a dimensão religiosa e mesmo a produção de conhecimento. Política, religião, filosofia, por exemplo, são instâncias teleológicas que dão unidade à diversidade de um povo.

Afortunadas em confluências, mas sobretudo ricas em contradições e negatividades, estas dimensões pressupõem, para sua efetividade, a presença e a existência do outro, do diferente, do estranho. Esta, como dissemos, é uma preocupação de Han, quando alerta que "Los tiempos en los que existía el otro se han ido. El otro como misterio, el otro como seducción, el otro como eros, el otro como deseo, el otro como infierno, el otro como dolor va desapareciendo. Hoy, la negatividad del otro deja paso a la positividad de lo igual".[3]

Ora, eliminar o outro é eliminar a negatividade, necessária para o fluir do movimento dialético.

Deste modo, este escrito aponta para três temáticas e ideias que se completam e se confundem: a morte (eliminação do *outro*); a eliminação do mediador; e a eliminação do negativo tão evidente nos nossos tempos.

Segundo Han, é exatamente por esta espécie de dilúvio de positividade, que prepondera em nossos dias, que o *outro* é eliminado, simplesmente por ser *outro*, mesmo que não cause nenhum perigo.

Os efeitos deste tempo de positividade tornam-se cada vez mais visíveis em nosso meio e se exemplificam pelo horror e pela abominação a qualquer tipo de desconforto e dor. Daí, eliminar o outro seja o modo mais confortável e fácil para se evitar a natural e sadia tensão que brota do exercício do conviver.

Disto resulta uma aversão à política, alicerçada pelas promessas do neoliberalismo, seu discurso "burotecnocrata" e suas crias monstruosas: a meritocracia e o gerencialismo. A este respeito indicamos o texto *Estado ético e Estado poiético*, de Joaquim Carlos Salgado,[4] que com brilhantismo aborda em profundidade esta temática.

Seguindo o mesmo formato do neoliberalismo surge o neopentecostalismo: uma religião narcísica, desencarnada de qualquer vínculo comunitário, que desliga o *indivíduo* de qualquer movimento que lhe possa ocasionar alguma ação coletiva.

---

[3] HAN, Byung-Chul. *La expulsión de lo distinto*: percepción y comunicación en la sociedad actual. Traducción de Alberto Ciria. Barcelona: Heder, 2018. p. 9.

[4] SALGADO, Joaquim Carlos. Estado ético e Estado poiético. *Revista do Tribunal de Contas do Estado de Minas Gerais*, Belo Horizonte, v. 27, n. 2, p. 37-68, abr./jun. 1998.

Desta forma, buscamos colocar neste ensaio algumas reflexões que exemplificam como este processo de anestesia social tem se consolidado nos nossos dias e penetrado nos mais distintos ambientes, cenários e momentos.

Comecemos com o seguinte exemplo.

A Igreja católica celebra, em 2 de novembro, o dia dos fiéis defuntos: uma tradição que tem como objetivo fazer memória àqueles que, após cumprirem suas funções, gozam do descanso eterno. Este modo de se cultuar os *defunctus* é impregnado de negatividade, pois, por pressuposto, serve para nos recordar a limitação da vida, a nossa condição temporal e mesmo, de certo modo, a nossa finitude.

Contudo, pelo menos no Brasil, que sofre com o avanço deste neopentecostalismo (aqui me refiro ao neopentecostalismo protestante e católico), o dia de finados sofreu uma significativa metamorfose de sentido.

Disso temos exemplos a partir das celebrações de missas-*shows*, *coaching celebrecion*, celebrações do empoderamento e culto da alegria, realizados, espetacularmente, em cemitérios e velórios, nos quatro cantos do país.

Com o conhecido *slogan*: "saudade sim, tristeza não",[5] estes eventos atraem multidões de fiéis que afirmam ter, nestas ocasiões, uma experiência pessoal com Deus, e assumem ter trocado a dor da perda pela alegria do momento, a partir de uma glossolalia ruidosa, barulhenta e inaudível. Incrivelmente o neopentecostalismo não suporta a dor nem o silêncio.

Evidentemente não somos contra a felicidade humana, não se trata disso. Esta talvez seja a nossa grande meta. Todavia, o que abordamos é que a vida real não é um simples passeio no parque. A vida real requer suas pausas, espaços para reflexões e, sobretudo, momentos de noite escura para se viver as angústias e as paixões de nossas inquietudes.

Da mesma maneira que já não celebramos mais o dia de finados, pela via da paixão, também, evitamos, a todo custo, delongarmo-nos com as situações limites da partida de nossos entes: isto se torna claro, por exemplo, com o que chamamos de *fast* funerais, regados a compridos tranquilizantes e inibidores de emoções. Um funeral real é dor, é tristeza, é o aflorar da negatividade, mas isto deve ser evitado, reduzido e afastado o quanto possa, nesta sociedade da positividade e, assim, nos é roubado até o direito de chorar nossos mortos.

---

[5] Cerimônias que são celebradas como teatros ou *shows* televisivos.

Este fenômeno da positividade parece revelar-se em todos os momentos da vida contemporânea. Suas consequências mais perigosas são evidenciadas a partir do esvaziamento dos ambientes e dos discursos político, religioso e mesmo filosófico, que não mais aceitam o contraditório.

Joaquim Carlos Salgado apresenta que "é na consciência de si que o para-si se eleva à condição de sujeito, como é no plano da razão que esse sujeito sabe que só pode ser ele mesmo, sujeito irrepetível como em si e para si, pelo *reconhecimento* do outro".[6]

Mas este *reconhecimento*, ao que nos parece, não é nenhum nivelamento, nem padronização, muito menos um construto identitário. Pelo contrário: é reconhecimento na diferença, da diferença e para a diferença; é processo dialético que se apresenta como caminho para a efetivação da liberdade. É condição para que se forme um *eu que é um nós*, proposto por Hegel.

José Luiz Borges Horta afirma:

> Em verdade, o coração do projeto hegeliano é exatamente superar toda e qualquer cisão que se apresente na História, já que a verdade só pode ser uma unidade, mas uma unidade viva, concreta, que preserve, se não mesmo que incentive, a contradição e a pluralidade interna.[7]

Ao aniquilar o contrário, o diferente, o outro, entramos na capciosa engenharia do capitalismo atual, cujo objetivo ultrapassa o apelo pelo consumir e apresenta a dinâmica do autoconsumir, ou, como bem intuiu o Professor Horta, "impõe-se na ditadura do sumir", do sujeito que se definha à condição de *indivíduo*, que depois de consumir o outro agora mergulha no imenso mar de autofagia.

O *sujeito* some para dar à luz um *indivíduo* que se entende livre, autônomo e independente em si mesmo, não necessitando, portanto, de nenhum outro para consolidar-se na história.

Neste sentido, tomamos emprestada a fala de Dom Pedro Casaldáliga quando afirma: "me parece que la humanidad se está

---

[6] SALGADO, Joaquim Carlos. *A idéia de justiça em Hegel*. São Paulo: Loyola, 1996. p. 246.

[7] HORTA, José Luiz Borges. Entre o Hegel racional e o Hegel real. *In*: BAVARESCO, Agemir; MORAES, Alfredo (Org.). *Paixão e astúcia da razão*. Porto Alegre: Editora Fi, 2013. p. 133. Disponível em: file:///C:/Users/Jo%C3%A3o%20Miguel/Downloads/Entre_o_Hegel_racional_e_o_Hegel_real.pdf.

frivolizando mucho. El consumismo consume la dignidad humana",[8] e o faz a partir de um movimento que incentiva a morte do outro. Morre, com isso, a figura do mediador. O discurso do "não me representa" impera nos cenários de maior relevo de nossos dias, e pode ser percebido nas ondas de insatisfação que se efetivaram no mundo todo neste início de milênio. Nosso tempo expulsa qualquer tipo de mediação.

No campo religioso, em que a sentença de morte do mediador fora decretada pela Reforma, no início do século XVI, agora impera também a morte da mediação da própria Reforma. Disto resulta o fortalecimento destes, já citados, movimentos neopentecostais que simplificam a escatologia e ignoram que "experiência religiosa é uma experiência do totalmente outro".[9]

No campo político a morte do mediador também parece imperar entre a relação entre eleitores e mandatários. Não é de se espantar, pois, acuados pelos efeitos das mídias digitais; pelas avalanches de *pós-verdade*; e pela onisciente técnica de controle – imposta de maneira capciosa pelas artimanhas das leis de transparências –, que os mandatários priorizem agradar a opinião pública em detrimento de exercer livre e devidamente seu papel.

Atrevo-me a dizer que, em grande parte, nossos mediadores no poder também morreram ou se suicidaram ao abdicarem do processo de politicidade para adotar agendas pautadas simplesmente pelo apelo das redes sociais.

No âmbito do Estado, este movimento de morte da mediatização ainda é mais evidente: O "Estado como o reino da liberdade" foi sequestrado, diminuído, desvirtuado pela acessão de governos que se autoproclamam técnicos e apolíticos.

Nada é mais danoso para um povo do que ter um governo puramente técnico. O Estado gerencialista, *burotecnocrata*, é o Estado sem política, ou seja, sem mediação efetiva para a vida dos cidadãos. É o que Salgado denuncia quando diferencia o Estado ético do Estado poiético.[10]

---

[8] Pedro Casaldáliga *apud* ESCRIBANO, Francesc. *Descalzo sobre la tierra hoja*: vida del obispo Pere Casaldáliga. Traducción de Antoni Cardona. Barcelona: Península, 2000. p. 80.

[9] HAN, Byung-Chul. *Topologia da violência*. Tradução de Enio Paulo Giachini. Petrópolis: Vozes, 2017. p. 202.

[10] SALGADO, Joaquim Carlos. Estado ético e Estado poiético. *Revista do Tribunal de Contas do Estado de Minas Gerais*, Belo Horizonte, v. 27, n. 2, p. 37-68, abr./jun. 1998.

Mas a morte do mediador não se expressa apenas e tão somente nestas três macroinstâncias: surge de modo muito eficiente na nova mídia e por ela é alimentada. Falta, também, neste novo cenário da comunicação digital, a figura do mediador. A sociedade de opinião e de informação, afirma Han, "se apoia numa comunicação desmediatizada",[11] ou seja, agora "a sociedade deixa de ser uma sociedade consumidora para se tornar um aglomerado de *indivíduos* produtores de suas próprias informações. Isto proporciona que 'o público e o privado se misturem'".[12]

A morte dos mediadores pavimenta o caminho para as verdades narcísicas que, por consequência, decretam a morte de qualquer outro. Santo Agostinho, ao afirmar que "a verdade não é tua nem minha, para que seja minha e tua", já nos alerta para o fato de que uma verdade narcísica, individualista, incorre no risco de totalitarismo, por isso, reforça que só se pode chegar a ela por meio do intermédio do relacional. Em outras palavras, a busca pela verdade é um ato político.

Este momento de *novus ordo seclorum*, que se expressa com as modificações de nosso tempo, toma assento no surgimento do que chamamos de *sociedade binária*, fortemente formatada e balizada pela linguagem dos computadores, pelos modelos matemáticos, estatísticos e de cálculos. Sua constituição se dá por uma espécie de homens que vivem *na*, *pela* e *para* as redes sociais. Este cenário virtual evidencia não suportar o diferente, daí ser a sociedade da morte do outro.

Ora, sabemos todos que as companhias que controlam as redes sociais são empreendimentos particulares, cujo interesse máximo é obter lucro acima de tudo e controle acima de todos.

As redes sociais, agora soberanas, ditam e calculam o valor, o caminho e a temporalidade da vida, e, por seu caráter digital, pretendem desconectar o fio condutor da história, do caminhar da razão, e do revelar da liberdade.

A este respeito Han afirma: "enumerar é uma categoria pós-histórica. Nem tweets nem informações se reúnem em uma narrativa",[13] e conclui afirmando que "*teorias fortes*, como por exemplo a teoria das ideias de Platão ou a fenomenologia do espírito de Hegel, não são

---

[11] HAN, Byung-Chul. *No enxame*: perspectivas do digital. Tradução de Lucas Machado. Petrópolis: Vozes, 2018. p. 37.

[12] HAN, Byung-Chul. *No enxame*: perspectivas do digital. Tradução de Lucas Machado. Petrópolis: Vozes, 2018. p. 13.

[13] HAN, Byung-Chul. *No enxame*: perspectivas do digital. Tradução de Lucas Machado. Petrópolis: Vozes, 2018. p. 66.

modelos que pudessem ser substituídos por análise de dados",[14] nem por uma rasa contabilidade de curtidas e *likes*. Isto porque estas grandes filosofias, ou grandes sistemas filosóficos, como especificamente a *fenomenologia*, apresentam-se caracteristicamente afiliados ao movimento dialético do *espírito*.

Contudo, soaria como ingenuidade e até descompromisso não levar em conta os efeitos que as redes e a sociedade digital exercem sobre todos nós. Não se trata de propagar uma imatura caça às bruxas. Claro que não! Não podemos desconsiderar o arco de boas oportunidades que nelas encontramos. Trata-se, porém, de questionar, sim, o interesse de mercado que opera em seus bastidores e mais: de entender o fetichoso desejo que ela produz na opinião pública, balizado pelo já citado discurso do "não me representa" e o evidente *altericídio*.

O fenômeno da opinião pública é admiravelmente tratado na obra Agemir Bavaresco, que de modo envolvente nos oferece mais questionamentos do que respostas definitivas. É o que ocorre quando Bavaresco, em companhia de Tiago Porto Pereira e Wellignton Silva, sugere o seguinte questionamento:

> O pluralismo das motivações dos protestos que se espraiam pelo mundo, a crise de representação e a emergência da era digital são as matrizes que unificam fenômenos sociais das multidões e movimentos em redes. Seriam esses os representantes da vontade geral [...], isto é, uma nova representação democrática?[15]

Concordamos com Han que o *indivíduo* digital/binário não é dotado de decisão, não marcha, pois está atado a uma corrente invisível – *as redes* – que o prende e que "se dissolvem de maneira tão rápida quanto surgiram".[16]

Por causa desta efemeridade, ele "não desenvolve nenhuma energia política",[17] religiosa, artística ou filosófica. Assim, as redes não formam, neste modelo, o espaço para a uma *nova representação democrática* nem religiosa, pois seu engenho se situa plenamente vinculado ao

---

[14] HAN, Byung-Chul. *Agonia do eros*. Tradução de Enio Paulo Giachini. Petrópolis: Vozes, 2017. p. 86.

[15] BAVARESCO, Agemir; PEREIRA Tiago Porto; SILVA Wellignton A. Teoria da agenda, representação e redes sociais. *Revista Helius*, ano 1, n. 1, p. 65-79, jul./dez. 2013. ISSN 2357-8297.

[16] HAN, Byung-Chul. *No enxame*: perspectivas do digital. Tradução de Lucas Machado. Petrópolis: Vozes, 2018. p. 31-31

[17] HAN, Byung-Chul. *No enxame*: perspectivas do digital. Tradução de Lucas Machado. Petrópolis: Vozes, 2018. p. 31-31.

interesse de mercado, formando um labirinto de confusão que, iludindo a opinião pública, causa-lhe a falsa sensação de participação política e decisória. Pura cortina de fumaça! Um cantar para ouvidos fechados. Talvez o questionamento acima possa receber um novo desdobramento se, e somente se, o Estado, como garantidor da liberdade, tiver o domínio deste importante espaço que ora se configura como novas ágoras, e espaços de compartilhamento de experiências culturais diversas.

Fato é que esta engenharia da morte do outro, do diferente, do mediador, expressa nos exemplos que aqui elucidamos, oferece-nos uma pseudossensação de liberdade, calcada, sobremaneira, em pura positividade, e talvez este seja seu maior sucesso, não duvidamos.

Esta positividade que habita o digital reduz a possibilidade da experiência do outro, à medida que enfraquece a capacidade de lidar com o negativo[18] e, por consequência, desarticula qualquer movimento dialético.

É também de Han a afirmação de que "a sociedade da positividade atual, evita, porém, todas as formas de resistência", por isso, discursos radicais, como o de Pedro Casaldáliga, que nos diz: "quiero subvertir la Ley que pervierte al Pueblo en grey y el gobierno en carnicero",[19] embora necessários e atuais, são considerados subversivos, inadequados e perigosos para este momento em que a sociedade segue anestesiada e "dominada por diferentes *estados* do mesmo".[20]

Desta forma, relacionamo-nos cada vez mais com o cada vez menos, num contexto em que "as máquinas digitais se unem às maquinas do capital para aniquilarem o árduo caminho percorrido pela Razão para se chegar à liberdade",[21] num "tempo do morto vivo, no qual nem o nascer e nem o morrer tornam-se possíveis".[22] A este respeito Han afirma que "a natalidade constitui o fundamento do pensamento político, enquanto a mortalidade apresenta o fato com o qual o pensamento metafísico se inflama" e prossegue, defendendo que "a era digital do

---

[18] HAN, Byung-Chul. *No enxame*: perspectivas do digital. Tradução de Lucas Machado. Petrópolis: Vozes, 2018. p. 45.

[19] Pedro Casaldáliga *apud* ESCRIBANO, Francesc. *Descalzo sobre la tierra hoja*: vida del obispo Pere Casaldáliga. Traducción de Antoni Cardona. Barcelona: Península, 2000. p. 120.

[20] HAN, Byung-Chul. *No enxame*: perspectivas do digital. Tradução de Lucas Machado. Petrópolis: Vozes, 2018. p. 63.

[21] HAN, Byung-Chul. *No enxame*: perspectivas do digital. Tradução de Lucas Machado. Petrópolis: Vozes, 2018. p. 60.

[22] HAN, Byung-Chul. *No enxame*: perspectivas do digital. Tradução de Lucas Machado. Petrópolis: Vozes, 2018. p. 60.

morto vivo é, vista desse modo, nem política nem metafisica",[23] ou seja, sem nenhum processo dialético que permita aceitar a influência de um discurso político, religioso ou filosófico como instância de manifestação do totalmente *outro*.

E, conforme apresentado ao longo deste trabalho, há o surgimento de uma nova era que se entende pós-política, pós-religião e pós-Estado. Uma *era* das pós-ideologias,[24] como afirmam Horta, Freire e Siqueira, ou, na mais triste das constatações: o momento final que se expressa na morte do outro.

Talvez, as chaves *macrofilosóficas*,[25] propostas por Gonçal Mayos, possam nos servir de senha para deciframos a esfinge de nosso tempo, antes que sejamos por ela devorados.

Por fim, como fio de esperança e confiança nas *astúcias da razão*, devamos citar Saint Exupéry, quando nos alerta que na vida e nas relações sempre há uma troca mútua e que ninguém passa impune e isolado no grande enredo da história. Segundo o autor:

Cada um que passa em nossa vida, passa sozinho, mas não vai só nem nos deixa a sós. Levam um pouco de nós mesmos e nos deixam um pouco de si mesmos. Há os que levam muito e os que levam pouco, mas não há os que não levam nada. Há os que deixam muito e os que deixam pouco, mas não há os que não deixam nada.[26]

Que a filosofia do tempo presente, principalmente a que se origina da matriz hegeliana, se revele como necessário ponto de reflexão e de esperança para superarmos este funeral sem dor, da morte do *outro* e da morte de nós mesmos.

Referências

AGOSTINHO, Santo. *Confissões*. Tradução de Maria Luiza Jardim Amarante. São Paulo: Paulus, 1984.

BAVARESCO, Agemir; PEREIRA Tiago Porto; SILVA Wellignton A. Teoria da agenda, representação e redes sociais. *Revista Helius*, ano 1, n. 1, p. 65-79, jul./dez. 2013. ISSN 2357-8297.

---

[23] HAN, Byung-Chul. *No enxame*: perspectivas do digital. Tradução de Lucas Machado. Petrópolis: Vozes, 2018. p. 60.

[24] HORTA, José Luiz Borges. Hegel, paixão e diferença. *In*: OLIVEIRA JR., José de Alcebíades; COSTA, Renata A. da; HORTA, José Luiz Borges (Org.). *Direito, Estado e idealismo alemão*. Florianópolis: Conpedi, 2015. p. 77-92. p. 84.

[25] MAYOS, Gonçal. *Macrofilosofia de la modernidad*. Barcelona: DLibros, 2012.

[26] EXUPÉRY, Saint. Cada um. *In*: ÂNGELO, Durval; GONÇALVES, Ana Maria (Org.). *Palavras encantadas*. 11. ed. Belo Horizonte: Expressa, 2014. p. 226.

ESCRIBANO, Francesc. *Descalzo sobre la tierra hoja*: vida del obispo Pere Casaldáliga. Traducción de Antoni Cardona. Barcelona: Península, 2000.

EXUPÉRY, Saint. Cada um. *In*: ÂNGELO, Durval; GONÇALVES, Ana Maria (Org.). *Palavras encantadas*. 11. ed. Belo Horizonte: Expressa, 2014.

HAN, Byung-Chul. *Agonia do eros*. Tradução de Enio Paulo Giachini. Petrópolis: Vozes, 2017.

HAN, Byung-Chul. *La expulsión de lo distinto*: percepción y comunicación en la sociedad actual. Traducción de Alberto Ciria. Barcelona: Heder, 2018.

HAN, Byung-Chul. *No enxame*: perspectivas do digital. Tradução de Lucas Machado. Petrópolis: Vozes, 2018.

HAN, Byung-Chul. *Topologia da violência*. Tradução de Enio Paulo Giachini. Petrópolis: Vozes, 2017.

HORTA, José Luiz Borges. Entre o Hegel racional e o Hegel real. *In*: BAVARESCO, Agemir; MORAES, Alfredo (Org.). *Paixão e astúcia da razão*. Porto Alegre: Editora Fi, 2013. Disponível em: file:///C:/Users/Jo%C3%A3o%20Miguel/Downloads/Entre_o_Hegel_racional_e_o_Hegel_real.pdf.

HORTA, José Luiz Borges. Hegel, paixão e diferença. *In*: OLIVEIRA JR., José de Alcebíades; COSTA, Renata A. da; HORTA, José Luiz Borges (Org.). *Direito, Estado e idealismo alemão*. Florianópolis: Conpedi, 2015. p. 77-92.

MAYOS, Gonçal. *Macrofilosofía de la modernidad*. Barcelona: DLibros, 2012.

SALGADO, Joaquim Carlos. *A idéia de justiça em Hegel*. São Paulo: Loyola, 1996.

SALGADO, Joaquim Carlos. Estado ético e Estado poiético. *Revista do Tribunal de Contas do Estado de Minas Gerais*, Belo Horizonte, v. 27, n. 2, p. 37-68, abr./jun. 1998.

Informação bibliográfica deste texto, conforme a NBR 6023:2018 da Associação Brasileira de Normas Técnicas (ABNT):

MIGUEL, João Batista; BATISTA, Leandro de Oliveira. A morte do outro. *In*: ANDRADE, Durval Ângelo; MAYOS SOLSONA, Gonçal; HORTA, José Luiz Borges; MIRANDA, Rodrigo Marzano Antunes (Coords.). *A sociedade do controle?*: macrofilosofia do poder no neoliberalismo. Belo Horizonte: Fórum, 2022. p. 131-140. ISBN 978-65-5518-260-6.

O OCULTAMENTO DA SUBJETIVIDADE; ALIENAÇÃO E O SISTEMA GLOBAL

GABRIEL NIQUINI MOTA
VINICIUS DE SIQUEIRA

Caracterizado pela convivência das mais diversas culturas e civilizações em um mesmo território político, o momento histórico global é resultado de um processo acelerado e que tem se mostrado dominante. Mais uma vez, foi traçado o triunfo de um programa geopolítico internacional. Nas palavras de Gonçal Mayos:

> O PU e a atual turboglobalização monádica estão, em muitos aspectos, limitados a ser o estágio superior dos dois processos-chave da modernização e racionalização ocidental em seu auge tecnológico (já visto como 3ª ou 4ª revolução industrial, como pós-industrialização ou como "sociedade do conhecimento"). Sua imposição militar, comercial e colonial precoce poderia ser aprofundada em todo o campo econômico, tecnológico, político e ideológico, até ameaçar se tornar o único modo de vida, cultura ou civilização possível. Forçando toda a humanidade, qualquer que seja a sua cultura e modo de vida, a adotar as suas premissas e métodos, se quisesse sobreviver.[1]

---

[1] "El PU y la actual turboglobalización monádica se limitan a ser en muchos aspectos la fase superior de los dos procesos clave de la modernización y racionalización occidental en su culminación tecnológicamente avanzada (ja seva vista como 3ª o 4ª revolución industrial, como postindustrialización o como 'sociedad del conocimiento'). Su temprana imposición militar, comercial y colonial, pudo profundizarse en todo el económico, tecnológico político e ideológico, hasta amenazar convertirse en la única forma de vida, cultura o civilización posible. Obligando a toda la humanidad, cualesquiera que fueran su cultura y forma de vida, a adoptar sus premisas y métodos si es que quería sobrevivir" (MAYOS,

Com efeito, a complexidade dos mecanismos de processamento de dados – considerando especialmente a relação humana com as máquinas – compõe a estrutura de funcionamento do sistema financeiro do mundo. A comunicação, entendida como a base da cultura, é constituinte da singularidade dos seres humanos. Fundamental para a base do nosso aprendizado, a transmissão de informações sofisticada demonstra, assim, uma influência evidente para os saltos qualitativos de nossa espécie.

Sob uma perspectiva macrofilosófica, pretendemos detectar causas e consequências a partir de uma interdisciplinaridade que nos permita compreender os fenômenos de nosso tempo, de modo que seja possível encarar e transformar a realidade.

Como pode ser possível criar uma subjetividade, tendo em vista o impulsionamento da simplificação de processos, da despolitização, do esvaziamento da carga social e de classe de enfrentamentos históricos?

O sistema educativo, no sentido de contribuir com a construção de escolhas autônomas dos sujeitos e, consequentemente, para o progresso coletivo, está atualmente viciado nas demandas mercadológicas e produtivas. Nesse contexto, para Ferran Tarragó:

> Uma das características que mais diferenciam a sociedade do conhecimento da sociedade industrial é o seu funcionamento dependente de uma proporção muito superior de predispostas ao trabalho em equipe, capazes de observar e compreender o entorno, de resolver problemas e de enfrentar criativamente soluções para as quais não foram especificamente preparadas.[2]

O funcionamento da sociedade do conhecimento, portanto, depende fundamentalmente de sua constante renovação. A essência da humanidade é posta como algo estranho.

É a construção social do individualismo, esta, sim, coletivizada e difundida, que destrói o ser político e a ideia de politicidade, menosprezando a herança cultural como formadora psicológica de visualização da realidade. Byung-Chul Han adverte sobre a imposição capitalista do ser individualizado, despido de sua coletividade e consciência de grupo:

Gonçal. *Macrofilosofía de la globalización y del pensamiento único.* Um macroanálisis para el "empoderamiento". Saarbrücken: Editorial Académica Española, 2012. p. 36).

[2] TARRAGÓ, Ferran. Educar, entre la evasión y la utopía. *In:* MAYOS, Gonçal; BREY, Antony (Ed.). *La sociedad de la ignorancia.* Barcelona: Península, 2011. p. 145.

As descrições do *animal laborans* moderno de Arendt não correspondem às observações que podemos fazer na sociedade de desempenho de hoje. O *Animal laborans* pós-moderno não abandona sua individualidade ou seu ego para entregar-se pelo trabalho a um processo de vida anônimo da espécie. A sociedade laboral individualizou-se numa sociedade de desempenho e numa sociedade ativa. O *animal laborans* pós-moderno é provido do ego ao ponto de quase dilacerar-se. Ele pode ser tudo, menos ser passivo. Se renunciasse à sua individualidade fundindo-se completamente no processo da espécie, teríamos pelo menos a serenidade de um animal.[3]

Sobre nossa formação cognitiva, Mayos afirma que a cultura na qual nascemos e os conhecimentos com que fomos educados desaparecem de maneira rápida e inevitável ao longo de nossas vidas.[4] É dizer: o cenário em que vivemos hoje está organizado de tal forma que o próprio sistema se renova e, conjuntamente, promove transformações de personalidade.

Mayos e Byung-Chul Han estão nos advertindo sobre o advento da era da técnica, a era do conhecimento como construção corruptiva da ética para a dominação social, isto é, como instrumento de sequestro das capacidades cognitivas sociais de forma a permitir a implementação de um sistema de domínio total. Para tal, a cultura e a diferenciação como conjuntos coletivos distintos colocam-se como empecilho supostamente necessário a ser superado.

É interessante observar, sobre as vontades coletivas, que as utopias, antes dirigidas contra o poder, agora são apropriadas por ele, em forma de promessas de felicidade futura sobre a base da resignação do presente.[5] Nesse sentido, o pensamento neoliberal e anarcocapitalista está por trás de um discurso futurista inventado pela elite empresarial. As tecnologias não podem ser as soluções de todos os problemas.[6]

---

[3] HAN, Byung-Chul. *Sociedade do cansaço*. Petrópolis: Vozes, 2017. p. 43-44.

[4] MAYOS, Gonçal. La "sociedad de la incultura", ¿cara oculta de la "sociedad del conocimiento"? *In*: MAYOS, Gonçal; BREY, Antony (Ed.). *La sociedad de la ignorancia*. Barcelona: Península, 2011. p. 189.

[5] MONTANER, Joan. La sociedad de la "crisis de sentido". *In*: MAYOS, Gonçal; BREY, Antony (Ed.). *La sociedad de la ignorancia*. Barcelona: Península, 2011. p. 109.

[6] Brey analisa que a sociedade do conhecimento se converteu em uma nova utopia, em uma esperança para tempos desesperados, quase em uma única expectativa coletiva que nos permite olhar para o futuro com certa ilusão (BREY, Antony. La sociedad de la ignorancia. Una reflexión sobre la relación del individuo con el conocimiento en el mundo hiperconectado. *In*: MAYOS, Gonçal; BREY, Antony (Ed.). *La sociedad de la ignorancia*. Barcelona: Península, 2011. p. 55).

Ao mesmo tempo, tais sociedades fabricaram fantasmas alarmantes como a ameaça nuclear, o desastre ecológico, o terrorismo, a crise econômica, a corrupção política, os gastos militares, a neurose urbana, a insegurança psicológica. Elas têm meios racionais, mas só perseguem fins irracionais: lucro e poder.[7]

Phillipe Oliveira nos adverte, nesse sentido, sobre a necessidade do pensar o utópico e utopicamente, no que se refere a pensar com requinte a construção da realidade. O utópico real não é uma construção individual, mas sim coletivizada e plural. Em seu livro intitulado *Crítica da razão antiutópica*, o utópico se coloca como uma medida de necessidade, possibilidade de construção em condições perfeitas, visando a um resultado superior, um ponto móvel que nunca se aproxima, porém é responsável por mostrar o norte que buscamos alcançar. A visão do autor pode e deve ser entendida como capacidade de sucesso e entendimento da realidade do tempo presente, visando ao aperfeiçoamento do projeto e da execução da realidade. O utópico deve se apresentar como nosso projeto maior como sociedade, em contraste aos projetos secundários de interesses econômicos difusos, individuais e menores que tentam (e em certa medida têm sido bem-sucedidos) moldar a realidade atualmente.

Acreditamos que a literatura utópica (que, desde Morus, esmerasse por detalhar o cotidiano de mundos paralelos) poderia servir como fonte de inspiração, para que o *crits* desenvolvam uma alternativa teórica coerente com o liberalismo jurídico. Toda formação social encerra em si o gerne de sua própria destruição: desde seu nascimento, a Modernidade capitalista patrocina mobilizações antimodernas e anticapitalistas. [...] Precisamos ser, a um só tempo, iconoclastas (para descontruir o sistema) e projetistas (para reconstruí-lo) – na tentativa de erigir uma autêntica ponte para o futuro, a utópica (negligenciada pela esquerda contemporânea) pode ser uma arma decisiva.[8]

Compreendendo a globalização como um processo de manipulação pela elite empresarial, baseado na apropriação da integração internacional por interesses privados, em detrimento da liberdade das pessoas, legitimada na coletividade, é possível ver o surgimento de muros invisíveis. Em contrapartida, é por meio da coletividade que os cidadãos poderão representar suas vontades, fortalecendo a

---

[7] SANTOS, Jair. *O que é pós-moderno*. 3. ed. Brasiliense: São Paulo, 1986. p. 73.

[8] ALMEIDA, Phillippe de Oliveira. *Crítica da razão antiutópica*. São Paulo: Edições Loyola, 2018. p. 55.

pluralidade e elevando a qualidade das atividades comprometidas com o interesse público.

As preocupações sobre os princípios orientadores de tal privação do pensamento são convincentes na tentativa de evitar qualquer elemento limitador da experiência humana. Os valores e instituições tradicionais perdem espaço na harmonização, formação e, sobretudo, no controle dos sujeitos pertencentes à vida coletiva; a deserção dos triunfos ideológicos e políticos.

Ao conceito de poder, não como impulso, mas como vontade determinante, dirigida racionalmente, e na medida em que esse poder se garante pela força (para determinar a vontade do outro com sua aceitação), é necessário acrescentar a noção do político, ou seja, a sua institucionalização como um poder, cujas características são a supremacia, e universalidade e a necessidade (não-contingência) ou irresistibilidade. Essa institucionalização implica uma organização do poder e uma ordenação normativa[9], na forma de uma constituição.[10]

Ora, se reconhecemos que o poder depende do político, somente a partir da diversidade, do conflito ideológico e da interdisciplinaridade – qualidades subjetivas que devem ser construídas cotidianamente – poderemos iniciar um processo de rompimento com a lógica uniformizante, e produzir conhecimentos capazes de nos libertar definitivamente.[11]

---

[9] "Hoje em dia, com as consequências que a globalização e os processos de integração jurídica, como é o caso da integração europeia, provocam nos sistemas, já não é possível abordar os valores em um só sistema, visto que diversos níveis de produção jurídica convergem sobre a regulação de uma matéria concreta. [...] Hoy en día, con las consecuencias que la globalización y los procesos de integración jurídica, como es el caso de la integración europea, provocan en los sistemas jurídicos, ya no es possible abordar los valores en un solo sistema, puesto que diversos niveles de producción jurídica confluyen sobre la regulación de una materia concreta" (SANJUÁN, Teresa. Positivación de los valores y constitucionalismo multinivel. *In*: MAYOS, Gonçal; CARBONELL, José Carlos; DÍAZ, Yanko (Ed.); COELHO, Saulo; WALMOTT, Alexandre; JÚNIOR, Moacir (Org.). *Interrelación filosófico-jurídica multinível*: estudios desde la interconstitucionalidad, la interculturalidad y la interdisciplinariedad para un mundo global. Barcelona: Linkgua, 2016. p. 23).

[10] SALGADO, Joaquim Carlos. O Estado ético e o Estado poiético. *Revista do Tribunal de Contas do Estado de Minas Gerais*, 1988.

[11] A solução, para Mayos, perpassa a aposta por estratégias mais complexas, ações mais difíceis e políticas mais exigentes, de modo que ofereçam melhores resultados em longo prazo (MAYOS, Gonçal. Nuevos "fenómenos-inter": interconstitucionalidad e interculturalidad. *In*: MAYOS, Gonçal; CARBONELL, José Carlos; DÍAZ, Yanko (Ed.); COELHO, Saulo; WALMOTT, Alexandre; JÚNIOR, Moacir (Org.). *Interrelación filosófico-jurídica multinível*: estudios desde la interconstitucionalidad, la interculturalidad y la interdisciplinariedad para un mundo global. Barcelona: Linkgua, 2016. p. 48).

Na medida em que a noção de indivíduo passa a transformar as iniciativas no mundo, cabe a nós assumir as consequências de nossas escolhas, e buscar, incessantemente, entender o que se passa nas relações sociais e na organização do exercício do poder.

Parece que a sociedade do conhecimento é apenas sobre tarefas especializadas, novas profissões e tecnologias que ainda ontem eram impensáveis. Parece não ter nada a ver com o interesse, curiosidade, responsabilidade ou "empoderamento democrático" dos cidadãos enquanto cidadãos. Parece, inclusive, que a verdadeira "liberdade" dos cidadãos começa com a sua possibilidade e capacidade de mostrar indiferença. Este é um direito que não vamos negar, mas estamos preocupados que a "liberdade" também pareça acabar e nada mais seja do que ser capaz de mostrar "indiferença" aos assuntos públicos, cívicos e coletivamente compartilhados. Lamentamos que a liberdade pareça ser reduzida nos tempos pós-modernos à possibilidade de fechar-se na esfera privada, na sua profissão e no seu lazer e entretenimento.[12]

Não apenas o indivíduo é colocado como uma verdade absoluta, mas também se impõe como lei a era positivista que vivemos atualmente. A globalização tem afetado todas as esferas sociais da vida moderna, partindo da maneira como pensamos o mundo em que vivemos e os produtos que consumimos. Embora a cultura das sociedades tenha florescido no decorrer histórico, as ondas de planificação deste novo contexto são responsáveis por remodelar não apenas a vida material, mas também o pensamento filosófico e ideológico marcante desta era do capital.

Não podemos deixar, nesse sentido, de buscar amparo em Hegel, filósofo deste tempo presente e edificador do tempo futuro, que construiu sua filosofia como sistema da totalidade. Ao nos arriscarmos a partir da perspectiva do ser, a partir da visão da construção social do ser e para o

---

[12] "Parece que la sociedad del conocimiento solo tiene que ver con tareas especializadas, con nuevas profesiones y con tecnologías impensables ayer mismo. Parece que no tiene que ver con el interés, la curiosidad, la responsabilidad o el 'empoderamiento' democrático de los ciudadanos en tanto que ciudadanos. Incluso parece que la auténtica 'libertad' de los ciudadanos comienza con su posibilidad y capacidad de mostrar indiferencia. Es este un derecho que no negaremos, pero nos preocupa que además parezca que la 'libertad' termina y no sea nada más que poder mostrar 'indiferencia' ante los asuntos públicos, cívicos y compartidos de manera colectiva. Lamentamos que la libertad parezca reducirse en tiempos posmodernos a la posibilidad de encerrarse en la esfera de lo privado, en la propria profesión y el proprio ocio y diversión" (MAYOS, Gonçal. La "sociedad de la incultura", ¿cara oculta de la "sociedad del conocimiento"? *In*: MAYOS, Gonçal; BREY, Antony (Ed.). *La sociedad de la ignorancia*. Barcelona: Península, 2011. p. 197).

ser coletivo, somos ensinados por Hegel em sua filosofia dialética que a construção do saber parte da experimentação de si no outro, passando pelo olhar do outro, numa relação que demanda um estranhamento, uma percepção crítica negativa daquilo que somos e do que não somos, é a negatividade em Hegel dentro da dialética do espírito.

> No que toca à relação entre os dois indivíduos, cada momento no indivíduo universal se mostra conforme o modo como obtém sua forma concreta e sua configuração própria. O indivíduo particular é o espírito incompleto, uma figura concreta: uma só determinidade predomina em todo o seu ser-aí, enquanto outras determinidades ali só ocorrem como traços rasurados.[13]

Nesse sentido, fica claro que qualquer conhecimento em Hegel é alcançado somente a partir de uma pluralidade do conhecimento, construção realizada em um movimento de coletividade, para a coletividade. O indivíduo, por esse motivo, se coloca, para o filósofo alemão, como uma versão não desenvolvida, uma caricatura menor da consciência do próprio ser.

A globalização, por consequência, como imposição do indivíduo, é uma violência contra a própria filosofia e a sociedade. Baseada nos seus próprios interesses econômicos de conquista, demonstra nenhum respeito à história cultural dos povos, representando uma marcha constante rumo à pasteurização e estandardização, embora guarde em seu discurso uma afirmação contraditória a este movimento.

> Por todo esto, el proceso de "extinción" de los Estados nacionales que está en curso se encuentra rodeado por una aureola de catástrofe natual. No se comprenden plenamente sus causas; aunque se las conoce, no se pueden prever con exactitud, y aunque se las prevea, de ninguna manera se pueden impedir. Esta sensación de desasosiego, reacción prvisible ante una situación carente de palancas de control a la vida, esta expresada lucida y filosóficamente en el titulo del libro de Keneth Jowitt, *The New World Disorder* [El nuevo desorden mundel. Ao largo de la era moderna nos habituamos a la idea de que el orden equivale a "ejercer el control". Justamente este postulado – sea bien fundado o ilusorio – de "ejercer el controle" es lo que más echamos de menos.[14]

---

[13] HEGEL, Georg Wilhelm Friedrich. *Fenomenologia do espírito*. Tradução de Paulo Meneses. Petrópolis: Vozes, 2014. p. 35, §28.

[14] BAUMAN, Zygmunt. *La globalización*. Consecuencias Humanas. México: Fundo de Cultura Económica, 2008. p. 78.

Este fenômeno econômico é, de certa forma, parte da dinâmica que nos permite construir algum conhecimento porque vivemos atualmente dentro de uma sistemática implementação de um fascismo igualitarista, uma vez que tal igualitarismo pregado se baseia em uma aplicação somente a partir da destruição da riqueza ideológica em sua essência. Nesse sentido, o debate fica limitado, represado, castrado aos campos que não gerariam nenhum tipo de disruptura, no contexto em que os pensadores se amedrontam a abordar importantes temas e o pensamento mingua. Alinhado a isto, temos o fato de que o senso comum demanda uma atitude de não confrontamento, fato totalmente contraditório à existência do próprio debate.

O identitarismo, típico do movimento de globalização cultural, desmantela não apenas o ser cultural de sua história, de seus valores, mas o arremessa no abismo do vazio existencial, do qual somente o reconhecimento no igualitarismo é capaz de socorrê-lo, teoriza a atualidade. Não se trata aqui de demonizar o movimento de globalização, mas pesar os impactos reais de seu espraiamento, para além do encurtamento de distâncias e pluralidade cultural, denunciando a presente pasteurização cultural dos seres.

Vemos multiplicarem-se os exemplos desses grupos não ideológicos e identitários, que são avessos à política e promovem a chama nova política. Uma nova política que se disfarça de política, mas se baseia essencialmente em proporções ideológicas e morais da sociedade e da vida política em sociedade, embrionária de uma nova fase neoliberal de diminuição do tamanho do Estado (ironicamente, para salvar o próprio Estado) e que muito se ampara na ideia da divisão dos grupos em seres apolíticos, distintos em sua natureza política.

> A moral, entretanto, é um retorno a si próprio, à liberdade interna do sujeito, aos motivos determinantes da ação, isto é, às razões que levaram alguém ao cumprimento da lei moral. Ela não se satisfaz com a ação puramente, ela exige a motivação no dever, e só este é capaz de dar à ação valor moral.[15]

Certamente também é digno de nota o sequestro da política por ideologias disfarçadas de não políticas e não ideológicas. Como exemplo mais emblemático podemos citar a judicialização da política, constituída

---

[15] SALGADO, Karine. A República, o justo e suas consequências na leitura de Kant. *In*: HORTA, José Luiz Borges; SALGADO, Karine. *História, Estado e idealismo alemão*. Belo Horizonte: Editora UFMG, 2017. p. 45.

em uma resposta rápida que não leva em consideração o decantar natural do processo político, e que visa atender a uma sociedade da eficiência, da rapidez, da velocidade e da entrega. Esse viés é vivenciado em escala global, a justiça como movimento de subversão do político, como forma de aceleração da implantação do apolítico dentro do processo político. Funciona também como mais uma das evidências desse movimento de promoção de caminhos alternativos ao político, em que não só o econômico funciona como atalho, mas em que ideologias outras se propõem também como possibilidade, como fórmulas mágicas.

O desastre inegável ocorre quando a política é extirpada de sua capacidade e poder de debate, representando a morte da essência do próprio político em seu núcleo na vida em sociedade. A construção democrática não apenas permite como demanda de nós, como partes políticas deste ecossistema, que usemos nosso intelecto para construir, através do debate divergente de ideias e visões, legitimado na coletividade democrática, de um conhecimento comum, rico, plural, político.

José Luiz Borges Horta ensina sobre a era da despolitização como construção e imposição capitalista. O indivíduo se impõe como uma necessidade ao capital e como um veneno ao Estado nacional, este que tem sofrido um enfraquecimento em escala global nas últimas décadas, não somente com fronteiras e legislações mais fracas para atender aos anseios do capitalismo internacional, mas também com a destruição da identidade nacional.

> Em paralelo ao abandono da politicidade, há uma deserção do Estado como meio de enfrentamento ao mercado e uma inconsequente mitificação da sociedade civil como espaço de luta, algo que não guarda nenhuma coerência e que, na virada do século XX para o século XXI, gera inocuidades como o festejado Fórum Social Mundial.[16]

A sociedade civil, convertida em um retrato do individualismo identitário de grupo puro, subverte-se então de um ambiente em que o debate deveria se converter em politização para um completo caos de ação coordenada independente, de modo que as ações são realizadas localmente, sem nenhuma estruturação para dentro do sistema político, demonstrando mais uma vez o nível de despolitização que enfrentamos.

---

[16] HORTA, José Luiz Borges; FREIRE, Thales Monteiro; SIQUEIRA, Vinicius de. A era pós-ideologias e suas ameaças à política e ao Estado de direito. *Confluências*, Niterói, v. 14, n. 2, dez. 2012. p. 5.

O identitarismo pode ser considerado a *pseudopolítica* dessa década, uma versão pasteurizada, menor, destoante da real política, ironicamente apolítica. É a política que não se atreve a se engajar no local em que surte efeito, no âmbito das casas de decisão, legitimamente e democraticamente eleitas para esta finalidade, nos parlamentos e nos partidos políticos, acreditamos.

É o resultado direto de uma sociedade que não acredita na política tradicional, tampouco na construção política de um novo caminho. Busca traçar para si uma sinuosa proposta que parte para o paralelo da política e esvazia assim o próprio Estado, a democracia e sua legitimidade. É também resultado de uma sociedade desvinculada de sua história, de suas crenças e suas ideias, objetivos como união em sociedade em seus pactos e propostas.

> Na sociedade de consumidores, ninguém pode se tornar sujeitos sem primeiro virar mercadoria, e ninguém pode manter segura sua subjetividade sem reanimar, ressuscitar e recarregar de maneira perpétua as capacidades esperadas e exigidas de uma mercadoria vendável [...]. A característica mais proeminente da sociedade de consumidores – ainda que cuidadosamente disfarçada e encoberta – é a transformação dos consumidores em mercadorias.[17]

A perspectiva positivista aplicada à política e à filosofia atua contra a própria política e a filosofia, representando um movimento autoritário em direção às demais esferas da sociedade. A imposição do método científico, estrito, direto, inflexível, não permite que outras partes do conhecimento floresçam, representando um veneno à construção de importantes conhecimentos sociais como citados. É necessário estabelecer um ponto de reconhecimento da importância de tal método, mas tracemos um ponto de não concordância quanto à unanimidade de sua expressão como única expressão de produção de conhecimento científico.

Norberto Bobbio, em seu genial livro *A era dos direitos*, é responsável por nos alertar sobre o advento do "fascismo" da ideia do indivíduo (reflexo também no método científico unânime), tão plenamente amparada na psique do capitalismo de massa, e também, finalmente, como doença deste tempo, que subverte a ideia democrática como uma construção coletiva, social e política. É esta a responsável por espraiar

---

[17] BAUMAN, Zygmunt. *Vida para consumo*: a transformação das pessoas em mercadoria. Rio de Janeiro: Zahar, 2008. p. 20.

a segregação em grupos cada vez mais distintos, e diminuir o cidadão à condição de indivíduo:

> É hoje dominante nas ciências sociais a orientação de estudos chamada de "individualismo metodológico", segundo a qual o estudo da sociedade deve partir do estudo das ações do indivíduo. Não se trata aqui de discutir quais são os limites dessa orientação; mas há duas outras, formas de individualismo sem as quais o ponto de vista dos direitos do homem se torna incompreensível: o individualismo ontológico, que parte do pressuposto (que eu não saberia dizer se é mais metafísico ou teológico) da autonomia de cada indivíduo com relação a todos os outros e da igual dignidade de cada um deles; e o individualismo ético, segundo o qual todo indivíduo é uma pessoa moral. Todas essas três versões do individualismo contribuem para dar conotação positiva a um termo que foi conotado negativamente, quer pelas correntes de pensamento conservador e reacionário, quer pelas revolucionárias. O individualismo é a base filosófica da democracia: uma cabeça, um voto.[18]

A política como resultado democrático da vontade popular se aglutina a este movimento de acirramento da neutralização do contraditório, capado em sua essência, em sua ideologia, transforma-se em versão infecunda de si mesma, incapaz de responder às demandas assim apresentadas no seio da sociedade. O sequestro do político é notório nesse diagnóstico, facilitado pela própria incapacidade de percepção de tal movimento, levando a cabo uma agenda neoliberal, de diminuição da relevância, atuação e potência do Estado como Estado de direito, promovendo o fortalecimento da própria despolitização, de dentro do Estado, para fora. Um ciclo que se retroalimenta, que corrompe, se multiplica e se espraia.

Vivenciamos uma clara proposição de um novo projeto de Estado, que não é estado, mas sim uma versão anarquista em que o livre comércio vigora irrestritamente, sem fronteiras, sem ideologia e, finalmente, sem a política e o próprio político. A consolidação de tal "estado" só pode ser satisfatoriamente alcançada com a própria destruição do Estado e do Estado de direito como o conhecemos, em seus pactos, suas proposições, suas ideias, suas defesas. O derradeiro diagnóstico que aqui apresentamos é a tentativa de alerta para tal disposição da substituição do Estado por uma empresa privada, passando pela destituição da sociedade de sua história política e cultural.

---

[18] BOBBIO, Norberto. *A era dos direitos*. Rio de Janeiro: Elsevier, 2004. p. 31.

O neoliberalismo ganhou um estatuto forte no combate às ideias do Estado do Bem-Estar, eis que as considera prejudicial ao mercado, a verdadeira fonte da Democracia, justificando, portanto, a diminuição do Estado. «Ordem espontânea» e «mercado» são os slogans difundidos. Os sujeitos, segundo o modelo neoliberal, não podem depender do Estado que, pelo mercado e a seleção natural dos mais capazes, pode naturalizar as desigualdades sociais. A «Liberdade» como valor democrático fundamental retiraria a legitimidade das ações estatais, salvo na repressão, claro. Assim é que o Estado deve ser mínimo na busca de "Justiça Social", a cargo do mercado, mas com mão de ferro implacável na esfera penal, reprimindo as manifestações sociais que busquem o que Hayek denomina como paternalismo estatal. Afinal, o mercado das prisões demanda insumos. De um lado cria-se uma insegurança adubada ideologicamente e de outro cria-se mecanismos de assimilação da violência, numa escalada de controle social.[19]

Uma vez que é típica da globalização a necessidade de estandardização, esta não apenas colabora para a supremacia do pensamento positivista (e demanda sua aplicação como norma em todas as esferas sociais), mas também estabelece a premissa de que é necessário tal processo de desempoderamento das pessoas, da argumentação, do pensamento, do debate. Os efeitos são perversos para a sociedade e para os Estados nacionais, uma vez que tira das pessoas a participação política central, retirando desta sua essência central. A não participação política da sociedade tem se concretizado como uma experiência dentro das democracias mais desenvolvidas como uma constante. Tal processo de enfraquecimento é parte de um interesse econômico típico do processo de globalização: fronteiras abertas equivalem a maiores mercados econômicos, menos regulação significa maior lucro, desideologização representa menores questionamentos. O lucro é individual, o dano é coletivizado.

Cabe aos Estados nacionais, fortalecidos em seus papéis legitimados de salvaguarda do direito e da construção social legitimada, uma proposição de resposta que deverá buscar um combate ao movimento de ódio ao político, da própria castração da liberdade política que se instaurou, da caça às bruxas contra o ideológico que foi normalizada e se coloca como alternativa única à sociedade. Não acreditamos em caminho a ser seguido sem questionamento ou modelo político despolitizado, o que seria a evolução do Estado como empresa privada.

---

[19] ROSA, Alexandre Morais da. Discurso neoliberal e Estado democrático de direito. *Ciências Sociais Aplicadas em Revista*, v. 8, n. 15, 2º sem 2008. p. 34.

É nosso papel levantar o alerta sobre os danos de tais ideias de forma geral ao Estado de direito e à harmonia da sociedade. O capitalismo não pode ser o movimento de imposição de um Estado como instrumento de dominação, mas sim como movimento contrário, cabe ao Estado dominar o capital para o florescimento da própria coletividade como expressão cultural.

Estadistas que somos, defensores do Estado como único provedor, garantidor e ampliador de direitos, saímos à luta pela restauração do Estado como força motriz social, pelo respeito ao político e seus elementos fundadores, elementos fruto de nossa cultura, seres políticos que somos. A luta que aqui destacamos é política, e deve ser travada com e para a política, despertando a sociedade para o embate do contraditório.

Referências

ALMEIDA, Phillippe de Oliveira. *Crítica da razão antiutópica*. São Paulo: Edições Loyola, 2018.

BAUMAN, Zygmunt. *La globalización*. Consecuencias Humanas. México: Fundo de Cultura Económica, 2008.

BAUMAN, Zygmunt. *Vida para consumo*: a transformação das pessoas em mercadoria. Rio de Janeiro: Zahar, 2008.

BOBBIO, Norberto. *A era dos direitos*. Rio de Janeiro: Elsevier, 2004.

CABEZAS, Domingo (Ed.). *Filósofos clásicos hoy*. Barcelona: La Busca, 2009.

HAN, Byung-Chul. *Sociedade do cansaço*. Petrópolis: Vozes, 2017.

HEGEL, Georg Wilhelm Friedrich. *Fenomenologia do espírito*. Tradução de Paulo Meneses. Petrópolis: Vozes, 2014.

HORTA, José Luiz Borges. Urgência e emergência do constitucionalismo estratégico. *Revista Brasileira de Estudos Constitucionais*, v. 23, 2012.

HORTA, José Luiz Borges; FREIRE, Thales Monteiro; SIQUEIRA, Vinicius de. A era pós-ideologias e suas ameaças à política e ao Estado de direito. *Confluências*, Niterói, v. 14, n. 2, dez. 2012.

MAYOS, Gonçal. *Cultural is political*. GirsCulturalsipostcolonials. Barcelona: Publicacions Liceu Joan Maragall de Filosofia, 2016. Sèrie Paideia XXI.

MAYOS, Gonçal. *Ilustración y romanticismo*: introducción a la polémica entre Kant y Herder. Barcelona: Herder, 2004.

MAYOS, Gonçal. *Macrofilosofía de la globalización y del pensamiento único*. Um macroanálisis para el "empoderamiento". Saarbrücken: Editorial Académica Española, 2012.

MAYOS, Gonçal; BREY, Antony (Ed.). *La sociedad de la ignorancia*. Barcelona: Península, 2011.

MAYOS, Gonçal; CARBONELL, José Carlos; DÍAZ, Yanko (Ed.); COELHO, Saulo; WALMOTT, Alexandre; JÚNIOR, Moacir (Org.). *Interrelación filosófico-jurídica multinível*: estudios desde la interconstitucionalidad, la interculturalidad y la interdisciplinariedad para un mundo global. Barcelona: Linkgua, 2016.

ROSA, Alexandre Morais da. Discurso neoliberal e Estado democrático de direito. *Ciências Sociais Aplicadas em Revista*, v. 8, n. 15, 2º sem 2008.

SALGADO, Joaquim Carlos. O Estado ético e o Estado poiético. *Revista do Tribunal de Contas do Estado de Minas Gerais*, 1988.

SALGADO, Karine. A República, o justo e suas consequências na leitura de Kant. *In*: HORTA, José Luiz Borges; SALGADO, Karine. *História, Estado e idealismo alemão*. Belo Horizonte: Editora UFMG, 2017.

STOKER, Gerry. *Why politics matter*. Making democracy works. London: Palgrave, 2017.

ZIZEK, Slavoj. *The ticklish subject*: the absent centre of political ontology. London-New York: Verso, 1999.

Informação bibliográfica deste texto, conforme a NBR 6023:2018 da Associação Brasileira de Normas Técnicas (ABNT):

MOTA, Gabriel Niquini; SIQUEIRA, Vinicius de. O ocultamento da subjetividade; alienação e o sistema global. *In*: ANDRADE, Durval Ângelo; MAYOS SOLSONA, Gonçal; HORTA, José Luiz Borges; MIRANDA, Rodrigo Marzano Antunes (Coords.). *A sociedade do controle?*: macrofilosofia do poder no neoliberalismo. Belo Horizonte: Fórum, 2022. p. 141-154. ISBN 978-65-5518-260-6.

TRANSFORMAÇÕES SOCIAIS NAS SUBJETIVIDADES DEVIDO À HIPERACELERAÇÃO DA VIDA; OU REFLEXÕES DE BYUNG-CHUL HAN E GONÇAL MAYOS SOLSONA NA FORMAÇÃO DA DESIDEOLOGIZAÇÃO E DA ESTERILIZAÇÃO DO DEBATE POLÍTICO, NA EXPULSÃO DO OUTRO[1]

RAPHAEL SILVA RODRIGUES
RODRIGO MARZANO ANTUNES MIRANDA

I Introdução

Los tiempos en los que existía el otro se han ido. El otro como misterio, el otro como seducción, el otro como eros, el otro como deseo, el otro como infierno, el otro como dolor va desapareciendo. Hoy, la negatividad del otro deja paso a la positividade de lo igual. La proliferación de lo

---

[1] Este texto é, originalmente, o complemento escrito das atividades da disciplina Temas de teoria do Estado: psicopolítica, a macrofilosofia de Byung-Chul Han, do Programa de Pós-Graduação em Direito – PPGD da Universidade Federal de Minas Gerais – UFMG, 2019/02, coordenado pelos professores doutores Gustavo Sarti Mozelli, Isabel dos Anjos Leandro e José Luiz Borges Horta. Reformulado e adaptado para o Congresso XVI Jornadas Internacionales de Filosofía Política, de tema *Control social: acción, libertades y ciudadanías*.

igual es lo que constituye las alteraciones patológicas de las que está aquejado el cuerpo social.[2]

Trataremos de apontamentos, das consequências do sistema socioeconômico, de caráter hegemônico – uma lógica de *perfil odioso*, de que advém o neoliberalismo – e da sociedade da informação (visto como estrito controle) em nossa vida cotidiana prática, relacionamentos, emoções, subjetividades.[3] Este é o grande fio condutor de *La expulsión de lo distinto*[4] e do *Homo obsoletus: precariedad y desempoderamiento turboglobalización*,[5] que trata do desempoderamento do cidadão. Contrapondo a liberdade:

> [...] brotam poderosas tendências desempoderadoras que são muito perigosas, pois uma democracia de qualidade só é possível sob vigilância constante de alguns cidadãos críticos e empoderados. Caso contrário, a liberdade termina reduzida à mera formalidade de voto a cada certo tempo e de uma representação política dirigida de forma populista e democraticamente. A ágora política aberta, inclusiva, solidária e comum a todas as pessoas é talvez a obra mais complexa e esquiva da humanidade. Como disse Friedrich Schiller: a obra mais importante, difícil e «total» (já que inclui todos os aspectos) da humanidade é uma constituição livre.[6]

Tal ensaio se ancora na mesma receita de sucesso que possibilitou a Han se tornar quase que um "viral". O filósofo *alemão* de origem

---

[2] HAN, Byung-Chul. *La expulsión de lo distinto*: percepción y comunicación en la sociedad actual. Traducción de Alberto Ciria. Barcelona: Heder, 2018. p. 9.

[3] "[...] Nietzsche, interroga o sentido real das grandes tiradas sobre a 'necessidade de cultura' na época moderna. A cultura clássica, reservada a poucos, está em ruínas, constata o filósofo. Hoje, por 'cultura universal', entende-se uma cultura muito diferente daquela que universidades ou os estabelecimentos de ensino secundário se propunham a dar aos alunos e que visava formar espíritos intelectualmente preparados e equipados para os pensamentos mais elevados. A nova cultura, que hoje seria chamada de cultura de massa, não se propõe mais a reproduzir e preservar o esforço dos grandes gênios das gerações passadas. Ela está subordinada a fins muito específicos: o fim econômico, o fim político, o fim científico. A primeira subordinação para Nietzsche, tem de longe o efeito mais importante: embora conduza à 'extensão' e à 'expansão' da cultura, tem o objetivo de aumentar a riqueza pessoal e coletiva. Esse é 'um dos mais preciosos dogmas da economia política nos tempos presentes'". Cf. LAVAL, Chistian. *A escola não é uma empresa*: o neoliberalismo em ataque ao ensino público. 1. ed. Tradução de Mariana Echalar. São Paulo: Boitempo, 2019. p. 47.

[4] HAN, Byung-Chul. *La expulsión de lo distinto*: percepción y comunicación en la sociedad actual. Traducción de Alberto Ciria. Barcelona: Heder, 2018.

[5] MAYOS, Gonçal. *Homo obsoletus*: precariedade y desempoderamiento en la turboglobalización. Barcelona: Linkgua, 2019.

[6] MAYOS, Gonçal. *Homo obsoletus*: precariedade y desempoderamiento en la turboglobalización. Barcelona: Linkgua, 2016. p. 48.

sul-coreana tem algo em comum com o filósofo catalão Mayos, pois ambos trazem abordagens críticas, claras e curtas, que despertam profundas problematizações – filosofia acessível a vários públicos, contrapondo-se ao conceito de *digital influencer*.[7] Ambos pensadores se revelam para o mundo cotidiano como *influenciadores de mentes*.[8] O objetivo central não é vender mais, comercializar de fato, é trazer as pessoas a refletirem sobre si e sobre as outras, na relação com o mundo em que vivem.

Suas reflexões centrais estão no "fim da alteridade" – para eles, a perda de negatividade que é impulsionada diariamente no regime neoliberal.[9]

Ilustram *hiperproximidades* (o cercar contínuo do diferente – "para que não me atinja nunca" – vizinhança sempre próxima) produzidas pelas novas tecnologias da informação, nesse sentido, essa comunicação produz desequilíbrios sociais.[10] Fator determinante em um mundo em que *proximidades* e *distâncias* estão agora misturadas, quase que

---

[7]   "É um 'perfil famoso' em redes sociais, que estabeleceu credibilidade, em um determinado *nicho* de mercado específico e, por ter acesso a um grande público nessas plataformas, possui a capacidade de influenciar outros usuários, ditar tendências, comportamentos e opiniões, podendo monetizar essa influência em ganhos financeiros. Traduzindo a expressão para o português, temos influenciador digital, o que resulta em um conceito autoexplicativo". Cf. ROCHA, Hugo. Digital influencer: o que é, quanto ganha e como ser um em 2018. *Klickpages*. Disponível em: https://klickpages.com.br/blog/digital-influencer-o-que-e/. Acesso em: 28 out. 2019.

[8]   Pois, "Definitivamente são as sociedades que geram instituições que tendem a disciplinar as pessoas, colocando-as em uma espécie de labirinto, onde tudo são becos sem saída, exceto a obediente resposta desejada. Existem muitos impedimentos, obstáculos, muros e portas vedadas; mas também tudo tende – como o labirinto clássico –, a uma única saída predeterminada". Assim Han e Mayos coadunam em observar a verdade, por trás das aparências, de uma sociedade definitivamente marcada pela influência do supérfluo. Cf. MAYOS, Gonçal. *Homo obsoletus*: precariedade y desempoderamiento en la turboglobalización. Barcelona: Linkgua, 2019. p. 13.

[9]   Han revela-se um dos críticos mais ácidos do neoliberalismo – objetiva, como bom hegeliano, a descrição de como nosso *sistema de excessos* – de comunicação, de consumo, de permissividade – faz com que o "outro" ganhe um valor negativo e se posicione contra a uma suposta positividade, só encontrada na igualdade. E Mayos participa destas ideias, pois: "O neoliberalismo, e também muitas dinâmicas da 'sociedade do conhecimento', atuam relegando o comum e a crítica informada da política que os cidadãos devem exercer. A incultura política e humanística cresce cada vez que todos lutam por ser hiperespecialistas crescendo a tecnocracia". Cf. MAYOS, Gonçal. *Homo obsoletus*: precariedade y desempoderamiento en la turboglobalización. Barcelona: Linkgua, 2019. p. 48.

[10] Cf. HAN, Byung-Chul. *Hiperculturalidad*: cultura y globalización. Traducción de Florencia Gaillour. Barcelona: Heder, 2018; MAYOS, Gonçal. *Homo obsoletus*: precariedade y desempoderamiento en la turboglobalización. Barcelona: Linkgua, 2019. p. 61.

onipresentes em todos – em suma, os homens são como brinquedos movimentados a certa distância, todos iguais – na mesma forma.[11]

II Das reflexões de Han e Mayos

Han e Mayos apontam relações entre o *excesso de comunicação* (a mera informação) e o *consumo excessivo* (associação do ser ao ter) a que estamos expostos na atualidade. Sugerem a possibilidade de colapsos, convulsões sociais de expressão coletiva e/ou individual, como *terrorismo, xenofobia, depressão* e *esgotamento*.[12] Parte por parte, Han e Mayos costuram "retalhos da realidade presente" que se expressam com grande pujança e latência na política neoliberal, que nos alcançam significativamente e perpassam nossos corpos e nossas relações com o mundo e com o outro, conduzindo todos para uma real exploração do ser.

Trazem à tona traços culturais da nossa contemporaneidade, como o assistir compulsivamente à Netflix[13] (entre outras) – as maratonas de séries de televisão – para revelar nosso modo coletivo de percepção,

---

[11] HAN, Byung-Chul. *La expulsión de lo distinto*: percepción y comunicación en la sociedad actual. Traducción de Alberto Ciria. Barcelona: Heder, 2018. p. 16-17.

[12] A globalização nos exige a "superação" – o abandono sistemático das diferenças entre as pessoas, pois quanto mais estas forem idênticas, mais veloz é a circulação do capital, das mercadorias e da informação. A inflexão é para que todos se tornem o mais semelhante possível de consumidores. Os tempos em que existia o outro são remotos. Pois, para Mayos: "A humanidade é hoje exigida (em parte auto exigida) a um nível que a põe à prova, e facilmente à derrota. Temos visto como ocorrem as patologias emblemáticas durante a história recente. Em geral se correlacionam com os distintos limites e ameaças contra o humano que levanta o capitalismo pós-fordista cognitivo e turboglobalizado. Perdidos no labirinto pós-moderno do deserto, todos estamos ameaçados pela obsolescência cognitiva e cultural. Já não podemos sonhar em ser o «guarda-florestal», nem muito menos sedentários 'agricultores' ou 'jardineiros' ou aqueles que no topo da chaminé de sua casa escreviam 'lar, doce lar!'. Pelo contrário estamos obrigados a viver perpetuamente num mutável deserto com angustiantes 'caçadores de oportunidade' e empreendedores desorientados, quando não perdidos". Cf. MAYOS, Gonçal. *Homo obsoletus*: precariedade y desempoderamiento en la turboglobalización. Barcelona: Linkgua, 2016. p. 104.

[13] "*Netflix* é uma provedora global de filmes e séries de televisão via *streaming* sediada em Los Gatos, Califórnia, e que atualmente possui mais de 100 milhões de assinantes. Fundada em 1997 nos Estados Unidos, a empresa surgiu como um serviço de entrega de DVD pelo correio. A expansão do *streaming*, disponível nos Estados Unidos a partir de 2007, começou pelo Canadá em 2010. Hoje, mais de 190 países têm acesso à plataforma. Sua primeira *websérie* original de sucesso foi *House of Cards*, lançada em 2013". Para muitos, "provedora" de realidade! Pois, vale lembrar que, em concessão à rentabilidade, o "serviço prestado" falseia e deturpa a realidade histórica e científica, para tornar o produto atrativo aos telespectadores. Cf. NETFLIX: em 20 anos, 90% do que as pessoas vão assistir estará online. *Estadão Conteúdo*, 2017. Disponível em: https://epocanegocios.globo.com/Empresa/noticia/2017/02/epoca-negocios-netflix-em-20-anos-90-do-que-as-pessoas-vao-assistir-estara-online.html. Acesso em: 28 out. 2019.

muitas vezes modelado por um "sistema" em que a eficiência e a produtividade fragmentam o tempo (assim fragmentando as realidades a nossa volta), e a evolução torna-se um interstício de temporalidade – no afã de não "perdermos" tempo, sermos de fato eficientes, regulados para a produção. Também exemplificam este cenário falando das *selfies* – e/ou subversões narcísicas na reprodução contínua de subjetividades e obrigatoriedade do "gostar" – imagem irreal do ser projetado como ícone fundante da sociedade que precisa a todo custo consumir e afirmar-se no *mais do mesmo*.[14] Resultante do igual em tudo e em todos.[15]

A permissividade atual possibilita que a *violência* seja identificada como existente em um constitutivo ou uma característica essencial de alguém ou de algo, necessidade da globalização, que destrói a todo tempo a *negatividade do diferente*, do singular. Resultante máxima de anomalias, terrorismo. Tal poder, reconhecido como o "violento do global", anula todas as *singularidades*.[16] E, por consequência, o *terrorismo* direciona para colapsos sistemáticos – ásperos de resistência do singular contra o poder violento do global em tudo.[17] Coloca isso, para além da mera interpretação, relacionada à intenção imediata do ser, pois tais violências se impregnam em causas, que de fato transpõem a discussão de fatos religiosos.[18]

Ambos nos alertam, linha após linha, em tom de denuncismo, para o *resistir* a essa massificação globalizante e uniformizante, e, mais que isso, propõem que o *terrorismo* abra lacunas no sistema ao

---

[14] Simplesmente sumir! Se consumir no próprio consumo. O sujeito se consome, se corrói por dentro e vai perdendo seus "membros" para um certo antropofagismo, na perda consentida do eu. Cf. HAN, Byung-Chul. *La expulsión de lo distinto*: percepción y comunicación en la sociedad actual. Traducción de Alberto Ciria. Barcelona: Heder, 2018. p. 46.

[15] "O capitalismo cognitivo tende, para além do impulso horizontal de algumas TIC, a um novo verticalismo tecnocrático, seja na forma mais paternalista, populista ou declaradamente ditatorial. Tão somente o empoderamento e a ação persistente dos cidadãos evitarão essa deriva, que em contrapartida se acentua enormemente quando se estes encarceram no privado e deixam o público na mão dos presunçosos 'especialistas'". Cf. MAYOS, Gonçal. *Homo obsoletus*: precariedade y desempoderamiento en la turboglobalización. Barcelona: Linkgua, 2019. p. 48.

[16] A aura é a manifestação de um afastamento, por muito perto que pode ser que a irradia. Cf. HAN, Byung-Chul. *La expulsión de lo distinto*: percepción y comunicación en la sociedad actual. Traducción de Alberto Ciria. Barcelona: Heder, 2018. p. 17.

[17] Diante dessa globalização para o que é inerente a uma "violência o que torna tudo intercambiável, comparável, igual". Cf. HAN, Byung-Chul. *La expulsión de lo distinto*: percepción y comunicación en la sociedad actual. Traducción de Alberto Ciria. Barcelona: Heder, 2018. p. 23.

[18] HAN, Byung-Chul. *La expulsión de lo distinto*: percepción y comunicación en la sociedad actual. Traducción de Alberto Ciria. Barcelona: Heder, 2018. p. 25.

confrontá-lo com a morte. Para Mayos, também um tipo declarado de "morte" do cidadão:

> Desempoderados e à mercê de elites também cognitivas e tecnocráticas que facilmente se tornam extrativistas (Acemoglu e Robinson, 2012) e que, como veremos, perpetuam seu poder, tanto por barreiras econômicas excludentes, como por exercer uma poderosíssima «hegemonial cultural» em forma de pensamento único.[19]

A saber, para Han:

> En los tiempos actuales, que aspiran a proscribir de la vida toda negatividad, también enmudece la muerte. La muerte ha dejado de hablar. Se la priva de todo lenguaje. Ya no es un modo de ser sino el mero cese de la vida, que hay que postergar por todos los medios.[20]

Viver hoje se confunde facilmente com produzir e alcançar índices positivos de desempenho.[21] A morte, todavia, confronta o "sistema globalizante", porque é quando a produtividade do ser cessa. Exemplificam que, da mesma maneira, *o nacionalismo, o novo direito*, os movimentos ditos identitários não seriam diferentes do terrorismo islâmico, por exemplo.[22] Estes se configuram como contraposições ao

---

[19] MAYOS, Gonçal. *Homo obsoletus*: precariedade y desempoderamiento en la turboglobalización. Barcelona: Linkgua, 2019. p. 49.

[20] HAN, Byung-Chul. *La expulsión de lo distinto*: percepción y comunicación en la sociedad actual. Traducción de Alberto Ciria. Barcelona: Heder, 2018. p. 51.

[21] Na citação de Mayos, ao abordar Han, isto nos fica claro: "O Eu racional, autocontrolado e dono de si mesmo acaba convertido simplesmente em empresário de si mesmo. Paralelamente, o Eu pós-romântico torna-se um mero espaço-marca pessoal. Então a orgulhosa consciência autônoma criada durante a modernidade, se auto escraviza (Han, 2012) em sua obsessão socialmente induzida de maximizar, sem contrapesos, a própria total disponibilidade, competitividade, empregabilidade, mobilização permanente, captação de oportunidades de negócio, obsessiva proatividade, polivalência, flexibilidade, auto exploração [...]". Cf. MAYOS, Gonçal. *Homo obsoletus*: precariedade y desempoderamiento en la turboglobalización. Barcelona: Linkgua, 2016. p. 103. Em nosso entender, referência a HAN, Byung-Chul. *Sociedade da transparência*. Tradução de Enio Paulo Giachini. Petrópolis: Vozes, 2017; HAN, Byung-Chul. *Sociedade do cansaço*. Tradução de Enio Paulo Giachini. 2. ed. Petrópolis: Vozes, 2017 e HAN, Byung-Chul. *Psicopolítica*: neoliberalismo y nuevas técnicas de poder. Traducción de Alfredo Bergés. Barcelona: Herder, 2014.

[22] Recomendamos HAIDER, Asad. *Armadilha da identidade*: raça, classe nos dias de hoje. Tradução de Leo Vinicius Liberado. Prefácio de Silvio Almeida. São Paulo: Veneta, 2019. Onde, desafiando a maneira como entendemos a história da luta antirracista, o livro enfrenta uma discussão central na política contemporânea. Qual fator é mais importante: classe ou raça? Para demolir o impasse gerado por tal polêmica, Haider recorre ao rico legado da luta contra o racismo nos Estados Unidos. E, baseando-se nas palavras e ações dos teóricos revolucionários negros, argumenta que a política de identidade não é sinônimo de luta antirracista, mas, ao contrário, equivale à neutralização de seus movimentos. É a partir de

domínio *exercido*, executado, desempenhado, feito, treinado, cumprido, comunicado, praticado, exercitado pelo global.[23]

Desvelam a injustiça do massificado, da "ordem globalizante" presente na exploração contínua e pactuada e a perniciosa exclusão como ícone constitutivo e possibilitador do neoliberalismo. Mostram que "o inimigo é excluído do sistema ou não é adequado para ele" – aquele que não se iguala é tido como nocivo à ordem sistêmica. Concluem que a falta de segurança social aliada ao desespero contínuo em busca de aceitação e a "crença", tida pelo mercado, em um "não futuro" imaginário fazem com que o indivíduo que não se afirma igual ao todo se torne inimigo do coletivo – evidenciando a chantagem do ausente de perspectivas. Configurando-se em uma patologia político-social:

> Em tal situação e precisamente tentando evitar sua obsolescência cognitiva, aparece outra muito destrutiva patologia político-social: a obsolescência cidadã da maior parte da população. Como em tempos passados, que tanto custou superar, os cidadãos se degradam a meros «assuntos» muito exaltados pelos meios de comunicação e aquietados pelo «espetáculo da representação democrática».[24]

Constituem não apenas o *terrorismo* em si, mas também a *xenofobia*, sintoma traduzido em uma desconfiança, em um temor ou antipatia por pessoas "estranhas" ao meio daquele que as ajuíza, ou pelo que é incomum ou vem de fora do país; xenofobismo.[25] Chantagem. Porque não dizer, nominar mesmo de "sociedade da desconfiança".[26] Um voltar-se constante para o universo da desconfiança: *o mais precioso esvaziamento de si.*

Em referência a Kant, confrontam-nos com a realidade: expõem que vivemos em uma aparência[27] de paz mundial contínua – mas

---

Malcolm X, dos Panteras Negras e de vários outros pensadores revolucionários que Haider sustenta a urgência da solidariedade e da luta coletiva contra uma estrutura social opressiva e uniformizante.

[23] HAN, Byung-Chul. *La expulsión de lo distinto*: percepción y comunicación en la sociedad actual. Traducción de Alberto Ciria. Barcelona: Heder, 2018. p. 25-27.

[24] MAYOS, Gonçal. *Homo obsoletus*: precariedade e desempoderamento en la turboglobalización. Barcelona: Linkgua, 2019. p. 49.

[25] HAN, Byung-Chul. *La expulsión de lo distinto*: percepción y comunicación en la sociedad actual. Traducción de Alberto Ciria. Barcelona: Heder, 2018. p. 27.

[26] LEANDRO, Isabel dos Anjos. *Notas de aula*. Seminário Psicopolítica, a Macrofilosofia de Byung-Chul Han, do PPGD da UFMG, 1º nov. 2019.

[27] HAN, Byung-Chul. *Sociedade da transparência*. Tradução de Enio Paulo Giachini. Petrópolis: Vozes, 2017.

nos colocam que há mortos e refugiados em todo o mundo, como se estivéssemos em uma guerra mundial.[28] Pois:

> O ideal Kantiano traz uma profunda desconfiança, não infundada, nos pactos de Paz, pois estes sempre quebram compromissos políticos (e configuram-se muito mais como intenções) nas relações interestatais. KANT considera errado pensar que um corpo jurídico real possa preencher o ideal de uma comunidade mundial pacífica. [...] Trata-se antes de tudo da criação da máxima universal (imperativo categórico) de KANT, aplicado a hospitalidade.[29]

A paz é sempre bem definida no espaço: o que existe são hiatos, ilhas – onde ficamos bem cercados (*hiperproximidades*), presos por "cercas" sem fronteira, campos de refugiados (vizinhança sempre próxima, quase que instantânea).[30] Han impõe uma leitura da realidade, que justamente se mostra cada vez mais atual, na crise de "refugiados" – é o desvelar de intenções da União Europeia em ser nada mais do que uma união econômica comercial, que visa a seu próprio lucro.[31]

> É interessante notar que nesse Direito de objetivos cosmopolitas, acima de tudo, condições de justiça correspondem à concepção de KANT de pessoa humana, que possui dignidade e autonomia e, assim, enfatiza a necessidade de garantir o respeito dos direitos fundamentais pertencentes a cada ser racional. É claro que o ideal cosmopolita de *KANT não é suprimir barreiras territoriais e tornar o mundo uma única comunidade, mas construir um conceito ampliado de justiça*.[32]

Indubitavelmente, a proposição kantiana da área europeia de livre comércio, distante léguas de sua ética[33] exposta na *Paz perpétua*, exige hospitalidade incondicional, ao nos tratar, todos nós, como cidadãos.

---

[28] "A nossa tarefa não consiste apenas em dar chance à paz, o que já significa, de certo modo, promovê-la, ainda que sob o constrangimento de nossas inclinações adversas". Cf. MEGALE, Maria Helena Damasceno e Silva. *O horizonte hermenêutico da paz*: essencialidade nas relações de conflito. Belo Horizonte: D'Plácido, 2019. p. 79.

[29] MIRANDA, Rodrigo Marzano Antunes. *A paz em Kant*: uma abordagem macrofilosófica do projeto de paz. Belo Horizonte: Conhecimento, 2019. p. 79; 81.

[30] HAN, Byung-Chul. *Sociedade do cansaço*. Tradução de Enio Paulo Giachini. 2. ed. Petrópolis: Vozes, 2017.

[31] "[...] o grau civilizador de uma sociedade, você pode medir precisamente com base na sua hospitalidade". Cf. HAN, Byung-Chul. *La expulsión de lo distinto*: percepción y comunicación en la sociedad actual. Traducción de Alberto Ciria. Barcelona: Heder, 2018. p. 31-35.

[32] MIRANDA, Rodrigo Marzano Antunes. *A paz em Kant*: uma abordagem macrofilosófica do projeto de paz. Belo Horizonte: Conhecimento, 2019. p. 80. Grifos nossos.

[33] HAN, Byung-Chul. *Psicopolítica*: neoliberalismo y nuevas técnicas de poder. Traducción de Alfredo Bergés. Barcelona: Herder, 2014.

Essa hospitalidade, que se compromete de pronto com a reconciliação, manifesta-se como beleza, uma recompensa por nossa ternura e disposição positiva em relação ao estranho.[35] É o oposto da *xenofobia*, expressão feia, odiosa, da falta de razão universal. Reconciliação significa em suma *exercício da bondade*.[36] Pois:

> Esse direito à terra, pelo contrário, decorre do direito à liberdade e, portanto, é um "direito original". Ele é o fundamento a partir do qual se origina o direito ao próprio corpo e, uma vez que um corpo precisa de um lugar, dele se origina uma comunidade original da terra. Este direito também é o fundamento do "direito de visita", ou seja, o direito de todos os cidadãos da Terra de entrar em comunidade com todos e, para realizar esse fim, visitar todas as regiões da Terra. É também o fundamento do "direito à hospitalidade", isto é, o direito que temos, nesta tentativa de entrar em comunidade com os outros, de não ser tratado por estrangeiros como inimigo. Nesse caso, esse direito é violado quando alguém que chega em um lugar não é aceito por aqueles que já estavam lá.[37]

Transbordam no texto que nossa sociedade ainda está em um "limbo" não reconciliado, onde o autêntico é altamente não valorizado. Para Han, *o terror da autenticidade*[38] expressa explicitamente a perversidade por trás desse incentivo – um certo *slogan* do neoliberalismo que nos encoraja a ser "nós mesmos", "liberados", "autores e criadores de si, de nós mesmos".[39] Identifica claramente que ao mesmo tempo que cada um se esforça para se parecer com alguém "perfeito" para o sistema – que não seja ele mesmo –, a suposta autenticidade da alteridade acaba consolidando a conformidade uniformizante do social. Para Mayos:

---

[34] HAN, Byung-Chul. *La expulsión de lo distinto*: percepción y comunicación en la sociedad actual. Traducción de Alberto Ciria. Barcelona: Heder, 2018. p. 34.

[35] Ver HAN, Byung-Chul. *La salvación de lo bello*. Traducción de Alberto Ciria. Barcelona: Herder, 2015.

[36] HAN, Byung-Chul. *La expulsión de lo distinto*: percepción y comunicación en la sociedad actual. Traducción de Alberto Ciria. Barcelona: Heder, 2018. p. 36.

[37] Cf. SCKELL, Soraya Nour. O cosmopolitismo de Kant: direito, política e natureza. *Estudos Kantianos*, Marília, v. 5, n. 1, p. 199-214, jan./jun. 2017. p. 201. Adaptado. Disponível em: http://www2.marilia.unesp.br/revistas/index.php/ek/article/view/7086. Acesso em: 14 jan. 2019.

[38] HAN, Byung-Chul. *La expulsión de lo distinto*: percepción y comunicación en la sociedad actual. Traducción de Alberto Ciria. Barcelona: Heder, 2018. p. 37-46.

[39] HAN, Byung-Chul. *La expulsión de lo distinto*: percepción y comunicación en la sociedad actual. Traducción de Alberto Ciria. Barcelona: Heder, 2018. p. 38.

O cidadão perde o controle da política, da sociedade e inclusive de sua cidade (Lefebvre, 1968). Também perde o ideal que entrelaçava como o mais potente «fio condutor» das «pólis» gregas, as «civitas» romanas (mais que as «urbs» basicamente físicas), os burgos medievais cujo «ar se faz livre», as cidades-estado ou as «hansas» de cidades da Europa renascentista e as populares metrópoles «luz» da modernidade. O cidadão cognitivo renuncia paradoxalmente a conhecer e controlar a máquina cognitiva mais poderosa que, com segurança, criaram a humanidade: a cidade, as modernas metrópoles e suas adjacentes «zonas criativas» (Florida, 2010).[40]

Declara que "Todos têm o direito de serem diferentes e também que todos podem ser os verdadeiros empreendedores de si mesmos". Pois, a forma neoliberal da produção do ego só nos faz, ao final, o desplante de nos oferecer deliberadamente como mercadorias (uns aos outros nos reconhecemos se "bom" formos!). *Vide* a melhor foto sempre, de inúmeras que tirei, a realidade que vai ao publicado é a que me deixa "mais" e "melhor". Impondo a todos esta regra de *produção eficaz*.

A combinação deliberada de obsessão, pelo ser autêntico, é perfeitamente compreensiva e mais que funcional para a cultura atual, que prega desempenho e otimização.[41] Pois, sobre *a incultura pela aceleração*, Mayos nos coloca:

> Precisamente pelas melhorias tecnológicas e o argumento do «capital cognitivo» hoje disponível, somos mais conscientes que nunca de que o conhecimento e a cultura exigem tempo. Igualmente à liberdade, requer «tempo livre». Paradoxalmente na sociedade que desde Dumazedier chamamos «sociedade do ócio» e de onde a jornada laboral de oito horas já há décadas consolidada, o cognitariado acaba trabalhando incessantemente e experimentando uma crescente perda de tempo livre.[42]

---

[40] MAYOS, Gonçal. *Homo obsoletus*: precariedade y desempoderamiento en la turboglobalización. Barcelona: Linkgua, 2019. p. 49.

[41] Mayos nos coloca que o cidadão padece de desemperramento, ou seja, uma democracia de qualidade só é possível sob a vigilância de cidadãos críticos e empoderados de fato. Do contrário, a liberdade termina reduzida à mera formalidade do voto a cada certo tempo e de uma representação política conduzida de modo *demoscópico* (estudo das opiniões e comportamentos) e populista. A ágora política aberta, inclusiva, solidária e comum a todas as pessoas é, talvez, a obra mais complexa e difícil da humanidade. Cf. MAYOS, Gonçal. *Homo obsoletus*: precariedade y desempoderamiento en la turboglobalización. Barcelona: Linkgua, 2016. p. 49-50.

[42] MAYOS, Gonçal. *Homo obsoletus*: precariedade y desempoderamiento en la turboglobalización. Barcelona: Linkgua, 2016. p. 61.

Evitar tal conflito levaria muito tempo. Na realidade presente já operamos como máquinas: ou trabalhamos ou estamos com problemas e não servimos mais – a dinâmica imposta *ao humano neoliberal* (isso mesmo adjetivado!), é com certeza utilitarista e controversa ao real sentido da palavra *valorização*.

Cultuar o "autêntico" recai muito facilmente na referência narcísica; nosso vício em *selfies* seria uma expressão perversa dessa produção constante de si, traçada e alimentada em um vazio interior que tenta se preencher com as expressões da tela do *smartphone*. Esvaziando o sentido do outro em nossas vidas.[43]

O cidadão perde o controle da política, da sociedade.[44] Em tal situação e precisando tentando evitar sua obsolescência cognitiva, aparece outra bastante destrutiva doença, quase que uma patologia político-social: a obsolescência enquanto cidadãos, da maioria da população. Como em tempos passados que tanto custou superar, os cidadãos se subjugam a meros "súditos" – ainda que muito inundados pelos *meios de comunicação de massas* e adormecidos pelo "espetáculo" da representação autoafirmada "democrática".[45]

Toda e qualquer radicalização ideológica passa a ser renegada: é a formação da *desideologização* e da esterilização do debate político. Macrofilosoficamente os impactos deste processo no pensamento se destacam especialmente em suas consequências nos planos do direito e do Estado.[46] A verdade é que nos parece que o ser se perde nas capacidades de travar quaisquer embates ideológicos, e fomos inoculados pelo espetáculo do afastamento da diferença. Juridicamente, abre-se espaço para a falaciosa priorização de um direito supostamente racional,

---

[43] Surpreendentemente, na era das massas e voto universal, dos direitos civis e humanos, da não discriminação por gênero, raça, religião, ideologia, língua..., os cidadãos – que lutaram e conseguiram tudo isso – sentem impulsos para renunciar a isso e voltar a se recluir em suas vidas privadas, bem como, com isso, ao subordinado *status* de súdito. Cf. MAYOS, Gonçal. La sociedad de la incultura. *In*: MAYOS, Gonçal; BREY, Antoni (Ed.). *La sociedad de la ignorância*. Barcelona: Peninsula. 2011. p. 167-217.

[44] MAYOS, Gonçal. *Homo obsoletus*: precariedade y desempoderamiento en la turboglobalización. Barcelona: Linkgua, 2016. p. 49.

[45] HORTA, José Luiz Borges; FREIRE, Thales Monteiro; SIQUEIRA, Vinicius de Siqueira. A era pós-ideologias e suas ameaças à política e ao Estado de Direito. *Confluências*, Niterói, v. 14, n. 2, p. 120-133, dez. 2012. p. 120 e ss.

[46] Para o neoliberalismo: "[...] O Estado é apresentado como uma entidade frágil e fraca frente a novos processos e novos atores que o superam e que – como uma novidade da 'globalização' – limitam sua soberania. No fundo, o pressuposto é que o capital financeiro internacional, os conglomerados multinacionais e os organismos financeiros internacionais não respondem a interesses nacionais". Cf. OSÓRIO, Jaime. *O Estado no centro da mundialização*: a sociedade civil e o tema do poder. 2. ed. rev. e ampl. Tradução de Fernando Correa Prado. São Paulo: Expressão Popular, 2019. p. 181.

lógico, técnico. Desideologização (negação do político) é o terreno a ser enfrentado para recuperação do verdadeiro lugar da política como contradição viva e democracia verdadeira.[47]

Analisam a realidade, a partir da identificação, quase que como *codificação* de uma lógica do pérfido, impregnada de significado traidor, infiel, falso e mesmo desleal, do neoliberalismo com o fim da alteridade em apontamentos dedicados ao *medo*.[48] Ou seja, para Mayos:

> A consequência é que todos os fenômenos que essas tecnologias não captam, simplesmente «não existem», jamais serão percebidos. Isso inclui os frequentes náufragos e inclusive os pequenos veleiros que podem ser atropelados e afundados pelo gigantesco petroleiro, sem que este os note e, contudo, nem se preocupe em salvar os atingidos.[49]

Pontua este autor, resgatando o papel que o sentimento para Heidegger perpassa, o medo que ocorre diante de um nada, experimentado como completamente diferente das entidades.[50] Tal sentimento se apresenta como enigma, torna-se estranho para nós hoje, pois o mundo está cheio de entidades, não há espaço para nada. Todos buscam incessantemente o criar de algo novo. Portanto, não somos mais confrontados com o sinistro e o desaparecimento, e nossa existência carece dessa negatividade vivificante.[51]

O grande discurso de convencimento tem mesmo que ser: "não somos nada além de passagens no meio da interconexão global". E que esta é de tudo mais importante que nós mesmos. Renunciamos voluntariamente a toda a privacidade protetora e nos expomos às redes digitais. "A hipercomunicação atual reprime os espaços livres de silêncio e solidão, que são os únicos em que seria possível dizer coisas que realmente mereciam ser ditas", na constatação de Han.[52]

---

[47] HORTA, José Luiz Borges; FREIRE, Thales Monteiro; SIQUEIRA, Vinicius de Siqueira. A era pós-ideologias e suas ameaças à política e ao Estado de Direito. *Confluências*, Niterói, v. 14, n. 2, p. 120-133, dez. 2012.

[48] HAN, Byung-Chul. *La expulsión de lo distinto*: percepción y comunicación en la sociedad actual. Traducción de Alberto Ciria. Barcelona: Heder, 2018. p. 47-56.

[49] MAYOS, Gonçal. *Homo obsoletus*: precariedade y desempoderamiento en la turboglobalización. Barcelona: Linkgua, 2016. p. 49-50.

[50] HAN, Byung-Chul. *La expulsión de lo distinto*: percepción y comunicación en la sociedad actual. Traducción de Alberto Ciria. Barcelona: Heder, 2018. p. 50.

[51] HAN, Byung-Chul. *La expulsión de lo distinto*: percepción y comunicación en la sociedad actual. Traducción de Alberto Ciria. Barcelona: Heder, 2018. p. 54.

[52] HAN, Byung-Chul. *La expulsión de lo distinto*: percepción y comunicación en la sociedad actual. Traducción de Alberto Ciria. Barcelona: Heder, 2018. p. 103.

Podemos nos indagar: "por que nos expor?" e, mais que isso, por vontade própria advinda (finda-se) da era da vida digital; a vulnerabilidade à qual nos expomos em relação à questão da privacidade nas redes é imposta sob outro ponto de vista, além da não proteção de dados pessoais. Aceitar de bom grado o imperativo da *transparência*[53] elimina qualquer falta de visão e qualquer lacuna informativa e deixa tudo à mercê da visibilidade total.[54]

Findam-se, assim, os espaços de retirada e proteção, retomando, de certa maneira, os vacúolos de solidão e silêncio de que Deleuze estava falando.

> Tal contexto justifica a necessidade de voltar a levantar o lugar da solidão e da escrita como o que faz ressurgir a possibilidade de ter algo a dizer. Para Deleuze, o que importa é arranjar "vacúolos de solidão e de silêncio" que perfurem a conectividade exacerbada, trazendo à tona novamente o incômodo – ou mesmo o transtorno – da linguagem, suprimido nesse excesso. A isso o filósofo chamará "solidão absoluta"; em resumo, aquela que reformula as possibilidades de relação, por meio de um contato que não se dá pela delimitação de um eu e suas identificações com um outro que é sempre o mesmo.[55]

Como viver só, em contraste à "solidão negativa", ela seria a solidão "povoada" de encontros, "nossa única chance para todas as combinações que nos habitam".[56]

Destacam que no Facebook não se mencionam problemas que podemos abordar e comentar em comum, pessoalmente. O que se emite é sobretudo "informação" que não requer discussão (notadamente do querer e não do real de si) e que só serve para que o remetente se "promova" (no *irreal*). Daí que não nos ocorra pensar que o outro possa ter preocupações, muito menos dor. Na comunidade do "eu gosto", alguém encontra a si mesmo e encontra quem é como ele ("amizades" impostas pela semelhança e que anulam as diferenças). Daí tampouco resulta possível algum discurso. O espaço político é um espaço em que eu me encontro com o outro, falo com outros e os escuto. A vontade

---

[53] HAN, Byung-Chul. *Sociedade da transparência*. Tradução de Enio Paulo Giachini. Petrópolis: Vozes, 2017.

[54] HAN, Byung-Chul. *La expulsión de lo distinto*: percepción y comunicación en la sociedad actual. Traducción de Alberto Ciria. Barcelona: Heder, 2018. p. 62.

[55] LABANCA, Maraíza. Pela rugosidade da vida: A solidão e a escrita como rotas de fuga em Juliano Pessanha. *Em Tese*, Belo Horizonte, v. 19, n. 1, p. 76-84, jan./abr. 2013. p. 78.

[56] Deleuze *apud* PELBART, Peter Pál. *Vida capital*. Ensaios de biopolítica. São Paulo: Iluminuras, 2009.

política de configurar um espaço público, uma comunidade da escuta, o conjunto político dos ouvintes, está minguando radicalmente. A interconexão digital favorece esse processo. A internet não se manifesta hoje como um espaço de ação comum e comunicativa. Desintegra-se em espaços positivos do eu, em que se faz publicidade sobretudo de si mesmo.[57]

Hoje a internet não é outra coisa que uma caixa de ressonância do isolado – O *eu irreal*. Nenhum anúncio é escutado de verdade, pois a verdade pouco ou nada é o que de fato importa. Temos que ter em mente, o tempo todo, que a maior parte dos grupos de discussão não quer discutir. E se conversam, só o fazem se o terreno de concordância é muito alto. É um espaço notadamente *hiperpotencializado* para si e em nenhum momento para o outro.

Han utiliza então dois nomes para essa situação: "sociedade da transparência" e "sociedade do cansaço", dado o esgotamento que não tem a ver unicamente com a positivação de uma sociedade "neoliberal" voltada para o desempenho pessoal e a produtividade aguda de resultados imediatos, mas também para uma *mesmidade* insana que se faz sem alteridade, mas efetivamente como o igual.

Mayos também tem sua própria nomenclatura, para descrever e questionar a realidade, pois:

> Devemos nos perguntar então: O que une a «sociedade do conhecimento» com a «pós-modernidade», a «modernidade líquida» ou a «sociedade do risco»? São elas de alguma maneira sua face oculta? Mais ainda, por acaso guardam estranhas concomitâncias? Mais além de uma clara coincidência temporal, no entanto surgem paralelamente durante a segunda parte do século XX, e parece haver entre estas realidades contemporâneas um vínculo profundo que não foi suficientemente pensado e explicitado. Não podemos obviar nem diferir por mais tempo esta imprescindível análise crítica.[58]

---

[57] Recorremos à visão macrofilosófica de MAYOS, Gonçal. *Homo obsoletus*: precariedade y desempoderamiento en la turboglobalización. Barcelona: Linkgua, 2019, em que a precariedade e o empoderamento na turboglobalização confirmam que a humanidade de hoje vive seus desejos em um labirinto pós-moderno sem fim. Hoje é muito difícil salvaguardar o que nos torna humanos, porque, facilmente, torna-se um sonho faustical quase impossível e condenado a uma obsolescência inevitável. Várias patologias socialmente geradas que caracterizam os diferentes períodos e tipos de sociedade ameaçam uma população que precisa de grande coragem, força e esforços para evitá-las. Especialmente quando descreve "Da exploração alheia à auto exploração" (cf. p. 23-27).

[58] MAYOS, Gonçal. *Homo obsoletus*: precariedade y desempoderamiento en la turboglobalización. Barcelona: Linkgua, 2019. p. 69.

E continua:

É um clichê vincular a «condição pós-moderna» com o incremento das atitudes cínicas, desconcertadas, angustiantes, niilistas (Vattimo, 1998) relativistas, hiperindividualistas, apáticos, escapistas... Evidentemente tem a ver com uma profunda crise de valores, mas seguramente também a percepção social de que hoje as convicções, as certezas e as verdades já não são tão claras, impostas e hegemônicas como antes. Pois apesar do incremento no conhecimento, os indivíduos percebem que suas convicções, certezas, verdades e seus consolidados valores «pessoais» diminuíram em número, em solidez e em segurança.[59]

Devemos retornar a arte que, como Adorno nos disse, é capaz de nos fazer encontrar "estranheza do mundo". Portanto, ante a velocidade da rede digital, ele propõe recuperar a poesia, porque "o poema isso só acontece no encontro com outro, no mistério do encontro".[60] Passar a *ver*, de fato, o outro. Pois, até mesmo no trabalho, passamos a não mais enxergar, segundo Mayos:

Na modernidade, e durante séculos, a identidade das pessoas costumava estar muito vinculadas ao trabalho ou à profissão exercida. Por isso Weber (1992) falava de «vocação», pois se supunha que era para toda a vida e se inscrevia no próprio ser das pessoas. Em contrapartida na modernidade líquida, cognitiva e pós-fordista, o trabalho já não se vincula a nenhuma vocação ou profissão para a vida. Remete de toda forma a uma muito flexível, mítica estético-artística de autorreinvenção contínua, que inclusive vai além da noção de salário.[61]

Para Paul Celan, "O poema [...] Ele quer ir para outra coisa, ele precisa disso [...]. Outro precisa de um interlocutor"[62] e, ainda, para Lévinas, "estar atento é reconhecer a mansão do outro".[63] Diálogos assertivos e nada incautos de Han e Mayos.

---

[59] MAYOS, Gonçal. *Homo obsoletus*: precariedade y desempoderamiento en la turboglobalización. Barcelona: Linkgua, 2019. p. 69-70.

[60] HAN, Byung-Chul. *La expulsión de lo distinto*: percepción y comunicación en la sociedad actual. Traducción de Alberto Ciria. Barcelona: Heder, 2018. p. 101.

[61] MAYOS, Gonçal. *Homo obsoletus*: precariedade y desempoderamiento en la turboglobalización. Barcelona: Linkgua, 2019. p. 70.

[62] Celan *apud* HAN, Byung-Chul. *La expulsión de lo distinto*: percepción y comunicación en la sociedade actual. Traducción de Alberto Ciria. Barcelona: Heder, 2018. p. 101.

[63] Lévinas *apud* HAN, Byung-Chul. *La expulsión de lo distinto*: percepción y comunicación en la sociedade actual. Traducción de Alberto Ciria. Barcelona: Heder, 2018. p. 102.

Han encerra sua reflexão com um apontamento sobre *ouvir*:[64] pois "no futuro possivelmente haverá uma profissão a ser chamada ouvinte".[65] A reflexão sobre a ação de ouvir implica uma dialética importante, revela o exercício de quem ouve com o silêncio e libertação do outro, que é liberado falando. Han argumenta que a mesma escuta é uma ação de cura e, portanto, propõe-nos uma ética da escuta: a passividade da paciência é o imperativo máximo da audição. Ele, ouvinte, se coloca à mercê do outro sem reservas, isso significa estar à mercê – esta é a máxima da ética do auditivo. Somente o ego não é capaz de ouvir.[66]

Uma abertura para uma frente diferente da expulsão que até agora o neoliberalismo digital impulsionou. "Ouvir tem uma dimensão política; é uma ação, uma participação ativa na existência de outros e também de seus sofrimentos".[67] A escuta é o espaço que retorna para cada pessoa o mesmo; é por isso que a última frase desta reflexão pode soar, para alguns, tanto ou mais provocativa que a inicial: "Ao contrário tempo de si, que nos isola e nos individualiza, o tempo do outro cria uma comunidade; é por isso que está na hora bom".[68] Ouvir de fato o outro e reconhecer-se nas diferenças, nele. Espaço onde o *reconciliar* se efetiva![69]

III Conclusão

Han acaba propondo desenvolver uma ética da escuta como fator de resolução para todas as crises que enfrentamos; o instrumento para alcançar essa solução e remediar todos os males pode se revelar como qualquer coisa que o sujeito consiga depositar sua própria crença. Se, por um lado, realmente ouvir é algo que apenas alguns homens podem fazer, por outro lado, recuperar a audição seria o fator capaz de reconciliar e retornar a cada um deles. Se a cansativa *sociedade do cansaço*

---

[64] HAN, Byung-Chul. *La expulsión de lo distinto*: percepción y comunicación en la sociedad actual. Traducción de Alberto Ciria. Barcelona: Heder, 2018. p. 113-123.

[65] HAN, Byung-Chul. *La expulsión de lo distinto*: percepción y comunicación en la sociedad actual. Traducción de Alberto Ciria. Barcelona: Heder, 2018. p. 113.

[66] HAN, Byung-Chul. *La expulsión de lo distinto*: percepción y comunicación en la sociedad actual. Traducción de Alberto Ciria. Barcelona: Heder, 2018. p. 116.

[67] HAN, Byung-Chul. *La expulsión de lo distinto*: percepción y comunicación en la sociedad actual. Traducción de Alberto Ciria. Barcelona: Heder, 2018. p. 120.

[68] HAN, Byung-Chul. *La expulsión de lo distinto*: percepción y comunicación en la sociedad actual. Traducción de Alberto Ciria. Barcelona: Heder, 2018. p. 123.

[69] HAN, Byung-Chul. *La expulsión de lo distinto*: percepción y comunicación en la sociedad actual. Traducción de Alberto Ciria. Barcelona: Heder, 2018. p. 31-35.

é surda, a *sociedade vindoura* de que precisamos deve ser a sociedade dos ouvintes e daqueles que frequentam o outro.

Ao rediscutir e, mais que isso, ressignificar as noções de *liberdade, exploração contínua, permissiva* e *hiperprodutiva* em nossa estrutura socioeconômica contemporânea, Han aproxima-nos da realidade – no desvelar da lógica das sociedades de controle. O mais puro *isolar-se.*

Outra globalização[70] é (ou deveria ser) possível. Uma que inclua permanentemente o ser e não exclua o outro. Definitivamente a expulsão dos diferentes abre portas para uma série de temas essenciais para refletirmos a subjetividade contemporânea imersa neste rio constante de (des)informação. Um diagnóstico crítico, dialógico e provocativo da formação e valoração de nossa cultura, que descreve a crise virulenta da liberdade em uma sociedade em que o conhecimento, em vez de progredir, nos impulsiona a fazer parte de um grupo que pensa, cada vez menos, justamente por se concentrar no igual e não observa (espelha-se ou mesmo reconhece-se no diferente). Em nosso cenário atual de excesso comunicativo e conectivo, este texto serve como um excelente ponto de partida para pensarmos em nós mesmos, como parte da história dos sofrimentos causados pela pérfida lógica imperativa do neoliberalismo – anular a todo custo o outro. Para Mayos, esta se torna a cantilena da modernidade, pois:

> [...] a globalização já fora perceptível e a mundialização era clara mesmo que estivesse dividida entre distintos impérios e suas colônias ou geopoliticamente bipolarizado durante a Guerra Fria. Então, mesmo que a aceleração e intensidade da interação não eram comparáveis à atual que, por isso, a denominamos «turboglobalização» (Mayos, 2012a e 2015b), o ritmo de mudança já era difícil para a população assimilar. Cada geração teve que fazer frente e adaptar-se a uma sociedade já bastante distinta da de seus pais e avós.[71]

Isto posto, Mayos questiona: "Somos turbohumanos precários e desorientados?"[72] e revela: "[...] os «turbo humanos» precários, perdidos e obsoletos nos quais facilmente convertemo-nos, necessitam

---

[70] Ou *turboglobalização* na apreensão de Mayos. Cf. MAYOS, Gonçal. *Homo obsoletus*: precariedade y desempoderamiento en la turboglobalización. Barcelona: Linkgua, 2019.

[71] MAYOS, Gonçal. *Homo obsoletus*: precariedade y desempoderamiento en la turboglobalización. Barcelona: Linkgua, 2019. p. 95.

[72] MAYOS, Gonçal. *Homo obsoletus*: precariedade y desempoderamiento en la turboglobalización. Barcelona: Linkgua, 2019. p. 101-104.

realimentar-se com o ímpeto vital das novas gerações".[73] Termina sua reflexão no mesmo caminho que Han, pois nos indica:

[...] no desorientado sujeito turboglobalizado, que todos de alguma maneira somos e cujas angústias sentimos, a grande esperança de empoderamento são, como apontava Nietzsche, em tornar-se «criança» (que é o melhor exemplo de «super ou trans homem»), pois é a melhor possibilidade de um «novo e radical começo».[74]

Ouvir, mais que nunca, se faz necessário, tem que ser atendido ou feito com rapidez; não pode ser retardado,[75] pois cada vez mais somos arrastados, pelo neoliberalismo, para a constante desideologização e esterilização do debate político, na expulsão do outro.[76] *Nosso download urgente e mais apropriado deve ser o outro.*

Referências

HAIDER, Asad. *Armadilha da identidade*: raça, classe nos dias de hoje. Tradução de Leo Vinicius Liberado. Prefácio de Silvio Almeida. São Paulo: Veneta, 2019.

HAN, Byung-Chul. *A expulsão do outro*. Lisboa: Relógio D'Água. 2019.

HAN, Byung-Chul. *Agonia do eros*. Tradução de Enio Paulo Giachini. Petrópolis: Vozes, 2017.

HAN, Byung-Chul. *Buen entretenimiento*. Una deconstruccion de la historia occidental de la pasión. Traducción de Alberto Ciria. Barcelona: Herder, 2018.

HAN, Byung-Chul. *El aroma del tempo*: un ensayo filosófico sobre el arte de demorarse. Traducción de Paula Kuffer. Barcelona: Heder, 2018.

HAN, Byung-Chul. *En el enjambre*. Barcelona: Herder, 2014.

HAN, Byung-Chul. *Hiperculturalidad*: cultura y globalización. Traducción de Florencia Gaillour. Barcelona: Heder, 2018.

HAN, Byung-Chul. *La expulsión de lo distinto*: percepción y comunicación en la sociedade actual. Traducción de Alberto Ciria. Barcelona: Heder, 2018.

HAN, Byung-Chul. *La salvación de lo bello*. Traducción de Alberto Ciria. Barcelona: Herder, 2015.

---

[73] MAYOS, Gonçal. *Homo obsoletus*: precariedade y desempoderamiento en la turboglobalización. Barcelona: Linkgua, 2019. p. 105.

[74] MAYOS, Gonçal. *Homo obsoletus*: precariedade y desempoderamiento en la turboglobalización. Barcelona: Linkgua, 2019. p. 109.

[75] HAN, Byung-Chul. *La expulsión de lo distinto*: percepción y comunicación en la sociedade actual. Traducción de Alberto Ciria. Barcelona: Heder, 2018. p. 120.

[76] HAN, Byung-Chul. *La expulsión de lo distinto*: percepción y comunicación en la sociedade actual. Traducción de Alberto Ciria. Barcelona: Heder, 2018. p. 35.

HAN, Byung-Chul. *No enxame* – Perspectivas do digital. Tradução de Lucas Machado. Petrópolis: Vozes, 2016.

HAN, Byung-Chul. *O que é poder?* Tradução de Gabriel Salvi Philipson. Petrópolis: Vozes, 2019.

HAN, Byung-Chul. *Por favor, cierra los ojos*: a la búsqueda de otro tiempo diferente. Traducción de Raul Gabás. Barcelona: Herder, 2016.

HAN, Byung-Chul. *Psicopolítica*: neoliberalismo y nuevas técnicas de poder. Traducción de Alfredo Bergés. Barcelona: Herder, 2014.

HAN, Byung-Chul. *Psicopolítica*: o neoliberalismo e as novas técnicas de poder. Tradução de Mauricio Liesen. Belo Horizonte: Âyiné, 2018.

HAN, Byung-Chul. *Shanzhai*: el arte de la falsificación y la deconstrucción en chino. Traducción de Paula Kuffer. Buenos Aires: Caja Negra, 2016.

HAN, Byung-Chul. *Sociedade da transparência*. Tradução de Enio Paulo Giachini. Petrópolis: Vozes, 2017.

HAN, Byung-Chul. *Sociedade do cansaço*. Tradução de Enio Paulo Giachini. 2. ed. Petrópolis: Vozes, 2017.

HAN, Byung-Chul. *Topologia da violência*. Tradução de Enio Paulo Giachini. Petrópolis: Vozes, 2017.

HORTA, José Luiz Borges; FREIRE, Thales Monteiro; SIQUEIRA, Vinicius de Siqueira. A era pós-ideologias e suas ameaças à política e ao Estado de Direito. *Confluências*, Niterói, v. 14, n. 2, p. 120-133, dez. 2012.

LABANCA, Maraíza. Pela rugosidade da vida: A solidão e a escrita como rotas de fuga em Juliano Pessanha. *Em Tese*, Belo Horizonte, v. 19, n. 1, p. 76-84, jan./abr. 2013.

LAVAL, Chistian. *A escola não é uma empresa*: o neoliberalismo em ataque ao ensino público. 1. ed. Tradução de Mariana Echalar. São Paulo: Boitempo, 2019.

MAYOS, Gonçal. *Homo obsoletus*: precariedade y desempoderamiento en la turboglobalización. Barcelona: Linkgua, 2016.

MAYOS, Gonçal. *Homo obsoletus*: precariedade y desempoderamiento en la turboglobalización. Barcelona: Linkgua, 2019.

MAYOS, Gonçal. La sociedad de la incultura. *In*: MAYOS, Gonçal; BREY, Antoni (Ed.). *La sociedad de la ignorância*. Barcelona: Peninsula. 2011. p. 167-217.

MEGALE, Maria Helena Damasceno e Silva. *O horizonte hermenêutico da paz*: essencialidade nas relações de conflito. Belo Horizonte: D'Plácido, 2019.

OSÓRIO, Jaime. *O Estado no centro da mundialização*: a sociedade civil e o tema do poder. 2. ed. rev. e ampl. Tradução de Fernando Correa Prado. São Paulo: Expressão Popular, 2019.

PELBART, Peter Pál. *Vida capital*. Ensaios de biopolítica. São Paulo: Iluminuras, 2009.

Informação bibliográfica deste texto, conforme a NBR 6023:2018 da Associação Brasileira de Normas Técnicas (ABNT):

RODRIGUES, Raphael Silva; MIRANDA, Rodrigo Marzano Antunes. Transformações sociais nas subjetividades devido à hiperaceleração da vida; ou reflexões de Byung-Chul Han e Gonçal Mayos Solsona na formação da desideologização e da esterilização do debate político, na expulsão do outro. *In*: ANDRADE, Durval Ângelo; MAYOS SOLSONA, Gonçal; HORTA, José Luiz Borges; MIRANDA, Rodrigo Marzano Antunes (Coords.). *A sociedade do controle?*: macrofilosofia do poder no neoliberalismo. Belo Horizonte: Fórum, 2022. p. 155-174. ISBN 978-65-5518-260-6.

PARTE III

RELIGIÃO E PODER

RELIGIÃO E PODER: ASPECTOS DE UMA ALIANÇA?[1]

RODRIGO MARZANO ANTUNES MIRANDA

1 Religião e poder: forças em disputa

Este assunto tem se mostrado cada vez mais presente no debate político local (no Brasil), porém é recorrente a divergência sobre a influência que as crenças, organizadas pelas igrejas, têm nas escolhas dos eleitores efetivamente.

Com dinâmica rarefeita, os 5.561 municípios de todo o país expressam bem esta pauta, pois a opção religiosa e os valores morais são claramente atrelados a diferentes grupos. Mas o resultado das últimas campanhas eleitorais deixa evidente o peso que a religião pode ter nas escolhas do eleitor.

A questão central, para onde devemos direcionar nossas atenções, é o chamado "voto do fiel", principalmente no que diz respeito à ascensão política dos evangélicos, de diversas denominações, principalmente de cunho neopentecostal.[2] A saber:

---

[1] A BBC Brasil ouviu especialistas para tentar dimensionar as relações entre a religião e o voto do brasileiro em 2016, à beira das eleições presidenciais. Usaremos a leitura de tal pesquisa para fazer apontamentos sobre esta nova conjuntura. Em novembro de 2019, é criada uma nova legenda (partido político): Aliança, que em suma traduz (sincretiza) o peso destas relações.

[2] "O neopentecostalismo dá uma nova 'roupagem' ao movimento pentecostal. 'O prefixo *neo* mostra-se apropriado para designá-la tanto por remeter à sua formação recente como ao caráter inovador do neopentecostalismo' (MARIANO, 1999, p. 33). Se as duas vertentes

Resulta destas características a ruptura com os tradicionais sectarismo e ascetismo pentecostais. Esta ruptura com o sectarismo e ascetismo puritano constitui a principal distinção do neopentecostalismo. E isso representa uma mudança muito grande no movimento pentecostal. A ponto de se poder dizer que o neopentecostalismo constitui a primeira vertente pentecostal de afirmação do mundo. (*idem, ibidem*).

Um ponto importante a se destacar é que a Teologia da Prosperidade, característica do neopentecostalismo, pouco tem a ver com o "espírito do capitalismo" que Weber (2006) trata em *A ética protestante e o espírito do capitalismo* ao se referir às denominações nascidas diretamente da Reforma Protestante. [...] Na ótica weberiana, a acumulação primitiva do capital resultara, entre outros fatores, justamente da ética puritana, que interditava ao fiel qualquer modalidade de consumo supérfluo. No neopentecostalismo, o crente não procura a riqueza para comprovar seu estado de graça. Não se trata disso. Como todos os demais, crentes e incréus, ele quer enriquecer para consumir e usufruir de suas posses nesse mundo. Sua motivação consumista, notadamente mundana, foge totalmente ao espírito do protestantismo ascético, sobretudo de vertente calvinista. (*idem*, p. 185).

A primeira denominação de caráter neopentecostal implanta-se no Brasil na década de 60. A Igreja da Nova Vida abrigaria Edir Macedo e RR Soares, os principais líderes de duas das maiores igrejas neopentecostais no Brasil: a Igreja Universal do Reino de Deus e a Igreja Internacional da Graça.[3]

---

anteriores apresentam diferenças mínimas entre si, justificando o critério de Mariano (1999) em distingui-las por períodos históricos, a terceira onda marca um divisor de águas no movimento pentecostal, chegando a influenciar as vertentes mais antigas. Não apenas a ênfase teológica muda, mas também aspectos centrais dessa teologia. As neopentecostais preservam algumas práticas das suas predecessoras, tais como: antiecumenismo, uso dos meios de comunicação de massa (que é mais efetivo nas denominações da segunda vertente e adquire ainda mais vigor na terceira), estímulo à expressividade emocional, presença de líderes carismáticos fortes, pregação da cura divina e participação na política partidária. Contudo, diferenciam-se por três aspectos fundamentais: '1) exacerbação da guerra espiritual contra o Diabo e seu séquito de anjos decaídos; 2) pregação enfática da Teologia da Prosperidade; 3) liberalização dos estereotipados usos e costumes de santidade' (idem, p. 36). A esses três aspectos, Mariano (1999) acrescenta uma quarta característica que consiste no fato dessas igrejas se estruturarem administrativamente como empresas. Para o autor, esses quatro fatores representam uma cisão profunda em relação às duas outras correntes". Cf. SOUZA, Marco Túlio de. *Sobre o discurso neopentecostal e suas inscrições midiáticas*: estudo de caso sobre um programa televisivo. Monografia (Bacharelado em Comunicação Social) – Faculdade de Comunicação Social, Universidade Federal de Juiz de Fora (UFJF), Juiz de Fora, 2011. p. 19. Disponível em: http://www.bocc.ubi.pt/pag/sousa-marco-2013-sobre-discurso-neopentecostal.pdf. Acesso em: 23 nov. 2019.

[3] Cf. SOUZA, Marco Túlio de. *Sobre o discurso neopentecostal e suas inscrições midiáticas*: estudo de caso sobre um programa televisivo. Monografia (Bacharelado em Comunicação Social) – Faculdade de Comunicação Social, Universidade Federal de Juiz de Fora (UFJF),

A pauta política nos últimos tempos se mostra impregnada por questões direcionadas principalmente pela atuação de igrejas; questões que pesaram, como nunca no último pleito no Brasil: (1) a manutenção a todo custo da família tradicional; (2) aborto e gênero; (3) e, é claro, o combate, mesmo que só discursivo, à corrupção.

Estes temas foram o grande mote eleitoral de 2018.[4] Assim como em *A divina comédia*, em que Dante Alighieri,[5] ao fazer com que cada terceto antecipe o som que irá ecoar duas vezes no terceto seguinte, dá uma impressão de movimento ao poema.

É como se ele (Dante) iniciasse um processo que não poderia mais parar. O efeito dinâmico da poesia se dá nos três livros que formam *A divina comédia*, que são divididos em 33 cantos cada, com aproximadamente 40 a 50 tercetos, e que terminam com um verso isolado no final. O *Inferno* possui um canto a mais, que serve de introdução a todo o poema. No total são 100 cantos. Os lugares descritos por cada livro (o *Inferno*, o *Purgatório* e o *Paraíso*) são divididos em nove círculos cada, formando no total 27 (3 vezes 3 vezes 3) níveis. Os três livros rimam no último verso, pois terminam com a mesma palavra: *stelle*, que significa "estrelas".[6] Nesta conjuntura vemos que certas igrejas

---

Juiz de Fora, 2011. p. 20. Disponível em: http://www.bocc.ubi.pt/pag/sousa-marco-2013-sobre-discurso-neopentecostal.pdf. Acesso em: 23 nov. 2019.

[4] O último censo do IBGE apontou um crescimento de 15,4% para 22,2% da população evangélica no Brasil entre 2000 e 2010.

[5] Dante Alighieri (Florença, entre 21 de maio e 20 de junho de 1265 d.C. – Ravena, 13 ou 14 de setembro de 1321 d.C.) foi um escritor, poeta e político florentino, nascido na atual Itália. É considerado o primeiro e maior poeta da língua italiana, definido como *il sommo poeta* ("o sumo poeta"). Disse o escritor e poeta francês Victor Hugo (1802-1885) que o pensamento humano atinge em certos homens a sua completa intensidade, e cita Dante como um dos que "marcam os cem graus de gênio". E tal é a sua grandeza que a literatura ocidental está impregnada de sua poderosa influência, sendo extraordinário o verdadeiro culto que lhe dedica a consciência literária ocidental. Seu nome, segundo o testemunho do filho Jacopo Alighieri, era um hipocorístico de "Durante". Nos documentos, era seguido do patronímico "Alagherii" ou do gentílico "de Alagheriis", enquanto a variante "Alighieri" afirmou-se com o advento de Boccaccio. Foi muito mais do que literato: numa época em que apenas os escritos em latim eram valorizados, redigiu um poema, de viés épico e teológico, *La divina commedia* (*A divina comédia*), o grande poema de Dante, que é uma das obras-primas da literatura universal. A *Commedia* se tornou a base da língua italiana moderna e culmina na afirmação do modo medieval de entender o mundo. Cf. REALE, Giovanni. *Historia da filosofia*: de Freud a atualidade Tradução de Ivo Storniolo. São Paulo: Paulus, 2006. v. 7. Coleção História da Filosofia.

[6] Dante chamou a sua obra de *Comédia*. O adjetivo "divina" foi acrescido pela primeira vez em uma edição de 1555. A *Divina comédia* exerceu grande influência em poetas, músicos, pintores, cineastas e outros artistas nos últimos 700 anos. Desenhistas e pintores como Gustave Doré, Sandro Botticelli, Salvador Dali, Michelangelo e William Blake estão entre os ilustradores de sua obra. Os compositores Robert Schumann e Gioacchino Rossini traduziram partes de seu poema em música e o compositor húngaro Franz Liszt usou a *Comédia* como tema

acumularam um capital político que não pode mais ser ignorado, quase que rítmico como na poesia de Dante. É uma presença consolidada e, ao que parece, irreversível.[7]

Nossa estratégia e análise do cenário local deve passar pelos valores morais e pela expansão da sociedade de consumo, pois estes dois fatores, estão no cerne do "voto fiel".

O voto em candidatos conservadores atrelados à religião se dá muito mais por conta da identificação com um sistema de valores morais do que a opção religiosa em si. Estamos falando de pessoas, que não se mostram politicamente, são quase que invisíveis no dia a dia. Se localizam nas periferias e não se sentem protegidas pelo Estado; encontram em "Deus" tal proteção. A dificuldade para o acesso a bens de consumo também colabora para que encontrem refúgio seguro na religião. Muitas vezes, a Igreja substitui o Estado até mesmo do ponto de vista material, dando ao cristão/cidadão, que não se reconhece assim, direito a bens primários, trabalhando na mente das pessoas suas necessidades mais básicas, como o alimento. Durante os governos chamados sociais (Lula e Dilma), estas populações foram bombardeadas pelo discurso neopentecostal de que "Deus proverá", e a ascensão social de muitos foi atrelada simbolicamente a este discurso, fazendo com que as pessoas acreditassem que a melhora de vida foi resultado de seus esforços pessoais e de proveniência divina, não de políticas públicas de cunho social e conseguinte prosperar do país como consequência direta das escolhas de governo.

É inegável, esta maior presença da agenda neopentecostal no debate eleitoral como algo natural.[8] Trata-se, no entanto, de um cenário de maior pluralismo e diversidade de forças políticas. É mais um grupo, com sua bancada, seus representantes e interesses, reivindicando espaço e se organizando para disputa efetiva do poder. As pessoas cada vez mais atinam para necessidade de se sentirem representadas.

O que precisamos sem dúvida saber diferenciar é que há mais forças entrando em jogo, é natural. Agora, uma coisa é o cenário político duradouro, outra bem diferente é o processo de eleição.

---

de um de seus poemas sinfônicos. Cf. ALIGHIERI, D. *A divina comédia*: inferno. Prefácio de Carmelo Distante. Tradução e notas de Ítalo Eugenio Mauro. ed. bilíngue. São Paulo: Editora 34, 2008.

[7] Cf. MARIANO, R. *Neopentecostais*: sociologia do novo pentecostalismo no Brasil. São Paulo: Loyola, 1999.

[8] Cf. MARIANO, R. *Neopentecostais*: sociologia do novo pentecostalismo no Brasil. São Paulo: Loyola, 1999.

Cada vez mais o eleitor está decidindo seus candidatos porque eles se associam a determinadas religiões. Mesmo que pesquisas não tenham conseguido determinar uma relação clara entre religião e sucesso nas urnas, no geral, é cada vez mais recorrente a associação de candidatos a forças religiosas. A distribuição do apoio aos candidatos aponta ainda discrepâncias entre os evangélicos neopentecostais, que, em muitas situações, mostram posições divergentes, e, apesar da busca por apoio em diferentes grupos religiosos, é justamente entre os neopentecostais que a disputa política de maior destaque se concentra, já que eles formam o grupo mais numeroso e poderoso dentro do universo evangélico, com cerca de seis igrejas dominando o cenário religioso-político brasileiro: Universal, Assembleia de Deus, Renascer, Mundial do Poder de Deus e Deus é Amor.[9]

Não por acaso agora temos expressivo posicionamento na Câmara dos da chamada "bancada evangélica": (1) questões relacionadas a costumes, à moral, à defesa da ética e da vida humana, além daquelas afetas à honra da família são as que geralmente unem a bancada evangélica. Descriminalização do aborto, regulamentação da união civil homoafetiva e pesquisas com células-tronco são temas emblemáticos sobre os quais os membros da bancada atuam de forma coordenada; (2) a bancada atuou com unidade e fechou questão, por exemplo, nas deliberações sobre a Lei de Biossegurança, posicionando-se contrariamente à clonagem humana e à manipulação de embriões humanos; e (3) o projeto que criminaliza a homofobia também coloca em lados opostos os membros da bancada evangélica e os deputados identificados com as questões de direitos humanos.[10]

Parece-nos o *Inferno*: quando Dante se encontra no meio da vida, ele se vê perdido em uma floresta escura, e sua vida havia deixado de seguir o caminho certo. Ao tentar escapar da selva (aqui entendida como

---

[9] Levantamento do Departamento Intersindical de Assessoria Parlamentar (DIAP), órgão de assessoria parlamentar dos sindicatos brasileiros, demonstra que a bancada evangélica que emergiu das urnas em 2018 apresenta aumento, em comparação com o pleito anterior (2014). Foram eleitos ou reeleitos 84 deputados identificados com as demandas, crenças e convicções deste segmento de interesse informal e suprapartidário na Câmara Federal. Em 2014, levantamento do DIAP identificou 75 deputados. Em 2010, a bancada iniciou os trabalhos legislativos com 73 representantes. O DIAP classifica como integrante da bancada evangélica, além dos que ocupam cargos nas estruturas das instituições religiosas – como bispos, pastores, missionários e sacerdotes – e dos cantores de música gospel, aquele parlamentar que professa a fé segundo a doutrina evangélica ou que se alinha ao grupo em votações de temas específicos.

[10] NASSIF, Lourdes. Eleições 2018: bancada evangélica cresce na Câmara e no Senado. *Jornal GGN*, 2018. Disponível em: https://jornalggn.com.br/congresso/eleicoes-2018-bancada-evangelica-cresce-na-camara-e-no-senado/. Acesso em: 28 out. 2019.

todo e qualquer espaço político), ele encontra uma montanha que pode ser a sua salvação, mas é logo impedido de subir por três feras: um leopardo, um leão e uma loba. Prestes a desistir e voltar para a selva, Dante é surpreendido pelo espírito de Virgílio –[11] poeta da antiguidade que ele admira – disposto a guiá-lo por um caminho alternativo. Virgílio foi chamado por Beatriz, paixão da infância de Dante, que o viu em apuros e decidiu ajudá-lo. Ela desceu do céu e foi buscar Virgílio no Limbo.[12] Assim, resta-nos perguntar: como passaremos pelo inferno e quem nos guiará?

2 Um projeto de poder?

O teólogo da PUC-Rio, Paulo Fernando Carneiro Andrade, em 2011, já nos apontava:

> As eleições [...] no Brasil trouxeram novas e urgentes questões em torno à articulação entre fé e política. [...] Habitualmente justificavam sua posição evocando Lc 20,25: "Pois bem, dai a César o que é de César, e a Deus o que é de Deus" em uma leitura descontextualizada. [...] agora ninguém parece mais colocar em questão a relevância social da Fé Cristã e a necessidade de articular Fé e Política. Surge, porém, uma outra questão. Esta articulação tem sido algumas vezes feita de modo selvagem, em

---

[11] Públio Virgílio Maro ou Marão (em latim: *Publius Vergilius Maro*; Andes, 15 de outubro de 70 a.C. – Brundísio, 21 de setembro de 19 a.C.) foi um poeta romano clássico, autor de três grandes obras da literatura latina, as Éclogas (ou *Bucólicas*), as *Geórgicas*, e a *Eneida*. Uma série de poemas menores, contidos na *Appendix vergiliana*, são por vezes atribuídos a ele. Virgílio é tradicionalmente considerado um dos maiores poetas de Roma, e expoente da literatura latina. Sua obra mais conhecida, a *Eneida*, é considerada o épico nacional da antiga Roma: segue a história de Eneias, refugiado de Troia, que cumpre o seu destino chegando às margens de Itália – na mitologia romana, o ato de fundação de Roma. A obra de Virgílio foi uma vigorosa expressão das tradições de uma nação que urgia pela afirmação histórica, saída de um período turbulento de cerca de dez anos, durante os quais as revoluções prevaleceram. Virgílio teve uma influência ampla e profunda na literatura ocidental, mais notavelmente em *A divina comédia* de Dante, em que Virgílio aparece como guia de Dante pelo inferno e purgatório. Cf. VIRGÍLIO. *Wikipédia*. Disponível em: https://pt.wikipedia. org/wiki/Virg%C3%ADlio. Acesso em: 28 out. 2019.

[12] O caminho proposto por Virgílio consiste em fazer uma viagem pelo centro da Terra. Iniciando nos portais do inferno, atravessariam o mundo subterrâneo até chegar aos pés do monte do purgatório. Dali, Virgílio guiaria Dante até as portas do céu. Dante então decide seguir Virgílio que o guia e protege por toda a longa jornada através dos nove círculos do inferno, mostrando-lhe onde são expurgados os diferentes pecados, o sofrimento dos condenados, os rios infernais, suas cidades, monstros e demônios, até chegar ao centro da Terra, onde vive Lúcifer. Passando por Lúcifer, conseguem escapar do inferno por um caminho subterrâneo que leva ao outro lado da Terra e, assim, voltar a ver o céu e as estrelas. Cf. ALIGHIERI, D. *A divina comédia*: inferno. Prefácio de Carmelo Distante. Tradução e notas de Ítalo Eugenio Mauro. ed. bilíngue. São Paulo: Editora 34, 2008.

uma transposição direta, sem mediações, de uma esfera a outra. Sem dúvida a articulação entre Fé e Política é uma necessidade seja para a Fé, seja para a Política, porém nem toda articulação entre Fé e Política é legítima. Diante disto, a nova agenda da Pastoral Social e Política não deve ser mais o debate sobre a necessidade desta articulação, mas sobre o modo como esta relação deve se dar, legitimamente, em uma sociedade democrática, respeitando o que é próprio da Fé e o que é próprio da Política, evitando instrumentalizações nocivas à Fé e à Política.[13]

Apesar das diferenças sobre o impacto religioso de forma geral, temos que afirmar que as igrejas evangélicas estão consolidadas como uma força política com a qual todos os partidos precisam negociar.

A penetração de grupos religiosos na esfera pública nacional, por meio de canais de televisão, tem aumentado exponencialmente.[14] Logo, só o discurso religioso não é suficiente para ganhar novos adeptos, e se essa tendência já vinha se manifestando desde a década de 1990, ela atinge seu auge agora com a eleição presidencial de 2018, pois a tendência identificada é de uma expansão da base de fiéis evangélicos, mesmo que em quantidade e não em qualidade, e maior penetração dessas igrejas e seus representantes na política brasileira.[15]

Novamente pensando em Dante e sua obra, podemos identificar este cenário com sua discrição do *Purgatório*: onde, saindo do inferno, Dante e Virgílio se veem diante de uma altíssima montanha: o Purgatório. A montanha é tão alta que ultrapassa a esfera do ar e penetra na esfera do fogo, chegando a alcançar o céu. Na base da montanha encontram o antepurgatório, onde aqueles que se arrependeram tardiamente dos seus pecados aguardam a oportunidade para entrar no purgatório propriamente dito. Depois de passar pelos dois níveis do antepurgatório, os poetas atravessam um portal e iniciam sua nova odisseia, desta vez subindo cada vez mais. Passam por sete terraços, cada um mais alto que

---

[13] ANDRADE, Paulo Fernando Carneiro. *Fé, política e democracia*. Novos desafios. p. 1. Disponível em: http://www.cefep.org.br/fe-politica-e-democracia-novos-desafios-paulo-fernando-carneiro-de-andrade/. Acesso em: 28 out. 2019.

[14] Cf. SOUZA, Marco Túlio de. *Sobre o discurso neopentecostal e suas inscrições midiáticas*: estudo de caso sobre um programa televisivo. Monografia (Bacharelado em Comunicação Social) – Faculdade de Comunicação Social, Universidade Federal de Juiz de Fora (UFJF), Juiz de Fora, 2011. Disponível em: http://www.bocc.ubi.pt/pag/sousa-marco-2013-sobre-discurso-neopentecostal.pdf. Acesso em: 23 nov. 2019.

[15] BARBOSA, Bernardo. Fé no voto. Em um país em que 90% têm alguma religião, ela pode fazer a diferença na urna. *UOL*, São Paulo. Disponível em: https://www.uol/eleicoes/especiais/politica-e-religiao.htm#fe-no-voto. Acesso em: 28 out. 2019.

o outro, onde são expurgados cada um dos sete pecados capitais.[16] Isso posto, aludimos à purificação... o que claramente é a grande "obsessão" de quem neste projeto acredita e, pior que isso, se projeta, utilizando-se deste discurso, que é na realidade um "projeto de poder", mas fica claro: um claro "projeto de participação mais intenso no sistema político brasileiro, colocando suas demandas".

Medir a força da religião no processo eleitoral é prematuro, mas que ela está mais presente do que no passado é um fato inquestionável. Como isso vai se dar, se vai ser um fator de influência decisivo, só poderemos observar com o tempo.

Exemplo desta influência é a eleição de conselheiros tutelares deste ano (2019), pois política e religião não deveriam ser determinantes na escolha dos conselheiros tutelares, cuja missão primordial é defender os direitos de crianças e dos adolescentes com a necessária autonomia. Apesar disso, a influência de figuras políticas e/ou de lideranças religiosas foi marcante na disputa.[17]

Portanto, devemos atentar para estes fatores: *religião* e *política*, pois:

> Quando se quer articular a Fé e o agir político torna-se, nessa perspectiva, imprescindível, manter o duplo olhar. De um lado o olhar Teológico sobre as escrituras e a Tradição, na qual e através da qual nos é transmitida a Palavra do Deus Vivo. De outro, o olhar das ciências sociais e humanas que nos permitem compreender de forma mais aprofundada o mundo, rejeitando a tentação de quer impor, por qualquer meio a Verdade a todos. É deste modo que a Igreja pode de fato contribuir para a Evangelização do mundo, colocando-se a serviço da Vida e da Justiça.[18]

Temos que informar e, mais que isso, formar as pessoas acerca desta correlação (*fé e política*) e fazê-las atentar para o fato de que muitos deturpam, inclusive teologicamente, esta correlação, com intuito de chegar ao poder.

---

[16] No último círculo do purgatório, Dante se despede de Virgílio e segue acompanhado por um anjo que o leva através de um fogo que separa o purgatório do paraíso terrestre. Finalmente, às margens do rio Letes, Dante encontra Beatriz e se purifica, banhando-se nas águas do rio para que possa prosseguir viagem e subir às estrelas. Cf. ALIGHIERI, D. *A divina comédia*: inferno. Prefácio de Carmelo Distante. Tradução e notas de Ítalo Eugenio Mauro. ed. bilíngue. São Paulo: Editora 34, 2008.

[17] CORREIA, Mariama; BRITTO, Débora. Política e religião influenciam eleições dos conselheiros tutelares. *Marco Zero*, 27 set. 2019. Disponível em: https://marcozero.org/politica-e-religiao-influenciam-eleicoes-dos-conselheiros-tutelares/. Acesso em: 28 out. 2019.

[18] ANDRADE, Paulo Fernando Carneiro. *Fé, política e democracia*. Novos desafios. p. 21. Disponível em: http://www.cefep.org.br/fe-politica-e-democracia-novos-desafios-paulo-fernando-carneiro-de-andrade/. Acesso em: 28 out. 2019.

Não podemos aceitar, de forma alguma, que alguns líderes religiosos se aproveitem da boa-fé de seus fiéis, que sequer são seus seguidores na realidade, para conseguirem um mandato político.[19] E a grande pergunta que fica é a seguinte: será que é válido conseguir o voto das pessoas a partir de sua crença? Pois "A eleição que interessa a Deus é de cunho espiritual e envolve a escolha de seus eleitos para seguir um evangelho puro e simples, que promova edificação de caráter, e não a degradação moral e a afronta à dignidade humana".[20]

Tais questões não são fáceis de ser respondidas, e qualquer resposta seria meio que incompleta, pois a peculiaridade de cada caso é que vai definir a licitude ou ilicitude de um líder religioso quando do seu contato com seus fiéis nas eleições, e o abuso de poder religioso visa à obtenção do voto. Isso pode se manifestar de diferentes maneiras, que acabam por manipular psicologicamente/emocionalmente o eleitor através dos ensinamentos ou doutrinas da religião. Em alguns casos extremos, até mesmo promessas impossíveis são feitas para se alcançar o voto pela crença religiosa dos fiéis.[21]

3   O sincretismo[22] é a Aliança?

Aliança pelo Brasil (APB) é um partido político brasileiro, ainda em construção. De matriz ultraconservadora, foi anunciado pelo atual presidente do Brasil, Jair Messias Bolsonaro, em 12.11.2019, ao declarar a sua saída do Partido Social Liberal (PSL), partido pelo qual se elegeu.

---

[19]   SAMPAIO JUNIOR, José Herval. O abuso de poder religioso nas eleições tem o mesmo mal dos demais! *Jusbrasil*. Disponível em: https://joseherval.jusbrasil.com.br/artigos/438187557/o-abuso-de-poder-religioso-nas-eleicoes-tem-o-mesmo-mal-dos-demais. Acesso em: 28 out. 2019.

[20]   CUTRIM, Mirla Regina da Silva. Abuso do poder religioso – Nova figura no direito eleitoral. *Novo Eleitoral*. Disponível em: http://novoeleitoral.com/index.php/artigos/outrosautores/559-abuso-poder-religioso. Acesso em: 28 out. 2019.

[21]   CHAPOLA, Ricardo. Religião e política: na eleição de 2018 e em outras disputas. *Nexo*, 1º set. 2018. Disponível em: https://www.nexojornal.com.br/expresso/2018/09/01/Religião-e-pol%C3%ADtica-na-eleição-de-2018-e-em-outras-disputas. Acesso em: 28 out. 2019.

[22]   O sincretismo religioso no Brasil é um fenômeno social complexo: ele se desenvolve desde a chegada dos portugueses ao país, quando diferentes povos começaram a entrar em contato. Ele se deu através do contato intercultural de povos e grupos distintos, numa espécie de contaminação mútua e interdependente. A existência no Brasil de uma multiplicidade de traços culturais e religiosos, num primeiro momento tido como incompatíveis e diversificados, foi com o tempo se transformando numa forma peculiar de prática religiosa: a união de elementos religiosos e culturais diferentes e antagônicos num só elemento. Cf. SANCHES, Pierre. *Percursos de sincretismo no Brasil*. Rio de Janeiro: Ed. Verj, 2001.

Após uma reunião no Palácio do Planalto com parlamentares filiados ao PSL, Bolsonaro oficializou sua saída do partido e discutiu formas para criar-se um novo, porém o presidente ainda não formalizou a desfiliação do PSL. Depois da reunião, Bolsonaro publicou uma mensagem nas redes sociais, dizendo que "hoje [12 de novembro] anunciei minha saída do PSL e início da criação de um novo partido: *Aliança pelo Brasil*", agradecendo "a todos que colaboraram comigo no PSL e que foram parceiros nas eleições de 2018".

Vale pontuar que, nas semanas antecedentes ao anúncio de criação do partido, Bolsonaro teve uma série de desentendimentos com o presidente do PSL, Luciano Bivar, que desencadeou uma crise no partido. Em outubro de 2019, Bolsonaro disse a um apoiador para "esquecer" o partido, dizendo que Bivar estava "queimado para caramba".

Com apenas dias de fundação, o partido já acumulava mais de 620 mil seguidores nas redes sociais, sendo mais de 496 mil no Facebook e Instagram, e mais de 124 mil no Twitter. Uma das estratégias é a coleta de assinaturas eletrônicas. Atualmente a prática não é aceita pelo Tribunal Superior Eleitoral (TSE), entretanto, os apoiadores de Bolsonaro esperam alterações nas regras para que esse tipo de procedimento seja permitido.

O partido tem sido identificado, pela maioria dos observadores e analistas políticos, como sendo de extrema-direita, embora alguns de seus membros veem a *Aliança pelo Brasil* como apenas um movimento conservador tradicional de direita.

Durante a cerimônia de lançamento, foram destacados os pilares do partido, que serão:

- Primeiro princípio: Deus, a Fé Cristã, Missa e Terra de Santa Cruz.

- Segundo princípio: língua materna, direito romano, filosofia grega e respeito à memória, à identidade e à cultura do povo brasileiro.

- Terceiro princípio: vida humana, legítima defesa, contra o aborto, contra a erotização da infância e contra a ideologia de gênero.

- Quarto princípio: garantia da ordem pública, social, moral e jurídica.

O partido repudiou nominalmente o comunismo e o socialismo em todas as suas vertentes, assim como o fascismo e o globalismo.

"Projeto de restauração nacional", é o que busca o novo partido ao expor seus princípios basilares.

O programa afirma que o partido "reconhece o lugar de Deus na vida, na história e na alma do povo brasileiro". Há ainda defesa da posse de armas. Karina disse que o partido "se esforçará para divulgar verdades sobre crimes do movimento revolucionário, como comunismo, globalismo e nazifascismo". Ainda segundo a advogada, o partido estabelecerá relações com siglas e entidades de países que "venceram o comunismo", como os do Leste Europeu.

"O Aliança pelo Brasil repudia o socialismo e o comunismo", disse Karina. A frase foi bastante aplaudida pelos presentes. A plateia começou a gritar: "A nossa bandeira jamais será vermelha".

Mostrando claramente a negação de parte da sociedade, como afirmação de quem sincretiza a segurança em uma certa mística da Missão, que inevitavelmente Deus me deu! E se errar no percurso para alcançar o objetivo, é porque sou "pecador", logo serei perdoado, pois não tenho dúvidas de que Deus é bom.

A maioria dos parlamentares do PSL, que pretendem migrar para a nova sigla, ocupava as primeiras fileiras do auditório. Alguns não conseguiram lugar nas primeiras cadeiras porque chegaram mais tarde. Outros quase não conseguiram entrar. Havia ainda dezenas de apoiadores ao lado de fora do auditório, por causa da lotação. Apenas poucos jornalistas tiveram acesso ao auditório principal.

A fim de participar das eleições municipais de 2020, Bolsonaro pretende tirar o partido do papel por meio da coleta de assinaturas digitais. Ele afirmou que, se não for possível a coleta eletrônica, a legenda ficará fora da disputa no ano que vem. Convenientemente o TSE (Tribunal Superior Eleitoral) deve decidir se a Justiça pode aceitar assinaturas eletrônicas para a formação de um partido político.

No manifesto da *Aliança Pelo Brasil*, divulgado pelo Deputado Federal Eduardo Bolsonaro (PSL-SP), o partido se apresenta como "sonho e a inspiração de pessoas leais a Bolsonaro". O texto ressalta que a aliança é entre "famílias, pessoas de bem, trabalhadores, empresários, militares, religiosos e todos aqueles que desejam um Brasil realmente grande". Além disso, afirma que almeja "livrar o país dos larápios, dos 'espertos', dos demagogos e dos traidores que enganam os pobres e os ignorantes".

A estratégia discursiva é maniqueísta[23] e voltada para um indivíduo, em vez de propor um ideário definido. Há um discurso

---

[23] Este dualismo religioso sincretista que se originou na Pérsia e foi amplamente difundido no Império Romano (séc. III d.C. e IV d.C.), cuja doutrina consistia basicamente em afirmar a existência de um conflito cósmico entre o reino da luz (o Bem) e o das sombras (o Mal), em

voltado para a personalidade. Não é uma defesa a um conjunto de reformas para tornar o Estado mais eficiente, por exemplo. O discurso é sobre um indivíduo que vai salvar todo um contexto – talvez por que se compare ao próprio Messias? O manifesto é uma definição manual de populismo. Este se tornou um símbolo de sincretismo da negação da política.

Grande parte da sociedade se projeta com anseio de alcançar o *Paraíso*: lembremo-nos de que o *Paraíso* de Dante é dividido em duas partes: uma material e uma espiritual (onde não há matéria). A parte material segue o modelo cosmológico de Ptolomeu e consiste de nove círculos formados pelos sete planetas (Lua, Mercúrio, Vênus, Sol, Marte, Júpiter e Saturno), o céu das estrelas fixas e o Primum Mobile – o céu cristalino e último círculo da matéria. Ainda no paraíso terrestre, Beatriz olha fixamente para o Sol e Dante a acompanha até que ambos começam a elevar-se, "transumanando".[24]

A "facada"[25] se faz aspiração e sacrifício de morte – suaviza o sofrimento e proporciona autossuperação, pois o sentimento de não pertencimento expresso na política e seus agentes instrumentaliza a insegurança coletiva, que permite a todos se isentar das responsabilidades da sociedade e sua forma de organização.

O preocupante é que Bolsonaro, enquanto político, foge dos princípios democráticos da fundação de um partido, pois o verdadeiro objetivo é sincretizar a briga pelo controle de uma máquina – a fé, que possibilita agora, no Brasil, o controle de uma máquina partidária. Uma espécie de mística neopentecostal de ultradireita que macula a austeridade (força/violência) do que o neoliberalismo precisa aprovar e implementar, para sustento do capitalismo.

---

localizar a matéria e a carne no reino das sombras, e em afirmar que ao homem se impunha o dever de ajudar à vitória do Bem por meio de práticas ascéticas, pois tem como norte qualquer visão do mundo que o divide em poderes opostos e incompatíveis. Cf. REALE, Giovanni. *Historia da filosofia*: de Nietzsche à Escola de Frankfurt. Tradução de Ivo Storniolo. São Paulo: Paulus, 2006. v. 6. Coleção História da Filosofia.

[24] Guiado por Beatriz, Dante passa pelos vários céus do paraíso e encontra personagens como São Tomás de Aquino e o Imperador Justiniano. Chegando ao céu de estrelas fixas, ele é interrogado pelos santos sobre suas posições filosóficas e religiosas. Depois do interrogatório, recebe permissão para prosseguir. Cf. ALIGHIERI, D. *A divina comédia*: inferno. Prefácio de Carmelo Distante. Tradução e notas de Ítalo Eugenio Mauro. ed. bilíngue. São Paulo: Editora 34, 2008.

[25] Um *atentado* foi cometido contra o capitão reformado e político brasileiro Jair Bolsonaro durante sua campanha eleitoral para a presidência do Brasil em 6.9.2018. O crime ocorreu na cidade de Juiz de Fora, Minas Gerais; o autor foi Adélio Bispo de Oliveira, de 40 anos, natural de Montes Claros em Minas Gerais, que desferiu um golpe de faca no candidato.

Basta pensarmos no céu cristalino de Dante, que adquire uma nova capacidade visual, e passa a ter visão para compreender o mundo espiritual, onde ele encontra nove círculos angélicos, concêntricos, que giram em volta de Deus. Lá, ao receber a visão da Rosa Mística, se separa de Beatriz e tem a oportunidade de sentir o amor divino que emana diretamente de Deus, "o amor que move o Sol e as outras estrelas".[26] Assim, temos milhões de inebriados por um mundo espiritual que promete resolver os problemas do mundo real.

O período do século XI ao XIII foi marcante para a expansão do inferno cristão. A crença no maligno aumentou o medo ante o desconhecido e possibilitou a estruturação de um inferno punitivo. O poeta Dante Alighieri construiu uma geografia para o inferno, paraíso e purgatório cristão por meio das representações coletivas do homem medieval. Na simbologia do inferno de Dante, podemos aclarar o presente político brasileiro, em que, focando na estrutura de seu sétimo círculo, identificamos o imaginário dos eleitores que esperam a punição das almas violentas e assim se tornam reféns e são direcionados para o subjetivo na verdade, que se torna o efetivo, sem o compromisso real com o humano.[27] Este momento histórico sincretiza o peso dessas relações? Fé e política se colocam a serviço de quem? Parte significativa da população passa a ver em um "novo" governo esta representação e espera dele hipocritamente as medidas do *Inferno* de Dante para o hoje.

Além disso, o poeta formula sistemas de punição que funcionam de acordo com uma legislação sobrenatural – atentemos para o fato evidente de que todo discurso político que teve êxito nas eleições de 2018 passa por esta perspectiva de punição, ou pelo menos de sua expectativa, pois não temos necessariamente a coragem de mudar, mas queremos quem faça. Na obra de Dante, os homicidas, tiranos e ladrões ferviam no sangue; os suicidas foram condenados a passar a

---

[26] Cf. CAPPELLARI, M. S. V. *As representações visuais do mal na comunicação*: imaginário moderno e pós-moderno em imagens de a Divina Comédia e do filme Constante. 353 f. Tese (Doutorado em Comunicação Social) – Faculdade de Comunicação Social, Pontifícia Universidade Católica do Rio Grande do Sul, Porto Alegre, 2007 e ALIGHIERI, D. *A divina comédia*: inferno. Prefácio de Carmelo Distante. Tradução e notas de Ítalo Eugenio Mauro. ed. bilíngue. São Paulo: Editora 34, 2008.

[27] Vivemos a obra de Dante às avessas, pois a representação do sétimo círculo do inferno é uma figuração dos mecanismos de pensamentos pertencentes ao homem medieval que condenava e punia os atos violentos. O inferno de Dante possui diversas representações coletivas, signos que pedem um significado. A necessidade de manter a ordem na sociedade tornou possível a ambientação de um local que condenasse aqueles que fugiam ao modelo de sociedade apresentado. A proliferação do caos foi sinônimo de intervenção maligna, ou de tentação do diabo. O sétimo círculo informa quais eram as violências condenadas por Dante: a violência contra o outro, contra si mesmo e contra Deus.

eternidade como árvores sofrendo com os arranhões das harpias; os blasfemos e sodomitas foram condenados ao areão ardente sob constante chuva de fogo.

E o Brasil, momentaneamente, se condena a esta saga, como quem perpassa o simbolismo da obra de Dante. Resta-nos saber se por força da religião (fé) *corrompida* ou do poder (política) *manipulado*, em favor da segurança aparente, de um discurso que só revela nossas raízes sincretistas.

Referências

A CADA dois dias, uma morte por homofobia é denunciada no Brasil. *O Globo*, 21 out. 2018. Disponível em: https%3A%2F%2Foglobo.globo.com%2Fsociedade%2Fa-cada-dois-dias-uma-morte-por-homofobia-denunciada-no-brasil-22833338&usg=AOvVaw3EuCIq83mu1wJag3hmLMuz. Acesso em: 24 jan. 2019.

A PRAGA anti-vacina infesta as redes sociais. *GGN*, 8 ago. 2018. Disponível em: https://jornalggn.com.br/blog/almeida/a-praga-anti-vacina-infesta-as-redes-sociais. Acesso em: 24 jan. 2019.

ALIGHIERI, D. *A divina comédia*: inferno. Prefácio de Carmelo Distante. Tradução e notas de Ítalo Eugenio Mauro. ed. bilíngue. São Paulo: Editora 34, 2008.

ALMEIDA, R. de. Deus acima de todos. *In*: ABRANCHES, Sérgio *et al. Democracia em risco?*: 22 ensaios sobre o Brasil hoje. São Paulo: Companhia das Letras, 2019.

ALONSO, A. A comunidade moral bolsonarista. *In*: ABRANCHES, Sérgio *et al. Democracia em risco?*: 22 ensaios sobre o Brasil hoje. São Paulo: Companhia das Letras, 2019.

ANDRADE, Paulo Fernando Carneiro. *Fé, política e democracia*. Novos desafios. Disponível em: http://www.cefep.org.br/fe-politica-e-democracia-novos-desafios-paulo-fernando-carneiro-de-andrade/. Acesso em: 28 out. 2019.

AQUINO JÚNIOR, F. de. *Teologia em saída para as periferias*. São Paulo: Paulinas/Pernambuco: Unicap, 2019.

BARBOSA, Bernardo. Fé no voto. Em um país em que 90% têm alguma religião, ela pode fazer a diferença na urna. *UOL*, São Paulo. Disponível em: https://www.uol/eleicoes/especiais/politica-e-religiao.htm#fe-no-voto. Acesso em: 28 out. 2019.

BECKER, Udo. *Dicionário de símbolos*. 2. ed. São Paulo: Paulus, 2007.

BELLUZZO, L. G. Na contramão, de patinete. *Carta Capital*, n. 1060.

BOLSONARO, o candidato fake. *Istoé*, 10 ago. 2018. Disponível em: https://istoe.com.br/bolsonaro-o-candidato-fake/. Acesso em: 24 jan. 2019.

BOMBAS de gás e spray nos olhos: é assim que a polícia reage aos protestos. *El País*, 13 jun. 2014. Disponível em: https://brasil.elpais.com/brasil/2014/06/13/politica/1402690293_009379.html. Acesso em: 23 jan. 2019.

BRASIL é o terceiro país mais ignorante do mundo. *Superinteressante*, 10 maio 2018. Disponível em: https://super.abril.com.br/ideias/brasil-e-o-terceiro-pais-mais-ignorante-do-mundo/. Acesso em: 20 jan. 2019.

BRASIL fica em 2º em ranking de ignorância sobre a realidade. *Exame*, 6 dez. 2017. Disponível em: https://exame.abril.com.br/brasil/brasil-fica-em-2o-em-ranking-de-ignorancia-sobre-a-realidade/. Acesso em: 24 jan. 2019.

BRASIL fica em 96º lugar em ranking de 2017 dos países menos corruptos. *G1*, 21 fev. 2017. Disponível em: https://g1.globo.com/mundo/noticia/brasil-fica-em-96-lugar-entre-180-paises-no-ranking-da-corrupcao-de- 2017.ghtml. Acesso em: 24 jan. 2019.

CAPPELLARI, M. S. V. *As representações visuais do mal na comunicação*: imaginário moderno e pós-moderno em imagens de a Divina Comédia e do filme Constante. 353 f. Tese (Doutorado em Comunicação Social) – Faculdade de Comunicação Social, Pontifícia Universidade Católica do Rio Grande do Sul, Porto Alegre, 2007.

CHAPOLA, Ricardo. Religião e política: na eleição de 2018 e em outras disputas. *Nexo*, 1º set. 2018. Disponível em: https://www.nexojornal.com.br/expresso/2018/09/01/Religião-e-pol%C3%ADtica-na-eleição-de-2018-e-em-outras-disputas. Acesso em: 28 out. 2019.

CNBB. *Mensagem ao povo brasileiro.* Disponível em: https://www.vaticannews.va/pt/igreja/news/2019-05/mensagem-da-cnbb-ao-povo-brasileiro.html. Acesso em: 15 nov. 2019.

COMO boatos ajudaram a eleger Donald Trump nos EUA. *Forbes*, 18 nov. 2016. Disponível em: https://forbes.uol.com.br/negocios/2016/11/como-boatos-ajudaram-a-eleger-donald-trump-nos-eua/. Acesso em: 24 jan. 2019.

COMO Trump e o Brexit ajudaram a cunhar a "palavra do ano" escolhida pelo dicionário Oxford. *BBC*, 16 nov. 2016. Disponível em: https://www.bbc.com/portuguese/internacional-37998165. Acesso em: 24 jan. 2019.

CORREIA, Mariama; BRITTO, Débora. Política e religião influenciam eleições dos conselheiros tutelares. *Marco Zero*, 27 set. 2019. Disponível em: https://marcozero.org/politica-e-religiao-influenciam-eleicoes-dos-conselheiros-tutelares/. Acesso em: 28 out. 2019.

CUTRIM, Mirla Regina da Silva. Abuso do poder religioso – Nova figura no direito eleitoral. *Novo Eleitoral*. Disponível em: http://novoeleitoral.com/index.php/artigos/outrosautores/559-abuso-poder-religioso. Acesso em: 28 out. 2019.

DILMA também ataca a democracia ao sancionar lei antiterrorismo, diz Boulos. *UOL*, 18 mar. 2016. Disponível em: https://blogdosakamoto.blogosfera.uol.com.br/2016/03/18/dilma-tambem-ataca-a-democracia-ao-sancionar-lei-antiterrorismo-diz-boulos/. Acesso em: 23 jan. 2019.

DILMA vence eleição mais acirrada da história da democracia brasileira. *G1*, 27 out. 2014. Disponível em: http://g1.globo.com/jornal-nacional/noticia/2014/10/dilma-vence-eleicao-mais-acirrada-da-historia-da-democracia-brasileira.html. Acesso em: 23 jan. 2019.

DONALD Trump vence Hillary Clinton e é eleito presidente dos EUA. *G1*, 9 nov. 2016. Disponível em: http://g1.globo.com/mundo/eleicoes-nos-eua/2016/noticia/2016/11/donald-trump-vence-hillary-clinton-e-e-eleito-presidente-dos-eua.html. Acesso em: 24 jan. 2019.

DRUMMOND, C. A indústria em farrapos. *Carta Capital*, n. 1060.

DUNKER, C. I. L. Psicologia das massas digitais: análise do sujeito democrático. *In*: ABRANCHES, Sérgio *et al*. *Democracia em risco?*: 22 ensaios sobre o Brasil hoje. São Paulo: Companhia das Letras, 2019.

ENTENDA o que é o Movimento Passe Livre. *Universia Brasil*, 18 jun. 2013. Disponível em: http://noticias.universia.com.br/destaque/noticia/2013/06/18/1031242/entenda-e-movimento-passe- livre.html. Acesso em: 23 jan. 2019.

EXÍLIO de Jean Wyllys mostra que democracia se tornou perigosa no Brasil... *UOL*, 24 jan. 2019. Disponível em: https://blogdosakamoto.blogosfera.uol.com.br/2019/01/24/exilio-de-jean-wyllys-mostra-que-democracia-se- tornou-perigosa-no-brasil/. Acesso em: 25 jan. 2019.

FAMILIARES de suspeito de matar Marielle trabalhavam em gabinete de Flávio Bolsonaro. *Brasil de Fato*, 22 jan. 2019. Disponível em: https://www.brasildefato.com.br/2019/01/22/familiares-de-suspeito-de-matar-marielle- trabalhavam-em-gabinete-de-flavio-bolsonaro/. Acesso em: 25 jan. 2019.

FAUSTO, R. *Caminhos da esquerda*. Elementos para uma reconstrução. São Paulo: Companhia das Letras, 2017.

FAUSTO, R. Depois do temporal. *In*: ABRANCHES, Sérgio *et al*. *Democracia em risco?*: 22 ensaios sobre o Brasil hoje. São Paulo: Companhia das Letras, 2019.

GEERTZ, Clifford. *Religião como sistema cultural*. Rio de Janeiro: Ed. Livros Técnicos e Científicos S.A., 1973.

GIANNOTTI, J. A. Savonarolas oficiais. *In*: ABRANCHES, Sérgio *et al*. *Democracia em risco?*: 22 ensaios sobre o Brasil hoje. São Paulo: Companhia das Letras, 2019.

GONÇALVES, Vinicius Viana. A conjuntura política no Brasil apresenta um obscurantismo perigoso para a democracia. *Justificando*, 12 mar. 2019. Disponível em: http://www.justificando.com/2019/03/12/a-conjuntura-politica-no-brasil-apresenta-um-obscurantismo-perigoso-para-a-democracia/. Acesso em: 20 out. 2019.

GRUPOS extremistas à direita de Bolsonaro podem surgir com governo, analisa Nasser. *Brasil de Fato*, 12 nov. 2018. Disponível em: https://www.brasildefato.com.br/2018/11/12/tendencia-e-aparecer-grupos-a-direita-de-bolsonaro-analisa-reginaldo-nasser/. Acesso em: 24 jan. 2019.

HAYEK, F. A. von. *The Road to Serfdom*. Chicago: University of Chicago Press, 2007.

IGREJA CATÓLICA. Papa (2013 –: Francisco). *Carta Encíclica Laudato Si*: sobre o cuidado da casa comum. São Paulo: Paulinas, 2015.

IMPEACHMENT de Dilma Rousseff. *TodaMateria*, 12 out. 2016. Disponível em: https://www.todamateria.com.br/impeachment-de-dilma-rousseff/. Acesso em: 23 jan. 2019.

JUDICIÁRIO, a monarquia brasileira. *Justificando*, 22 nov. 2018. Disponível em: http://www.justificando.com/2018/11/22/judiciario-a-monarquia-brasileira/. Acesso em: 25 jan. 2019.

KORYBKO, A. *Guerras híbridas*. São Paulo: Expressão Popular, 2018.

LE GOFF, Jacques; SCHMITT, Jean-Claude. *Dicionário temático do Ocidente medieval*. São Paulo: Edusc, 2002.

MANIFESTANTES protestam contra Dilma em todos os estados, DF e exterior. *G1*, 15 mar. 2015. Disponível em: http://g1.globo.com/politica/noticia/2015/03/manifestantes-protestam-contra-dilma-em-estados-no-df-e-no- exterio.html. Acesso em: 23 jan. 2019.

MARIANO, R. *Neopentecostais*: sociologia do novo pentecostalismo no Brasil. São Paulo: Loyola, 1999.

MINISTÉRIO Público, como carrasco medieval. *Justificando*, 6 dez. 2018. Disponível em: http://www.justificando.com/2018/12/06/ministerio-publico-como-carrasco-medieval/. Acesso em: 25 jan. 2019.

MISES, L. von. *The anti-capitalist mentality*. Auburn: Ludwig von Mises Institute, 2008.

NASSIF, Lourdes. Eleições 2018: bancada evangélica cresce na Câmara e no Senado. *Jornal GGN*, 2018. Disponível em: https://jornalggn.com.br/congresso/eleicoes-2018-bancada-evangelica-cresce-na-camara-e-no-senado/. Acesso em: 28 out. 2019.

OLIVEIRA, Manfredo Araújo de. *Traços básicos de nossa situação histórica*: conjuntura 2019. Disponível em: http://www.ihu.unisinos.br/78-noticias/591292-tracos-basicos-de-nossa-situacao-historica-conjuntura-2019. Acesso em: 20 out. 2019.

OLIVEIRA, P. A. R. de. *Análise de conjuntura*, 2019. Mimeo.

OS "CIDADÃOS" do bem que ajudam a fazer piada com Bolsonaro. *Catraca Livre*, 25 jan. 2019. Disponível em: https://catracalivre.com.br/parceiros-catraca/dimenstein/os-cidadoes-que-estao-ajudando-a-fazer-piada-com-bolsonaro/. Acesso em: 25 jan. 2019.

OS MALES da corrupção. *Estadão*, 19 nov. 2016. Disponível em: https://opiniao.estadao.com.br/noticias/geral,os-males-da-corrupcao,10000089281. Acesso em: 24 jan. 2019.

PIKETTY, T. *O capital no século XXI*. Rio de Janeiro: Intrínseca, 2014.

POR que 2013 já é o ano dos protestos no mundo? *Exame*, 13 set. 2016. Disponível em: https://exame.abril.com.br/mundo/por-que-2013-ja-e-o-ano-dos-protestos-no-mundo/. Acesso em: 23 jan. 2019.

PROTESTOS atraem menos gente, mas voltam a registrar violência. *O Povo*, 13 maio 2014. Disponível em: https://www20.opovo.com.br/app/opovo/politica/2014/06/13/noticiasjornalpolitica,3266301/protestos- atraem-menos-gente-mas-voltam-a-registrar-violencia.shtml. Acesso em: 23 jan. 2019.

REALE, Giovanni. *História da filosofia*: de Freud a atualidade Tradução de Ivo Storniolo. São Paulo: Paulus, 2006. v. 7. Coleção História da Filosofia.

REALE, Giovanni. *Historia da filosofia*: de Nietzsche à Escola de Frankfurt. Tradução de Ivo Storniolo. São Paulo: Paulus, 2006. v. 6. Coleção História da Filosofia.

RICOEUR, P. *Percurso do reconhecimento*. São Paulo: Loyola, 2006.

SAMPAIO JUNIOR, José Herval. O abuso de poder religioso nas eleições tem o mesmo mal dos demais! *Jusbrasil*. Disponível em: https://joseherval.jusbrasil.com.br/artigos/438187557/o-abuso-de-poder-religioso-nas-eleicoes-tem-o-mesmo-mal-dos-demais. Acesso em: 28 out. 2019.

SANCHES, Pierre. *Percursos de sincretismo no Brasil*. Rio de Janeiro: Ed. Verj, 2001.

SANQUINÉ, Milene G. S. *Expressões do inferno e tecnologias do imaginário*: de Dante a Godard. Porto Alegre: [s.n.], nov. 2008.

SOUZA, Marco Túlio de. *Sobre o discurso neopentecostal e suas inscrições midiáticas*: estudo de caso sobre um programa televisivo. Monografia (Bacharelado em Comunicação Social) – Faculdade de Comunicação Social, Universidade Federal de Juiz de Fora (UFJF), Juiz de Fora, 2011. Disponível em: http://www.bocc.ubi.pt/pag/sousa-marco-2013-sobre-discurso-neopentecostal.pdf. Acesso em: 23 nov. 2019.

SUNG, J. M. *Idolatria do dinheiro e direitos humanos*. [s.l.]: [s.n.], 2018.

UM governo ficha-suja: mais da metade dos ministros estão enrolados. *Brasil247*, 21 nov. 2018. Disponível em: https://www.brasil247.com/pt/247/poder/375631/Um-governo-ficha-suja-mais-da-metade-dos-ministros- estão-enrolados.htm. Acesso em: 25 jan. 2019.

VAUCHEZ, André. *A espiritualidade na Idade Média Ocidental*: séc. VIII a XIII. Rio de Janeiro: Jorge Zahar, 1995.

WELFARE State: Estado de bem-estar social: a origem e o desenvolvimento. *Conteúdo Jurídico*, 15 set. 2016. Disponível em: http://www.conteudojuridico.com.br/artigo,welfare-state-estado-de-bem-estar-social-a-origem-e-o-desenvolvimento,56761.html. Acesso em: 24 jan. 2019.

Informação bibliográfica deste texto, conforme a NBR 6023:2018 da Associação Brasileira de Normas Técnicas (ABNT):

MIRANDA, Rodrigo Marzano Antunes. Religião e poder: aspectos de uma aliança? *In*: ANDRADE, Durval Ângelo; MAYOS SOLSONA, Gonçal; HORTA, José Luiz Borges; MIRANDA, Rodrigo Marzano Antunes (Coords.). *A sociedade do controle?*: macrofilosofia do poder no neoliberalismo. Belo Horizonte: Fórum, 2022. p. 177-194. ISBN 978-65-5518-260-6.

A ÁGUIA CONTRA O OCIDENTE: AS GUERRAS HÍBRIDAS E SUAS CONSEQUÊNCIAS PARA OS PILARES DO ESTADO DE DIREITO

PAULO ROBERTO CARDOSO
HUGO REZENDE HENRIQUES

Considerações iniciais

Em maio de 2014, a Rússia realizou a primeira Conferência de Moscou sobre Segurança Internacional, que focou largamente no tema das revoluções coloridas e a estratégia militar contemporânea dos EUA no mundo, a qual viria a ser denominada, no plural, por estratégia de guerras híbridas, descritas recentemente em livro homônimo.[1] A estratégia e as táticas das guerras híbridas, cuidadosamente descritas e documentadas pelo pesquisador Andrew Korybko, incluem o uso sistemático da teoria do caos aplicada, utilização de novas tecnologias e redes sociais e uma variedade de estratégias que, juntas, buscam

---

[1] O livro é de autoria de Andrew Korybko e desde sua tradução para o português em 2018 vem sendo tema de amplo debate acadêmico. O autor busca traçar um suporte técnico-científico sólido para denunciar que a atuação da política externa norte-americana desde pelo menos os anos 1990 vem se pautando por uma tática crescentemente desvinculada do uso direto de forças militares tradicionais, ainda que sem deixar de investir também nestas, para buscar mudanças de regime (*regime change*, no jargão anglófono usual) que alinhem os governos de Estados considerados importantes aos interesses do império norte-americano. Cf. KORYBKO, Andrew. *Guerras híbridas*: das revoluções coloridas aos golpes. Tradução de Thyago Antunes. São Paulo: Expressão Popular, 2018.

precisamente confundir o governo a ser ameaçado (nem sempre se trata de um governo abertamente referenciado como opositor), com o objetivo de torná-lo incapaz de responder aos ataques omnidimensionais –[2] que, muitas vezes, não são sequer percebidos como tal, vez que muitos deles são orquestrados para emergir da população do próprio Estado e aparentemente ecoando as suas verdadeiras disposições contra o governo, o Estado, ou aspectos de qualquer um deles. Em última instância, a estratégia pode ser empregada para a completa desestabilização de um governo, inclusive para que se realize uma troca de regime efetiva, viabilizando um governo alinhado aos interesses estratégicos da potência que empregou a estratégia de guerra híbrida.

Em suma, a estratégia das guerras híbridas consiste em alimentar soturnamente ideias e redes de pessoas ideologicamente alinhadas para criar um ambiente social que permita, quando ativada a estratégia (Korybko denomina o catalisador como "o acontecimento") que toda uma enorme quantidade de sujeitos se disponham a se engajar em atos pacíficos ou até em lutas armadas – seja em nome das causas centrais que incitaram o acontecimento, seja em vista de causas aparentemente conexas, ou até mesmo simplesmente em solidariedade a redes de socialização e interação previamente estabelecidos e que se alimentam de insatisfações generalizadas e sem meios de canalização efetivos.

Dependendo do código civilizacional/cultural e da melhor forma de penetrar nos cinco anéis sociais dos cidadãos-alvo, as revoluções coloridas podem adaptar sua mensagem para criar seu próprio "vírus" personalizado a fim de conquistar novos adeptos. O vírus "contamina" os indivíduos trabalhando para modificar seu sentimento político, e a ideia é que, uma vez que encontre uma "vítima", esse indivíduo então "espalhará" ativamente suas ideias para outras pessoas, causando uma "epidemia política".[3]

---

[2] Tomamos o termo a uma dupla de pesquisadores brasileiros que cunharam a expressão "guerra omnidimensional" para expressar conjuntamente o uso de táticas convencionais e das táticas que viriam a fazer parte da estratégia aqui chamada de "guerras híbridas" pelas potências contemporâneas em seus conflitos. Buscam deixar claro que as novas frentes estratégicas (computadores, redes sociais, realidades virtuais etc.) somam-se às estratégias convencionais nas frentes de batalhas atuais. Tomamos o termo para assegurar nossa consciência sobre esta realidade. Cf. MOTA, Rui Martins da; AZEVEDO, Carlos E. Franco. A guerra omnidimensional: novas concepções do pensamento estratégico militar. *Revista da Escola Superior de Guerra*, v. 27, n. 55, p. 55-68, jul./dez. 2012.

[3] KORYBKO, Andrew. *Guerras híbridas*: das revoluções coloridas aos golpes. Tradução de Thyago Antunes. São Paulo: Expressão Popular, 2018. p. 32-33.

Apesar do excessivo emprego da lógica biológica no excerto, a imagem evocada tem sentido à luz dos eventos paradigmáticos de desenvolvimento de tais estratégias, como as revoluções coloridas levadas a cabo nos países do Leste europeu e a chamada "primavera árabe", desencadeada a partir da Tunísia e que se alastraria por diversos Estados do norte da África e Oriente Médio, como Egito, Líbia e a até hoje controvertida situação a persistir na Síria.

Como estratégia militar em sentido estrito, as assim chamadas "guerras híbridas" são um sucesso absoluto e crescente e têm repetidamente provado sua eficiência – são relativamente baratas, relativamente simples de serem executadas, a despeito de todo o conhecimento e tecnologia que arregimentam para sua implementação, mas especialmente porque são capazes de gerar os efeitos políticos e estratégicos pretendidos pelo Estado "agressor" sem que este seja claramente percebido, interna e internacionalmente, como um agressor de fato. Para persistirmos nos exemplos acima, dos conflitos bálticos no começo dos anos 2000 e da primavera árabe do início dos anos 2010, temos ambas as circunstâncias nas quais os interesses estratégicos norte-americanos se impuseram de forma satisfatória sem que o vínculo efetivo entre o Estado agressor e os eventos nos Estados-alvo ficassem claros à parcela significativa das comunidades nacionais e internacionais, ao menos em um primeiro momento.

Por outro lado, as consequências políticas e filosóficas de longo prazo de tais estratégias não parecem ter sido suficientemente elaboradas, especialmente no que tange aos obstáculos que tal estratégia impõe para a manutenção do Estado de direito conforme desenvolvido pelo Ocidente[4] desde a Modernidade, e especialmente ao conceito norte-americano de democracia-liberal,[5] que ainda carece de vigor

---

[4]   Falar em Ocidente carece sempre de uma especificação em relação ao termo utilizado e os limites, inclusive geográficos, deste. Assim, se partimos do ponto de vista civilizacional expresso por Huntington (cf. HUNTINGTON, Samuel Phillips. *O choque de civilizações e a recomposição da ordem mundial*. Tradução de M. H. C. Cortês. Rio de Janeiro: Objetiva, 1997), que percebe a crescente centralidade da religião como pano de fundo para se perceber as civilizações atualmente existentes, nos afastamos dele ao englobar em seu conceito de Ocidente tanto o mundo europeu cristão – e suas possessões ou ex-colônias na América Latina – quanto o mundo anglo-saxão calvinista. Em nossa compreensão, o mundo anglo-saxão tende a constituir uma civilização distinta, ainda que próxima em alguns aspectos, da civilização Ocidental *stricto sensu*. Ao mundo anglo-saxão, tendo o Reino Unido como espaço de transição, buscamos denominar com mais precisão, e na esteira de outros professores e pesquisadores, por civilização Extremo-Ocidental.

[5]   O que se usou denominar por "democracia liberal" após a queda do muro de Berlim, e muito especialmente após os eventos que viriam a ser conhecidos como Consenso de Washington, parece ser o único produto genuinamente norte-americano de exportação

democrático efetivo e que parece crescentemente posto em questão em face do contexto contemporâneo e especificamente dos desdobramentos que aqui buscaremos demonstrar da estratégia denominada "guerras híbridas".

O voo da águia

Se, como dissemos, as guerras híbridas parecem ser um sucesso para a política externa norte-americana, suas consequências políticas mais amplas e seus desdobramentos filosóficos ainda não foram claramente discutidos. Essa discussão, entretanto, se torna urgente, especialmente porque há crescente evidência de seu uso em países ocidentais – europeus e sul-americanos – e, ademais, há indícios de que a tecnologia necessária a tal estratégia não se restringe mais ao governo do polo imperialista ainda dominante, mas que vem sendo testada também pelos impérios que parecem hoje buscar emergir como tal, especialmente no eixo Rússia-China. Assim, a presente discussão transcende a questão de uma mera crítica ao imperialismo americano, mas em especial busca chamar atenção para a necessidade de que o Ocidente em geral (e o Estado brasileiro em particular) se arme, sobretudo filosófica e ideologicamente, para se inserir conscientemente na corrida imperialista que parece se avizinhar de nossa realidade cotidiana.

De especial interesse para o presente trabalho, as guerras híbridas têm feito uso crescente de táticas (especialmente digitais) de direcionamento da vontade dos sujeitos para determinados tipos de

---

ou imposição imperialista. O misto característico de Estado mínimo porém policialesco, institucionalidade frágil e servil e a redução do esforço democrático à participação eleitoral (preferencialmente voltada à eleição direta de um líder forte e subserviente), somados à insistência em um igualitarismo desconhecido de boa parte do mundo não ocidental (e, portanto, exógeno aos Estados em que tal produto busca ser imposto) são talvez a marca principal desta democracia liberal e que não deve ser confundida nem com o Estado de direito, tampouco com a democracia parlamentar, ambos produtos do desenvolvimento político e filosófico europeu. Sobre os eventos da queda do muro de Berlim ao Consenso de Washington, v. KLEIN, Naomi. *A doutrina do choque*: a ascensão do capitalismo de desastre. Tradução de Vania Cury. Rio de Janeiro: Nova Fronteira, 2008, especialmente a parte 4 da obra. Sobre a perspectiva democrática que reduz a democracia ao voto, v. SCHUMPETER, Joseph A. *Capitalismo, socialismo e democracia*. Tradução de Luiz Antônio Oliveira de Araújo. São Paulo: Editora Unesp, 2017, especialmente a parte 5 da obra. Para uma crítica brasileira a este paradigma, v. HORTA, José Luiz Borges; FREIRE, Thales Monteiro; SIQUEIRA, Vinicius de. A era pós ideologias e suas ameaças à política e ao Estado de Direito. *Confluências*, Niterói, v. 14, n. 2, p. 120-133, dez. 2012.

ação ou preferência.[6] Como se percebe, colocar em xeque a vontade livre é também, desde já, questionar o modelo de democracia que se baseia fortemente na manifestação de vontade dos sujeitos conforme expressa em eleições gerais e periódicas (especialmente nos arranjos institucionais exportados pelo imperialismo norte-americano que, conforme já comentamos, centram-se usualmente em uma figura forte na chefia de Estado e de governo, facilitando o processo de direcionamento da vontade, vez que este não tem foco no Parlamento – instituição imensamente mais plural e usualmente composto por mecanismos eleitorais mais complexos).

A maioria dos sujeitos participa insuspeitamente desse tipo de rede, em grupos de discussão, ou outros tipos de rede que aparentemente se prestam a discussões específicas ou análises gerais de contexto. As redes podem incluir redes sociais comuns, mas também redes de pesquisa, organizações não governamentais, fundações, entre outras instituições em geral percebidas mesmo como espaços de efetivação democrática, e frequentemente se espalham para amplos grupos de pessoas apenas marginalmente engajadas em ações políticas ou sociais efetivas – sujeitos comuns e cotidianos que só responderão a um afã de engajamento social ou político em vista de um "acontecimento" definitivamente construído (ou oportunamente ocorrido) que catalise um sentimento mais generalizado de indignação (no Brasil os exemplos parecem incluir desde coisas muito singelas, como um aumento de 20 centavos nas passagens de ônibus, em 2013, até uma indignação genérica e mais ou menos abstrata contra "toda a corrupção" em 2016).

Por vezes esse direcionamento se dá inclusive por sua participação em grupos ou agremiações de pessoas que podem ser rapidamente ativadas por sujeitos críticos (pessoas mais próximas ao centro principal

---

[6] O tema, embora recente, já vem sendo tratado a alguns anos pela filosofia no sentido de uma crítica à noção kantiana ainda muito influente de uma racionalidade individual estrita. Veja-se o trecho do jusfilósofo mineiro Joaquim Carlos Salgado a respeito: "A par da violência vermelha e da violência branca, esta caracterizada pela fome, ignorância etc., há um outro tipo pouco conhecido: a violência da palavra. Ela é a forma de impedir o livre pensar, sem o qual não há o agir livre. O modo pelo qual ela se exerce é o sistema de comunicação, embora se faça presente também nas comunicações pessoais assistemáticas ou decorrentes do sistema sócio jurídico. Essa forma de violência que conduz o modo de pensar ou a consciência dos indivíduos, tira ao homem o exercício livre do pensar, pois que este é posto como fórmula acabada, com pretensão de validade inquestionável, por força da autoridade presumida do sistema. Temos exemplos no rádio e na televisão, tanto no processo de conhecimento do espectador para comprar determinados produtos, como para 'escolher' um presidente da república" (SALGADO, Joaquim Carlos. Semiótica estrutural e transcendentalidade do discurso sobre justiça. *Revista da Faculdade de Direito da Universidade Federal de Minas Gerais*, Belo Horizonte, v. 1, n. 37, p. 79-102, 2000).

da estruturação estratégica). A ativação destas amplas redes pode direcionar os sujeitos para insurgir pacificamente, votar de forma direcionada, ou realizar qualquer outro tipo de ação – chegando-se mesmo ao ponto da guerra civil *partisan*[7] (por meio das chamadas guerras não convencionais) – que diretamente se relacione com sua lealdade ao grupo ou causa, e na maior parte das vezes só muito remotamente se reconecta à fonte principal de toda a estratégia (esse é o efeito típico das chamadas redes multicanal).[8]

O ataque da rapina

Se do ponto de vista dos sujeitos-cidadãos a estratégia da guerra híbrida coloca em questão a liberdade da vontade individual e racional como expusemos acima, do ponto de vista de um governo, esta mesma estratégia tende a confundir os tomadores de decisões acerca da fonte do ataque, nublando os limites entre o avanço de um descontentamento ou insurgência internos legítimos e um ataque externamente manipulado (ainda que inteiramente efetivado pelas forças cidadãs internas). Por si só, também esta confusão gerada já poderia ser suficiente para atentar a qualquer e a todos os filósofos políticos. Isso porque a distinção entre uma dissonância interna, que nos marcos do Estado de direito deve ser resolvida preferencialmente pelos mecanismos políticos institucionais que historicamente o Ocidente desenvolveu e que são tidos como a "máxima generosidade",[9] e um ataque efetivamente externo, que

---

[7] Sobre o tema, cf. SCHMITT, Carl. Teoria do Partisan. *In*: SCHMITT, Carl. *O conceito do político/Teoria do partisan*. Tradução de Geraldo de Carvalho. Belo Horizonte: Del Rey, 2008.

[8] Para uma revisão das teorias que influenciam esta estratégia, e as táticas específicas de composição e arranjo das redes multicanal, v. KORYBKO, Andrew. *Guerras híbridas*: das revoluções coloridas aos golpes. Tradução de Thyago Antunes. São Paulo: Expressão Popular, 2018. p. 51-63. Note-se o destaque dado pelo autor ao fato de que a organização em rede tende a estimular que os sujeitos realizem ações ou tomem posições que normalmente não teriam; em situações reais, o efeito é usualmente denominado "efeito manada", e no caso das redes sociais tem sido denominado "efeito de colmeia" ou "enxame" – este segundo termo tomamos a HAN, Byung-Chul. *No enxame*: perspectivas do digital. Tradução de Lucas Machado. Petrópolis: Vozes, 2018.

[9] O termo é do filósofo espanhol Ortega y Gasset, e expressa sua convicção de que a altivez do Estado de direito se funda justamente em sua determinação a conviver internamente com o dissenso, não apenas o tolerando, mas o trazendo mesmo para o centro de tomada de decisões políticas, o poder soberano em toda democracia efetiva, o Parlamento. Cf. ORTEGA Y GASSET, José. *A rebelião das massas*. Tradução de Felipe Denardi. Campinas: Vide Editorial, 2016. p. 141-149.

deve ser pensado em termos de soberania e de ameaça de guerra,[10] é essencial para modular as ações legítimas do Estado ante uma situação deste gênero.

O Estado de direito, ponto de cumeada do pensamento político ocidental, afinal, foi construído sobre a soberania popular ou, mais precisamente, nacional e guarda em seu núcleo político legitimador a possibilidade democrática da desobediência civil,[11] isto é, a possibilidade de que pessoas, ou grupos de pessoas, possam manifestar claramente para um governo ou mais especificamente para os seus representantes (deputados) que determinada lei, política ou ação é contrária ao conjunto cultural daquele Estado ou que alguma ação governamental pode estar inadvertidamente sendo tomada de maneira frontalmente contrária a partes essenciais da cultura daquele grupo ou de toda a nação. Se a possibilidade legítima de desobediência civil estiver permanentemente neutralizada pela possibilidade efetiva de que uma manifestação de desobediência esteja sendo organizada como parte de um ataque externo à soberania e à autodeterminação de um povo, outro dos pilares do Estado de direito pode estar lentamente ruindo.

Outra faceta das guerras híbridas que já mencionamos é o uso de estratégias digitais de controle das preferências e manipulação da vontade dos sujeitos – o que se usa chamar de mecanismos de *big data* (como se tornou evidente no recente caso do envolvimento da Cambridge Analytica no referendo britânico sobre o *Brexit*). A manipulação massificada da vontade subjetiva, que já vem sendo exercida há bastante tempo, e denunciada desde logo por diversos autores desde o desenvolvimento da propaganda, toma contornos novos ao se tornar crescentemente direcionada às preferências e gostos pessoais dos sujeitos, de forma a ampliar a efetividade de estratégias já antigas da chamada violência branca ou simbólica.

---

[10] Sobre isso, é sempre oportuno lembrar o parágrafo em que Hegel, filósofo do Estado de direito, declara o "estado de bravura" como o estado natural de um Estado ante os demais e as ameaças externas. Isto é, nem a paz tomada como certeza, nem a guerra como algo a ser buscado, mas o permanente estado de alerta consciente da posição e da inserção do Estado no contexto internacional: "Essa independência [a das totalidades autônomas dos Estados] faz do conflito entre elas uma relação de violência, um *estado de guerra*, para o qual a situação universal se determina em vista do fim particular da conservação da autonomia do Estado perante os outros, em um *estado de bravura*" (HEGEL, Georg Wilhelm Friedrich. *Enciclopédia das Ciências Filosóficas* – Em compêndio. A filosofia do espírito. Tradução de P. Meneses e J. Nogueira Machado. São Paulo: Edições Loyola, 1995. v. III. p. 318, §545, acréscimos nossos).

[11] Sobre o tema, o paradigmático THOREAU, Henry David. *A desobediência civil*. Tradução de José Geraldo Couto. São Paulo: Companhia das Letras, 2012.

Novamente, do ponto de vista da filosofia política, o que aqui se deve ter em mente é o obstáculo ou o ataque que se realiza contra outros sustentáculos do Estado de direito como ainda tendemos a compreendê-lo; isto porque ainda compreendemos que a vontade do Estado é uma construção permanente que se erige por meios e mecanismos que perpassam a livre manifestação da vontade de todos os cidadãos em eleições regulares para constituir um Parlamento capaz de refletir determinado momento da nação, bem como na suposição de alguma medida de liberdade de consciência dos parlamentares eleitos para se manifestar, especialmente, em relação a influências externas.

A vontade livre foi se constituindo, de fato, como uma das bases de boa parte dos mecanismos que as democracias ocidentais instituíram e ainda é um dos alicerces de contribuições significativas à teoria política, especialmente às concepções democráticas mais vinculadas aos momentos de eleição e votação, como vimos acima. Quando a própria liberdade desta vontade expressa pelos sujeitos particulares (cidadãos ou representantes) é, em si mesma, e portanto em sua legítima participação como constitutiva da vontade política, posta em dúvida, deve-se reconhecer com clareza a insuficiência destas suposições ocidentais, ou o risco a que o desenvolvimento e a aplicação das guerras híbridas trazem ao Estado de direito como hoje o concebemos (talvez, de fato, seja o caso de reconhecermos ambas as tendências, e instigarmo-nos a repensar o Estado de direito para que possamos aprofundar suas bases e fortalecer seu compromisso com uma democracia substancial).

A urgência desta discussão ganha relevo especial quando percebemos que, até o momento, apenas aqueles Estados cujos governos se mostram fortes e centralizadores (inclusive sendo frequentemente tidos como autoritários) como aqueles da China, Rússia e Irã contemporâneos parecem ter sido capazes de reagir de forma minimamente efetiva às estratégias de guerra híbrida. Esta constatação, aliás, deveria ser o maior dos alertas à cultura ocidental para os riscos do uso indiscriminado de tais tecnologias e estratégias e para a necessidade de se recompor os estudos e o compromisso ocidental com o Estado de direito, a democracia e a política. De outra sorte, poderíamos nos ver às voltas com uma falsa dicotomia entre a opção por instituições democráticas reféns da possibilidade de controle externo por tais estratégias e a opção igualmente indesejável da necessidade de um governo centralizador e autoritário para se combater tais influências. Preme ao Ocidente a obrigação de demonstrar com clareza o vigor de seu Estado de direito como via alternativa a esta falsa dicotomia.

Ao contrário, da forma como compreendemos o fenômeno que até aqui buscamos descrever e discutir, parece-nos que a estratégia das guerras híbridas que os Estados Unidos da América do Norte criaram e utilizaram como uma estratégia de imperialismo pode verdadeiramente ser compreendida como o maior ataque contemporâneo contra o Estado de direito ocidental e, especialmente, contra suas bases neste mais sublime e generoso constructo da política liberal que tem sido a única incontestável conquista de nossas democracias – aquele que permite o compromisso ocidental com a política para criar uma vontade estatal forte e que respeita as diferenças e divergências da sociedade –, o Parlamento.

O próprio Korybko, em suas considerações finais, busca responder aos desafios que a estratégia das guerras híbridas impõe ao mundo russo (que comunga, ainda que apenas parcialmente, do mundo Ocidental em sentido amplo), pensando em termos civilizacionais muito caros a nós:

> A maior defesa contra a guerra híbrida é o estabelecimento de salva-guardas civilizacionais. Isso significa que se os cidadãos se sentirem em larga escala parte 'de algo maior' e virem em seu governo respeito a esse conceito supranacional mais elevado, eles serão menos propensos a tomar parte em atividades subversivas contra ele.[12]

Note-se que o padrão civilizacional russo, da forma como acima exposto, parece menos ocupado com a diversidade e a pluralidade de posições e ideologias do que usualmente se espera e defende encontrar em um típico Parlamento ocidental, e certos aspectos do discurso, como a preocupação relativa às "atividades subversivas" contra o Estado e o foco no "governo", em oposição ao foco esperado no Parlamento (em um Estado de direito), podem soar ao leitor ocidental típico como um discurso tipicamente autoritário e, portanto, deveria nos alertar para o risco de nos vermos tragados para aquela já mencionada falsa dicotomia, entre uma soberania autoritária e uma democracia sem soberania. O que urge provar-se no Ocidente é justamente a possibilidade efetiva de uma democracia soberana e, para tanto, o foco necessariamente deve voltar-se à centralidade do Parlamento e da construção da vontade política, em oposição à "vontade" racional individual.

---

[12] KORYBKO, Andrew. *Guerras híbridas*: das revoluções coloridas aos golpes. Tradução de Thyago Antunes. São Paulo: Expressão Popular, 2018. p. 98.

Ainda o Ocidente resiste!

Valeria a pena, cremos, refletirmos brevemente sobre o contexto civilizacional ocidental, o que importa perceber, primeiro, quem somos, quais os nossos compromissos, e para onde queremos caminhar, isto é, pensarmos brevemente acerca do cenário geopolítico que contemporaneamente se desenvolve em nosso entorno e do qual fazemos parte inegável.

Em relação ao primeiro ponto, parece-nos urgente estabelecer que o Ocidente seja integrado pela Europa (que agora se organiza civilizacionalmente como União Europeia), pela América do Sul e, talvez, por uma parte do istmo da América Central. O mundo anglo-saxão (que poderíamos chamar civilização Extremo-Ocidental), e que hoje alberga o principal polo de irradiação imperial (vivemos, afinal, ainda a *pax americana*), afeta com suas ideologias e por homologia estrutural[13] a todo o mundo e, em especial, ao nosso Ocidente, tanto por nossa proximidade geográfica quanto por suas raízes históricas (ainda que remotas). Entretanto, urge reconhecer a cisão estabelecida desde sempre entre o pensamento continental e o pensamento insular, que histórica e geograficamente vem se aprofundando, e na filosofia política se desdobra nas diferenças significativas entre o Estado de direito ocidental e os Estados de matriz anglo-saxã (que não são capazes, sequer, de definir-se como Estado de direito em sentido estrito).

Nesse sentido, urge reformularmos e reafirmarmos o pensamento ocidental sobre o Estado de direito e especialmente seu compromisso com a democracia parlamentar (e a soberania da vontade parlamentar), exorcizando os excessos e os influxos anglo-saxões onde e quando estes obstem tais compromissos. No sentido do presente texto, por

---

[13] O conceito de homologia estrutural tomamos a Bourdieu, que busca demonstrar justamente como as definições de hierarquias e preferências (os denominados "princípios de visão e divisão") dos dominantes tendem a determinar em alguma medida os campos sociais dos dominados (cf. BOURDIEU, Pierre. *A distinção*: crítica social do julgamento. Tradução de Daniela Kern e Guilherme J. F. Teixeira. São Paulo: Edusp, 2007, especialmente p. 167 e ss.). Neste sentido, parece-nos claro que os princípios de visão e divisão da civilização Extremo-Ocidental têm se imposto sobre o mundo nos últimos séculos, desde a emergência do Império Inglês, se aprofundando muito e recebendo novos e particulares influxos quando da emergência clara do Império americano após as Grandes Guerras. Assim, o mundo em geral e o Ocidente em particular (por sua proximidade geográfica e cultural) têm recebido incessantemente as influências de tais princípios de visão e divisão que nublam a plena consciência-de-si dos Estados, especialmente quando, no caso ocidental, há uma renitente insistência na suposição de que se trata de uma mesma civilização, dificultando a consciência do que seja propriamente ocidental e o que seja influência desta tendência geral à homologia estrutural com o Império dominante.

exemplo, talvez se aproxime a hora de que revejamos as teorias políticas democráticas que se contentem com a mera manifestação da cidadania pelo momento átimo do voto, para reafirmar a centralidade do respeito aos direitos fundamentais no exercício e no reconhecimento permanente da cidadania nos marcos ocidentais. Poderíamos, quem sabe, nesses marcos, reconhecer que a centralidade democrática não é a simples manifestação de uma vontade momentânea expressa no voto (agora, como discutíamos, uma manifestação em suspeição quanto à sua liberdade), mas muito mais centrada no respeito constante e inafastável do Estado de direito e de todos os seus governos com esses direitos fundamentais que construímos historicamente e que temos, todo o Ocidente, como missão, proteger para nós mesmos.

Podemos, afinal, reconhecer no ataque que as guerras híbridas realizam contra o Estado de direito, como aqui apresentamos, somente a insuficiência desta construção histórica do compromisso democrático de nossa civilização e abandoná-lo, abrindo mão de uma vez por todas do Ocidente; ou poderíamos, como cremos, perceber nessas investidas a possibilidade de reafirmarmos tanto a civilização ocidental no mundo (exorcizada de seus detratores) quanto o nosso compromisso com a democracia parlamentar e o Estado de direito.

Referências

BOURDIEU, Pierre. *A distinção*: crítica social do julgamento. Tradução de Daniela Kern e Guilherme J. F. Teixeira. São Paulo: Edusp, 2007.

HAN, Byung-Chul. *No enxame*: perspectivas do digital. Tradução de Lucas Machado. Petrópolis: Vozes, 2018.

HEGEL, Georg Wilhelm Friedrich. *Enciclopédia das Ciências Filosóficas* – Em compêndio. A filosofia do espírito. Tradução de P. Meneses e J. Nogueira Machado. São Paulo: Edições Loyola, 1995. v. III.

HORTA, José Luiz Borges; FREIRE, Thales Monteiro; SIQUEIRA, Vinicius de. A era pós ideologias e suas ameaças à política e ao Estado de Direito. *Confluências*, Niterói, v. 14, n. 2, p. 120-133, dez. 2012.

KLEIN, Naomi. *A doutrina do choque*: a ascensão do capitalismo de desastre. Tradução de Vania Cury. Rio de Janeiro: Nova Fronteira, 2008.

KORYBKO, Andrew. *Guerras híbridas*: das revoluções coloridas aos golpes. Tradução de Thyago Antunes. São Paulo: Expressão Popular, 2018.

MOTA, Rui Martins da; AZEVEDO, Carlos E. Franco. A guerra omnidimensional: novas concepções do pensamento estratégico militar. *Revista da Escola Superior de Guerra*, v. 27, n. 55, p. 55-68, jul./dez. 2012.

ORTEGA Y GASSET, José. *A rebelião das massas*. Tradução de Felipe Denardi. Campinas: Vide Editorial, 2016.

SALGADO, Joaquim Carlos. Semiótica estrutural e transcendentalidade do discurso sobre justiça. *Revista da Faculdade de Direito da Universidade Federal de Minas Gerais*, Belo Horizonte, v. 1, n. 37, p. 79-102, 2000.

SCHMITT, Carl. Teoria do Partisan. *In*: SCHMITT, Carl. *O conceito do político/Teoria do partisan*. Tradução de Geraldo de Carvalho. Belo Horizonte: Del Rey, 2008.

SCHUMPETER, Joseph A. *Capitalismo, socialismo e democracia*. Tradução de Luiz Antônio Oliveira de Araújo. São Paulo: Editora Unesp, 2017.

THOREAU, Henry David. *A desobediência civil*. Tradução de José Geraldo Couto. São Paulo: Companhia das Letras, 2012.

Informação bibliográfica deste texto, conforme a NBR 6023:2018 da Associação Brasileira de Normas Técnicas (ABNT):

CARDOSO, Paulo Roberto; HENRIQUES, Hugo Rezende. A águia contra o Ocidente: as guerras híbridas e suas consequências para os pilares do Estado de direito. *In*: ANDRADE, Durval Ângelo; MAYOS SOLSONA, Gonçal; HORTA, José Luiz Borges; MIRANDA, Rodrigo Marzano Antunes (Coords.). *A sociedade do controle?*: macrofilosofia do poder no neoliberalismo. Belo Horizonte: Fórum, 2022. p. 195-206. ISBN 978-65-5518-260-6.

TERRORISMO, RACISMO, EXTERMÍNIO: A NOVA POLÍTICA DE SEGURANÇA PÚBLICA DO RIO DE JANEIRO/BR

CAROLA MARIA MARQUES DE CASTRO
AZULA MARINA COUTO MARINHO

Introdução

O presente artigo tem como objetivo discutir as recentes políticas de controle social adotadas no Brasil a partir do contexto do estado do Rio de Janeiro, que, nos últimos anos, tem sido laboratório para a operacionalização de novas práticas de extermínio e aprisionamento compulsório de populações pobres. Embora sejam oficialmente referidas como políticas de segurança pública, seus resultados não convergem para a segurança e sim para a indução de uma violência social generalizada e seletiva contra os próprios cidadãos brasileiros, contudo, não a qualquer cidadão, e sim aos negros e pardos residentes em favelas. Na prática essa política resulta numa permissão através de ordem estatal dada aos agentes policiais para cometer assassinatos e aprisionamentos sumários contra essas tais populações.

Dessa maneira, o texto aborda um contexto histórico no qual o discurso oficial governamental assume posturas antidemocráticas ao promover o extermínio e a segregação institucional como solução para o problema da pobreza urbana em um país fundado a partir da escravatura. Buscamos aqui lançar luz sobre esse processo que expressa claramente uma ruptura democrática a partir da adoção de políticas de "limpeza social" sustentadas por retóricas de guerra ou combate ao crime. Se em regimes políticos nazistas, fascistas e totalitários do século XX as populações judias e grupos sociais como negros, homossexuais e ciganos eram rotulados como inimigos públicos, na atual política brasileira as populações negras residentes em favelas ocupam esse lugar como "inimigo natural". Nessa lógica, observamos ao longo do texto que o Estado brasileiro exerceu, gradativamente, durante todo o período democrático, a profissionalização das forças militares e policiais como instrumentos de extermínio de suas populações indesejadas.

Ao decorrer do texto expomos algumas das principais manobras políticas realizadas no campo da "insegurança pública" no Estado do Rio nos últimos anos. Como caminho para orientar o desenvolvimento do argumento propomos uma análise panorâmica dos deslocamentos de foco sobre o inimigo público alvo dessas políticas no país desde o período da última ditadura militar, perpassando a redemocratização até o momento atual. Ao mesmo tempo, trazemos um conjunto de dados sobre a evolução do número de homicídios de cidadãos brasileiros provocados pela ação policial e informações que expressam o sentido social dos discursos públicos e midiáticos em torno da legitimação dessas novas políticas.

O leitor verá que somente as execuções sumárias realizadas por policiais no Rio de Janeiro expressam números de mortes semelhantes a um contexto de guerra. Tal guerra mobiliza tanto as forças do exército brasileiro como as polícias militares estaduais, e se estrutura por dois campos de ação principais: um plano discursivo e midiático e outro das práticas destas forças no exercer cotidiano do terror e da violência homicida dirigida contra tal "inimigo natural" da República: o escravo liberto. Observamos uma continuidade histórica de políticas que desde a fundação da República Federativa do Brasil contribuíram para o aprofundamento do abismo social e, nos tempos da democracia, provocaram mudanças perversas no estatuto de cidadania das populações negras do país, tratada cada vez menos como cidadã e cada vez mais como escória social.

Com objetivo de contribuir para lançar luz sobre a conjuntura contemporânea dessas políticas de morte no Rio de Janeiro, o presente trabalho foi desenvolvido com aporte de um referencial teórico alargado sobre o tema, incluindo dados produzidos em relatórios publicados por organizações civis de luta pela vida e direitos humanos e também dados governamentais que expressam os números "oficiais". Para complementar as análises foram também consultadas matérias jornalísticas e propostas de campanha eleitoral em que encontramos os discursos dos agentes públicos em torno dessa nova política de *insegurança pública* adotada no país.

Mudanças de foco no uso da violência letal estatal e o caso do Rio de Janeiro/BR

Para abordarmos o tema aqui proposto, faz-se necessária uma breve retrospectiva das ações governamentais recentes dirigidas contra as populações pobres negras residentes em favelas do Rio de Janeiro. Em tal cidade, primeira capital brasileira, encontram-se os marcos iniciais da história dessas políticas a partir de 1808, com a vinda da Família Real portuguesa para então Colônia Brasil com a criação da Intendência-Geral de Polícia.[1] Não é intenção aprofundar sobre este período de institucionalização das forças internas de controle social que, após várias alterações de nomenclatura, em 1920, foi designado por Polícia Militar. Tradicionalmente, essas corporações eram comandadas por pessoas da aristocracia da sociedade brasileira, e eram utilizadas como instrumentos de manutenção da desigualdade social, exercendo a hostilidade contra a população negra e mestiça a partir de métodos de mutilação, torturas e mortes.[2] Quatro décadas depois, nos anos de 1960, período da última ditadura militar brasileira, as polícias militares foram oficialmente instituídas como braços do exército nacional e, mesmo após a promulgação da Constituição Federal de 1988,[3] manteve-se regida sobre este mesmo princípio político.[4]

Quando consideramos o foco de ação no uso da violência estatal, observamos que no período desta última ditadura militar, de 1964 até 1985, as forças militares e policiais estavam focadas na repressão política contra os supostos "comunistas", em geral populações jovens e brancas pertencentes às classes médias urbanas. Neste cenário,

---

[1]   MINAYO, M. C. S.; SOUZA, E. R.; CONSTANTINO, P. Formação social da Polícia Militar do Rio de Janeiro. *In*: MINAYO, M. C. S.; SOUZA, E. R.; CONSTANTINO, P. (Org.). *Missão prevenir e proteger*: condições de vida, trabalho e saúde dos policiais militares do Rio de Janeiro. Rio de Janeiro: Editora Fiocruz, 2008. p. 41-65.

[2]   MINAYO, M. C. S.; SOUZA, E. R.; CONSTANTINO, P. Formação social da Polícia Militar do Rio de Janeiro. *In*: MINAYO, M. C. S.; SOUZA, E. R.; CONSTANTINO, P. (Org.). *Missão prevenir e proteger*: condições de vida, trabalho e saúde dos policiais militares do Rio de Janeiro. Rio de Janeiro: Editora Fiocruz, 2008. p. 41-65.

[3]   BRASIL. *Constituição da República Federativa do Brasil*. 6. ed. rev. e atual. Belo Horizonte: Mandamentos, 2006 [1988].

[4]   BRASIL. *Constituição da República Federativa do Brasil*. 6. ed. rev. e atual. Belo Horizonte: Mandamentos, 2006 [1988].

destacaram-se as ações conduzidas pelo Departamento de Ordem Política e Social – Dops,[5] a principal unidade promotora do terror e da espionagem política responsável por milhares de torturas e de incontáveis assassinatos que em grande parte permaneceram ocultos até os dias atuais. A virada ou retomada de foco contra o "inimigo natural" ocorreu após o fim do governo ditatorial e muitas das suas estruturas organizacionais policiais destinadas à caça de "comunistas" foram extintas, como exemplo, o Dops.

Dessa maneira, após a promulgação da Constituição Federal de 1988,[6] o inimigo a ser combatido pelas forças militares e policiais não é mais o "suposto comunista", e sim o "suposto criminoso" representado pelas populações negras e mestiças residentes em áreas mais empobrecidas das cidades. A mudança de foco pode ser mais bem percebida no período democrático. Neste período, o discurso governamental legitimador das práticas de terror e de extermínio não estava mais ancorado em retóricas de cunho político em prol da "segurança nacional", e sim em torno da "segurança pública". Neste novo campo discursivo o destaque foi dado aos "novos inimigos" a serem perseguidos pelo Estado, criminosos sem ideologia política cujas ações tinham uma orientação meramente econômica. Neste novo cenário político emergiu como inimigo público a ser combatido o "traficante de drogas", que passou a ser representado principalmente por adolescentes e jovens negros residentes em favelas.

No período da democracia eleitoral brasileira, não havia mais sentido a existência do Dops, dessa maneira, pode-se observar um novo redirecionamento do monopólio sobre o uso da violência pública exercido pelo Estado que foi acompanhando de intensa modernização bélica e da inclusão de novas táticas de ação por parte das organizações militares e policiais do país. Neste ínterim, destacaram-se as operações exercidas pelo Batalhão de Operações Especiais – Bope, embora criado em 1976, tornou-se na década de 1990 a *elite da tropa*, como setor policial mais especializado em realizar guerrilhas urbanas em territórios favelados nesta suposta guerra contra o "tráfico de drogas". A aspas nesse último termo justifica-se, pois, o tráfico de drogas não era e nunca foi um fenômeno exclusivo das favelas do Rio de Janeiro, e seu

---

[5] MAGALHÃES, Marionilde Dias Brepohl de. A lógica da suspeição: sobre os aparelhos repressivos à época da ditadura militar no Brasil. *Revista Brasileira de História*, v. 17, n. 34, p. 203-220, 1997.

[6] BRASIL. *Constituição da República Federativa do Brasil*. 6. ed. rev. e atual. Belo Horizonte: Mandamentos, 2006 [1988].

combate exclusivo nessas áreas a partir da violência aplicada pelo Bope expressou a seletividade social por parte da ação estatal ao invés de combate efetivo ao problema do tráfico de entorpecentes em si. Durante a era democrática, as novas políticas de extermínio contra populações faveladas foram instauradas gradualmente e envolveram todos os setores militares e policiais do Estado. Em novembro de 1995, por exemplo, durante o governo fluminense de Marcelo Alencar, foi implementada a premiação por bravura que elevava em até 150% o salário de policiais cujas ações de combate resultassem em mortes de pessoas "suspeitas" por suposto envolvimento com o *crime*. Essa política gerou um aumento significativo no número de civis mortos pela intervenção policial. Se em 1995 eram em média 3 pessoas executadas por mês, em 1996, a média passou para 20 pessoas mortas por mês.[7] Destaca-se que neste mesmo ano, exceto por uma, todas as operações policiais realizadas pelo Bope ocorreram em favelas.[8]

Se, por um lado, o Bope contava com armamentos de última geração, carros blindados e táticas de guerrilha, seus oponentes em geral eram adolescentes e jovens adultos despreparados taticamente portando armas de fogo ou não. As consequências dessa violência trouxeram impactos perversos na vida de toda a população de pessoas residentes nessas áreas, foi um período das "balas perdidas" decorrentes dos confrontos cotidianos incitados pelas intervenções policiais e que faziam cada vez mais vítimas.[9] Com *modus operandi* que incluía práticas de violência psicológica, tortura, prisões e homicídios, pode-se afirmar que a *elite da tropa*, representada pelo Bope, foi emblemática na instituição da nova política de terror nas favelas do Rio de Janeiro.

Tal modelo de ação passou a ser adotado pelos demais batalhões de polícia e, ao longo da década de 2000, fez crescer exponencialmente a letalidade da ação policial. Em 2007, durante o governo de Sérgio Cabral, por exemplo, 1.330 pessoas foram mortas pela polícia do Rio de Janeiro, uma média de 111 pessoas por mês. Essas execuções concentradas nas áreas de favelas atingiram, sobretudo, pessoas negras ou mulatas e, principalmente, jovens de 15 a 24 anos que contabilizavam mais de

---

[7] CANO, Ignacio. *Letalidade da ação policial no Rio de Janeiro*. Rio de Janeiro: Iser, 1997.

[8] SALLES, João Moreira; LUND, Kátia. *Notícias de uma guerra particular*. DVD: 57 min. cor; Dolby Digital 2.0 (Português). Vídeo Filmes. Brasil. 1999.

[9] MINGARDI, G. Apresentação. *In*: KUCINSKI, B.; DUNKER, C. I. L.; PEREIRA, I.; MENA, F.; MINGARDI, G.; WYLLYS, J. *et al. Bala perdida*: a violência policial no Brasil e os desafios para sua superação. São Paulo: Boitempo, 2015. p. 13-17.

50% dessas vítimas.[10] As mortes de civis decorrentes da ação policial são classificadas como "autos de resistência", nestes casos, o Ministério Público arquiva o inquérito policial, permitindo que a autoridade pública fique imune pelas mortes cometidas.[11]

Pode-se afirmar que as práticas ultraviolentas adotadas pelos agentes policiais, com uso constante de armas de fogo, ao invés de contribuir para a segurança pública, fizeram crescer a violência e tornaram comum a vitimização de crianças, mulheres e idosos, ou seja, de pessoas sem antecedentes criminais, durante a realização de suas atividades cotidianas.[12] Ao mesmo tempo, a universalização da violência militar e policial nas favelas contribuiu para instaurar nestes espaços contextos de conflitos permanentes que fomentaram sentimentos de descrença, de ressentimento e de ódio contra as instituições policiais por parte das populações atingidas. Como consequência, observou-se a emergência de respostas violentas contra as polícias notadas nos recorrentes casos de agentes policiais assassinados fora de serviço, em dias de folga. Em 1998, foram registradas 102 mortes de tais agentes em dias de folga, e dados de 2007 contabilizaram 117 execuções dessa natureza no estado do Rio de Janeiro.[13]

O incentivo às políticas de extermínio foi tamanho que no século XXI as organizações policiais do Rio de Janeiro apresentaram-se como a *polícia mais letal do Brasil*, e o país apresentava-se como o Estado que mais realizava homicídios de seus próprios cidadãos no mundo por meio do uso de seu direito legítimo sobre o uso da violência. Segundo a Anistia Internacional, em 2011 houve mais pessoas mortas no Brasil pela ação da polícia, 924, do que o somatório dos vinte países que mais aplicaram oficialmente a pena de morte durante esse mesmo período, 676 pessoas executadas considerando o Irã, a Arábia Saudita, o Iraque, o Iêmen e os Estados Unidos, exceto China, que não fornece tais dados. No ano seguinte, 2012, o Brasil novamente apresentou-se como primeiro no *ranking* mundial de civis mortos pela polícia, com 840 pessoas.

---

[10] INSTITUTO SANGARI. *Mapa da violência 2011*: os jovens do Brasil. Brasília: Ministério da Justiça, 2012.

[11] PEDRINHA, Roberta D. Breves apontamentos acerca da política criminal e da instituição policial na contemporaneidade: *Passagens: Revista Internacional de História Política e Cultura Jurídica*, Rio de Janeiro, v. 3, n. 2, maio/ago. 2011.

[12] SILVA, Luiz, Antônio Machado da (Org). *Vida sob cerco*: violência e rotinas nas favelas do Rio de Janeiro. Rio de Janeiro: Nova Fronteira, 2008.

[13] INSTITUTO DE SEGURANÇA PÚBLICA. *Relatório de Vitimização Policial, 1998-Nov. 2015*. Rio de Janeiro: Secretaria de Segurança, 2016.

O mesmo pode ser notado na experiência das Upps – Unidades de Polícias Pacificadoras criadas em 2008, em que se institucionalizou pela primeira vez ocupações militares permanentes nas favelas, a partir de um controle social brutal denunciado por Marielle Franco em sua dissertação de mestrado:

> A partir da "guerra ao tráfico", legitima-se a guerra aos espaços populares, o que justifica as incursões militaristas que derramam de forma permanente o sangue dos moradores das favelas e acabam por impor uma pena de morte fora da institucionalidade do Estado de Direito.[14]

Contraditoriamente, durante os anos 2000 havia uma expansão do Estado de direito por meio das políticas sociais instituídas pelo Governo Federal representado pelo Presidente Luís Inácio Lula da Silva.[15] Dessa maneira, tal população negra residente em favelas e periferias urbanas era ao mesmo tempo alvo de políticas inclusivas como Bolsa Família, Pro-Uni, Bolsa Escola, Minha Casa Minha Vida, Educação de Jovens e Adultos, entre outras, e também de políticas de terror que envolviam torturas, aprisionamentos compulsórios e extermínio. Em parte, essa contradição pode ser explicada pela manutenção do modelo de polícia militar e civil adotado no país desde a última ditadura militar.[16]

Esse contexto nos faz questionar o seguinte: como poderia um Estado de direito existir plenamente se o seu monopólio do uso da violência ainda se estruturava pelos princípios do modelo político ditatorial? A questão a ser discutida é que o modelo de política adotado como "segurança pública" no século XXI se manteve focado no confronto armado, no aprisionamento compulsório, na tortura e no assassinato[17] dos supostos "inimigos públicos". Consideramos aqui que, além do problema da ausência de reforma nos modelos de polícia, essa contradição também se sustentou por meio da manutenção de discursos públicos racistas propagados midiaticamente.

---

[14] FRANCO, Marielle. *UPP – A redução da favela a três letras: uma análise da política de segurança pública do estado do Rio de Janeiro*. Rio de Janeiro: UFF, 2014. p. 74.

[15] PAIM, J. S. Período Lula. *In*: PAIM, J. S. *Reforma sanitária brasileira*: contribuição para a compreensão e crítica. Salvador: EDUFBA; Rio de Janeiro: Fiocruz, 2008. p. 241-268.

[16] MISSE, Michel. *Crime e violência no Brasil contemporâneo*: estudos de sociologia do crime e da "violência urbana". Rio de Janeiro: Lumen Juris, 2006.

[17] MISSE, Michel. *Crime e violência no Brasil contemporâneo*: estudos de sociologia do crime e da "violência urbana". Rio de Janeiro: Lumen Juris, 2006.

Campo discursivo: a edificação de narrativas de legitimidade da política do terror

Considerando que as políticas não envolvem somente ações práticas, mas se sustentam por meio do campo discursivo, simbólico, elas envolvem também a edificação de narrativas instituídas publicamente na sociedade. Tendo como principal pano de fundo a retórica da guerra contra o *tráfico de drogas* e contra os *crimes comuns*, como furto, roubo, latrocínio e sequestro, estruturaram-se ao longo das últimas décadas os discursos públicos destinados a mobilizar a opinião pública em torno da crise da *insegurança pública* no Brasil.[18] Tal bibliografia indicou que a midiatização desses discursos contribuiu mais para a difusão social de sentimentos de medo e de ódio generalizados do que para garantir segurança à população.

Os modelos de ação adotados pelo Estado juntamente com a propagação dos sentimentos de medo e ódio pelos meios midiáticos geraram uma representação social de crise profunda de insegurança pública, impulsionando com isso o mercado da vigilância privada pessoal e patrimonial a partir do consumo de serviços e produtos oferecidos por tal mercado.[19] Entre as inúmeras consequências desse processo sobre a organização social do espaço urbano, destacou-se o crescente movimento de autossegregação das classes médias e altas urbanas em enclaves fortificados,[20] ampliando com isso os efeitos perversos de isolamento das populações pobres no contexto urbano em relação às demais classes econômicas da sociedade.[21]

Numa perspectiva jurídica e penal, pode-se afirmar também que os discursos públicos midiaticamente propagados em torno da *insegurança pública* impactaram o senso punitivo da sociedade. Neste campo, o apelo midiático tendeu a reforçar as narrativas que realçavam a crueldade no cometimento de alguns crimes, de forma a degradar moralmente os ofensores como indivíduos naturalmente cruéis,

---

[18] RAMOS, Silvia; PAIVA, Anabela. *Mídia e violência*: novas tendências na cobertura de criminalidade e segurança no Brasil. [s.l.]: CESeC, Iuperj-Tec, Secretaria Especial de Direitos Humanos e União Europeia, 2007.

[19] MUSUMECI, Leonarda. *Serviços privados de vigilância e guarda no Brasil*: um estudo a partir de informações da PNAD – 1985/95. Texto para discussão. Rio de Janeiro: IPEA, maio 1998.

[20] CALDEIRA, Teresa Pires do Rio. *Cidade de muros*: crime, segregação e cidadania em São Paulo. 2. ed. São Paulo: Editora 34, 2000.

[21] CALDEIRA, Teresa Pires do Rio. *Cidade de muros*: crime, segregação e cidadania em São Paulo. 2. ed. São Paulo: Editora 34, 2000.

detentores de personalidades malévolas,[22] ou seja, a representá-los como pessoas detentoras de uma maldade inerente e irreparável. Tal perspectiva induz a opinião pública a crer no fracasso da ressocialização de apenados e produz um consentimento público de que o Estado deveria dar respostas mais duras, mais violentas aos tais criminosos, o que impactou também as decisões judiciais notadas no aumento das penas e do número de prisões provisórias de supostos criminosos.[23]

É relevante compreender que a representação do *mal* passou a ser difundida de forma generalizada e ao mesmo tempo seletiva na sociedade, sempre associada a pessoas negras, pardas, em situação de pobreza urbana identificadas socialmente como *suspeitas*. Dessa maneira, encontra-se uma perspectiva étnica inclusa no campo discursivo público e midiático, induzindo a opinião pública a reconhecer que determinadas parcelas das populações urbanas sejam alvo da *suspeição criminal*.[24] Ao mesmo tempo, tais discursos excluíam desse rótulo outras populações que assumiam uma representação antagônica como *cidadãos de bem*, geralmente pessoas brancas, ou orientais, não negras e não residentes em favelas e periferias urbanas. Associado à ampliação da segregação vista pelo isolamento territorial da pobreza urbana, este ponto de interseção discursiva é de fundamental referência para a orientação prática do uso das forças militares e policiais estatais na execução das novas políticas de terror e de extermínio contemporâneas abordadas no presente texto.

Se o discurso político oficial do Governo do Rio de Janeiro da "guerra do bem contra o mal" estrutura-se por meio da mídia, onde tem buscado atingir a opinião pública, os grupos sociais marginalizados alvos diretos dessas políticas encontram-se sem voz. Um silêncio forçado e induzido pela aliança política entre governo e detentores dos meios de comunicação de massa, imprensa e mídia jornalística, que historicamente produziram matérias factuais e estruturadas basicamente por fontes policiais.[25] Enfim, a produção jornalística, além de resultar em matérias

---

[22] WRIGHT, John Paul *et al.* Malevolent forces: self-control, the dark triad, and crime. *Youth Violence & Juvenile Justice*, set. 2016.

[23] CRUZ, Marcus Vinicius Gonçalves da; SOUZA, Letícia Godinho de; BATITUCCI, Eduardo Cerqueira. Percurso recente da política penitenciária no Brasil: o caso de São Paulo. *Revista de Administração Pública*, v. 47, n. 5, p. 1307-1325, 2013.

[24] MISSE, Michel. Crime, sujeito e sujeição criminal: aspectos de uma contribuição analítica sobre a categoria "bandido". *Lua Nova*, São Paulo, n. 79, p. 15-38, 2010.

[25] RAMOS, Silvia; PAIVA, Anabela. *Mídia e violência*: novas tendências na cobertura de criminalidade e segurança no Brasil. [s.l.]: CESeC, Iuperj-Tec, Secretaria Especial de Direitos Humanos e União Europeia, 2007.

enviesadas, parciais, constitui-se em um importante instrumento para a busca de legitimação das decisões governamentais atuais.

Medidas preparatórias estruturantes da nova política de extermínio: a intervenção federal no Rio de Janeiro/BR

Em fevereiro a dezembro de 2018, o comando das polícias e a pasta de segurança pública do Rio de Janeiro foram transferidos e sua atribuição ficou a cargo das Forças Armadas do Brasil, mediante um decreto expedido pelo então Presidente Michel Temer (Decreto nº 9.288, de 16.2.2018), que determinou uma intervenção federal. Naquele período, governado majoritariamente por políticos pouco comprometidos com o interesse público, associados a milícias, tráfico de drogas e outros crimes, o estado do Rio de Janeiro encontrava-se falido financeiramente e politicamente (o Rio chegou a ter 5 ex-governadores presos). Ao mesmo tempo, a situação era de aprofundamento da crise de insegurança generalizada e de colapso na Administração Pública provocados por déficits e má administração governamental. Embora tenha tido um elevado custo para a sociedade, ultrapassando 1,2 bi de reais em recursos monetários, executados com pouca transparência,[26] tal intervenção federal aprofundou ainda mais a crise de insegurança e serviu como laboratório para a instauração das futuras políticas destinadas a exterminar populações faveladas.

Entre os resultados mais evidentes dessa intervenção federal, pode-se destacar o aumento significativo de mortes de civis no ano de 2018. Segundo os dados do próprio governo, 1.532 pessoas foram assassinadas pelas polícias, a maioria caracterizava-se como "suspeitos". Além das execuções, houve também incremento no número de encarceramento compulsório, 693 casos, em geral envolvendo prisões de jovens negros por motivos supérfluos, como ausência "de carteira de trabalho" ou simplesmente por estarem "reunidos em grupo".[27] Em geral, prisões sem ordem judicial ou flagrância, invasões de domicílio ou os

---

[26] INSTITUTO DE PESQUISA ECONÔMICA APLICADA. *Relatório de pesquisa*: A intervenção federal no Rio de Janeiro e as organizações da sociedade Civil. Rio de Janeiro: Ipea, 2019.

[27] INSTITUTO DE PESQUISA ECONÔMICA APLICADA. *Relatório de pesquisa*: A intervenção federal no Rio de Janeiro e as organizações da sociedade Civil. Rio de Janeiro: Ipea, 2019. p. 42.

já anunciados mandados de busca e apreensão coletivos – medidas sem respaldo constitucional e que penalizam apenas a população pobre.[28]

Além do Bope, das polícias militares e milícias presentes nas favelas, durante a intervenção militar de 2018, 16.950 soldados do exército mantiveram-se presentes em cerca de 40 comunidades fluminenses, todas no entorno metropolitano do Rio de Janeiro.[29] Segundo relato de uma mulher residente em uma das favelas alvo da intervenção militar: "Aqui eles tratam todo mundo como se fosse bandido, ou é mãe e pai de vagabundo, se é mulher nova é mulher de vagabundo, se é criança é filha de vagabundo. Tem 99% de morador, de trabalhador, mas eles acham que todo mundo é bandido".[30]

Em 25.2.2018, a Câmara Municipal do Rio de Janeiro formou uma comissão para acompanhar a intervenção, formada por 13 vereadores, entre eles estava Marielle Franco do Partido Socialismo e Liberdade (PSOL), a quinta vereadora mais votada da cidade no ano de 2016. Pouco tempo depois, Marielle Franco foi brutalmente assassinada, no dia 14 março, juntamente com seu motorista, Anderson Gomes. A polícia investigativa pouco contribuiu para esclarecer sua morte. Até a data de fechamento do presente artigo, 4 suspeitos foram presos, e várias provas indicam que os mandatários do crime são os membros da família do atual Presidente do Brasil Jair Bolsonaro. Sobre essa mesma família há indícios de participação nas milícias do Estado, no *Escritório do crime* do Rio de Janeiro e também nas próprias Forças Armadas do país.

A violência aplicada na intervenção federal foi brutal. Em 7.4.2019, duzentos e cinquenta e sete tiros foram disparados por soldados do exército fortemente armados contra o carro conduzido pelo músico negro Evaldo Rosa dos Santos, que estava junto a sua família, por terem sido confundidos com "suspeitos".[31] Foi também assassinado nessa mesma ocasião o catador de materiais recicláveis Luciano Macedo, que tentou socorrer a família de Evaldo. Por outro lado, os tais soldados responsáveis

---

[28] INSTITUTO DE PESQUISA ECONÔMICA APLICADA. *Relatório de pesquisa*: A intervenção federal no Rio de Janeiro e as organizações da sociedade Civil. Rio de Janeiro: Ipea, 2019. p. 42.

[29] INSTITUTO DE PESQUISA ECONÔMICA APLICADA. *Relatório de pesquisa*: A intervenção federal no Rio de Janeiro e as organizações da sociedade Civil. Rio de Janeiro: Ipea, 2019. p. 42.

[30] INSTITUTO DE PESQUISA ECONÔMICA APLICADA. *Relatório de pesquisa*: A intervenção federal no Rio de Janeiro e as organizações da sociedade Civil. Rio de Janeiro: Ipea, 2019. p. 42.

[31] INSTITUTO DE PESQUISA ECONÔMICA APLICADA. *Relatório de pesquisa*: A intervenção federal no Rio de Janeiro e as organizações da sociedade Civil. Rio de Janeiro: Ipea, 2019. p. 42.

por estes assassinatos encontravam-se livres de penalização judicial, pois detinham foro privilegiado na Justiça Militar, amparado pela Lei nº 13.491/2017, aprovada por Michel Temer em nome da garantia da *lei e da ordem.*

Após o término da intervenção em 2019, as polícias do Rio de Janeiro herdaram os armamentos e recursos bélicos utilizados pelas forças militares federais. Neste mesmo ano, Wilson Witzel foi eleito governador e passou a utilizar como elemento central de seu discurso público e de sua prática política o incentivo ao uso da violência letal por parte dos agentes das polícias contra as populações residentes em favelas e periferias urbanas. Com um entusiasmo assustador, este governador passou a realizar seu *marketing* político com amparo midiático ao impor uma política de terror aos pobres como método de controle social. Considerando o período de fevereiro de 2018 até julho de 2019, os agentes das polícias estaduais do Rio de Janeiro foram responsáveis por 2.609 assassinatos de pessoas, em geral, consideradas suspeitas.[32]

Percursos da institucionalização da política de extermínio: das eleições ao Governo Wilson Witzel no Rio de Janeiro/BR

Desde 2018, o então candidato a governador do Estado pelo Partido Social Cristão – PSC, Wilson Witzel, apresentou como plano de governo o "Mais Ordem e Mais Progresso". Neste documento eleitoral, encontramos ações de cunho conservador e antidemocráticas que tendiam à militarização da sociedade. No campo pedagógico, por exemplo, propunha a transformação de escolas comuns em escolas militares, pelo menos três escolas em cada município do Estado. Além disso, investimentos maciços em instalação de câmeras de vigilância por toda cidade, pois, "a questão da segurança pública precisa voltar a ser 'caso de polícia'", em que cita a autorização para "abate de criminosos". Tudo isso sustentado pelo "resguardo do policial de uma eventual condenação jurídica".[33] Na campanha Witzel propôs assumir

---

[32] INSTITUTO DE SEGURANÇA PÚBLICA. *Relatório de Vitimização Policial, 1998-Nov. 2015.* Rio de Janeiro: Secretaria de Segurança, 2016.

[33] PLANO de Governo Witzel. Mais Ordem, Mais Progresso. Partido Social Cristão-PSC e Partido Republicano da Ordem Social-PROS. *Governo do Estado do Rio de Janeiro,* 2018. p. 8. Acesso em: http://divulgacandcontas.tse.jus.br/candidaturas/oficial/2018/BR/RJ/2022802018/190000612301/proposta_1534218285632.pdf. Acesso em: 13 out. 2019.

diretamente a administração e o controle das polícias no Estado, por meio da criação do "Gabinete de Segurança Pública".[34]

Em 1º.1.2019, já eleito governador do estado do Rio de Janeiro, Wilson Witzel, no discurso de posse, destacou os valores morais humanos como a "fé", o "temor a deus", o "amor e o respeito ao próximo" e a "família como base da sociedade", por outro lado, referiu-se às pessoas envolvidas no comércio ilícito de drogas como "terroristas".[35] Ao decorrer dos seis primeiros meses deste governo, adotou-se uma *necropolítica*, focada na formalização de práticas policias destinadas à execução sumária, propondo aos policiais "mirar na cabecinha" de supostos *traficantes* com respaldo jurídico para não serem julgados por essas mortes. Na prática, adotaram-se novas estratégias e formas de ataques contra territórios de favelas por meio do uso de *snipers*, helicópteros e *drones* disparando tiros contra alvos aleatórios.

Ao ponto de o próprio Witzel, vestido com o uniforme do Bope, portar rifle e realizar disparos em 4.5.2019 em voo de helicóptero sobre territórios favelados.[36] Ao realizar essa ação, o governador se confunde com polícia, agindo *pari passu* com os policiais, sem ter mandato de polícia, extrapolando juridicamente suas funções administrativas. Além de incitar o terror e a violência generalizada, o uso de helicópteros como plataforma de tiro representa uma ação claramente contrária ao direito à vida dessas populações residentes em favelas. Uma operação típica de guerra repetidas vezes em 2019: em 10.01 na Favela do Recreio, 24.01 no Complexo da Maré, em 08.03 no Morro do Alemão, 04.05 em Angra dos Reis, 08.05 no Complexo da Maré.[37] Não caberia no presente texto enumeração de todas essas ações com uso de helicópteros, a intenção é de oferecer ao leitor uma noção da dimensão do problema. Por outro

---

[34] PLANO de Governo Witzel. Mais Ordem, Mais Progresso. Partido Social Cristão-PSC e Partido Republicano da Ordem Social-PROS. *Governo do Estado do Rio de Janeiro*, 2018. p. 8. Acesso em: http://divulgacandcontas.tse.jus.br/candidaturas/oficial/2018/BR/RJ/2022802018/190000612301/proposta_1534218285632.pdf. Acesso em: 13 out. 2019.

[35] VEJA a íntegra do discurso de Wilson Witzel ao ser empossado governador do RJ. *G1*, jan. 2019. Disponível em: https://g1.globo.com/rj/rio-de-janeiro/noticia/2019/01/01/leia-a-integra-do-discurso-de-wilson-witzel-ao-ser-empossado-governador.ghtml. Acesso em: 15 out. 2019.

[36] BETIM, Felipe. As crianças que correm da política de terror de Wilson Witzel no Rio. *El País*, 11 maio 2019. Disponível em: https://brasil.elpais.com/brasil/2019/05/08/opinion/1557268763_938547.html. Acesso em: 30 out. 2019.

[37] BETIM, Felipe. As crianças que correm da política de terror de Wilson Witzel no Rio. *El País*, 11 maio 2019. Disponível em: https://brasil.elpais.com/brasil/2019/05/08/opinion/1557268763_938547.html. Acesso em: 30 out. 2019.

lado, tal governador ataca discursivamente as organizações defensores de direitos humanos como responsáveis pela violência. Como resultado das práticas supracitadas entre os meses de janeiro até setembro de 2019, contabilizaram-se 6.058 tiroteios/disparos de arma de fogo na região metropolitana do Rio de Janeiro, resultando em 1.213 mortes e 1.088 pessoas feridas.[38] Em geral, as ações ocorrem à deriva do horário escolar, e dessa maneira são inúmeros casos de crianças assassinadas pelas ações policiais. Até esse período de 2019, foram mortos:[39] Wagner Anastácio, 17 anos, Dyogo Xavier Coutinho, 16 anos, Henrico de Jesus, 19 anos, Gabriel Pereria Alves, 18 anos, Margareth Teixeira, 17 anos, Kauê Ribeiro, 19 anos, Rafael Dias Canoza, 15 anos, Ryan Silva, 17 anos, Agatha Moreira, 8 anos, Kelvin Cavalcante, 17 anos, Alan dos Santos Gomes, 14 anos, Vitor dos Santos Silva, 15 anos, Roger dos Santos Silva, 17 anos, Jenifer Silene Gomes, 11 anos, Ailton dos Santos Alves, 17 anos, Levi da Conceição Santos, 17 anos, Kaun Pimenta Peixoto, 12 anos, um bebê de 8 meses, Kauã Vitor Nunes Rozário, 11 anos, Daniel Victor da Silva Oliveira, 16 anos. As demais vítimas não puderam ser identificadas, em função do nível de destruição do corpo.[40]

Considerações

Se, o Estado de direito é a estrutura que molda o Estado ocidental atual como base de valores éticos inexoráveis de uma sociedade organizada, que se declara via dispositivos constitucionais e se limita no intuito de ampliar direitos e garantias de vida aos seus cidadãos, a conjuntura política brasileira contemporânea apresenta-se oposta a essas ideias. No entanto, se a pena capital foi abolida desde 1876, como poderia haver tantos cidadãos "legalmente" assassinados pelo próprio Estado?

Antes mesmo do ano de 1876, o Imperador Dom Pedro II já havia restringido a aplicação da pena de morte, e um século depois o Decreto

---

[38] INSTITUTO DE SEGURANÇA PÚBLICA. *Séries históricas anuais de taxa de letalidade violenta no estado do Rio de Janeiro e grandes regiões*. Rio de Janeiro: Secretaria de Segurança, mar. 2019.

[39] INSTITUTO DE SEGURANÇA PÚBLICA. *Séries históricas anuais de taxa de letalidade violenta no estado do Rio de Janeiro e grandes regiões*. Rio de Janeiro: Secretaria de Segurança, mar. 2019.

[40] HORTA, José Luiz Borges. Hegel e o Estado de direito. *In*: SALGADO, Joaquim Carlos; HORTA, José Luiz Borges (Coord.). *Hegel, liberdade e Estado*. Belo Horizonte: Fórum, 2010. p. 252.

nº 2.754 do ano de 1998 reiterou a abolição da pena de morte no país em adesão à Convenção Americana sobre Direitos Humanos. Apesar disso, no ano de 2019, observamos um momento histórico distinto, no qual as narrativas oficiais contradizem as leis ao incentivar a pena capital nas práticas cotidianas das forças militares e policiais. Se o Estado representa "o ponto de chegada de todo um processo histórico do ethos ocidental, que se desenvolve segundo uma dialética entre o poder e a liberdade",[41] a prática política descrita no Brasil tem sido oposta, onde não há a busca por "organicidade formal segundo o modelo democrático"[42] ou uma "universalidade máxima do direito na forma dos direitos fundamentais",[43] e sim a adoção de uma guerra seletiva contra seus próprios cidadãos descendentes diretos da escravidão colonial.

Observamos nas últimas décadas que o Rio de Janeiro foi laboratório para a instituição gradativa de práticas violentas estatais contra populações específicas, tratadas como socialmente indesejáveis. Longe de querermos esgotar aqui essa discussão, reconhecemos que estamos diante de um novo período político que se abre como um tempo de negação da democracia brasileira, no qual o Estado cumpriu um papel de *atear lenha ao fogo* com ações que promoveram mais a guerra e menos a paz social, em que a negação de direitos aos cidadãos batalhadores[44] suprime os princípios axiológicos do Estado de direito, demonstrando as evidências do fim de um projeto democrático no Brasil e a emergência do Estado poiético.[45]

Referências

CALDEIRA, Teresa Pires do Rio. *Cidade de muros*: crime, segregação e cidadania em São Paulo. 2. ed. São Paulo: Editora 34, 2000.

CANO, Ignacio. *Letalidade da ação policial no Rio de Janeiro*. Rio de Janeiro: Iser, 1997.

FRANCO, Marielle. *UPP* – A redução da favela a três letras: uma análise da política de segurança pública do estado do Rio de Janeiro. Rio de Janeiro: UFF, 2014.

---

[41] SALGADO, Joaquim Carlos. *A ideia de justiça no mundo contemporâneo*. Belo Horizonte: Del Rey, 2006. p. 4.

[42] SALGADO, Joaquim Carlos. *A ideia de justiça no mundo contemporâneo*. Belo Horizonte: Del Rey, 2006. p. 8.

[43] SALGADO, Joaquim Carlos. *A ideia de justiça no mundo contemporâneo*. Belo Horizonte: Del Rey, 2006. p. 8.

[44] SOUZA, Jessé. *Os batalhadores Brasileiros*: nova classe média ou nova classe trabalhadora? Belo Horizonte: Editora UFMG, 2010.

[45] SALGADO, Joaquim Carlos. *A ideia de justiça no mundo contemporâneo*. Belo Horizonte: Del Rey, 2006. p. 4.

HORTA, José Luiz Borges. Hegel e o Estado de direito. *In*: SALGADO, Joaquim Carlos; HORTA, José Luiz Borges (Coord.). *Hegel, liberdade e Estado*. Belo Horizonte: Fórum, 2010.

INSTITUTO DE PESQUISA ECONÔMICA APLICADA. *Relatório de pesquisa*: A intervenção federal no Rio de Janeiro e as organizações da sociedade Civil. Rio de Janeiro: Ipea, 2019.

INSTITUTO DE SEGURANÇA PÚBLICA. *Relatório de Vitimização Policial, 1998-Nov. 2015*. Rio de Janeiro: Secretaria de Segurança, 2016.

INSTITUTO DE SEGURANÇA PÚBLICA. *Séries históricas anuais de taxa de letalidade violenta no estado do Rio de Janeiro e grandes regiões*. Rio de Janeiro: Secretaria de Segurança, mar. 2019.

INSTITUTO SANGARI. *Mapa da violência 2011*: os jovens do Brasil. Brasília: Ministério da Justiça, 2012.

MINAYO, M. C. S.; SOUZA, E. R.; CONSTANTINO, P. Formação social da Polícia Militar do Rio de Janeiro. *In*: MINAYO, M. C. S.; SOUZA, E. R.; CONSTANTINO, P. (Org.). *Missão prevenir e proteger*: condições de vida, trabalho e saúde dos policiais militares do Rio de Janeiro. Rio de Janeiro: Editora Fiocruz, 2008. p. 41-65.

MINGARDI, G. Apresentação. *In*: KUCINSKI, B.; DUNKER, C. I. L.; PEREIRA, I.; MENA, F.; MINGARDI, G.; WYLLYS, J. *et al*. *Bala perdida*: a violência policial no Brasil e os desafios para sua superação. São Paulo: Boitempo, 2015. p. 13-17.

MISSE, Michel. Sobre a construção social do crime no Brasil. *In*: MISSE, Michel (Org.). *Acusados e acusadores*: estudos sobre ofensas, acusações e incriminações. Rio de Janeiro: Revan, 2008.

PEDRINHA, Roberta D. Breves apontamentos acerca da política criminal e da instituição policial na contemporaneidade: *Passagens: Revista Internacional de História Política e Cultura Jurídica*, Rio de Janeiro, v. 3, n. 2, maio/ago. 2011.

PLANO de Governo Witzel. Mais Ordem, Mais Progresso. Partido Social Cristão-PSC e Partido Republicano da Ordem Social-PROS. *Governo do Estado do Rio de Janeiro*, 2018. Acesso em: http://divulgacandcontas.tse.jus.br/candidaturas/oficial/2018/BR/RJ/2022802018/190000612301/proposta_1534218285632.pdf. Acesso em: 13 out. 2019.

RAMOS, Silvia; PAIVA, Anabela. *Mídia e violência*: novas tendências na cobertura de criminalidade e segurança no Brasil. [s.l.]: CESeC, Iuperj-Tec, Secretaria Especial de Direitos Humanos e União Europeia, 2007.

SALGADO, Joaquim Carlos. *A ideia de justiça no mundo contemporâneo*. Belo Horizonte: Del Rey, 2006.

SALGADO, Joaquim Carlos. O Estado ético e o Estado poiético. *Revista do Tribunal de Contas de Minas Gerais*, Belo Horizonte, v. 27, n. 2, p. 47-62, 1998.

VEJA a íntegra do discurso de Wilson Witzel ao ser empossado governador do RJ. *G1*, jan. 2019. Disponível em: https://g1.globo.com/rj/rio-de-janeiro/noticia/2019/01/01/leia-a-integra-do-discurso-de-wilson-witzel-ao-ser-empossado-governador.ghtml. Acesso em: 15 out. 2019.

WRIGHT, John Paul *et al*. Malevolent forces: self-control, the dark triad, and crime. *Youth Violence & Juvenile Justice*, set. 2016.

ZALUAR, Alba; ALVITO, Marcos. *Um século de favela*. Rio de Janeiro: FGV, 1998.

Informação bibliográfica deste texto, conforme a NBR 6023:2018 da Associação Brasileira de Normas Técnicas (ABNT):

CASTRO, Carola Maria Marques de; MARINHO, Azula Marina Couto. Terrorismo, racismo, extermínio: a nova política de segurança pública do Rio de Janeiro/BR. *In*: ANDRADE, Durval Ângelo; MAYOS SOLSONA, Gonçal; HORTA, José Luiz Borges; MIRANDA, Rodrigo Marzano Antunes (Coords.). *A sociedade do controle?*: macrofilosofia do poder no neoliberalismo. Belo Horizonte: Fórum, 2022. p. 207-223. ISBN 978-65-5518-260-6.

PEDRO POETA. PEDRO PASTOR. PEDRO PROFETA: *CASALDÁLIGA EM UMA VIDA DE TESTEMUNHO*

DURVAL ÂNGELO ANDRADE
JOÃO BATISTA MIGUEL
RODRIGO MARZANO ANTUNES MIRANDA

Tengo fe de guerrillero/
y amor de revolución.
Y entre Evangelio y canción
sufro y digo lo que quiero...
quiero subvertir la Ley/
que pervierte al Publo en grey/
y el gobierno en carniceiro.
(Dom Pere Casaldàliga, *Canción de la hoz y el haz*)

Aprendemos com o magistério do Professor Doutor José Luiz Borges Horta que "a *Razão* governa o mundo ao conduzir o trem da História em seu destino".[1] Nesta viagem, a *razão* vai ocupando-se de grandes homens e de grandes mulheres para se efetivar em plenitude, no longo e demorado trajeto a que se destina.

É com esta profissão de fé que nos balizamos para transitar em turnos de filosofia, de ciência do Estado, de teologia e de literatura para nos referirmos à figura de Dom Pedro Casaldáliga: bispo da Igreja, militante das causas do Reino e poeta da esperança.

---

[1] HORTA, José Luiz Borges. *Desde el asiento de su enseñanza en la Universidad Federal de Minas Gerais*. [s.l.]: [s.n.], [s.d.].

Hegel, em sua *Filosofia da história*, já nos advertia que "cada um é filho de seu tempo e que ninguém fica atrás ou à frente de seu momento",[2] fato que não poderia deixar de ser, pois cada sujeito da história só pode, por logicidade, fazer a história de seu tempo presente. Neste sentido, faz-se mister compreender que este caminhar lógico da história nos impõe a responsável tarefa de percebermos que nenhum ato, nenhum fato, nenhum momento, vive ou sobrevive de modo separado ou mesmo desconectado do processo de dialeticidade que compõe o imenso fio condutor da vida humana.

Assim, mesmo partindo da atuação pontual de Casaldáliga, cujo pastoreio da fé e da luta se apresenta a partir da expressiva prelazia de São Felix do Araguaia, no sertão norte mato-grossense, é justo e se faz necessário inseri-lo em uma *macro-história* universal. Ao reconhecer sua vida dentro de um macroenredo, também reconhecemos, por conseguinte, a importância de sua teologia, de sua filosofia, de sua poesia e de sua militância como instrumentos a serviço da liberdade humana, que se engendra na *espiral da história*.

Casaldáliga é um nome familiar para os defensores da vida, dos direitos humanos e do Estado de direito. Por isso, seria dispensável qualquer apresentação a seu respeito, mas por persistência e também por uma boa dose de vontade de que suas causas se façam cada vez mais conhecidas, ousamos apontar algumas particularidades de sua vida pastoral, política, eclesial e cultural.

No ano 2000, data jubilar que acenava o encerramento cronológico do milênio, a história do bispo de São Félix foi imortalizada pelo hercúleo trabalho do jornalista catalão Francesc Escribano.

O livro, intitulado *Descalzo sobre la tierra hoja: vida del obispo Pere Casaldáliga*[3] (*Descalço sobre a terra vermelha: a vida do bispo Pedro Casaldáliga*), conjuga um misto de jornalismo, biografia e utopia, apresentando com pormenores a atuação pastoral, poética e profética do bispo do Araguaia. A obra em questão, cuja leitura recomendamos, proporciona ao leitor experienciar o "cheiro" daquela terra amazônica bem como vislumbrar o mosaico multicolorido com que se pincelaram as batalhas teológicas, filosóficas, ideológicas e sociais naquele recanto do Brasil.

---

[2] HEGEL, G. W. F. *Filosofia da história*. 2. ed. Tradução de Maria Rodrigues. Brasília: EdUnB, 1999. p. 50.

[3] ESCRIBANO, Francesc. *Descalzo sobre la tierra hoja*: vida del obispo Pere Casaldáliga. Tradução de Antoni Cardona. Barcelona: Ediciones Península, 2000.

A obra de Escribano pode ser anexada ao acervo que se dispõe a apresentar a história política, social e eclesiológica de nosso país. Merece ser mencionada, citada e incentivada, pois apresenta com fidelidade aspectos de um Brasil historicamente estruturado sob o terrível domínio oligárquico e seus apêndices expressos por meio do *mandonismo*, do *coronelismo* e de tantos outros *ismos* maléficos à vida democrática de um Estado.

Com impetuoso espírito missionário, Casaldáliga, ainda padre, desembarca em terras brasileiras em 1968, ano em que deixou sua Catalunha para uma viagem sem retorno. Em 1971, é sagrado bispo da prelazia de São Félix do Araguaia, onde decidiu passar toda sua vida.

As adversidades políticas e sociais que contextualizavam o período de sua chegada eram marcadas pelos reflexos do advento do recente golpe militar de 1964 e pela engenharia, maquinação e consolidação do regime ditatorial no Brasil.

Sua primeira carta pastoral, enquanto membro do episcopado brasileiro, já anunciava tempos de conflitos e de libertação. Intitulada *Uma Igreja da Amazônia em conflito com o latifúndio e a marginalização social*, a carta, publicada em 1971, era um grito profético num cenário emudecido e ensurdecido por anos de domínio e arbítrio de grandes latifundiários e de omissões por parte da Igreja e dos poderes do Estado.

Ao longo de 30 páginas de *Carta Pastoral*, o bispo *Pedro* analisa rigorosamente a situação de *escravidão* e *violência* em que viviam os povos e comunidades da Amazônia, denunciando os problemas ambientais que, já então, se começavam a perceber e, claro, o genocídio dos Povos Indígenas que os latifundiários estavam levando a cabo com o beneplácito do Governo militar brasileiro.[4]

No documento eclesial, Dom Pedro toca em pontos nevrálgicos que retratam com riqueza de detalhes a população de sua prelazia e que poderia ser estendida a diversas outras regiões do Brasil. Aspectos como formação sociocultural; imaturidade da fé; despolitização generalizada; e o assombroso léxico de preconceitos que se faziam presentes na vida daquele povo foram aferidos por Casaldáliga num rico esforço de elaborar a sociologia daquele território.

---

4 Disponível em: http://www.ihu.unisinos.br/78-noticias/593403-a-carta-de-pedro-casaldaliga-que-mudou-a-amazonia.

Quando ainda quase ninguém falava na causa indígena; quando a preocupação com o Meio Ambiente não estava na mesa de qualquer discussão; e quando a extrema pobreza dos trabalhadores rurais, muitas vezes escravizados, era um assunto longe de qualquer foco da mídia ou da Igreja, a Carta Pastoral de 1971 torna-se um documento que indigna as vergonhas do Brasil e que, pela primeira vez, internacionaliza a crueldade da situação econômica, social e ambiental da Amazônia.[5]

Em uma reportagem de extrema importância, Karolina Motoki enfatiza:

> Foi essa carta pastoral de 1971 que denunciou ao mundo a contemporaneidade da escravidão no Brasil. Contrariando a desumanização colonial e desafiando o regime militar, aquele homem denunciava as atrocidades contra pessoas – em sua maioria negras e indígenas – vistas como inferiores, como sub-gente, como não-humanas, desalmadas.[6]

Ecribano expressa a repercussão deste documento e nos dá contornos do cenário que se estrutura após sua publicação:

> A tomada de posição de Casaldáliga foi uma declaração de guerra. Ou, para sermos exatos, em uma guerra que fazia tempo. Uma decisão que seria a origem de muitos dos problemas e conflitos que deveria viver no futuro e que lhe criou inimigos poderosos, mas que lhe ajudaria a encontrar uns amigos para toda a vida: seus pobres do Evangelho.[7]

A carta, segundo o sociólogo José de Souza Martins, é um dos "documentos mais importantes na história social do Brasil".[8] Foi o ponto de partida de toda uma vasta produção literária que ora se expressava pelas ácidas e denunciantes poesias, ora pelos coerentes documentos eclesiásticos, ora pelas diversas e incontáveis entrevistas atrevidas que margeavam a atuação do bispo.

---

[5] Disponível em: https://fperecasaldaliga.org/pt-br/blog/2019/07/13/carta-casaldaliga-muda-amazonia/.

[6] Disponível em: https://reporterbrasil.org.br/2020/08/pedro-casaldaliga-nos-ensina-que-ter-esperanca-e-um-ato-de-rebeldia/.

[7] "La toma de posición de Casaldáliga fue una declaración de guerra. O, para ser exactos, en una guerra que hacía tiempo. Una decisión que sería el origen de muchos de los problemas y conflictos que debería vivir en el futuro y que le creó enemigos poderosos, pero que le ayudaría a encontrar unos amigos para toda la vida: sus pobres del Evangelio" (ESCRIBANO, Francesc. *Descalzo sobre la tierra hoja*: vida del obispo Pere Casaldáliga. Tradução de Antoni Cardona. Barcelona: Ediciones Península, 2000. p. 33).

[8] Disponível em: http://www.ihu.unisinos.br/78-noticias/593403-a-carta-de-pedro-casaldaliga-que-mudou-a-amazonia.

Coerentemente ao que afirmamos temos o testemunho de Alfredo Bosi:

A denúncia crua, sem véus de alegoria, dá o cerne a essa palavra forte que sai da boca de um lutador vindo da insubmissa Catalunha para o coração da América Latina à qual dedicou maior parte de sua vida, como bispo de São Félix do Araguaia. Dessa opção sem retorno provêm a autenticidade sem pregas de sua linguagem e o alto grau de sua lucidez política, que amadureceu em meio a conflitos de extrema violência provocados por mandantes locais e tolerados por autoridades passivas quando não coniventes.[9]

Para erguer-se cotidianamente, com o costumeiro *entusiasmo*, Casaldáliga se alimentava basicamente da palavra – convocação de Deus vivo – expressa nas Sagradas Escrituras e nas chagadas e sagradas falas que brotavam dos clamores do povo com quem caminhava.

Escrever sobre Dom Pedro exige do escritor uma fiel baliza que remete para algo além de Pedro, uma vez que o bispo nunca exigiu para si nenhum holofote ou vanglórias de qualquer sorte. Pelo contrário: Casaldáliga, cuja facilidade em lidar com a mídia lhe era familiar, aproveitava-se de sua ação performática – muitas vezes caricaturada pela imprensa, pelos donos do poder e por autoridades políticas – para denunciar e expor a crua e nua verdade na qual os pobres viviam em sua prelazia, no Brasil e na América Latina.

Por isso, Pedro não se limita a méritos, sacrifícios e oblações exercidos por sua pessoa, por sua obra ou mesmo por seu ministério. O que vale em sua história, e assim ele o defendia, é a *causa*, como muito bem expressava: "Minhas causas valem mais que minha vida".

É verdade que a história se encarrega de produzir grandes homens que, mesmo inconscientes, exercem o fundamental papel a serviço daquilo que hegelianamente chamamos de destino. Basta tomarmos de empréstimo os grandes momentos da *história*, que, concomitantemente, teremos estes grandes vultos servindo-se como instrumento deste roteiro lógico.

Casaldáliga é um destes grandes homens da *história*. Cumpriu sua missão e nos deixou um legado importantíssimo para a vida da Igreja, da militância social e da defesa do Estado de direito.

---

[9] BOSI, Alfredo. Apresentação. *In*: CASALDÁLIGA, Pedro. *Versos adversos*: antologia. São Paulo: Ed. Fundação Perseu Abramo, 2006. p. 11.

Assim, se nos é oportuno tomarmos de empréstimo a expressão de Hegel sobre a necessidade de se fazer uma filosofia *do, no* e *para* o tempo presente, Casaldáliga nos inspirou à mesma aventura, convocando-nos à constante, permanente e necessária percepção de atualizarmos também a teologia, a poesia e a militância para que respondam às necessidades dos tempos de agora. Esta é sua genialidade, a mesma de quando escreveu sua primeira carta pastoral: "buscar compreender os sinais do tempo e do lugar", para que, nos momentos sombrios da história, possamos erguer vozes e punhos em defesa da vida em abundância como nos inspira o evangelho de São João: "Eu vim para que todos tenham vida, e a tenha plenamente".[10]

Neste contexto podemos inserir o bispo do Araguaia no *hall* dos gigantes da nossa história.

Na luta política, além de denunciar o latifúndio e as atrocidades do governo brasileiro, passou também a defender a libertação dos povos da América Latina, daí o seu flerte com a filosofia "política" de Kant. Uma América Latina libertada das algemas impostas por potências econômicas demonstrava sua intencionalidade cosmopolita e sua preocupação com o reconhecimento dos latino-americanos como um só povo irmão, chagados por uma mesma lógica de exploração.

Do ponto de vista literário, Casaldáliga utilizou-se da poesia, sua paixão primeira, que o acompanhou fidedignamente desde sua infância na Catalunha, para, em versos e prosas, estrofes e trechos, pontos e reticências denunciar e protestar, mas também esperançar seus leitores. Destacava a pertinente e necessária *impertinência* da esperança como ato de rebeldia que repudiava o *status quo* dos dominadores do povo.

A partir de sua teologia, questionava a opção e a maneira com que a Igreja atuava, porém sem nunca refutar a importância de sua universalidade. Nunca flertou com qualquer tipo de cisma eclesiológico. Sua reflexão teológica visa à *desenclausuração* da fé e a pertinência de uma Igreja em *saída*, marcadamente pelo ardente serviço missionário, profético e acolhedor. Essa era a convocação de sua teologia: *libertação*. Partilhava com o episcopado brasileiro a necessidade de se colocar ao encontro dos pobres e propagava a máxima de que "a cabeça pensa conforme o chão onde os pés pisam".

Este era seu discurso e esta era sua prática, fielmente complementares e que marcaram sua trajetória. Seu estilo de vida foi coerente

---

[10] BÍBLIA. *Bíblia de Jerusalém*. Livro do Evangelho segundo São João, 10-10. 6. ed. São Paulo: Paulus, 2010.

com suas convicções: "A casa onde vive Casaldáliga em São Félix não é nenhum palácio episcopal. É pequena, de uma só planta, e não tem nela luxos nem signos de distinção. A porta da casa do bispo sempre está aberta...".[11]

O ministério libertador de nosso pastor e poeta não se limitou às cinzentas páginas da ditadura militar no Brasil. Pedro, mesmo após sua "aposentadoria" formal, exigida pelo Estado do Vaticano a todos os bispos que completam 75 anos de idade, continuou exercendo considerável influência sobre um grande número de seguidores de sua *causa*. Com isso, percebe-se a sua permanente atualização sobre temas relevantes que atinam ao Brasil e ao mundo, no âmbito da Igreja, da política e do pensamento.

A exclusiva atuação do bispo em favor dos mais pobres e injustiçados tem possibilitado a consolidação de uma vasta literatura. Recorte deste grande acervo, ainda em construção, destina-se à defesa dos povos indígenas: um enredo que começou com sua chegada ao Brasil e que se manteve presente até o fim de sua vida.

Colaborando com a sentença acima, destacamos o ano de 2012, quando a região da prelazia havia protagonizado cenas de muito horror, ocasionado pelo conflito entre indígenas e latifundiários. Um *tsunami* de violência, mais uma vez, inundou aquela paisagem.

Este conflito foi resultado da definição do Governo brasileiro, que decidiu pela retirada das famílias de posseiros da terra indígena de Marãiwatsédé ao reconhecer e garantir o direito da terra ao povo xavante.

Este grande território indígena, ocupado ilegalmente por latifundiários a partir da década de 70, era defendido pela Igreja do Araguaia, que nas últimas décadas gritava num deserto estatal, de governos descompromissados com a afetiva e efetiva causa indígena. Por fim, chegando-se ao desfecho deste capítulo de *labutante* luta, não demorou para que os fazendeiros daquela região associassem à causa defendida por Casaldáliga a garantia deste direito. De fato, o era.

De acordo com a reportagem do *site G1*: "Desde que a Justiça reconheceu que a área em disputa é dos índios, Casaldáliga passou a receber constantes ameaças de morte".[12] Foram incontáveis as tentativas

---

[11] "La casa donde vive Casaldáliga en São Felix no es ningún palacio episcopal. Es pequeña, de una solo planta, y no hay en ella lujos ni signos de distinción. La puerta de la casa del obispo siempre está abierta [...]" (ESCRIBANO, Francesc. *Descalzo sobre la tierra hoja*: vida del obispo Pere Casaldáliga. Tradução de Antoni Cardona. Barcelona: Ediciones Península, 2000. p. 29).

[12] Disponível em: http://g1.globo.com/mato-grosso/noticia/2012/12/bispo-e-ameacado-de-morte-em-desocupacao-de-area-indigena-em-mt.html.

e ameaças que Dom Pedro e sua equipe da prelazia receberam desde a década de 70.

Estivemos com o bispo, logo depois da retomada das terras pelos Xavantes. Em uma de nossas conversas, na varanda de seu casebre episcopal, ele desabafou: "São poucas as vezes em que os pobres, os pretos, os indígenas têm seus direitos garantidos. Mesmo assim, isto incomoda muita gente grande. Os donos do dinheiro não brincam. Não é a primeira, nem será a última ameaça, por isso, a luta tem que continuar". No livro de Escribano encontramos os mesmos ecos e detalhes impressionantes desta *cruzada temporal*, marcada por ameaças, tocaias, atentados, mortes e Páscoa.

Contemporânea a este cenário de 2012, dá-se a eleição do Papa Francisco, em março de 2013. Este acontecimento desperta em Casaldáliga a *reesperança* de ver a Igreja retomar suas insígnias do diaconato, devotada a servir às grandes causas da humanidade e de ser alimentada pela mística do Deus Vida.

Na mesma semana da eleição papal, Casaldáliga, aproveitando-se da influência e da presença do amigo Peres Esquivel,[13] que acompanhava o Papa Francisco em seus primeiros dias no Vaticano, encaminha um pedido ao novo pontífice: solicitou uma especial atenção pontifícia para os povos ameríndios, os amazônicos, os pobres e excluídos de toda sorte; e também uma reconciliação justa e honesta com os teólogos e teólogas da *libertação*, há muito tempo excluídos dos debates do catolicismo "oficial". A troca de mensagens foi consumada com um retorno breve, direto e objetivo do Papa, acolhendo tal correspondência.

No apelo, o Bispo Emérito Dom Casaldáliga fazia pedagogicamente uma retomada histórica e denunciava ao papa argentino as investidas pelas quais sofreram e ainda sofrem os pensamentos teológico e filosófico que se colocavam como instrumento da libertação e emancipação popular. Colocava ênfase que desde a década de 1980 houve, no Brasil e na América Latina, um crescente empreendimento de combate à teologia da libertação. Numa verdadeira guerra ideológica viu-se, nestes anos, padres, bispos, leigos e leigas simpatizantes desta escola teológica serem "convidados" ao silêncio obsequioso.

Era evidente a tentativa de se encurralar a teologia da libertação em guetos e ostracismos. Neste sentido, Pedro relatava, com precisão, a concomitante e fortíssima onda neopentecostal que se estruturou a

---

[13] Adolfo Pérez Esquivel é um arquiteto, escultor e ativista de direitos humanos argentino, agraciado com o Nobel da Paz de 1980.

partir de uma nova teologia. A denúncia petrina era taxativa: afirmava que em certa medida o advento desta nova escola teológica, que chegava nas américas dos latinos, era patrocinado por interesses do *grande mercado* e incentivado pelo próprio Estado do Vaticano. Ele se referia à perpetuação da teologia da prosperidade, totalmente antagônica aos valores e vetores defendidos pela teologia da libertação.

Enquanto a teologia da libertação investia na formação de coletivos e comunidades, e defendia que o *Reino de Deus*, para se efetivar, deveria observar e incentivar a emancipação total da humanidade através de valores como a ética do cuidado, a liberdade, a unidade: homem-natureza-cultura e, sobretudo, o incentivo à participação política; a teologia da prosperidade surgia com uma proposta adversa: incentivava o acúmulo de bens; o individualismo; a relação narcísica entre Deus e o homem; e o distanciamento do cristão da política e das *coisas do mundo*.

Enquanto a teologia da libertação preparava o povo de Deus para um processo emancipatório, do Deus da vida, a teologia da prosperidade propagandeava-se, associando a graça recebida pelo fiel ao mérito de sua ação individual, colocando a fé como mercadoria e a bênção como um truque de mágica. Nas entrelinhas, prosperar em graças e bênçãos, por meio de atos sacrificiais narcísicos, significa condicionar o fiel à servidão de um Deus regido pelo mercado da fé, que oprime, escraviza e quantifica seus adoradores.

Observamos, portanto, a partir dos anos 80, o fortalecimento capcioso de uma religião narcísica, descomprometida com a vida comunitária, que abandonou as radicalidades vivenciadas nas pequenas comunidades para dar lugar à superficialidade de eventos como *coaching celebracion* e missas-*shows* que reúnem multidões de indivíduos movidos por uma fé dissociada da comunidade e das coisas deste mundo. Um verdadeiro *enxame* religioso.

Curiosamente, aquele cenário de ofensiva à teologia da libertação refletia os mesmos ataques pelos quais passavam os países socialistas de então. Diga-se de passagem: a teologia e os teólogos da libertação são, até nos dias de hoje, associados à chamada escola de pensamento marxista. De fato e de certa forma, pode se encontrar alguma similaridade conceitual, não se pode negar. Contudo, segundo Casaldáliga, "mente quem afirma que a Teologia da Libertação se inspira no marxismo". Para ele, a "Teologia da Libertação se inspira no Evangelho e na pobreza".[14]

---

[14] "miente quien afirma que la Teologia de la Liberación se inspira en el marxismo: la Teologia de la liberación se inspira en el Evangelio e en la pobreza" (ESCRIBANO, Francesc. *Descalzo*

Do advento da teologia da prosperidade, que contagiou católicos e também evangélicos, resulta, todavia, a desarticulação política dos cristãos, cujos reflexos já sofremos todos.

Ao discurso teológico sucede o *teodemagógico*, que serve para justificar pautas de governos que têm gerado cenários preocupantes quanto à afirmação da dignidade da pessoa humana.[15] Estas transformações implicam diretamente o processo civilizatório, visto que afetam o modo de vida de um povo. A balança que *equilibrava* os discursos teológico e político foi desajustada com a chegada da teologia da prosperidade. A lógica de um Deus *libertador*, "banida", cede lugar a uma *teodemagogia* que avança incomensuravelmente rumo à *trindade do atraso*, a saber: a pós-política, maquiada como neopolítica; o pós-Estado, intenção do neoliberalismo; e a pós-religião, reinante no neopentecostalismo.

Pedro, mesmo com a fragilidade causada pelo mal de Parkinson, a quem ele chamava de "irmão", mantinha-se atento à conjuntura política, social e eclesiológica local, nacional e mundial. Sempre tinha uma colocação a fazer a respeito dos temas mais importantes do momento. Prova disso é a brilhante análise de conjuntura feita por ele por ocasião dos protestos de 2013 que tomaram as ruas das principais cidades de nosso país.

Cauteloso quanto à origem daquele *novo tipo de movimento* ele nos alertava:

> se estiver consciente da força que tem, este povo muda o mundo. Mas se estas pessoas, que hoje ocupam as ruas, não tiverem a devida consciência política de suas lutas, logo serão atropeladas pelo rolo compressor da História. Se este movimento for apenas um ato festivo, sem ligação a uma causa que verdadeiramente corra como sangue nas veias dos que protestam, estas manifestações não passarão de uma festa à fantasia e este povo corre grande risco de ser utilizado como mercadoria exposta à negociação dos interesses dos grandes interesses financeiros.[16]

A preocupação expressa pelo bispo é muito pertinente e já prenunciava o que Byung-Chul Han veio a conceituar, anos à frente, como *sociedade do enxame*. Movimentos como aqueles, que se proclamavam *sem liderança* e que se estruturavam a partir de convites feitos

---

sobre la tierra hoja: vida del obispo Pere Casaldáliga. Tradução de Antoni Cardona. Barcelona: Ediciones Península, 2000. p. 53).

[15] MIGUEL, João Batista. O "impeachment" de Deus. *In*: SALGADO, Karine *et al. Arte, política e direito*. 1. ed. Belo Horizonte: Initiavia, 2019.

[16] Conversa informal com Dom Pedro Casaldáliga, em 2013, em sua residência.

em redes sociais, tornaram-se objeto de pesquisa de Han, que em um de seus apontamentos afirma que "Os seus paradigmas coletivos de movimento são, porém, como de animais que formam enxames, muito efêmeros e instáveis. Além disso, eles frequentemente passam uma impressão de serem carnavalescos, lúdicos e descompromissados".[17]

Não demorou para que aquela *tempestade de indignação*, de 2013, se transformasse numa grande arma contra a política e contra o Estado, como advertido por Dom Pedro.

Nos anos subsequentes, os efeitos daquelas imensas manifestações foram cooptados por movimentos políticos de direita e de extrema direita, resultando no fortalecimento de uma plataforma que deu origem à, até então impensada, militância de direita. Produto direto daqueles atos foi a eleição, em 2018, de Jair Bolsonaro como presidente do Brasil.

Casaldáliga sempre defendeu e apostou na força do povo como instrumento de transformação social, mas sempre nos deu sinal de que esta *força popular deve ser atrelada ao fazer político*. Por isso, seus ensinamentos se mantêm atualizados e nos servem de motivação para encararmos o momento de retrocesso político que hoje se acentua em países da América Latina, sobretudo no Brasil, com seus anacronismos socioculturais e retirada de direitos. Para ele, até mesmo uma rebelião contra determinado governo deve ser feita a partir da intencionalidade política e da maturidade da consciência do povo que a ela se afilia.

A influência catalã, insubmissa por *natureza*, norteou a condução pastoral, poética, política e profética de Casaldáliga. Exemplo disso percebemos em um de seus poemas, quando nos diz: "Eu creio que agora sou mais catalão que há trinta ou quarenta anos. O fato de ser catalão me tem ajudado a ser mais sensível [...] e a não cair na tentação do imperialismo cultural. Eu sinto cada vez mais minhas raízes".[18]

A voz rouca, com forte sotaque barcelonês, ajudou, nas últimas décadas, os pobres de nosso país a gritarem por Justiça. Junto deles Pedro gritou em favor das mulheres; gritou em favor do povo preto; gritou em favor dos povos indígenas; gritou em favor dos campesinos; gritou em favor da natureza; gritou em favor dos excluídos; mas, acima de tudo, gritou e denunciou a opressão e a desigualdade social causadas

---

[17] HAN, Byung-Chul. *No enxame*: perspectivas do digital. Tradução de Lucas Machado. Petrópolis: Vozes, 2018. p. 30.

[18] "yo creo que ahora soy más catalán que hace treinta o cuarenta años. [...] el hecho de ser catalán me haya ayudado a ser más sensible [...] y a no caer en la tentación del imperialismo cultural. [...] yo siento cada vez con más fuerza mis raíces" (ESCRIBANO, Francesc. *Descalzo sobre la tierra hoja*: vida del obispo Pere Casaldáliga. Tradução de Antoni Cardona. Barcelona: Ediciones Península, 2000. p. 53).

pelo poder do capital, pelo descaso do Estado mínimo e pela servidão ao Deus Mercado.

Na ocasião em que visitamos a Catalunha, agradecemos a acolhida do *Ateneu Barcelonês*, que se configura como cátedra de resistência política e panteão do mais refinado pensamento filosófico e cultural da Europa. De igual valor somos gratos à equipe do Professor Doutor Gonçal Mayos, por pontificar nossas histórias e nos permitir homenagear o filho plenamente catalão que se tornou plenamente brasileiro.

A vida de Casaldáliga faz parte de um grande enredo no qual, de alguma forma, estamos todos envolvidos: a luta pela liberdade. Que nossas lutas sejam maiores do que nossas vidas.

Referências

BÍBLIA. *Bíblia de Jerusalém*. Livro do Evangelho segundo São João, 10-10. 6. ed. São Paulo: Paulus, 2010.

BOSI, Alfredo. Apresentação. *In*: CASALDÁLIGA, Pedro. *Versos adversos*: antologia. São Paulo: Ed. Fundação Perseu Abramo, 2006.

ESCRIBANO, Francesc. *Descalzo sobre la tierra hoja*: vida del obispo Pere Casaldáliga. Tradução de Antoni Cardona. Barcelona: Ediciones Península, 2000.

HAN, Byung-Chul. *No enxame*: perspectivas do digital. Tradução de Lucas Machado. Petrópolis: Vozes, 2018.

HEGEL, G. W. F. *Filosofia da história*. 2. ed. Tradução de Maria Rodrigues. Brasília: EdUnB, 1999.

HORTA, José Luiz Borges. *Desde el asiento de su enseñanza en la Universidad Federal de Minas Gerais*. [s.l.]: [s.n.], [s.d.].

MIGUEL, João Batista. O "impeachment" de Deus. *In*: SALGADO, Karine *et al. Arte, política e direito*. 1. ed. Belo Horizonte: Initiavia, 2019.

Informação bibliográfica deste texto, conforme a NBR 6023:2018 da Associação Brasileira de Normas Técnicas (ABNT):

ANDRADE, Durval Ângelo; MIGUEL, João Batista; MIRANDA, Rodrigo Marzano Antunes. Pedro poeta. Pedro pastor. Pedro profeta: Casaldáliga em uma vida de testemunho. *In*: ANDRADE, Durval Ângelo; MAYOS SOLSONA, Gonçal; HORTA, José Luiz Borges; MIRANDA, Rodrigo Marzano Antunes (Coords.). *A sociedade do controle?*: macrofilosofia do poder no neoliberalismo. Belo Horizonte: Fórum, 2022. p. 225-236. ISBN 978-65-5518-260-6.

PARTE IV

CONTRA O NEOLIBERALISMO

GLOBALIZAÇÃO, NEOLIBERALISMO E POLÍTICAS PÚBLICAS

RENATA RAMOS DE CASTRO
SEBASTIÃO HELVÉCIO RAMOS DE CASTRO

Introdução

Existe uma relação entre todo e qualquer elemento existente, quer seja ele etéreo ou feito pelo homem. Em certos casos, esta relação se anuncia de forma clara (quase translúcida); em outros, a relação parece se esconder nas esquinas obscuras dos conceitos. Este é o caso dos três elementos que apresentamos neste trabalho. A nós, parece eufônico traduzir a reflexão de macrofilosofia política que faremos em elementos de arte. Afinal, a filosofia é a arte do reflexionar. Portanto, não se assuste ao perceber-se imerso até os ombros em metáforas doces e leves. Sobretudo, não se engane, sob as águas translúcidas do nosso pensamento habitam cardumes de todas as cores (quer sejam conhecidas ou desconhecidas).

Como moldura genérica do cenário que desejamos pincelar, a *globalização*. Esta é tanto um dado quanto um fato nos tempos presentes. Em sua acepção informal, trata do rápido tráfego de informações e pessoas, da diminuição das diferenças entre cada canto do mundo e sua respectiva cultura. O mundo aparenta ser cada vez menor. As distâncias aparentam serem menores. Os indivíduos guardam maior semelhança entre si e ideologias são compartilhadas com menor parcimônia e maior intimidade.

Ao lado desta ideia da moldura genérica (aqui referente à supramencionada globalização), o *neoliberalismo* dita a paleta de cores em que esta relação será estabelecida. Para uns, uma corrente ideológica; para outros, uma frágil releitura do liberalismo clássico. Independentemente do entendimento adotado, o neoliberalismo representa a ponta de um *iceberg* que se aproxima da sociedade contemporânea. Este *iceberg* pode representar um grande risco para a estrutura do Estado, caso sejam ignorados os consequentes impactos. Por outro lado, pode representar uma grande oportunidade para a (necessária) reforma do Estado.

No centro deste intrigante cenário que estamos pintando, as *políticas públicas*, com suas dicotomias, paradoxos, incongruências, mas sobretudo sua inegável necessidade. Derivadas dos direitos sociais, as políticas públicas podem ser facilmente relacionadas com o Estado de bem-estar social e, portanto, consideradas inadequadas a um cenário de fortalecimento da orientação econômica neoliberalista dos Estados. Entretanto, ao longo desta discussão, busca-se apontar uma estratégia para manter as políticas públicas consideradas essenciais ao (novo) Estado, ao mesmo tempo em que os elementos típicos da globalização são sopesados.

Se cada elemento se apressa ao apresentar-se tão certo de si no palco da reflexão, quando ladeados são coprotagonistas de uma expressão profunda em que precisam dançar sob o mesmo ritmo e tom e, para isso, são obrigados a praticar o exercício do renascimento. Então, o primeiro requisito fundamental na leitura deste texto é despir-se da preconcepção conceitual e ideológica. O segundo requisito é algo raro na rápida sociedade do século XXI, vestir-se da tolerância com o que aparenta ser diferente. O terceiro, e último requisito, é encontrar a alegria nas pequenas curvas dessa estrada, porque sem ela qualquer reflexão é fadada ao fracasso.

A irrefutável globalização

A globalização, individualmente considerada, é, além de um dado, um fato. Nada mais é que um sistema mundial autoperpetuado. O movimento da globalização acontece dentro de esferas econômicas e regulamentadas pelo direito internacional (em suas variadas áreas de atuação). Para Ulrich Beck, a globalização é vinculada, necessariamente, à desvinculação da economia do território.[1] Isso acontece ainda

---

[1] BECK, Ulrich. *O que é globalização*. Equívocos do globalismo – Respostas à globalização. São Paulo: Paz e Terra, 1999. p. 129-130.

assegurando que o assunto permaneça no campo da economia. Esse fenômeno (globalização) desenrolado nos últimos dois séculos foi capaz de resultar na alteração do papel do Estado e a própria visão em torno do indivíduo. Neste sentido, Karine Salgado escreve

> O contexto da globalização alterou o papel dos Estados, as relações internacionais e a própria visão em torno do indivíduo. O processo de globalização não se limitou à economia e atingiu todos os estratos de relações sociais, a julgar pela própria ideia cosmopolita de indivíduo, sujeito portador de direitos fundamentais indeléveis, independentemente da raça, crença ou nacionalidade.[2]

A leitura rápida desta proposta conduz ao equívoco de acreditar que a única solução plausível seria um modelo hegemônico de globalização. Esta proposta, coerente com o "cosmopolitismo exclusivo" de Otfried Hoffe,[3] seria de um Estado mínimo, subsidiário e federal que teria por objetivo construir uma ordem mundial através do equilíbrio de poderes por meio da cooperação voluntária de Estados ou a democratização de Estados nacionais.

O uso da palavra "globalização" de forma coloquial acaba por nos viciar ao lê-la e não buscamos a compreensão de suas possíveis, e diversas, acepções quando caracterizada. Se, em um primeiro momento, abordamos a globalização econômica, é importante seguir a mesma linha e tratar da globalização jurídica. Esta segunda significa tratar do vetor ético da justiça universal concreta.[4] Em outras palavras, é sinônimo do entendimento de que a justiça deverá ter caráter redistributivo[5] e social.[6] É, assim, a concretização da justiça "para cada ser humano vivente na Terra".[7] Logo, todos os seres humanos devem ter os mesmos direitos e deveres, as mesmas condições de vida, mundo afora. "Cada nação responde *in solidum* pela outra, de modo que o bem-estar de

---

[2] SALGADO, Karine. *A paz perpétua de Kant* – Atualidade e efetivação. Belo Horizonte: Mandamentos, Faculdade de Ciências Humanas/Fumec, 2008. p. 18.

[3] HÖFFE, Otfried. *A democracia no mundo de hoje*. São Paulo: Martins Fontes, 2005. p. 395.

[4] SALGADO, Joaquim Carlos. *A ideia de justiça no mundo contemporâneo*: fundamentação e aplicação do direito como maximum ético. Belo Horizonte: Del Rey, 2007. p. 262.

[5] Justiça redistributiva pode ser lida, sem grande profundidade de conceito aqui apresentado, como aquela capaz de enxergar as arrecadações e capacidades desiguais e que realiza a redistribuição destas entre os indivíduos para que todos fiquem em posição de igualdade.

[6] Justiça social pode ser lida, de forma rápida e superficial (ainda, sem prejuízo do mergulho profundo em suas ideias autônomas e linhas de estudo), como a criação de situação em que se estabelece igualdade de condições materiais e culturais de vida para todas as pessoas.

[7] SALGADO, Joaquim Carlos. *A ideia de justiça no mundo contemporâneo*: fundamentação e aplicação do direito como maximum ético. Belo Horizonte: Del Rey, 2007. p. 259.

uma só é legítimo se não impede ou se não esbulha a outra (Höffe), negativamente, e, positivamente principalmente, se promove a sua prosperidade".[8]

De forma oposta a essa ideia, a globalização também pode ser lida como a causa das diferenças entre seres humanos. A modernização é frequentemente acusada de ser a responsável pelo que Habermas define como o "violento desenraizamento dos modos tradicionais de vida"[9] e a sua natural resposta de resistência que, certamente, é defensiva. Faticamente e como comenta Giovanna Borradori sobre Habermas, a globalização dividiu a sociedade mundial em três grandes grupos: vencedores, beneficiários e perdedores.[10] Assim, a visão de mundo torna-se, inegavelmente, polarizada.

A construção da ideia de que o momento da globalização em si mesma já teria sido superado existe. Mayos aborda este conceito quando escreve sobre a turboglobalização, a proposta de um momento posterior à globalização já conhecida, e, então, aponta a importância da criação de processos interconstitucionais capazes de unir os processos culturais distintos, mas igualmente legítimos. Cada um destes é, em si mesmo, complexo, e a interação entre eles representa um grau de complexidade ainda não conhecido pela humanidade. Assim, a solução para a problemática reside na criação de um novo marco jurídico que ainda não existe. Este terá por exigência fundamental permitir o diálogo entre as bases jurídicas culturais dos grupos sociais e avançar no projeto comum. A cautela maior será assegurar a manutenção das características particulares dos grupos sociais, sem forçar a dissolução de premissas culturais ou subordinar opressivamente um grupo a outro. "Por um lado, o mundo se tornou menor, mais inter-relacionado e dependente; por outro, o mundo está se tornando mais diverso territorialmente, culturalmente, do juridicamente, etnicamente – e inclusive – disciplinarmente".[11]

---

[8] SALGADO, Joaquim Carlos. *A ideia de justiça no mundo contemporâneo*: fundamentação e aplicação do direito como maximum ético. Belo Horizonte: Del Rey, 2007. p. 261.

[9] HABERMAS, Jürgen. *Consciência moral e agir comunicativo*. Rio de Janeiro: Tempo Brasileiro, 1989.

[10] HABERMAS, Jürgen. *Consciência moral e agir comunicativo*. Rio de Janeiro: Tempo Brasileiro, 1989 *apud* BORRADORI, Giovanna. *Filosofia em tempos de terror*. Diálogos com Habermas e Derrida. Rio de Janeiro: Zahar, 2004.

[11] MAYOS, Gonçal. *Turboglobalização e os fenômenos "inter"*. 2014. Disponível em: http://goncalmayossolsona.blogspot.com/2014/11/turboglobalizacao-e-os-fenomenos-inter.html. Acesso em: 31 jul. 2018.

Neoliberalismo: gigante na montanha ou risco real?

O liberalismo, como corrente ideológica de pensamento econômico, tem como berço o século XVIII, na voz de John Locke. A este tempo a não intervenção do Estado se justificava em virtude da simples não intervenção do Estado no direito do homem à vida, liberdade e propriedade. A evolução temporal desta ideologia nos traz ao pensamento neoliberal que busca apresentar explicações para as crises mundiais dos anos 70. Esta caracterizada especialmente por três marcos temporais, quais sejam a falência do regime monetário acordado em Bretton Woods, em 1944; o esgotamento dos modelos de acumulação de capital do pós-guerra e das instituições políticas típicas deste período; e a inviabilidade das políticas nacionais voltadas ao desenvolvimento econômico.

Em outras palavras, podemos apontar a vocação do neoliberalismo como sendo a explicação da supramencionada crise e oferta de alternativa plausível para aquilo que foi chamado de consenso keynesiano dos trinta gloriosos do pós-guerra. Neste sentido, uma visão homogênea do neoliberalismo é aquela que o coloca como instrumento de coesão social capaz de explicar os problemas derivados das políticas sociais do Estado de bem-estar social. Nesse cenário, temos três perspectivas elaboradas em suas esferas individuais, porém com intersecções consideráveis em momentos específicos e apropriados.

A primeira perspectiva compreenderia os custos crescentes das políticas sociais e seu respectivo impacto sobre os fundos públicos (como a inflação e o endividamento). A segunda perspectiva contempla os efeitos deletérios dessas políticas sobre valores, comportamentos tanto de grupos sociais, quanto de indivíduos. Por último, a terceira esfera que culmina os resultados desastrosos sobre o processo decisório e as instituições democráticas necessárias à estrutura do modelo de Estado *in voga*.

O fato de que estas três perspectivas se desenvolveram simultaneamente nas últimas décadas do século XX permitiu que o fundamentalismo de mercado e o conservadorismo se unissem para criar um arcabouço específico para o neoliberalismo econômico. Neste sentido, a supremacia do mercado é acentuada como instrumento de alocação de recursos, distribuição de bens, serviços e rendas. O mercado é a matriz da riqueza, da eficiência e da justiça.

No rol de contundentes críticas ao neoliberalismo, destaque especial sempre foi dado à sua considerada falta de autonomia e independência no pensamento. Os críticos apontam que o neoliberalismo não possui um corpo teórico próprio consolidando uma escola ou linha de pensamento. Tratar-se-ia, assim, de uma ideologia com proposições práticas sendo diretamente reinventadas do liberalismo – sem que houvesse prejuízo das formulações conservadoras e anacrônicas. Ao mesmo tempo, pela falta de estrutura teorética própria, as proposições utilizadas pelo neoliberalismo modificam-se com o passar do tempo de forma inadvertida e sem previsibilidade teórica. A terceira – e talvez maior crítica – seja a de que o neoliberalismo se reduz a afirmar repetidamente acerca da primazia do Mercado sobre o Estado.

> Não há um corpo teórico neoliberal específico, capaz de distingui-lo de outras correntes do pensamento político. As "teorizações" que manejam os assim ditos neoliberais são geralmente emprestadas do pensamento liberal ou de conservadores e quase que se reduzem à afirmação genérica da liberdade e da primazia do Mercado sobre o Estado, do individual sobre o coletivo. E, derivadamente, do Estado mínimo, entendido como aquele que não intervém no livre jogo dos agentes econômicos.

O pilar fundamental do neoliberalismo é evitar a intervenção da autoridade pública sobre as iniciativas privadas. Qualquer intervenção é sempre percebida como uma intrusão indevida que é, no máximo, tolerada. As intervenções sempre resultam em distorções. Quando o Estado intervém, ainda que imbuído de nobres objetivos (como a preservação do bem público), inibe o progresso e afeta a competitividade. Da mesma forma, as regulações estatais também distorcem o comportamento empresarial, porque faz com que as empresas passem a desviar recursos das atividades produtivas consideradas "sadias" (ou rentáveis), para aquelas consideradas improdutivas.

Tendo dito isto, agora talvez estejamos aptos a alcançar o ponto mais controvertido do neoliberalismo: o Estado afeta o mercado quando protege de forma exagerada os direitos sociais (especialmente aqueles ligados ao trabalho). Além do impacto econômico (já que o fardo para o empresário se torna pesado), acredita-se que esta proteção desarrazoada dos direitos do trabalho ensejaria no "desincentivo" ao trabalho. Quando o homem econômico racional se vê sufocado por instituições assistenciais excessivas, surge a perigosa armadilha da pobreza.

A agenda neoliberal é constituída pelo conceito de renda mínima e segue três propostas: descentralização, privatização e focalização destinada aos programas sociais.

A focalização corresponde ao direcionamento do gasto social a públicos específicos. Em outras palavras, "o Estado deve entrar apenas residualmente e tão-somente no campo da assistência social",[12] posteriormente seria direcionado aos setores mais pobres da população. Nessa esteira, a privatização mitiga a crise fiscal, na medida em que evita que os recursos públicos sejam empregados de forma irracional.

A relação entre globalização e políticas públicas

Ao tratarmos os elementos intrínsecos do globalismo (também chamado de globalização, se não tivermos rigor semântico em sua aplicação) não é viável criar cisões entre os laços íntimos e estreitos formados entre as dimensões teóricas, ideológicas e utópicas essenciais das configurações e movimentos da sociedade global. Assim, é neste ecossistema que o liberalismo se transfigura definitivamente em neoliberalismo. Ao fazê-lo, vincula indissociavelmente as transformações do trabalho e do desenvolvimento de diversos fatores como meios de comunicação. As bases sociais e as polarizações de interesse são maiores e com a falsa sensação de coesão intensa. Digo serem falsas porque hoje ainda não temos como aferir o nível de comprometimento humano e individual às causas quando manifestados única e exclusivamente por meios virtuais. Elementos como o uso de robôs e a falsa sensação de não identificação (e consequente responsabilização) no meio virtual deixam a realidade ainda nebulosa.

Por outro lado, no mundo dos fatos límpidos e emoldurados por dados concretos, vemos que as economias nacionais estão se dirigindo ao seu fim. Ou, pelo menos, ao fim da sua estruturação como conhecemos hodiernamente. Assim, a integração de mercados anuncia a urgência do ambiente transnacional, pautado pela ideia da produção com melhores condições de preço e qualidade. A consequência disso é que os direitos sociais passam a ser vistos como produtos. A Organização Mundial do Comércio (OMC)[13] publicou estudo em que relaciona a educação superior como mero serviço, ou seja, extraiu do direito à educação sua dimensão de um direito humano.

---

[12] DRAIBE, Sônia M. As políticas sociais e o neoliberalismo: reflexões suscitadas pelas experiências latino-americanas. *Revista USP*, São Paulo, n. 17, p. 86-101, mar./maio 1993. Dossiê Liberalismo – Neoliberalismo.

[13] SILVA, Camila Croso; GONZALEZ, Marina; BRUGIER, Yana Scavone. OMC em foco: a comercialização da educação na América Latina. Banco Mundial, OMC e FMI: o impacto nas políticas educacionais. *In*: HADDAD, Sérgio (Org.). *O impacto nas políticas educacionais*. São Paulo: Cortez, 2008. p. 87-143.

O risco aponta no horizonte quando os países economicamente fragilizados precisam submeter-se aos critérios estabelecidos por outras nações de forma a conservarem seus investimentos e apoios financeiros. Em claro português, a ameaça vem da redução forçada do Estado para garantir a não interferência estatal na ampliação da iniciativa privada como força reguladora.

> [...] são muitas e evidentes as interpretações, as propostas e as reivindicações que se sintetizam na ideologia neoliberal: reforma do estado, desestatização da economia, privatização de empresas produtivas e lucrativas governamentais, abertura de mercados, redução de encargos sociais relativos aos assalariados por parte do poder público e das empresas ou corporações privadas, informatização de processos decisórios, produtivos, de comercialização e outros, busca da qualidade total, intensificação da produtividade e da lucratividade da empresa ou corporação nacional e transnacional.[14]

Ao longo das últimas páginas, permeamos muitas situações dignas da nossa atenção. Entretanto, se fosse pedido que apontássemos um único aspecto que motiva toda a reflexão construída, não hesitaríamos em afirmar que este somente pode ser a necessidade de assegurar que todos os cidadãos de todos os Estados encontrem uma forma de viver a "boa vida". Quando dizemos "boa vida" não podemos nos confundir e ler que todos deverão ser, no clássico francês, *bon vivants*. Ao contrário, a "boa vida" que nos inspira exige trabalho do cidadão. Exige que este seja inserido no seio da sociedade e que produza para seu desenvolvimento. Requer que o cidadão honre a coisa pública de sua República. Demanda o entendimento de que, se estamos todos interligados, nossas ações positivas são importantes para o resultado final. Em uma visão kantiana, porém extremamente moderna, habitamos todos a mesma superfície terrena, que é inalterável e incapaz de expandir-se. Por isso, somos indubitavelmente ligados e coobrigados a gerar (e garantir) a "boa vida". Dentro desse conceito de "boa vida" é imprescindível que o mínimo seja garantido. E, para isso, as políticas públicas se anunciam não como soluções, porém como ferramentas.

---

[14] BECK, Ulrich. *O que é globalização*. Equívocos do globalismo – Respostas à globalização. São Paulo: Paz e Terra, 1999. p. 218.

Conclusão

Nesse mundo globalizado do qual tanto falamos, existe uma ameaça real à elaboração de políticas públicas capazes de proteger o cidadão efetivamente. Essa ameaça não é a globalização e, muito menos, o neoliberalismo. Rotular a ameaça com estes significa manter-se em uma guerrilha quixotesca cíclica com gigantes nas montanhas. Afinal de contas, nas duas temáticas podemos encontrar grupos ideológicos apaixonados para fazer o seu ataque ou a sua defesa. O resultado desse embate é a incerteza, a intolerância, a violência e, principalmente, a falta de resultados. Por isso o estímulo de buscarmos olhar para esse cenário (que já não é tão novo assim) e procurar encontrar o epicentro da questão, se faz ainda mais urgente.

Em primeira monta, a neurolinguística nos aconselha a não tratarmos a situação como um "problema" ou "risco", mas tão somente como o que é: uma "situação". Dado o histórico conturbado de opiniões apaixonadas na matéria, sigo este conselho e olho para a realidade buscando encontrar um motivo que seja capaz de congregar a raiz de todas as consequências que vivenciamos. Porque muito de tudo o que tentamos abordar como sendo "causas" são, na verdade, consequências. Então, se formos procurar uma metodologia capaz de fundamentar o pensamento aqui desenvolvido, certamente, encontraríamos respaldo nas técnicas de gerenciamento da qualidade do japonês Kaoru Ishikawa, com o famoso diagrama "espinha de peixe". Entretanto, por entendermos que destrinchar esta metodologia não é o foco deste trabalho, não nos aprofundaremos nisso. O importante a levarmos conosco é a ideia de que devemos buscar a causa-raiz das consequências que nos assombram.

A realidade da política econômica no paradigma da globalização naturalmente flui no sentido da não intervenção estatal. Isso se justifica na necessidade de que o mercado internacional faça parte das decisões políticas comuns, em virtude da releitura das fronteiras comerciais. O foco das diretrizes econômicas nesta configuração do cenário econômico transnacional é o mercado. Até mesmo a democracia é vista como um problema que urge equalização. Para os neoliberalistas "globalizados", a centralidade do mal encontra-se no risco da "ditadura das maiorias" e não no marxismo, como apontavam os liberalistas clássicos.

Enquanto encontramos advogados apaixonados dessa proposta, também encontramos aqueles que não a concebem em qualquer monta. A verdade é que ambos estão empenhados naquela luta quixotesca que comentamos anteriormente. Em alguns momentos chego a pensar que o gosto por discordar é maior que a vontade de construir uma proposta comum. Vejamos que o objetivo dos dois "grupos" é o mesmo: garantir a boa vida para a sociedade. Entretanto, buscam caminhos diferentes para o mesmo destino final – o que é natural. Quando aceitamos que não existe um caminho sem percalços, sem desvantagens, sem a necessidade de estimular a disrupção criativa, entendemos que na realidade que conhecemos hoje não existe o modelo perfeito. Sequer podemos imaginar, com as ferramentas que temos em mãos hodiernamente, o caminho necessário para alcançar este destino comum. Daí a imprescindibilidade do pensamento filosófico criativo que extrapola a Academia e se lança à prática concreta. É preciso repensar o Estado. É preciso repensar a ideologia econômica que funda nossas relações transnacionais.

Ao apontarmos categoricamente todas as necessidades que urgem no horizonte da evolução necessária do Estado, não tomamos assento como meros espectadores. Ao contrário, estamos estimulando a ordenação de pensadores macrofilosóficos capazes de dialogar com o diferente e, ao fazê-lo, sair da sua zona de conforto conhecida e adorada. Estamos criando uma arena de debates ignorante de preconcepções; nela, não existe a rotulação nua e crua que vem do (re)conhecimento de "nós" e "eles". Ao contrário, existe o esforço colaborativo de indivíduos capaz de gerar impactos positivos por se enxergarem uns nos outros. Os debates não alimentam a energia ruim da destruição, mas inspiram a criação. Por isso a importância da tolerância que abordamos em nossa introdução.

Sabemos que o discurso político-filosófico pode ser inflamatório e inspirador, mas pouco significa se não transformado em medidas práticas e pragmáticas. Por isso, também nos ocupamos de reconhecer que embora o meio turboglobalizado clame pela abertura de fronteiras comerciais e pela não intervenção do Estado em matéria econômica, é importante que os Estados zelem pela construção do seu projeto de desenvolvimento. Nesse sentido, é que se assegura a necessidade da proteção dos grupos sociais marginalizados através de políticas públicas assistenciais ou simplesmente garantidoras de acesso a direitos fundamentais do homem. A realidade específica de cada nação dita o nível de proteção social exigido pela sua sociedade. Em Estados economicamente desenvolvidos, onde as desigualdades sociais estão equilibradas e não há grupos marginalizados a ponto de terem a dignidade humana posta à prova, é razoável pensar na retração estatal. Entretanto, quando existem cidadãos em risco e incapazes de se defender sozinhos, o Estado deve intervir para protegê-los e criar a ambiência necessária para o seu autodesenvolvimento. Daí a linha tênue entre estender a mão no momento de necessidade para ajudar o indivíduo a colocar-se de pé e carregá-lo no colo, subestimando sua capacidade produtiva e de subsistência.

Referências

BECK, Ulrich. *O que é globalização*. Equívocos do globalismo – Respostas à globalização. São Paulo: Paz e Terra, 1999.

DRAIBE, Sônia M. As políticas sociais e o neoliberalismo: reflexões suscitadas pelas experiências latino-americanas. *Revista USP*, São Paulo, n. 17, p. 86-101, mar./maio 1993. Dossiê Liberalismo – Neoliberalismo.

HABERMAS, Jürgen. *Consciência moral e agir comunicativo*. Rio de Janeiro: Tempo Brasileiro, 1989.

HABERMAS, Jürgen. *Consciência moral e agir comunicativo*. Rio de Janeiro: Tempo Brasileiro, 1989 *apud* BORRADORI, Giovanna. *Filosofia em tempos de terror*. Diálogos com Habermas e Derrida. Rio de Janeiro: Zahar, 2004.

HÖFFE, Otfried. *A democracia no mundo de hoje*. São Paulo: Martins Fontes, 2005.

MAYOS, Gonçal. *Turboglobalização* e os fenômenos *"inter"*. 2014. Disponível em: http://goncalmayossolsona.blogspot.com/2014/11/turboglobalizacao-e-os-fenomenos-inter.html. Acesso em: 31 jul. 2018.

SALGADO, Joaquim Carlos. *A ideia de justiça no mundo contemporâneo*: fundamentação e aplicação do direito como maximum ético. Belo Horizonte: Del Rey, 2007.

SALGADO, Karine. *A paz perpétua de Kant* – Atualidade e efetivação. Belo Horizonte: Mandamentos, Faculdade de Ciências Humanas/Fumec, 2008.

SILVA, Camila Croso; GONZALEZ, Marina; BRUGIER, Yana Scavone. OMC em foco: a comercialização da educação na América Latina. Banco Mundial, OMC e FMI: o impacto nas políticas educacionais. *In*: HADDAD, Sérgio (Org.). *O impacto nas políticas educacionais*. São Paulo: Cortez, 2008.

Informação bibliográfica deste texto, conforme a NBR 6023:2018 da Associação Brasileira de Normas Técnicas (ABNT):

CASTRO, Renata Ramos de; CASTRO, Sebastião Helvécio Ramos de. Globalização, neoliberalismo e políticas públicas. *In*: ANDRADE, Durval Ângelo; MAYOS SOLSONA, Gonçal; HORTA, José Luiz Borges; MIRANDA, Rodrigo Marzano Antunes (Coords.). *A sociedade do controle?*: macrofilosofia do poder no neoliberalismo. Belo Horizonte: Fórum, 2022. p. 239-249. ISBN 978-65-5518-260-6.

TRANSFORMAÇÕES DO CONTROLE SOCIAL SOBRE A ADMINISTRAÇÃO PÚBLICA NO CONTEXTO DO ESTADO DEMOCRÁTICO DE DIREITO E DA SOCIEDADE DA INFORMAÇÃO: ABORDAGEM TEÓRICA E PRÁTICA, COM ENFOQUE EM FERRAMENTAS TECNOLÓGICAS DESENVOLVIDAS PELO TRIBUNAL DE CONTAS DO ESTADO DE MINAS GERAIS

GILBERTO PINTO MONTEIRO DINIZ

1 Introdução

A XVI edição das *Jornadas Internacionales de Filosofía Política* lança à reflexão o tema *Control social: acción, libertades y ciudadanías*. Trata-se de temática instigante e desafiadora, na medida em que, na atualidade, é crescente, sobretudo no Brasil, a apatia política[1] e a perda de confiança na classe política e nas instituições. Esses fenômenos são potencializados pelos cânones de uma sociedade capitalista, na qual se valorizam

---

[1] Gabriel Almond e Sidney Verba nominaram esse estágio de apatia política, mesmo em Estados que apresentam estrutura democrática devidamente estabelecida, como "cultura política de súdito" (ALMOND, Gabriel A.; VERBA, Sidney. La cultura política. *Webs.ucm. es*. Disponível em: http://webs.ucm.es/info/cpuno/asoc/profesores/lecturas/almondverba. pdf. Acesso em: 16 out. 2019).

a rapidez e a praticidade, até mesmo as ideias se assemelham aos enlatados, encontram-se prontas e sem filtros na internet, para consumo imediato e sem grande esforço. A época do ano em que se realizam as Jornadas e este escrito, no entanto, é propícia para empreender reflexão dessa natureza e magnitude. Afinal de contas, no Hemisfério Norte, é outono, e, no Hemisfério Sul, primavera. Estações que têm em comum o equinócio,[2] fenômeno que marca o início de cada uma delas, e que simbolizam, respectivamente, transição e renascer. É dizer, tempo de lançar e florescer ideias.

Diante dessa moldura, o objetivo deste ensaio é apresentar resultado de pesquisa teórica sobre as transformações do controle social da Administração Pública, no contexto do Estado democrático de direito e da sociedade da informação, ditada pelas tecnologias da informação e da comunicação (TIC), com realce para a realidade brasileira, como também exemplos de ferramentas tecnológicas criadas pelo Tribunal de Contas do Estado de Minas Gerais (TCE-MG) para apoiar e fomentar o controle social.

As abordagens expostas na sequência partem da premissa de que o controle social da Administração Pública é uma das formas de participação do cidadão no Estado, direito inerente à liberdade política do homem,[3] fruto das lutas históricas para conciliar a tensão entre poder e liberdade,[4] e terão como fio condutor a ideia de que a democracia

---

[2] A palavra "equinócio" vem do latim *aequus* (igual) e *nox* (noite), e significa "noites iguais", ocasiões em que o dia e a noite duram o mesmo tempo. O dia e a noite durante os equinócios têm igualmente 12 horas de duração. Os equinócios ocorrem nos meses de março e setembro, quando definem mudanças de estação. Em março, o equinócio marca o início da primavera no Hemisfério Norte e do outono no Hemisfério Sul. Em setembro ocorre o inverso, quando o equinócio marca o início do outono no Hemisfério Norte e da primavera no Hemisfério Sul.

[3] Chantal Mouffe, ao tratar do tema *la radicalización de la democracia*, diz que, para aprofundar a democracia, é necessário estabelecer uma concepção de liberdade que transcenda o falso dilema entre a liberdade da antiguidade e a liberdade moderna e que permita pensar a liberdade individual e a liberdade política de maneira conjunta (MOUFFE, Chantal. La radicalización de la democracia. *Leviatán: Revista de Hechos e Ideas*, Madrid, n. 41, p. 85-98, 1990).

[4] O jusfilósofo mineiro Joaquim Carlos Salgado elucida que "O embate 'poder e liberdade' tem dimensões bem diferentes na cultura ocidental, que é por excelência, ou pelo menos assim se mostrou, uma cultura da liberdade ou que revela e realiza a liberdade, pois esses dois termos aparecem no mundo ocidental não como oposições abstratas, mas dialéticas, isto é, não cristalizadas e afastadas uma da outra, como incompatíveis, de modo a sujeitar o poder à liberdade, mas como momentos que apontam um momento posterior e superior à sua oposição, pela sua superação. O poder e a liberdade, após cumprirem uma trajetória de lutas na história do ocidente surgem como faces de uma mesma realidade, o poder político na sua forma democrática ou do Estado de Direito contemporâneo" (SALGADO, Joaquim Carlos. O estado ético e o estado poiético. *Revista do Tribunal de Contas do Estado de Minas*

representativa se constitui no modo de participação política que permite ativar formas variadas de controle e supervisão do cidadão.[5] A democracia representativa, como será demonstrado, resulta do lento, gradual, cumulativo, não linear e dialético processo civilizatório, cujo transcurso é marcado por sucessivas revoluções –[6] sociais, políticas, econômicas, culturais, tecnológicas –,[7] numa incessante busca por garantia e efetivação de direitos ao homem, o que, por conseguinte, visa assegurar-lhe dignidade e liberdade.

Será evidenciado que significativas transformações ocorreram na participação democrática, nomeadamente em aspectos relacionados ao controle social da Administração Pública, em razão de que, nas três últimas décadas, se aceleraram e se entrelaçaram duas revoluções silenciosas, a revolução técnica da internet e a revolução do conhecimento na sociedade da informação.[8]

A temática abordada, por sua própria natureza, é atual e relevante, notadamente diante deste momento e cenário em que, como salientado linhas atrás, são verificados crescentes apatia política e descrédito com a classe política e com as instituições, e nos quais são vivenciadas a revolução técnica da internet e a revolução do conhecimento na

---

Gerais, Belo Horizonte, v. 27, n. 2, p. 37-68, abr./jun. 1998). Ainda sobre as tensões entre poder e liberdade, Byung-Chul Han afirma que o poder não se opõe à liberdade, podendo até mesmo fazer uso dela. Somente em sua forma negativa o poder manifesta-se como violência negadora, que quebra a vontade e nega a liberdade. Mas, hoje, o poder adquire cada vez mais forma permissiva. E, em sua permissividade, incluída sua amabilidade, o poder abandona sua negatividade e se oferece como liberdade (HAN, Byung-Chul. *Psicopolítica*: neoliberalismo y nuevas técnicas de poder. Traducción de Alfredo Bergés. Barcelona: Herder, 2014. p. 28).

5   URBINATI, Nadia. O que torna a representação democrática? *Lua Nova: Revista de Cultura e Política*, São Paulo, n. 67, p. 191-228, 2006. Disponível em: http://desafios2.ipea.gov.br/participacao/images/pdfs/participacao/outras_pesquisas/urbinati.pdf. Acesso em: 8 out. 2019.

6   No contexto, o termo "revolução" foi empregado em sentido lato, como mudança radical de qualquer situação, e não na acepção política estrita, como aquela dada por Bobbio, Matteucci e Pasquino: "la tentativa acompañada del uso de la violencia de derribar a las autoridades políticas existentes y de sustituirlas con el fin de efectuar profundos cambios en las relaciones políticas, en el ordenamiento jurídico-constitucional y en la esfera socioeconómica" (BOBBIO, Norberto; MATTEUCCI, Nicola; PASQUINO, Gianfranco. *Diccionario de política [L-Z]*. Traducción de Raúl Crisafio, Alfonso García, Mariano Martín y Jorge Tula. Redactores de la edición en español: José Aricó e Jorge Tula. Madrid: Siglo Veintiuno de España Editores, 1988. p. 1458).

7   RIBEIRO, Darcy. *El proceso civilizatorio*. Cali: Centro Editorial Universidad del Valle, 1993. p. 193-201.

8   WÜTENBERGER, Thomas. La transformación del derecho en la sociedad de la información. *In*: FERNÁNDEZ SEGADO, Francisco; BASSU, Carla *et al*. *Dignidad de la persona, derechos fundamentales, justicia constitucional y otros estudios de derecho público*. Traducción de Joaquín Brage Camazano. Madrid: Dykinson, 2008. p. 1041.

sociedade da informação. Em razão disso, algumas questões ressaem, em relação à realidade brasileira: será que o aumento de informações e o ferramental tecnológico posto à disposição da sociedade tem aumentado a participação cidadã e o controle social da Administração Pública? Não haveria necessidade de conscientizar o cidadão, especialmente as novas gerações, sobre seus direitos e deveres, para que, de fato, houvesse incremento da participação cidadã e do controle social da Administração Pública?

Para atingir o desiderato proposto, foram realizadas pesquisas bibliográficas de temas relacionados à filosofia política, à filosofia do direito, à ciência política, à sociologia, à história, ao direito público, à teoria geral do Estado, à organização político-administrativa brasileira, à ideia de justiça na contemporaneidade. Também foi realizada pesquisa de campo, no que concerne ao levantamento de dados sobre as ferramentas tecnológicas desenvolvidas pelo TCE-MG, nos últimos cinco anos.

E para exteriorizar o resultado dessas pesquisas, a estrutura deste escrito, além desta introdução, contempla outros cinco tópicos, na ordem a seguir exposta. No segundo, será feita rápida abordagem sobre as transformações das sociedades democráticas e da participação cidadã. No terceiro tópico, explanar-se-á sobre o controle da Administração Pública, quando serão pormenorizados aspectos inerentes ao controle social e ao controle exercido pelo Tribunal de Contas. No quarto, será demonstrada a conexão existente entre os controles social e o exercido pelo Tribunal de Contas. No quinto tópico, serão apresentados exemplos de ferramentas tecnológicas de apoio ao controle social desenvolvidas pelo Tribunal de Contas do Estado de Minas Gerais (TCE-MG), com destaque para o Programa na Ponta do Lápis. E no sexto e último tópico serão tecidas as considerações finais.

2 Sociedades democráticas

Em sintético escorço sobre a evolução do Estado democrático, a história retrata que o Estado Absolutista foi a primeira conformação dada aos Estados modernos, no qual as massas, incapazes de organizar-se, concediam sua representação, como unidade, ao soberano, que se apresentava, portanto, como o representante autorizado ou designado para exercer o poder.[9] Até o século XVIII, a relação entre Estado e

---

[9] ABELLÁN, Angel Manuel. Notas sobre la evolución histórica del parlamento y de la representación política. *Revista de Estudios Políticos (Nueva Epoca)*, Madrid, n. 92, p. 163-174, abr./jun. 1996.

sociedade era de ordem unitária e hierarquicamente organizada, ou seja, entre o sujeito e a autoridade. A cidadania nasce de compromisso recíproco entre o sujeito e o soberano que, em troca de lealdade e obediência, garante justiça ao primeiro, além de aconselhamento e ajuda.[10]

Mas essa forma de organização política foi perdendo força, e, por meio de processos revolucionários, cada qual levado a cabo em tempos e formas distintos, o poder monárquico, até então absoluto, foi submetido à supremacia da lei.

Esse novo paradigma de organização dos Estados começou a ocorrer no transcurso dos séculos XVIII e XIX, que têm como marcos históricos e icônicos as revoluções deflagradas sob forte inspiração do iluminismo, com destaque para a Revolução Americana (1776) e a Revolução Francesa (1789), e o desenvolvimento da sociedade civil após a revolução industrial.

O cidadão[11] ascende ao poder, o que, por conseguinte, faz emergir a instalação de Estados de direito[12] e a sujeição dos governos à soberania

---

[10] DOMÍNGUEZ, Héctor. *Democracia deliberativa en Jürgen Habermas*. Disponível em: Dialnet-DemocraciaDeliberativaEnJurgenHabermas-5206395.pdf. Acesso em: 15 out. 2019.

[11] Conforme anotado por Héctor Domínguez, do ponto de vista normativo, o conceito atual de cidadão é derivado de mutações ao longo da história. A distinção entre *bourgeois* (burguês) e *citoyen* (cidadão) é aceita desde a era das revoluções, ainda que tenha origem mais antiga. Na Cidade-Estado grega e na República Romana, cidadão era tido como um membro livre de uma comunidade política, que participava ativamente no cumprimento de tarefas públicas. Na Idade Média, o conceito de cidadão foi usado para nomear o morador da cidade, não sujeito à vassalagem feudal. O conceito de burguês designa, desde o Renascimento, um membro da sociedade que estava fora do Estado. O burguês é uma pessoa privada, sem cargo público. A autonomia do burguês e da sociedade civil garante o direito à liberdade e a defesa contra interferências do Estado, ao passo que o cidadão, diferentemente, é membro de uma associação política (geralmente o Estado) e participa muito da formação da vontade política, como na tomada de decisão. O cidadão faz parte de uma esfera pública política e o burguês persegue seus interesses individuais com total autonomia. Todas essas características fazem parte do Estado monarquista burguês. A constituição do Estado democrático moderno baseia-se num conceito normativo de cidadão, que unifica os burgueses e os citadinos (DOMÍNGUEZ, Héctor. *Democracia deliberativa en* Jürgen Habermas. Disponível em: Dialnet-DemocraciaDeliberativaEnJurgenHaberm as-5206395.pdf. Acesso em: 15 out. 2019).

[12] Segundo Joaquim Carlos Salgado, Estado de direito é "o que se funda na legitimidade do poder, ou seja, que se justifica pela sua origem, segundo o *princípio ontológico* da origem do poder na vontade do povo, portanto na soberania; pelo exercício, segundo os *princípios lógicos* de ordenação formal do direito, na forma de uma estrutura de legalidade coerente para o exercício do poder do Estado, que torna possível o princípio da segurança jurídica em sentido amplo, dentro do qual está o da legalidade e o do direito adquirido; e pela finalidade ética do poder, por ser essa finalidade a efetivação jurídica da liberdade, através da declaração, garantia e realização dos direitos fundamentais, segundo os princípios axiológicos que apontam e ordenam valores que dão conteúdo fundante a essa declaração" (SALGADO, Joaquim Carlos. O estado ético e o estado poiético. *Revista do Tribunal de Contas*

popular, plasmada na Constituição,[13] aprovada, no parlamento,[14] por representantes da nação, eleitos mediante sufrágio restrito.

Nas duas conformações do Estado de direito, chamadas de Estado liberal de direito e de Estado social de direito, a participação do cidadão era meramente formal, por meio do voto e da representação política, privilégio de reduzida classe econômica. Nesses paradigmas, conforme se depreende da explanação de Habermas sobre o tema *três modelos de democracia*, a condição de cidadão é definida pelos direitos subjetivos que ele tinha ante o Estado e os demais cidadãos. Como detentor de tais direitos, o cidadão goza da proteção estatal, enquanto persegue seus interesses privados dentro dos limites da lei. Os direitos subjetivos são direitos negativos que garantem âmbito de opção dentro do qual a pessoa jurídica fica livre de coação externa. Os direitos políticos seguem a mesma estrutura, isto é, dão ao cidadão a possibilidade de fazer valer seus interesses privados. Desse modo, o cidadão pode, por meio das eleições, da composição do parlamento e do governo, agregar-se com outros interesses privados até formar uma vontade política que seja capaz de exercer uma efetiva influência sobre a Administração Pública. Por intermédio de seu papel político, portanto, o cidadão podia controlar se o poder se exercia em interesse dos cidadãos como pessoas privadas.[15] Equivale a dizer – embora no segundo paradigma o Estado tenha deixado de ser eminentemente absenteísta, na medida em que passou a adotar postura positiva, com o reconhecimento e a garantia de direitos sociais – que o cidadão priorizava a preservação de seus interesses privados, porquanto prevalecia a não intervenção estatal nas

---

do *Estado de Minas Gerais*, Belo Horizonte, v. 27, n. 2, p. 37-68, abr./jun. 1998). Ainda sobre a compreensão de Estado de Direito, José Luiz Borges Horta esclarece que, "Tanto en Brasil como en España, los juristas prefieren usar la expresión Estado democrático de Derecho, tal vez olvidando que todo Estado de Derecho es, por naturaleza, democrático" (HORTA, José Luiz Borges. La era de la justicia: derecho, estado y límites a la emancipación humana, a partir del contexto brasileño. *Astrolabio: Revista Internacional de Filosofia*, Barcelona, n. 11, p. 75-85, 2010).

[13] Segundo se depreende das reflexões de Nelson Saldanha: o limite e o fundamento da ação estatal são balizados na ordem jurídica, que tem, essencialmente na base desta, a Constituição (SALDANHA, Nelson. *O Estado moderno e o constitucionalismo*. São Paulo: Buchatsky, 1976. p. 53).

[14] Em sentido metafórico, pode-se dizer que o parlamento passou a representar a "ágora" – vista eminentemente como o local em que eram realizadas as assembleias do povo para discussão política nas cidades-estados gregas da idade clássica – do Estado de direito, porquanto é o local, por excelência, das discussões dos principais temas políticos pelos representantes eleitos pelo povo.

[15] HABERMAS, Jürgen. *Tres modelos de democracia*: sobre el concepto de una política deliberativa. Valencia: Episteme, 1994. p. 3-4.

ações individuais,[16] ou seja, o indivíduo era mais livre quanto mais o Estado se abstivesse de regular sua vida privada.[17]

Com o desenvolver da história e do constitucionalismo, deu-se a consolidação da democracia representativa,[18] na medida em que os Estados de direito aumentaram, de forma paulatina, sua base de sustentação, mediante garantia do sufrágio universal – sem qualquer espécie de discriminação, sobretudo se for considerado que a base do direito ao voto passou de econômica para pessoal –,[19] e da participação.[20]

---

[16] Segundo adverte Angel Manuel Abellán, não se pode esquecer de que, no respeitante à inegável associação entre parlamento e representação, como histórica e ideologicamente, a vontade dos deputados na Assembleia, a qual equivalia à da nação, refletia publicamente os valores e interesses coletivos da opinião pública burguesa (ABELLÁN, Angel Manuel. Notas sobre la evolución histórica del parlamento y de la representación política. *Revista de Estudios Políticos (Nueva Epoca)*, Madrid, n. 92, p. 163-174, abr./jun. 1996).

[17] Os detentores do poder econômico em ascensão ditavam as regras da economia, visando aumentar seus próprios domínios econômicos. A propósito, essa prática, que ficou conhecida como autorregulação do mercado, tende a voltar, na atualidade, com o surgimento do chamado "neoliberalismo". A prevalência do econômico sobre o político, o jurídico e o social constitui o cerne do que Joaquim Carlos Salgado sistematizou como Estado poiético, em contraponto ao Estado ético ou Estado de Direito, o que pode ser extraído desta passagem de seu pensamento: "No Estado poiético, o produto do fazer é o econômico, que nenhum compromisso tem com o ético, e procura, com a aparência de cientificidade, subjugar o político, o jurídico e o social. Não é ético, porque o seu fazer não se dirige a realizar os direitos sociais. Evidentemente, se o Estado realiza os direitos sociais, esse fazer é ético" (SALGADO, Joaquim Carlos. O estado ético e o estado poiético. *Revista do Tribunal de Contas do Estado de Minas Gerais*, Belo Horizonte, v. 27, n. 2, p. 37-68, abr./jun. 1998). Byung-Chul Han também faz contundente crítica à liberdade individual consubstanciada segundo os princípios do Estado liberal, a qual diz atualmente se manifestar no neoliberalismo: "Por mediación de la libertad individual se realiza la libertad del capital. De este modo, el individuo libre es degradado a órgano sexual del capital. La libertad individual confiere al capital una subjetividad 'automática' que lo impulsa a la reproducción activa. Así, el capital 'pare' continuamente 'crías vivientes'. La libertad individual, que hoy adopta una forma excesiva, no es en último término otra cosa que el exceso del capital" (HAN, Byung-Chul. *Psicopolítica*: neoliberalismo y nuevas técnicas de poder. Traducción de Alfredo Bergés. Barcelona: Herder, 2014. p. 15).

[18] A respeito do tema, Norberto Bobbio aduz: "En suma, el tipo de sufragio con el que se suele hacer coincidir el hecho más relevante de una democracia de hoy es el voto, no para decidir, sino para elegir a quien deberá decidir" (BOBBIO, Norberto. *Teoría general de la política*. Traducción de Antonio de Cabo e Gerardo Pisarello. Madrid: Trotta, 2003. p. 402).

[19] MARSHALL, T. H.; BOTTOMORE, Tom B. *Ciudadanía y clase social*. Versión de Pepa Linares. Madrid: Alianza, 1998. p. 30-31.

[20] A condição de cidadão não é mais definida pelo esquema das liberdades negativas, mas por liberdades positivas, de que sobressaem os direitos de participação e comunicação políticas. Não se garante a liberdade de coerção externa, mas participação em uma prática comum, cujo exercício permite ao cidadão se tornar o que quer ser, sujeito politicamente responsável de uma comunidade de livres e iguais. A justificativa para a existência do Estado não reside primariamente na proteção de direitos subjetivos privados iguais, mas na garantia de processo inclusivo de formação da opinião e da vontade políticas, no qual cidadãos livres e iguais se entendam sobre quais propósitos e normas são do interesse comum de todos (HABERMAS, Jürgen. *Tres modelos de democracia*: sobre el concepto de una política deliberativa. Valencia: Episteme, 1994. p. 4).

No Estado democrático, portanto, há a transposição de um juízo singular de liberdade política, consubstanciado na ideia de que somente podia votar quem tivesse posse (terra, imóvel etc.), para um juízo universal, consolidado no fato de que todos os homens, isto é, o homem como homem, podem votar. A participação cidadã, portanto, deixou de ser meramente formal, por intermédio do voto de poucos, e, por conseguinte, da representação política, para, além disso, constituir-se em algo real e efetivo.[21] Nesse paradigma, o cidadão passou a participar de forma direta dos desígnios do Estado,[22] assegurando-se, nesse aspecto, o controle social da Administração Pública.[23] Eis o chamado Estado democrático de direito, ponto de chegada do Estado de direito.[24]

Segundo Nadia Urbinati, a história moderna sugere que a genealogia da democratização começou com o processo representativo, e que a democratização do poder estatal e o poder unificador das ideias e movimentos políticos – consolidados na representação – foram interconectados e mutuamente reforçadores.[25]

---

[21] Nas palavras de Elías Díaz: "La democracia exige participación real de las masas en el control de las decisiones y en los rendimientos de la producción; sin esa participación real no hay sociedad democrática" (DÍAZ, Elías. *Estado de derecho y sociedad democrática*. Madrid: Taurus, 1986. p. 125).

[22] Nadia Urbinati esclarece que a representação não reflete simplesmente ideias e opiniões, mas ideias e opiniões a respeito da relação entre a sociedade e o Estado, isto é, qualquer reivindicação que o cidadão traga para a arena política e queira tornar tema de representação é invariavelmente reflexo da luta para a redefinição das fronteiras entre as suas condições sociais e a legislação (URBINATI, Nadia. O que torna a representação democrática? *Lua Nova: Revista de Cultura e Política*, São Paulo, n. 67, p. 191-228, 2006. Disponível em: http://desafios2.ipea.gov.br/participacao/images/pdfs/participacao/outras_pesquisas/urbinati.pdf. Acesso em: 8 out. 2019).

[23] Conforme ressaltado por Roberto Dromi: "En este contexto, estamos convencidos de que el Estado hipermoderno debe definirse a través de la participación, medida del compromiso del habitante y del ciudadano en todas las dimensiones del quehacer público. La participación es, cada vez más, no sólo una seña identificatoria característica del Estado Nación, sino que además se confunde instrumentalmente con su misma razón de ser, en la medida que se generaliza la conciencia social de su íntima conexión con el mejoramiento de la calidad de vida y la consecución del bien común" (DROMI, Roberto. *Modernización del control* público. Madrid: Hispania libros, 2005. p. 16).

[24] Diante das características intrínsecas ao Estado de direito, conforme destacado na nota de rodapé 12, Joaquim Carlos Salgado afirma que o Estado democrático de direito é o ponto de chegada de todo um processo histórico do ético ocidental, que se desenvolve segundo uma dialética entre o poder e a liberdade (SALGADO, Joaquim Carlos. *A ideia de justiça no mundo contemporâneo*: fundamentação e aplicação do direito como maximum ético. Belo Horizonte: Del Rey, 2006. p. 4).

[25] URBINATI, Nadia. O que torna a representação democrática? *Lua Nova: Revista de Cultura e Política*, São Paulo, n. 67, p. 191-228, 2006. Disponível em: http://desafios2.ipea.gov.br/participacao/images/pdfs/participacao/outras_pesquisas/urbinati.pdf. Acesso em: 8 out. 2019.

Nessa ordem de ideias, o controle social apresenta-se como poder imanente da própria democracia representativa.[26] Ou seja, à feição do que ocorre com toda e qualquer modalidade de representação, poder de o representado, no caso, o cidadão, controlar os atos de seu representante, observadas as normas específicas de cada Estado. Nadia Urbinati denominou tal poder de "negativo".[27]

Esse poder conferido ao cidadão pode ser apontado como uma das justificativas para que, no início deste século, nas sociedades democráticas com consolidação constitucional, suficiente participação cidadã, garantias sociais básicas asseguradas e marco jurídico institucional aceitável, tenha começado a ser verificada crescente busca pela melhoria da gestão pública, o que se enquadra nas teorias do bom governo, das boas práticas de governança ou das democracias de qualidade.[28]

3 Controle da Administração Pública

A democracia participativa, pilar do controle social e, por conseguinte, de boas práticas para busca do bom governo, boa governança ou das democracias de qualidade, tendo em vista que, conforme salientado por Hanna Pitkin, um governo representativo, além de controlar e promover o interesse público, deve ser sensível ao povo,[29] também dá

---

[26] Norberto Bobbio assevera: "El poder autocrático obstaculiza el conocimiento de la sociedade; por el contrario, el poder democrático lo exige, dado que es ejercido por el conjunto de individuos, a quienes una de las reglas principales del régimen democrático atribuye el derecho de participar directa o indirectamente en la formación de las decisiones colectivas" (BOBBIO, Norberto. *Teoría general de la política*. Traducción de Antonio de Cabo e Gerardo Pisarello. Madrid: Trotta, 2003. p. 424).

[27] Esse poder é negativo porque permite ao povo investigar, julgar, influenciar e reprovar seus legisladores, isto é, deter, refrear ou mudar dado curso de ação tomado pelos representantes eleitos. O poder popular negativo pode ser manifestado por meio de canais diretos de participação autorizada, a exemplo de eleições antecipadas, referendo, *recall* (cassação do mandato por voto popular), se sensatamente regulado, como por intermédio de canais indiretos ou informais de participação influente (fórum e movimentos sociais, associações civis, mídia, manifestações). Esse poder não é independente nem antitético à representação política. Ademais, constitui ingrediente essencial do desempenho democrático da representação, pois entranhado no próprio caráter face de Jano desse instituto, que tem uma face virada para o Estado e outra para a sociedade (URBINATI, Nadia. O que torna a representação democrática? *Lua Nova: Revista de Cultura e Política*, São Paulo, n. 67, p. 191-228, 2006. Disponível em: http://desafios2.ipea.gov.br/participacao/images/pdfs/participacao/outras_pesquisas/urbinati.pdf. Acesso em: 8 out. 2019).

[28] FERNÁNDEZ AJENJO, José Antonio. *El control de las administraciones públicas y la lucha contra la corrupción*: especial referencia al tribunal de cuentas y a la intervención general de la administración del estado. Madrid: Civitas, 2011. p. 23.

[29] PITKIN, Hanna Fenichel. *El concepto de representación*. Traducción de Ricardo Montoro Romero. Madrid: Centro de Estudios Constitucionales, 1985. p. 257.

ensejo ao surgimento de novas concepções como as de gestão social, democracia deliberativa e cidadania deliberativa.

É que gestão social, na esfera pública, pode ser entendida, em linhas gerais, como o processo decisório de que resulta a organização, formulação, efetivação e avaliação de políticas voltadas para atender ao bem comum da sociedade. Por sua vez, a democracia deliberativa é aquela em que todos os indivíduos são tratados como agentes autônomos, capazes de formar julgamentos fundamentados por meio da assimilação de informação e de diferentes pontos de vista, e que institucionaliza uma variedade de mecanismos para incorporar julgamentos individuais a um processo coletivo de tomada de decisão.[30] A noção de democracia deliberativa conduz à de cidadania deliberativa, isto é, atuação ativa e voluntária do cidadão, como verdadeiro sujeito social, partícipe ativo e solidário dos destinos da comunidade, e não mero coadjuvante social, pagador de tributos e eleitor.[31]

Nessa esteira, e de forma bastante pragmática, o controle da Administração Pública pode ser entendido como princípio material, tutelar e autotutelar, de avaliação e supervisão, com a finalidade de vigilância, orientação e correção, prévia ou posterior, de atos, decisões e atividades de administração.

Esse controle pode ocorrer de forma vertical, que é o controle da Administração Pública realizado pela sociedade, bem assim o controle da sociedade promovido pela Administração Pública, e de forma horizontal, que é o controle da Administração Pública feito por seus próprios órgãos e entidades.

3.1 Formas de controle

Circunscrito a esse balizamento, quanto ao órgão ou autoridade que o exercita, o controle pode ser parlamentar, administrativo ou judicial; em relação ao posicionamento do controlado e do controlador, o controle pode ser interno ou externo; relativamente ao momento em que se efetiva, o controle pode ser prévio, concomitante ou posterior;

---

[30] THOMPSON, John B. *Los media y la modernidad*: una teoría de los medios de comunicación. Traducción de Jordi Colobrans Delgado. Barcelona: Paidós, 1998. p. 327.

[31] Nas palavras de Roberto Dromi: "En un grave error conceptual, muchos políticos e intelectuales olvidaron transitoriamente que la participación no es sólo un derecho, sino también un deber de la ciudadanía, la que debe desempeñar un papel activo, principal y fundamental en la propuesta, el diseño, la implementación y la evaluación de las políticas públicas" (DROMI, Roberto. *Modernización del control público*. Madrid: Hispania libros, 2005. p. 16).

quanto à forma de instauração, o controle pode se dar de ofício ou por provocação; e, no que concerne à extensão, o controle pode ser de legalidade, de mérito ou de resultados.

Para o propósito deste ensaio, na sequência serão destacadas duas formas de controle externo da Administração Pública, no âmbito do Estado democrático de direito. Em primeiro lugar, será feita breve exposição de pontos relacionados ao controle social da Administração Pública, o qual pode ser exercido pelo cidadão, de forma direta e individualmente, ou por meio de partidos políticos, associações, sindicatos. Depois, serão enfatizados, também de forma sintética, aspectos do controle da Administração Pública exercido pelo Tribunal de Contas.

3.1.1 Controle social

Por controle social, em sentido amplo, pode-se entender o conjunto de meios de intervenção, sejam positivos ou negativos, levado a efeito por cidadão ou grupo social, a fim de que os próprios membros da sociedade se conformem às normas, de forma a impedir e desencorajar comportamentos contrários aos estabelecidos, bem como restabelecer as condições de conformação, também em relação a uma mudança do sistema regulatório.[32]

Diante dessa contextualização, pode-se dizer que o controle social da Administração Pública constitui a *intervenção organizada da cidadania na atividade pública, como manifestação de seus interesses sociais.*[33]

Essa intervenção pode ser feita diretamente pelo cidadão ou, ainda, de forma indireta, mediante a participação do cidadão em órgãos colegiados criados pelo Estado e cuja composição e competência sejam previstas em lei, como o que ocorre, no Brasil, com os conselhos de políticas públicas, ou mesmo por meio de entidades ou associações (sindicato, por exemplo).

O controle social da Administração Pública é complementar ao oficial, isto é, ao controle horizontal exercido pela própria Administração Pública.[34] No Brasil, para fazer valer as suas constatações contra

---

[32] BOBBIO, Norberto; MATTEUCCI, Nicola; PASQUINO, Gianfranco. *Diccionario de política*: suplemento. Traducción de Miguel Martí y Martí Soler. Redactor de la edición en español: Martí Soler. Madrid: Siglo Veintiuno de España Editores, 1988. p. 76.

[33] DROMI, Roberto. *Modernización del control público*. Madrid: Hispania libros, 2005. p. 16.

[34] Conforme aponta Roberto Dromi: "La participación en el control es pública en tanto lo público requiere, además del conocimiento y el manejo técnico y científico de los agentes de gestión y ejecución administrativa, de la verificación y comprensión de los intereses comunes a satisfacer. El conocimiento de éstos por parte de los funcionarios encargados de

irregularidades praticadas, o controle social deve buscar a própria Administração para correção das falhas encontradas, representar aos integrantes do sistema de controle interno, denunciar os fatos ao Tribunal de Contas ou ao Ministério Público.[35]

A Constituição brasileira outorgou ao cidadão garantias explícitas e bem definidas, a fim de tornar efetivo o controle social da Administração Pública. Isso pode ser verificado, por exemplo, nos seguintes dispositivos constitucionais: art. 5º, incs. XIV e XXXIII – direito à informação; art. 5º, inc. XXXIV – direito de petição e de certidão em órgãos e entidades públicas; art. 5º, LXXIII – direito de propor ação popular; art. 74, §2º – direito de denunciar, na forma da lei, irregularidades ou ilegalidades perante o Tribunal de Contas.[36]

No plano infraconstitucional brasileiro, também existem normas que têm por finalidade tornar efetivo o controle social, seja no planejamento, seja na execução das ações de governo. Vejamos alguns exemplos.

A Lei nº 8.666, de 21.6.1993, Lei Nacional de Licitações e Contratos Administrativos, em seu art. 39, prevê a realização de audiência pública, para propiciar o oferecimento de sugestão ou crítica, quando o valor estimado de uma licitação ou conjunto de licitações simultâneas ou sucessivas for superior a cem vezes o limite previsto na alínea "c" do inc. I do art. 23 desse mesmo diploma legal.[37] Esse valor, atualmente, equivale a 330 milhões de reais.

A Lei Complementar nº 131, de 27.5.2009, também conhecida como Lei da Transparência, que alterou a Lei Complementar nº 101, de 4.5.2000, Lei de Responsabilidade Fiscal, determinou a disponibilização, em tempo real, de informações pormenorizadas sobre a execução

---

su satisfacción se logrará sólo en la medida en que se amplíen los canales de participación pública efectiva, comprometida y responsable de los administrados y sus dirigentes. En efecto, el control de los intereses públicos no es una cuestión que sólo importe a los funcionarios públicos. El crecimiento cualitativo y cuantitativo de las necesidades colectivas, producto de la complejidad vital hipermoderna, requiere de la participación activa de los cuerpos intermedios en el quehacer administrativo" (DROMI, Roberto. *Modernización del control público*. Madrid: Hispania libros, 2005. p. 17).

[35] MILESKI, Hélio Saul. Tribunal de contas: evolução, natureza, funções e perspectivas futuras. *In*: FREITAS, Ney José de (Coord.). *Tribunal de contas*: aspectos polêmicos: estudos em homenagem ao conselheiro João Féder. Belo Horizonte: Fórum, 2009. p. 107-108.

[36] BRASIL. [Constituição (1988)]. *Constituição da República Federativa do Brasil de 1988*. Brasília: Presidência da República, [2016]. Disponível em: http://www.planalto.gov.br/ccivil_03/constituicao/constituicao.htm. Acesso em: 1º out. 2019.

[37] BRASIL. *Lei nº 8.666, de 21 de junho de 1993*. Regulamenta o art. 37, inciso XXI, da Constituição Federal, institui normas para licitações e contratos da Administração Pública e dá outras providências. Brasília: Presidência da República, [2019]. Disponível em: http://www.planalto.gov.br/ccivil_03/Leis/l8666cons.htm. Acesso em: 5 out. 2019.

orçamentária e financeira da União, dos estados, do Distrito Federal e dos municípios.[38]

A Lei nº 12.527, de 18.11.2011, que regulamenta o direito constitucional de acesso às informações públicas, conhecida como Lei de Acesso à Informação – LAI, cuja vigência se deu a partir de 16.5.2012, criou mecanismos que possibilitam, a qualquer pessoa – natural ou jurídica – receber informações públicas dos órgãos e entidades, fundados num conjunto de padrões estabelecidos com base nos melhores critérios e práticas internacionais.[39]

Entre os princípios contidos na Lei de Acesso à Informação, destacam-se: acesso é a regra, o sigilo, a exceção (divulgação máxima); requerente não precisa dizer por que e para que deseja a informação (não exigência de motivação); hipóteses de sigilo são limitadas e legalmente estabelecidas (limitação de exceções); fornecimento gratuito de informação, salvo custo de reprodução (gratuidade da informação); divulgação proativa de informações de interesse coletivo e geral (transparência ativa); criação de procedimentos e prazos que facilitam o acesso à informação (transparência passiva).

A Lei nº 13.460, de 26.6.2017, também conhecida como Código de Defesa do Usuário do Serviço Público, dispõe sobre a participação, proteção e defesa dos direitos do usuário dos serviços públicos da Administração Pública.[40]

Esse diploma legal estabelece novas obrigações para os municípios, como o desenvolvimento de mecanismos e métodos de avaliação periódica dos serviços públicos, a implantação de conselhos de usuários,

---

[38] BRASIL. *Lei Complementar nº 131, de 27 de maio de 2009*. Acrescenta dispositivos à Lei Complementar nº 101, de 4 de maio de 2000, que estabelece normas de finanças públicas voltadas para a responsabilidade na gestão fiscal e dá outras providências, a fim de determinar a disponibilização, em tempo real, de informações pormenorizadas sobre a execução orçamentária e financeira da União, dos Estados, do Distrito Federal e dos Municípios. Brasília: Presidência da República, [2009]. Disponível em: http://www.planalto.gov.br/ccivil_03/leis/lcp/Lcp131.htm. Acesso em: 5 out. 2019.

[39] BRASIL. *Lei nº 12.527, de 18 de novembro de 2011*. Regula o acesso a informações previsto no inciso XXXIII do art. 5º, no inciso II do §3º do art. 37 e no §2º do art. 216 da Constituição Federal; altera a Lei nº 8.112, de 11 de dezembro de 1990; revoga a Lei nº 11.111, de 5 de maio de 2005, e dispositivos da Lei nº 8.159, de 8 de janeiro de 1991; e dá outras providências. Brasília: Presidência da República, [2011]. Disponível em: http://www.planalto.gov.br/ccivil_03/_ato2011-2014/2011/lei/l12527.htm. Acesso em: 5 out. 2019.

[40] BRASIL. *Lei nº 13.460, de 26 de junho de 2017*. Dispõe sobre participação, proteção e defesa dos direitos do usuário dos serviços públicos da administração pública. Brasília: Presidência da República, [2017]. Disponível em: http://www.planalto.gov.br/ccivil_03/_Ato2015-2018/2017/Lei/L13460.htm. Acesso em: 5 out. 2019.

a elaboração e publicação de carta de serviços e dos direitos e deveres do usuário.

Aliado a todo esse arcabouço normativo, a utilização, sempre crescente, de avançadas ferramentas de tecnologia da informação e comunicação (TIC),[41] pela Administração Pública brasileira, é fator que tem contribuído, sobremaneira, para favorecer o exercício do controle social.

Todo o aparato jurídico e o ferramental tecnológico colocados à disposição da sociedade brasileira, entretanto, ainda não têm dado mostras de ter contribuído para tornar, de fato, efetivo o controle social. Na verdade, o povo brasileiro ainda se mostra muito pouco participativo, em relação ao controle da Administração Pública,[42] até porque a maioria conhece muito pouco, ou quase nada, da Constituição de seu país, ou mesmo os seus direitos e deveres como cidadão.[43]

---

[41] São exemplos de ferramentas de TIC: computadores pessoais (PCs, *personal computers*); câmeras de vídeo e foto para computador ou *webcams*; gravação de CDs e DVDs; suportes para guardar e portar dados como discos rígidos ou HDs, cartões de memória, *pendrives*, *zipdrives*, entre outros; telemóveis ou celulares; TV por assinatura, TV a cabo, TV por antena parabólica, TV digital; correio eletrônico (*e-mail*) e as listas de discussão (*mailing lists*); internet, a *World Wide Web*, *websites* e *home pages*, quadros de discussão (*mensage boards*); *streaming*, *podcasting*, *Wikipedia* entre outros; tecnologias digitais de captação e tratamento de imagens e sons (Vimeo, YouTube, Last.fm); captura eletrônica ou digitalização de imagens por meio de *scanners*; fotografia, cinema, vídeo e som digital (TV e rádio digital); tecnologias de acesso remoto: *Wi-Fi, Bluetooth*, RFID.

[42] Embora ainda bastante incipiente a participação cidadã no Brasil, é digna de nota, pela demonstração da força do povo e dos resultados obtidos, a série de manifestações verificada em 2013. Em junho daquele ano, no decorrer da Copa das Confederações, que antecedeu a Copa do Mundo Fifa também realizada no Brasil, em 2014, parte da população brasileira foi às ruas manifestar seu desagrado pelo aumento de vinte centavos no valor da tarifa dos transportes coletivos nas principais capitais do país, protesto que acabou se estendendo contra o gasto de dinheiro público para construção de estádios de futebol, em detrimento de serviços públicos básicos, como saúde, segurança, educação, sabidamente precários, pelo que jornalistas rotularam o evento de "Copa das manifestações". Em razão de seu motivo, essa série de protestos também ficou conhecida como "Manifestações dos 20 centavos", "Manifestações de Junho" ou "Jornadas de Junho". Em resposta, o governo brasileiro anunciou rol de medidas para tentar atender às reivindicações dos manifestantes e o Congresso Nacional votou a chamada "agenda positiva", que, entre outras deliberações, tornou a corrupção crime hediondo, arquivou a chamada PEC nº 37, cujo objetivo era proibir investigações pelo Ministério Público, proibiu o voto secreto em votação destinada a cassar o mandato de parlamentar acusado de cometer irregularidade. Houve também a revogação dos então recentes aumentos das tarifas nos transportes em várias cidades do país, com a volta aos preços anteriores ao movimento.

[43] Embora se embase em pesquisa realizada na Região Metropolitana do Rio de Janeiro, entre setembro de 1995 e julho de 1996, as constatações feitas por Dulce Pandolfi retratam muito bem o nível de desconhecimento do brasileiro, relativamente a seus direitos e deveres, pois acredito que o quadro desvelado neste trabalho não tenha se alterado de forma substancial, até porque a pesquisa foi realizada em uma das principais cidades do país: "Sem dúvida, um dos pontos que mais chamou nossa atenção na pesquisa 'Lei, justiça e

3.1.2 Controle exercido pelo Tribunal de Contas

Ainda para o que interessa a este trabalho, e dentro da conceituação delineada linhas atrás, destaca-se o controle externo da Administração Pública a cargo do Tribunal de Contas, o qual se configura como modalidade de controle horizontal, porquanto é executado pelo próprio Estado, por intermédio de órgão constitucional autônomo criado para esse fim específico.

O Tribunal de Contas, embora possa existir em qualquer regime político, visando assegurar a boa e regular gestão dos bens e recursos públicos, alcança e assume toda plenitude de organização, atuação, efetividade, eficácia e eficiência de suas ações no Estado democrático de direito. Isso porque, como assere Salgado,[44] "a principal razão de ser do Tribunal de Contas é constituir-se em instituição cuja natureza é ser ética e cuja finalidade maior é guardar a moralidade pública". E, ainda, porquanto "essa instituição tem, na sua constituição, na sua essência, o ético e, na sua função, a preservação do ético no Estado Democrático, no que se refere à fiscalização e ao julgamento das contas públicas".

---

cidadania' foi o desconhecimento que a população tem tanto dos seus direitos como dos seus deveres. Solicitados, por exemplo, a citar três direitos dos brasileiros, a maioria dos nossos entrevistados não foi capaz de fazê-lo. Outro aspecto importante a destacar foi a hierarquia atribuída aos direitos: os mais mencionados foram os sociais (25,8%). Os civis receberam 11,7%, e os políticos, um percentual irrisório de apenas 1,6% (ver tabela 3). Nos direitos sociais, a grande maioria voltou-se para questões relacionadas com o trabalho, o salário e o emprego. Em seguida veio a saúde e depois a educação. Quanto aos direitos políticos, a concentração das respostas ocorreu em torno do voto. Aliás, talvez devido a sua obrigatoriedade, 'votar' apareceu mais como um dever do que como um direito. Alguns dos nossos entrevistados afirmaram, inclusive, que 'não ir às urnas' ou 'não votar' era um dos principais direitos dos brasileiros. Ainda em relação aos direitos políticos, poucas foram as menções a questões relacionadas com a organização partidária. Quanto aos direitos civis, a espinha dorsal de uma democracia, as referências não foram significativas. O mais citado foi a liberdade. A igualdade perante a lei quase não foi mencionada. Além de pouco citado, o compromisso com os direitos civis também mostrou-se bastante tênue" (PANDOLFI, Dulce Chaves. Cidadania, Justiça e Violência. *Cpdoc.fgv.br*, 1999. Disponível em: https://cpdoc.fgv.br/producao_intelectual/arq/39.pdf. Acesso em: 16 out. 2019). Em pesquisa mais recente realizada pelo DataSenado, quando a Constituição brasileira de 1988 completou vinte e cinco anos, foram ouvidas 811 pessoas maiores de 16 anos, de todo o país, entre 18 e 30.9.2013, ocasião em que ficou constatado que pouco mais da metade dos entrevistados (50,8%) avaliou ter conhecimento médio da Constituição, outros 35,1% disseram ter baixo conhecimento e 7,8% declararam não ter conhecimento nenhum. Apenas 5,3% dos participantes disseram ter elevado conhecimento do texto constitucional (BRASIL. *25 anos da Constituição*. Brasília: Senado Federal, [2013]. Disponível em: https://www12.senado.leg.br/institucional/datasenado/arquivos/brasileiros-reconhecem-importancia-da-constituicao-cidada. Acesso em: 16 out. 2109).

[44] SALGADO, Joaquim Carlos. Contas e ética. *Revista do Tribunal de Contas do Estado de Minas Gerais*, Belo Horizonte, v. 30, n. 1, p. 97-102, jan./mar. 1999. p. 100.

No Brasil, a titularidade do controle externo da Administração Pública foi outorgada pela Constituição de 1988 ao Poder Legislativo, que o exerce com o auxílio do Tribunal de Contas,[45] que auferiu, de acordo com a ordem jurídica brasileira vigente, um dos mais proeminentes papéis constitucionais já conferidos às instituições públicas. A Constituição da República Federativa do Brasil de 1988, de fato, outorgou ao Tribunal de Contas a função de controle externo da gestão estatal, que abrange a fiscalização contábil, orçamentária, financeira e operacional, sob a ótica da legalidade, legitimidade e economicidade.[46]

---

[45] Na República Federativa do Brasil, cuja organização político-administrativa compreende a União, os estados-membros, o Distrito Federal e os municípios, o Tribunal de Contas da União (TCU) é o responsável pelo controle externo da União e constitui-se paradigma para os demais tribunais de contas e conselhos de contas brasileiros, conforme prescreve o art. 75 da Constituição de 1988. Além do TCU, existem os tribunais de contas dos estados, do Distrito Federal, dos municípios de São Paulo e do Rio de Janeiro e os tribunais de contas dos municípios da Bahia, de Goiás e do Pará. Na Espanha, pelo fato de ser um Estado unitário, existe apenas um Tribunal de Contas. De acordo com o *Artículo* 136 da Constituição espanhola de 1978: "1. El Tribunal de Cuentas es el supremo órgano fiscalizador de las cuentas y de la gestión económica de Estado, así como del sector público. Dependerá directamente de las Cortes Generales y ejercerá sus funciones por delegación de ellas en el examen y comprobación de la Cuenta General del Estado. 2. Las cuentas del Estado y del sector público estatal se rendirán al Tribunal de Cuentas y serán censuradas por éste. El Tribunal de Cuentas, sin perjuicio de su propia jurisdicción, remitirá a las Cortes Generales un informe anual en el que, cuando proceda, comunicará las infracciones o responsabilidades en que, a su juicio, se hubiere incurrido. 3. Los miembros del Tribunal de Cuentas gozarán de la misma independencia e inamovilidad y estarán sometidos a las mismas incompatibilidades que los Jueces. 4. Una ley orgánica regulará la composición, organización y funciones del Tribunal de Cuentas. o Tribunal de Contas é o supremo órgão fiscalizador das contas e da gestão económica do Estado, assim como do Sector Público. Sem prejuízo da sua própria jurisdição, situase na órbita do poder legislativo e depende directamente das Cortes Gerais" (Disponível em: https://www.tribunalconstitucional.es/es/tribunal/normativa/Normativa/CEportugu%C3%A9s.pdf. Acesso em: 16 out. 2019).

[46] Constituição da República Federativa do Brasil de 1988: "Art. 71. O controle externo, a cargo do Congresso Nacional, será exercido com o auxílio do Tribunal de Contas da União, ao qual compete: I - apreciar as contas prestadas anualmente pelo Presidente da República, mediante parecer prévio que deverá ser elaborado em sessenta dias a contar de seu recebimento; II - julgar as contas dos administradores e demais responsáveis por dinheiros, bens e valores públicos da administração direta e indireta, incluídas as fundações e sociedades instituídas e mantidas pelo Poder Público federal, e as contas daqueles que derem causa a perda, extravio ou outra irregularidade de que resulte prejuízo ao erário público; III - apreciar, para fins de registro, a legalidade dos atos de admissão de pessoal, a qualquer título, na administração direta e indireta, incluídas as fundações instituídas e mantidas pelo Poder Público, excetuadas as nomeações para cargo de provimento em comissão, bem como a das concessões de aposentadorias, reformas e pensões, ressalvadas as melhorias posteriores que não alterem o fundamento legal do ato concessório; IV - realizar, por iniciativa própria, da Câmara dos Deputados, do Senado Federal, de Comissão técnica ou de inquérito, inspeções e auditorias de natureza contábil, financeira, orçamentária, operacional e patrimonial, nas unidades administrativas dos Poderes Legislativo, Executivo e Judiciário, e demais entidades referidas no inciso II; V - fiscalizar as contas nacionais das empresas supranacionais de cujo capital social a União participe, de forma direta ou indireta, nos termos do tratado constitutivo; VI - fiscalizar a aplicação de quaisquer recursos repassados

Ademais, a Constituição brasileira conferiu ao Tribunal de Contas a prerrogativa de atuar de forma preventiva e concomitante, ao outorgar-lhe competências: opinativa, judicante, consultiva, sancionadora, corretiva, informativa.

Nessa tessitura do Estado democrático de direito e em razão de todo esse plexo de atribuições legais, o Tribunal de Contas, no desencadear do processo construtivo do exercício da cidadania, apresenta-se como ator legitimado para fiscalizar e controlar a gestão pública e, consequentemente, aferir se direitos fundamentais estão sendo efetivados ou concretizados pelo Estado,[47] sob a forma de serviços públicos oportunos e de qualidade, como também para fornecer informações à sociedade.

A esse respeito, não se pode esquecer, vivemos na sociedade da informação, era marcada por transformações aceleradas nos mais diversos segmentos da sociedade, decorrentes, em grande parte, do desenvolvimento científico e tecnológico – particularmente centrado no progresso da tecnologia da informação e da comunicação (TIC) – e da, cada vez mais crescente, profusão de informações, potencializada pela globalização, mundialização e internet.[48]

---

pela União mediante convênio, acordo, ajuste ou outros instrumentos congêneres, a Estado, ao Distrito Federal ou a Município; VII - prestar as informações solicitadas pelo Congresso Nacional, por qualquer de suas Casas, ou por qualquer das respectivas Comissões, sobre a fiscalização contábil, financeira, orçamentária, operacional e patrimonial e sobre resultados de auditorias e inspeções realizadas; VIII - aplicar aos responsáveis, em caso de ilegalidade de despesa ou irregularidade de contas, as sanções previstas em lei, que estabelecerá, entre outras cominações, multa proporcional ao dano causado ao erário; IX - assinar prazo para que o órgão ou entidade adote as providências necessárias ao exato cumprimento da lei, se verificada ilegalidade; X - sustar, se não atendido, a execução do ato impugnado, comunicando a decisão à Câmara dos Deputados e ao Senado Federal; XI - representar ao Poder competente sobre irregularidades ou abusos apurados. §1º No caso de contrato, o ato de sustação será adotado diretamente pelo Congresso Nacional, que solicitará, de imediato, ao Poder Executivo as medidas cabíveis. §2º Se o Congresso Nacional ou o Poder Executivo, no prazo de noventa dias, não efetivar as medidas previstas no parágrafo anterior, o Tribunal decidirá a respeito. §3º As decisões do Tribunal de que resulte imputação de débito ou multa terão eficácia de título executivo. §4º O Tribunal encaminhará ao Congresso Nacional, trimestral e anualmente, relatório de suas atividades".

[47] Nesse sentido, segundo as reflexões de Joaquim Carlos Salgado, no Estado de Direito contemporâneo, a ideia de justiça resulta de um processo de plenificação e universalização do direito, mediante a declaração e a efetivação dos direitos fundamentais nas constituições democráticas dos povos civilizados e na Carta das Nações Unidas (SALGADO, Joaquim Carlos. *A ideia de justiça no mundo contemporâneo*: fundamentação e aplicação do direito como maximum ético. Belo Horizonte: Del Rey, 2006. p. 7-8).

[48] Já se disse, até mesmo, que nos encontramos no umbral da democracia digital ou democracia-*e*, pois os Estados Unidos da América do Norte elegeram o marco das primárias *on-line*, como também tem ocorrido eleição *on-line* no parlamento de estudantes da Universidade de Osnabrück, o que poderia ser considerado incremento às possibilidades de participação eleitoral (WÜTENBERGER, Thomas. La transformación del derecho en la sociedad de la

Segundo Castells,[49] a atual revolução tecnológica não é marcada pela centralização de conhecimentos e informações, mas pela aplicação desses para gerar conhecimentos, dispositivos de processamento e de comunicação da informação, em um ciclo de realimentação cumulativo entre a inovação tecnológica e seu uso.

Em análise crítica a esse processo de inter-relações propiciado pela globalização e internet, Gonçal Mayos[50] assevera que o crescimento hiperbólico nas informações disponíveis é muito superior à capacidade dos indivíduos para processar essa informação produzida. Essa crescente desproporção entre a capacidade coletiva para criar conhecimento e a capacidade individual para assumi-lo e integrá-lo vitalmente parece contribuir para o advento de uma sociedade da ignorância (Brey), do desconhecimento (Innerarity) ou da incultura (Mayos). Byung-Chul Han também em análise crítica a essa desmesurada difusão de informação e de comunicação diz que, nessa hodierna sociedade da informação[51] e da transparência,[52] na qual Estado e mercado se fundem cada vez mais, o

---

información. *In*: FERNÁNDEZ SEGADO, Francisco; BASSU, Carla *et al*. *Dignidad de la persona, derechos fundamentales, justicia constitucional y otros estudios de derecho público*. Traducción de Joaquín Brage Camazano. Madrid: Dykinson, 2008. p. 1056-1057).

[49] CASTELLS, Manuel. *A sociedade em rede*: a era da informação, economia, sociedade e cultura. 10. ed. Tradução de Roneide Venâncio Majer. São Paulo: Paz e Terra, 2007. v. 1. p. 51.

[50] BREY, Antoni; INNERARITY, Daniel; MAYOS, Gonçal. *La sociedad de la ignorancia y otros ensayos*. Barcelona: Libros Infonomia, 2009. p. 51.

[51] Nas palavras de Armand Mattelart, a referência à "sociedade da informação" surgiu de maneira sub-reptícia em organizações internacionais. Em 1975, a Organização para Cooperação e Desenvolvimento Econômico (OCDE), que então reunia os vinte e quatro países mais ricos, estreia o emprego dessa noção e tem pressa de solicitar conselhos de Marc Porat e de outros especialistas americanos, como Ithiel de Sola Pool, chefe da pesquisa sobre políticas de liberalização dos sistemas de comunicação. Em entrevista publicada no jornal *Le Monde*, em seu suplemento *Le Monde Interactif*, de 28.3.2001, o autor afirmou que a ideologia da sociedade da informação é a do mercado e que está em sinergia com os pressupostos de reconstrução neoliberal do mundo (MATTELART, Armand. *Historia de la sociedad de la información*. Barcelona: Paidós, 2002. p. 117; 168).

[52] Byung-Chul Han, em analogia ao panóptico de Jeremy Bentham e fazendo conexões com os princípios do capitalismo neoliberal, diz que o homem hoje vivencia o "panóptico digital" ou sociedade do controle digital, em virtude do uso intenso e desregrado da liberdade. É que, diferentemente da ideia que levou à concepção do panóptico benthamiano, no panóptico digital, as pessoas se comunicam intensamente e se despem, não por coação, mas por vontade própria e necessidade interior. Cria-se, pois, em nome da liberdade de comunicação, a sociedade da transparência, que nada mais é do que um dispositivo neoliberal. Mais informação e comunicação significam mais produtividade, aceleração e crescimento. Nessa ambiência, o neoliberalismo converte o cidadão em consumidor, quando a liberdade do cidadão cede diante da passividade do consumidor. Isso significa dizer que o eleitor, enquanto consumidor, não tem interesse real pela política e pela configuração ativa da comunidade, não estando disposto nem capacitado para a ação política comum. Os políticos e os partidos também seguem a lógica do consumo. O que a transparência de hoje exige dos políticos é tudo, menos reivindicação política. O imperativo da transparência

estado de vigilância no Estado democrático se aproxima perigosamente ao estado de vigilância digital.[53] Isso me parece configurar uma astúcia da razão,[54] na medida em que a criação de meios tecnológicos de difusão de informação e de comunicação em rede, sem fronteiras e sem filtros, aliada à exposição deliberada de detalhes íntimos, acaba por deixar o homem controlado ou subjugado por sua própria liberdade.

No âmbito da Administração Pública e do controle externo a cargo do Tribunal de Contas, o direito à informação está sendo, cada vez mais, assegurado ao cidadão. Prova disso são as disposições contidas nos diplomas legais citados no item precedente, especialmente com o advento da Lei de Acesso à Informação, que cuida tanto da transparência ativa, entendida como a disponibilização na internet dos dados orçamentários, contratuais, de remuneração de agentes e de gastos públicos em geral, como da transparência passiva, consubstanciada na resposta do Poder Público às demandas específicas do cidadão.

Diante desse contexto, como recebe e processa enorme gama de informação e comunicação sobre a gestão dos bens e recursos públicos, para desempenhar suas atribuições legais, o Tribunal de Contas tem à sua disposição valioso acervo de dados, que pode se reverter em fonte

---

serve apenas para desmascarar e converter os políticos em escândalo. A reivindicação da transparência pressupõe a posição de um espectador passivo, sem iniciativa, que se escandaliza. A sociedade da transparência, que é formada de espectadores e consumidores, por sua vez, funda uma "democracia de espectadores" (HAN, Byung-Chul. *Psicopolítica*: neoliberalismo y nuevas técnicas de poder. Traducción de Alfredo Bergés. Barcelona: Herder, 2014. p. 20-24). Essa crítica de Han de que o cidadão na atualidade se converteu num consumidor parece ter sido confirmada pelas manifestações ocorridas no Brasil em 2013, por ocasião da Copa das Confederações, tendo em vista que a gênese daqueles protestos foi o aumento de vinte centavos na tarifa do transporte público, a despeito de questões mais pujantes, como o gasto de dinheiro público para construção e reforma de estádios de futebol, em detrimento de seu emprego em serviços básicos, como saúde, segurança, educação, sabidamente precários, terem se agregado à pauta dos movimentos.

[53] HAN, Byung-Chul. *En el enjambre*. Traducción de Raúl Gabás. Barcelona: Herder, 2014. p. 102.

[54] Isso é o que se depreende da obra de Hegel sobre astúcia da razão: "O interesse particular da paixão é, portanto, inseparável da participação do universal, pois é também da atividade do particular e de sua negação que resulta o universal. É o particular que se desgasta em conflitos, sendo em parte destruído. Não é a ideia geral que se expõe ao perigo na oposição e na luta. Ela se mantém intocável e ilesa na retaguarda. A isso se deve chamar astúcia da razão: deixar que as paixões atuem por si mesmas, manifestando se na realidade, experimentando perdas e sofrendo danos, pois esse é o fenômeno no qual uma parte é nula e a outra afirmativa. O particular geralmente é ínfimo perante o universal, os indivíduos são sacrificados e abandonados. A ideia recompensa o tributo da existência e da transitoriedade, não por ela própria, mas pelas paixões dos indivíduos" (HEGEL, Georg Wilhelm Friedrich. *Filosofia da história*. 2. ed. Tradução de Maria Rodrigues e Harden. Brasília: Editora da UnB, 1999. p. 35).

de informação e de conhecimento para a sociedade, especialmente com o advento da LAI.

A propósito, a transparência e o direito à informação das ações públicas,[55] ressalvados obviamente os casos de sigilo previstos em lei, têm total conexão com a ética e a moralidade administrativa, porquanto colocam em evidência a conduta do agente público, o que, por conseguinte, constitui elemento de aferição da administração dos bens e recursos públicos, seja pelos órgãos de controle – como o Tribunal de Contas – seja pela sociedade.

4 Conexão entre os controles social e o exercido pelo Tribunal de Contas

Diante do delineamento até aqui empreendido, ressai manifesta a conexão existente entre o controle social e o controle exercido pelo Tribunal de Contas.

Para ênfase dessa assertiva, basta ver que na Constituição e na legislação infraconstitucional brasileira há normas que estabelecem liame entre o controle social e o controle exercido pelo Tribunal de Contas.

Nesse sentido, o §2º do art. 74 da Constituição de 1988 prescreve que "qualquer cidadão, partido político, associação ou sindicato é parte legítima para, na forma da lei, denunciar irregularidades ou ilegalidades perante o Tribunal de Contas da União", o que se aplica, também, aos tribunais de contas dos estados e do Distrito Federal, bem como aos tribunais e conselhos de contas dos municípios, por força do *caput* do art. 75 do mesmo diploma constitucional.

Outrossim, o §1º do art. 113 da Lei nº 8.666, de 1993, estatui que qualquer licitante, contratado ou pessoa natural ou jurídica poderá representar ao Tribunal de Contas contra irregularidades na aplicação dessa lei.[56]

---

[55] A respeito desse tema, Karl-Peter Sommermann aduz que, na medida em que se tenta uma democracia participativa, a informação e a transparência ganham importância. Primeiro, porque a qualidade da formação da vontade depende essencialmente da informação disponível. Segundo, porquanto um alto nível de informação contribui para a concentração das discussões no essencial e pode encurtar a deliberação (SOMMERMANN, Karl-Peter. La exigencia de una administración transparente en la perspectiva de los principios de democracia y del estado de derecho. *In*: GARCÍA MACHO, Ricardo (Ed.). *Derecho administrativo de la información y administración transparente*. Madrid: Marcial Pons, 2010. p. 20).

[56] Lei nº 8.666, de 1993: "Art. 113. O controle das despesas decorrentes dos contratos e demais instrumentos regidos por esta Lei será feito pelo Tribunal de Contas competente, na forma da legislação pertinente, ficando os órgãos interessados da Administração responsáveis

Fora isso, como já destacado no item em que se tratou do controle social, existem normas na Lei de Acesso à Informação, na Lei de Responsabilidade Fiscal, com as alterações que lhe foram introduzidas pela Lei da Transparência, e no Código de Defesa do Usuário do Serviço Público que determinam a divulgação, em linguagem compreensível e acessível ao homem comum, de informações inerentes à gestão dos bens e recursos públicos, o que permite e torna mais facilitada a interlocução entre o cidadão e o Tribunal de Contas. E, segundo o disposto no art. 73-A da Lei de Responsabilidade Fiscal, acrescido pela Lei da Transparência, basicamente repetindo o que reza o §2º do art. 74 da Constituição de 1988, "qualquer cidadão, partido político, associação ou sindicato é parte legítima para denunciar ao respectivo Tribunal de Contas e ao órgão competente do Ministério Público o descumprimento das prescrições estabelecidas nesta Lei Complementar".

5 Ferramentas tecnológicas de apoio ao controle social criadas pelo Tribunal de Contas do Estado de Minas Gerais (TCE-MG)

Atento a todo esse estado de coisas e visando responder eficazmente às novas exigências do mundo contemporâneo, o Tribunal de Contas do Estado de Minas Gerais (TCE-MG) tem se utilizado dos recursos e ferramentas da tecnologia da informação e comunicação (TIC) para transpor da sociedade da informação à sociedade do conhecimento, no que tange à gestão dos recursos públicos.

Como efeito, o TCE-MG tem desenvolvido programas informatizados que se destinam a apoiar o controle social, entre os quais, podem ser citados o Portal Receitas,[57] o Cadastro de Agentes Públicos

---

pela demonstração da legalidade e regularidade da despesa e execução, nos termos da Constituição e sem prejuízo do sistema de controle interno nela previsto. §1º Qualquer licitante, contratado ou pessoa física ou jurídica poderá representar ao Tribunal de Contas ou aos órgãos integrantes do sistema de controle interno contra irregularidades na aplicação desta Lei, para os fins do disposto neste artigo. §2º Os Tribunais de Contas e os órgãos integrantes do sistema de controle interno poderão solicitar para exame, até o dia útil imediatamente anterior à data de recebimento das propostas, cópia de edital de licitação já publicado, obrigando-se os órgãos ou entidades da Administração interessada à adoção de medidas corretivas pertinentes que, em função desse exame, lhes forem determinadas. (Redação dada pela Lei nº 8.883, de 1994)".

[57] O Portal Receitas disponibiliza dados e informações sobre a receita, os indicadores da gestão e da infraestrutura da arrecadação em cada município mineiro, em plataforma amigável e de acesso público.

do Estado e dos Municípios de Minas Gerais – CAPMG,[58] o Fiscalizando com o TCE-MG[59] e o Programa na Ponta do Lápis, que será destacado a seguir. Informações mais detalhadas de todos esses programas estão disponíveis no portal do TCE-MG na internet, que pode ser acessado no sítio eletrônico https://www.tce.mg.gov.br.

Optou-se por fazer exposição mais detalhada do Programa na Ponta do Lápis, considerando que essa ferramenta se vincula à educação, que se apresenta como verdadeiro caminho para o homem atingir a maioridade, na acepção kantiana dessa expressão,[60] ou a liberdade, que, apesar das críticas atuais, como aquelas feitas por Byung-Chul Han, constitui um dos principais meios de conduzir à participação cidadã e, por conseguinte, tornar o controle social da Administração Pública efetivo.

5.1 Programa na Ponta do Lápis

Pois bem. A educação, direito de todos e dever do Estado e da família,[61] apresentou-se como foco da gestão 2017/2018 do TCE-MG, tanto que foi criado o Programa na Ponta do Lápis.

Esse programa tem por objetivo contribuir para a efetiva e proba utilização dos recursos destinados à educação, de forma a aprimorar o processo de gestão pública e, assim, maximizar os resultados das políticas que envolvem esse vital segmento da atuação estatal.

---

[58] O Cadastro de Agentes Públicos do Estado e dos Municípios de Minas Gerais – CAPMG tem como objetivo informar os vínculos laborais existentes com a Administração Pública, o que traz transparência para o cidadão e permite o exercício do controle social, relativamente à atuação dos agentes públicos.

[59] O Fiscalizando com o TCE-MG, ferramenta também conhecida como Portal Minas Transparente, reproduz as informações oficiais transmitidas, periodicamente ao Tribunal, por meio do Sistema Informatizado de Contas dos Municípios (Sicom), pelos 853 municípios do estado de Minas Gerais.

[60] O conceito de maioridade, segundo o pensamento de Immanuel Kant, deve ser apreendido como o processo de formação mediante o qual o sujeito atinge o esclarecimento, sendo capaz de pensar de forma autônoma, de construir novas ideias, de fazer transformações. Esse conceito tem conotação negativa, pois é formulado a partir da noção de menoridade, que consiste na incapacidade de o homem fazer uso de seu próprio entendimento (KANT, Immanuel. Resposta à pergunta: que é "esclarecimento"? Tradução de Floriano de Souza Fernandes. *In*: KANT, Immanuel. *Textos seletos*. 2. ed. Petrópolis: Vozes, 1985. Nota do tradutor Floriano de Souza Fernandes).

[61] Constituição da República Federativa do Brasil de 1988: "Art. 205. A educação, direito de todos e dever do Estado e da família, será promovida e incentivada com a colaboração da sociedade, visando ao pleno desenvolvimento da pessoa, seu preparo para o exercício da cidadania e sua qualificação para o trabalho".

As diretrizes do programa foram elaboradas para que o controle a cargo do TCE-MG não se restrinja à fiscalização de conformidade relacionados aos aspectos contábeis, financeiros, orçamentários e patrimoniais, mas promova também avaliação qualitativa, mediante o acompanhamento dos gastos e resultados referentes às metas e estratégias propostas pelos planos de educação, municipais e estadual, elaborados à luz do Plano Nacional de Educação (PNE) do decênio 2014/2024.

Em razão de tais particularidades, o alcance das ações previstas pelo TCE-MG, para fiscalização das políticas do setor educacional, assume maior amplidão. É dizer, vai do planejamento aos resultados, não mais se limitando ao elemento quantitativo da aplicação mínima constitucional de 25% (vinte e cinco por cento) da receita de impostos na manutenção e desenvolvimento do ensino (MDE).[62] Com essa nova abordagem fiscalizatória, busca-se monitorar e avaliar a atuação do jurisdicionado nestes sete quesitos: execução, excelência, economicidade, eficiência, eficácia, efetividade e equidade.

Para o TCE-MG, cabe aos tribunais de contas papel indutor da melhoria da qualidade do ensino, por intermédio da aferição da compatibilidade das metas contidas nos planos estadual e municipais em consonância com o PNE. E mais: atuação pedagógica que contribua para o monitoramento das metas e para o atingimento dos resultados almejados para uma educação pública de qualidade para todos.

O programa conta com o aplicativo (*app*) Na Ponta do Lápis, que é um canal de comunicação direta entre a comunidade e os gestores da educação, para que a sociedade tenha retorno mais rápido nas suas demandas.

O aplicativo é composto por duas visualizações, que, na verdade, podem ser consideradas ferramentas de gestão. A primeira, no *smartphone*, representa canal de comunicação entre o cidadão e o gestor da educação. Por esse canal interativo, o gestor tem conhecimento das observações e reclamações gerais sobre o ensino público oferecido. A partir dos relatos apresentados, é feita a análise de quais são os aspectos que o cidadão gostaria que fossem solucionados ou melhorados.

Simultaneamente – pela segunda visualização, a partir do momento em que o aplicativo é baixado, o cidadão responde aos

---

[62] Constituição da República Federativa do Brasil de 1988: "Art. 212. A União aplicará, anualmente, nunca menos de dezoito, e os Estados, o Distrito Federal e os Municípios vinte e cinco por cento, no mínimo, da receita resultante de impostos, compreendida a proveniente de transferências, na manutenção e desenvolvimento do ensino".

questionários, faz seus relatos –, todos os dados são compilados pelo TCE-MG e disponibilizados para diretores de escolas, secretários de educação, prefeitos e superintendentes regionais.

6 Considerações finais

No delineamento retroexpendido, foram apresentados argumentos teóricos e exemplos de ferramentas capazes de apoiar a hipótese de que o controle social da Administração Pública constitui uma das formas de participação do cidadão no Estado, como também de demonstrar que as transformações havidas nessa modalidade de controle acompanham, *pari passu*, o lento, gradual, cumulativo, não linear e dialético processo histórico de evolução do Estado democrático de direito.

É na democracia representativa que o controle social da Administração Pública, em virtude das condições políticas e jurídicas criadas em Estados que adotaram esse formato de organização, apresenta o seu apogeu, notadamente porque os direitos de cidadania, entre os quais o de participação – que deve ser exercido de forma real e efetiva –, apresentam-se como liberdades positivas.

O Estado brasileiro, em virtude dos meios materiais e jurídicos desenvolvidos, a exemplo dos anteriormente indicados diplomas legais, que estabelecem, até mesmo, canal de interlocução entre o cidadão e o Tribunal de Contas, órgão constitucional autônomo legitimado para o exercício do controle externo da gestão pública, tem proporcionado condições para o pleno e efetivo exercício do controle social sobre a Administração Pública.

Nesse particular, o Tribunal de Contas utiliza, cada vez mais, os recursos da tecnologia da informação e da comunicação (TIC) para criar ferramentas que possam otimizar e racionalizar o exercício de suas atribuições legais, como também servir de fomento e apoio ao controle social, considerado como complementar ao controle da Administração Pública exercido pelo próprio Estado.

A propósito, isso ficou suficientemente demonstrado mediante a apresentação de ferramentas desenvolvidas pelo Tribunal de Contas do Estado de Minas Gerais (TCE-MG), com destaque para o Programa na Ponta do Lápis, cujo objetivo é possibilitar que a comunidade escolar – professores, profissionais da educação, alunos, pais ou responsáveis pelos alunos – leve ao conhecimento dos gestores e do TCE-MG possíveis problemas verificados no ensino público.

A transparência dos atos pertinentes à Administração Pública, com o intuito de levar informação adequada e compreensível pelo homem comum, ressalvados os casos em que a lei determine o sigilo, é medida que se impõe no Estado democrático de direito. É que a democracia, que se legitima e constitui expressão da vontade popular, tem a publicidade dos atos estatais como um de seus pressupostos, de modo a possibilitar o controle e, por conseguinte, aferir se o que foi executado está em conformidade com as normas jurídicas e a vontade do cidadão.

Apesar de todo avanço da tecnologia, de todo ferramental tecnológico desenvolvido no âmbito da Administração Pública, de toda gama de informação posta à disposição da sociedade, a participação cidadã e o controle social da Administração Pública ainda são muito incipientes no Brasil. Isso contribui para que os serviços públicos continuem a ser prestados de forma precária e para que a qualidade de vida do cidadão, em especial daquele em situação de vulnerabilidade social, não melhore, o que significa, em última instância, o não atingimento pleno da justiça material contemporânea, na medida em que direitos fundamentais declarados na Constituição deixam de ser concretizados integralmente ou de forma satisfatória, a fim de garantir vida digna ao cidadão.

Ainda falta ao brasileiro, para incorporar o espírito de nação e para assumir o papel que lhe foi reservado de protagonista do controle social da Administração Pública, conhecer, de fato, seus direitos e deveres como cidadão. Somente assim ele se conscientizará de que os bens e recursos públicos são de sua propriedade e de que, por essa razão, devem ser geridos para propiciar-lhe serviço público de qualidade e prestado de forma oportuna, de modo a garantir-lhe bem-estar e sobrevivência digna. Com efeito, os avanços da cidadania dependem da luta e da reivindicação, mediante ação concreta dos indivíduos.

Na contemporaneidade, em que um turbilhão de informação é lançado aos quatro ventos diuturnamente, criando ideias que tendem a se estandardizar pela cultura do menor esforço ou da adesão irrefletida, o que dá azo ao surgimento das chamadas sociedades da ignorância, do desconhecimento, da incultura e da transparência, a conscientização cidadã, fruto da maioridade ou esclarecimento, *a fortiori ratione*, será mais bem alcançada, no Brasil, por intermédio da educação, sobretudo, do ensino escolar, desde a educação básica, mediante o qual se priorize formação cidadã mais alentada, de modo que o brasileiro conheça, desde muito jovem, seus direitos e deveres.

No Brasil, a educação, que desperte no cidadão censo crítico para a realidade circundante, mormente para as astúcias da razão do mundo contemporâneo, curiosidade intelectual e consciência cívica, ou seja, uma educação para a liberdade, é uma das pontes para a necessária e indispensável transposição de uma "cultura política de súdito" ou, na vertente da atual sociedade da transparência, "democracia de espectadores" para uma democracia de fato participativa. Afinal de contas, em se tratando de Administração Pública, o lema não é mais apenas administrar para a sociedade, mas administrar com e para sociedade.

Referências

ABELLÁN, Angel Manuel. Notas sobre la evolución histórica del parlamento y de la representación política. *Revista de Estudios Políticos (Nueva Epoca)*, Madrid, n. 92, p. 163-174, abr./jun. 1996.

ALMOND, Gabriel A.; VERBA, Sidney. La cultura política. *Webs.ucm.es*. Disponível em: http://webs.ucm.es/info/cpuno/asoc/profesores/lecturas/almondverba.pdf. Acesso em: 16 out. 2019.

BOBBIO, Norberto. *Teoría general de la política*. Traducción de Antonio de Cabo e Gerardo Pisarello. Madrid: Trotta, 2003.

BOBBIO, Norberto; MATTEUCCI, Nicola; PASQUINO, Gianfranco. *Diccionario de política [L-Z]*. Traducción de Raúl Crisafio, Alfonso García, Mariano Martín y Jorge Tula. Redactores de la edición en español: José Aricó e Jorge Tula. Madrid: Siglo Veintiuno de España Editores, 1988.

BOBBIO, Norberto; MATTEUCCI, Nicola; PASQUINO, Gianfranco. *Diccionario de política*: suplemento. Traducción de Miguel Martí y Martí Soler. Redactor de la edición en español: Martí Soler. Madrid: Siglo Veintiuno de España Editores, 1988.

BRASIL. [Constituição (1988)]. *Constituição da República Federativa do Brasil de 1988*. Brasília: Presidência da República, [2016]. Disponível em: http://www.planalto.gov.br/ccivil_03/constituicao/constituicao.htm. Acesso em: 1º out. 2019.

BRASIL. *25 anos da Constituição*. Brasília: Senado Federal, [2013]. Disponível em: https://www12.senado.leg.br/institucional/datasenado/arquivos/brasileiros-reconhecem-importancia-da-constituicao-cidada. Acesso em: 16 out. 2109.

BRASIL. *Lei Complementar nº 131, de 27 de maio de 2009*. Acrescenta dispositivos à Lei Complementar nº 101, de 4 de maio de 2000, que estabelece normas de finanças públicas voltadas para a responsabilidade na gestão fiscal e dá outras providências, a fim de determinar a disponibilização, em tempo real, de informações pormenorizadas sobre a execução orçamentária e financeira da União, dos Estados, do Distrito Federal e dos Municípios. Brasília: Presidência da República, [2009]. Disponível em: http://www.planalto.gov.br/ccivil_03/leis/lcp/Lcp131.htm. Acesso em: 5 out. 2019.

BRASIL. *Lei nº 12.527, de 18 de novembro de 2011*. Regula o acesso a informações previsto no inciso XXXIII do art. 5º, no inciso II do §3º do art. 37 e no §2º do art. 216 da Constituição Federal; altera a Lei nº 8.112, de 11 de dezembro de 1990; revoga a Lei nº 11.111, de 5 de maio de 2005, e dispositivos da Lei nº 8.159, de 8 de janeiro de 1991; e dá outras providências. Brasília: Presidência da República, [2011]. Disponível em: http://www.planalto.gov.br/ccivil_03/_ato2011-2014/2011/lei/l12527.htm. Acesso em: 5 out. 2019.

BRASIL. *Lei nº 13.460, de 26 de junho de 2017*. Dispõe sobre participação, proteção e defesa dos direitos do usuário dos serviços públicos da administração pública. Brasília: Presidência da República, [2017]. Disponível em: http://www.planalto.gov.br/ccivil_03/_Ato2015-2018/2017/Lei/L13460.htm. Acesso em: 5 out. 2019.

BRASIL. *Lei nº 8.666, de 21 de junho de 1993*. Regulamenta o art. 37, inciso XXI, da Constituição Federal, institui normas para licitações e contratos da Administração Pública e dá outras providências. Brasília: Presidência da República, [2019]. Disponível em: http://www.planalto.gov.br/ccivil_03/Leis/l8666cons.htm. Acesso em: 5 out. 2019.

BREY, Antoni; INNERARITY, Daniel; MAYOS, Gonçal. *La sociedad de la ignorancia y otros ensayos*. Barcelona: Libros Infonomia, 2009.

CASTELLS, Manuel. *A sociedade em rede*: a era da informação, economia, sociedade e cultura. 10. ed. Tradução de Roneide Venâncio Majer. São Paulo: Paz e Terra, 2007. v. 1.

DÍAZ, Elías. *Estado de derecho y sociedad democrática*. Madrid: Taurus, 1986.

DOMÍNGUEZ, Héctor. *Democracia deliberativa en Jürgen Habermas*. Disponível em: Dialnet-DemocraciaDeliberativaEnJurgenHabermas-5206395.pdf. Acesso em: 15 out. 2019.

DROMI, Roberto. *Modernización del control público*. Madrid: Hispania libros, 2005.

FERNÁNDEZ AJENJO, José Antonio. *El control de las administraciones públicas y la lucha contra la corrupción*: especial referencia al tribunal de cuentas y a la intervención general de la administración del estado. Madrid: Civitas, 2011.

HABERMAS, Jürgen. *Tres modelos de democracia*: sobre el concepto de una política deliberativa. Valencia: Episteme, 1994.

HAN, Byung-Chul. *En el enjambre*. Traducción de Raúl Gabás. Barcelona: Herder, 2014.

HAN, Byung-Chul. *Psicopolítica*: neoliberalismo y nuevas técnicas de poder. Traducción de Alfredo Bergés. Barcelona: Herder, 2014.

HEGEL, Georg Wilhelm Friedrich. *Filosofia da história*. 2. ed. Tradução de Maria Rodrigues e Harden. Brasília: Editora da UnB, 1999.

HORTA, José Luiz Borges. *História do Estado de direito*. São Paulo: Alameda, 2011.

HORTA, José Luiz Borges. La era de la justicia: derecho, estado y límites a la emancipación humana, a partir del contexto brasileño. *Astrolabio: Revista Internacional de Filosofia*, Barcelona, n. 11, p. 75-85, 2010.

KANT, Immanuel. Resposta à pergunta: que é "esclarecimento"? Tradução de Floriano de Souza Fernandes. *In*: KANT, Immanuel. *Textos seletos*. 2. ed. Petrópolis: Vozes, 1985.

MARSHALL, T. H.; BOTTOMORE, Tom B. *Ciudadanía y clase social*. Versión de Pepa Linares. Madrid: Alianza, 1998.

MATTELART, Armand. *Historia de la sociedad de la información*. Barcelona: Paidós, 2002.

MILESKI, Hélio Saul. Tribunal de contas: evolução, natureza, funções e perspectivas futuras. *In*: FREITAS, Ney José de (Coord.). *Tribunal de contas*: aspectos polêmicos: estudos em homenagem ao conselheiro João Féder. Belo Horizonte: Fórum, 2009.

MOUFFE, Chantal. La radicalización de la democracia. *Leviatán: Revista de Hechos e Ideas*, Madrid, n. 41, p. 85-98, 1990.

PANDOLFI, Dulce Chaves. Cidadania, Justiça e Violência. *Cpdoc.fgv.br*, 1999. Disponível em: https://cpdoc.fgv.br/producao_intelectual/arq/39.pdf. Acesso em: 16 out. 2019.

PINSKY, Jaime. Introdução. *In*: PINSKY, Jaime; PINSKY, Carla Bassanezi (Org.). *História da cidadania*. 2. ed. São Paulo: Contexto, 2003.

PITKIN, Hanna Fenichel. *El concepto de representación*. Traducción de Ricardo Montoro Romero. Madrid: Centro de Estudios Constitucionales, 1985.

RIBEIRO, Darcy. *El proceso civilizatorio*. Cali: Centro Editorial Universidad del Valle, 1993.

SALDANHA, Nelson. *O Estado moderno e o constitucionalismo*. São Paulo: Buchatsky, 1976.

SALGADO, Joaquim Carlos. *A ideia de justiça no mundo contemporâneo*: fundamentação e aplicação do direito como maximum ético. Belo Horizonte: Del Rey, 2006.

SALGADO, Joaquim Carlos. Contas e ética. *Revista do Tribunal de Contas do Estado de Minas Gerais*, Belo Horizonte, v. 30, n. 1, p. 97-102, jan./mar. 1999.

SALGADO, Joaquim Carlos. O estado ético e o estado poiético. *Revista do Tribunal de Contas do Estado de Minas Gerais*, Belo Horizonte, v. 27, n. 2, p. 37-68, abr./jun. 1998.

SOMMERMANN, Karl-Peter. La exigencia de una administración transparente en la perspectiva de los principios de democracia y del estado de derecho. *In*: GARCÍA MACHO, Ricardo (Ed.). *Derecho administrativo de la información y administración transparente*. Madrid: Marcial Pons, 2010.

URBINATI, Nadia. O que torna a representação democrática? *Lua Nova: Revista de Cultura e Política*, São Paulo, n. 67, p. 191-228, 2006. Disponível em: http://desafios2.ipea.gov.br/participacao/images/pdfs/participacao/outras_pesquisas/urbinati.pdf. Acesso em: 8 out. 2019.

WÜTENBERGER, Thomas. La transformación del derecho en la sociedad de la información. *In*: FERNÁNDEZ SEGADO, Francisco; BASSU, Carla *et al. Dignidad de la persona, derechos fundamentales, justicia constitucional y otros estudios de derecho público*. Traducción de Joaquín Brage Camazano. Madrid: Dykinson, 2008.

Informação bibliográfica deste texto, conforme a NBR 6023:2018 da Associação Brasileira de Normas Técnicas (ABNT):

DINIZ, Gilberto Pinto Monteiro. Transformações do controle social sobre a Administração Pública no contexto do Estado democrático de direito e da sociedade da informação: abordagem teórica e prática, com enfoque em ferramentas tecnológicas desenvolvidas pelo Tribunal de Contas do Estado de Minas Gerais. *In*: ANDRADE, Durval Ângelo; MAYOS SOLSONA, Gonçal; HORTA, José Luiz Borges; MIRANDA, Rodrigo Marzano Antunes (Coords.). *A sociedade do controle?*: macrofilosofia do poder no neoliberalismo. Belo Horizonte: Fórum, 2022. p. 251-278. ISBN 978-65-5518-260-6.

O ESTADO CONTRA O NEOLIBERALISMO: A CULTURA E A EDUCAÇÃO NO PENSAMENTO DE LENIN

JOÃO BATISTA MIGUEL
RAPHAEL MACHADO DE CASTRO

Considerações iniciais

Os acontecimentos decorridos durante o surgimento, a ascensão e a queda da URSS marcaram por completo a história da humanidade e ainda repercutem nos ideários culturais e históricos da contemporaneidade. É sob essa ótica e a partir da urgência de retorno à história em momentos de necessidade que o presente trabalho visa analisar o cenário pós-revolucionário russo e suas implicações no campo da educação e cultura, mais especificamente durante o período leninista. Inicialmente, tomando como base seus cadernos filosóficos, é imprescindível reiterarmos a importância e a influência da filosofia e, mais especificamente, do pensamento de Hegel na teoria e na prática leninista. Dessa forma:

A necessidade de estudar os marcos fundantes do pensamento e da teoria marxista, em especial Aristóteles, Hegel e Feuerbach só viria a se apresentar a Lenin durante o seu auto-exílio em Berna e Zurique no período da primeira guerra mundial. O contato com a força do pensamento de Hegel, contudo, foi de tal forma decisivo que deu azo ao famoso comentário de Lenin segundo o qual "Não se pode compreender plenamente 'O capital' de Marx, e particularmente o seu primeiro capítulo, sem ter estudado e compreendido toda a Lógica de Hegel. Portanto, meio século depois de Marx, nenhum marxista o compreendeu!"[1]

Cabe ressaltar que, mesmo buscando a precisão e a fidelidade necessárias para compreendermos os impactantes movimentos educacionais que se faziam nos primeiros anos da revolução, não teríamos nenhuma condição de esgotar o assunto, em razão da ampla presença desta temática em muitos episódios nos quais nosso ator principal aparecia ora no palco do partido bolchevique, ora nas ações de governo, ora nas tribunas das fábricas.

1 Cultura

Tanto nos aspectos teóricos quanto nos práticos, a cultura para Lenin possuía uma importância crucial no percurso da revolução socialista. Seja pelo desenvolvimento de uma cultura proletária ou pela utilização e a assimilação da cultura burguesa no ideário comunista, essa temática foi de constante abordagem nos discursos e nas obras do pensador em questão. É importante ressaltar que a divisão teoria/prática, em alguns momentos utilizada, possui caráter meramente didático, visto que ambas andavam em comunhão nas ações e nos pensamentos de Lenin. Em suas próprias palavras:

> A dialética materialista está a ser elaborada progressivamente, mediante um lento e delicado trabalho, mediante uma análise complexa cujo avanço acompanhará a transformação revolucionária do mundo moderno. Para implementá-la, serão necessárias não somente condições mais adequadas para o trabalho intelectual, mas também uma modificação do "clima" cultural, uma lucidez dialética aprofundada, melhor inserida na prática e na cultura.[2]

1.1 As noções de cultura em Lenin

Dentro de seus discursos e de suas obras, é possível dividir a cultura em três conceituações diferentes (cultura-civilização, cultura-ideologia

---

[1] HENRIQUES, Hugo Rezende; MATIAS, João Victor Barros. *Mais novo que o novo* – A lógica de Hegel e a prática revolucionária soviética. Belo Horizonte: Faculdade de Direito da UFMG, 2017. *Paper.* p. 2.

[2] LENIN, Wladimir Ilitch. *Cadernos sobre a dialética de Hegel*. Tradução de José Paulo Netto *et al.* Rio de Janeiro: Editora UFRJ, 2011. p. 46.

e cultura-saber).[3] Não se pode, porém, deixar de evidenciar que todas as três se relacionam entre si e têm seu devido tratamento político e teórico dado pelo pensador.

Também se faz necessário reiterar que, na maioria de suas reflexões acerca da cultura, Lenin está referenciando as sociedades industriais europeias ocidentais e a Rússia pré-revolução, focalizando principalmente na relação entre esses dois agrupamentos e no que deveria ser aproveitado deles numa futura nação socialista.

1.1.1 Cultura e civilização

É possível analisar, em alguns dos textos de Lenin, a noção de cultura relativa ao patrimônio material e intelectual/espiritual de uma sociedade em dado momento histórico ou evolutivo. É daí que surge a análise de uma civilização acerca de sua capacidade produtiva tanto em escala de recursos materiais quanto em escala de saberes aplicados ao desenvolvimento. A partir desses termos, é possível afirmar que, segundo Lenin, a sociedade ocidental europeia deve servir como inspiração para que a Rússia alcance os níveis de produção necessários nos quais o socialismo possa se fundar e se mostrar funcional. A citação que se segue diz respeito ao uso do conhecimento burguês no desenvolvimento material da Rússia:

> Para demonstrar até que ponto o poder soviético necessita utilizar precisamente para a transição ao socialismo o serviço dos intelectuais burgueses, nos atrevemos a empregar uma expressão à primeira vista paradoxal: em grande medida temos que aprender o socialismo com os dirigentes dos trustes, temos que aprender o socialismo com os maiores organizadores do capitalismo. Mas que isso não é um paradoxo, pode-se compreender facilmente quando se raciocina que, foi exatamente nas grandes fábricas, na grande indústria organizada, que se desenvolveu em proporções inauditas a exploração dos trabalhadores, precisamente as grandes fábricas, são os centros de concentração da única classe capaz de liquidar com a dominação do capital e iniciar a transição para o socialismo. Não surpreende, portanto, que para resolver as tarefas práticas do socialismo, quando se trata de seu aspecto organizativo, devemos conseguir necessariamente que colabore com o poder soviético um grande número de intelectuais burgueses, em particular, os que estiveram dedicados ao trabalho prático de organizar a produção mais

---

[3] Divisão encontrada na obra de Carmen Claudín-Urondo (CLAUDÍN-URONDO, Carmen. *Lenin y la revolucion cultural*. Barcelona: Editorial Anagrama, 1978. p. 22).

ampla no quadro capitalista, isto é, em primeiro lugar, à organização dos consórcios, cartéis e trustes.[4]

A fala seguinte, por sua vez, remete a um dos sistemas de organização material da produção capitalista vigente na época:

> Em comparação com as nações avançadas, o russo é um mau trabalhador. E não podia ser de outro modo sob o regime tzarista[5] e com a vitalidade dos restos do regime de servidão. Aprender a trabalhar – esta é a tarefa que o Poder Soviético deve colocar em toda sua envergadura perante o povo. A última palavra do capitalismo nesse aspecto, o sistema de Taylor[6] – tal como todos os progressos do capitalismo –, reúne em si toda a refinada crueldade da exploração burguesa e uma série de riquíssimas conquistas científicas no campo da análise dos movimentos mecânicos no trabalho, a supressão dos movimentos supérfluos e inábeis, a elaboração dos métodos de trabalho mais corretos, a introdução dos melhores sistemas de registro e controle, etc. A República Soviética deve adotar a todo custo as conquistas mais valiosas da ciência e da técnica neste domínio.[7]

Fica evidente, a partir desses raciocínios, a diferenciação feita por Lenin do legado científico-material burguês e da má utilização desse, que essa classe dominante executou durante os anos de exploração da mão de obra proletária. O principal exemplo utilizado pelo autor para caracterizar essa dicotomia se dá na própria sociedade capitalista europeia da época que, portadora de diversos avanços tecnológicos e

---

4   LENIN, Wladimir Ilitch. As tarefas imediatas do poder soviético. Primeira versão. Ditado entre 23 e 28 de março de 1918. *In*: LENIN, Wladimir Ilitch. *Estado, ditadura do proletariado e poder soviético*. Organização de Antônio Roberto Bertelli. Belo Horizonte: Oficina de Livros, 1988. p. 118.

5   Grafia pouco utilizada para referenciar o regime dos czares ou tzares da Rússia, que se aproxima mais da pronúncia no idioma russo. Considerada uma transliteração (representação de caracteres de uma escrita por meio de outra) da língua em questão para o inglês.

6   O taylorismo é um sistema de gestão criado por Frederick Taylor, que tem como principais atribuições a divisão e alienação do trabalho, a busca pela redução de custos e pelo aumento da produtividade com o uso de métodos testados, de incentivos salariais à produtividade e, principalmente, do extremo controle do tempo de produção. É comumente associado ao fordismo, aplicado por Henry Ford em sua indústria, também podendo ser chamado de modelo taylorista-fordista, caracterizado pela organização do espaço através do uso das linhas de montagem, pelo barateamento e pelo aumento da velocidade de produção, realizada em massa.

7   LENIN, Wladimir Ilitch. As tarefas imediatas do poder soviético. Escrito entre 13 e 26 de abril de 1918. *In*: LENIN, Wladimir Ilitch. *Obras escolhidas em três tomos (2)*. Organização de Instituto Marxismo-Leninismo anexo ao CC do PCUS. São Paulo: Alfa-Ômega, 1980. p. 574.

produtivos, ainda possuía milhares de cidadãos em extrema pobreza e em situação de fome.

1.1.2 Cultura e ideologia

Lenin aborda, em alguns de seus textos, a relação entre cultura e ideologia, sendo encontrados nessa dualidade os poucos momentos em que há a diferenciação da cultura burguesa para a cultura proletária e a tentativa de rechaçar em partes a primeira. Isso, pois se trata aqui de duas concepções de visão de mundo diferentes, ou seja, da visão opressora da classe burguesa em oposição à do proletariado. Nesse caso, somente, não pode haver espaço para a cultura/ideologia da burguesia:

> Em cada cultura nacional existem, ainda que não estejam desenvolvidos, elementos de cultura democrática e socialista, pois em cada nação há uma massa trabalhadora e explorada, cujas condições de vida engendram, inevitavelmente, uma ideologia democrática e socialista. Mas em cada nação existe igualmente uma cultura burguesa (e, além disso, na maioria dos casos, ultra-reacionária e clerical), e não simplesmente em forma de "elementos", mas como cultura dominante.[8]

1.1.3 Cultura e saber

A terceira categoria, que retrata a relação do termo "cultura" com "saber" ou "conhecimento", é a mais recorrente nos textos de Lenin. Para ele, nenhum conhecimento pode ser descartado, e o máximo possível de saber se faz necessário para uma revolução vitoriosa.[9] Tal visão, porém, encontra sua própria contradição ao se passar pela Rússia pré-revolução, que contava com índices altíssimos de analfabetismo e com escolas de qualidade baixíssimas. Com o intuito de resolver essa problemática, Lenin então dá extrema importância à educação nos moldes revolucionários e difere, conceitualmente, os saberes básicos (como a alfabetização) da cultura acumulada pela civilização humana até seu presente momento. Assim, não é possível descartar a produção intelectual burguesa e construir uma cultura proletária totalmente isolada da história humana ocidental.

---

[8] LENIN, Wladimir Ilitch. *Cultura e revolução cultural*. Tradução de Lincoln Borges Jr. Rio de Janeiro: Civilização Brasileira, 1968. p. 30-31.

[9] "Para participar de la revolución con inteligencia, sensatez y éxito, es necesario estudiar" (LENIN, Wladimir Ilitch. Tarefas da Biblioteca Pública de Petrogrado. Disponível em: CLAUDÍN-URONDO, Carmen. *Lenin y la revolucion cultural*. Barcelona: Editorial Anagrama, 1978. p. 32) (tradução nossa).

1.2 A criação de uma cultura proletária

Uma das principais críticas de Lenin a seus adversários intelectuais diz respeito ao projeto de criação de uma cultura essencialmente proletária. Tal projeto, segundo seu pensamento, se mostraria incompleto e falacioso, visto que levava em conta somente os aspectos ideológicos da cultura, pregando a necessidade de contraposição da cultura burguesa pela cultura trabalhadora. Como já mostrado anteriormente, Lenin acreditava no descarte somente da visão de mundo opressora que a burguesia havia produzido. Seria a partir de um estágio de aproveitamento das outras noções de cultura e de uma educação que suprisse os conhecimentos básicos que a maioria da população russa não tinha é que se tornaria possível a produção de ciência, conhecimento, arte e literatura originariamente proletária. Sobre isso, diz Lenin:

> Esta gente (especialistas e detentores de conhecimento) está habituada a um trabalho cultural, impulsionaram-no nos quadros do regime burguês, isto é, enriqueceram a burguesia com imensas aquisições materiais, mas davam-nas ao proletariado em doses ínfimas. Mas, não obstante, impulsionaram a cultura, nisto consistia sua profissão. E à medida que veem que a classe operária promove camadas organizadas e avançadas que não só apreciam a cultura, como também contribuem para as levarem às massas, mudam de atitude em relação a nós. Quando um médico vê que, na luta contra as epidemias, o proletariado desperta a iniciativa dos trabalhadores, adota para conosco já uma atitude totalmente diferente.[10]

1.3 Considerações finais acerca da cultura

Ao analisarmos os discursos e as obras de Lenin relativas à cultura, podemos tomar como principal conclusão que a importância dada pelo pensador a respeito desse tema reside, principalmente, no que diz respeito ao que fazer com toda a produção intelectual e cultural da antiga classe dominante acumulada até a revolução proletária. Seja na utilização do conhecimento fabril e das técnicas burguesas na produção comunista ou no estudo de todo o acervo de conhecimentos filosóficos, artísticos e científicos da sociedade ocidental, é impossível, na visão de Lenin, descartar todo esse aparato cultural e caminhar para uma nova cultura proletária independente. Pelo contrário, é somente

---

[10] LENIN, Wladimir Ilitch. VII Congresso do PCR(b). Publicado entre 22 e 25 de março de 1919. *In*: LENIN, Wladimir Ilitch. *Obras escolhidas em três tomos (3)*. Organização de Instituto Marxismo-Leninismo anexo ao CC do PCUS. São Paulo: Alfa-Ômega, 1980. p. 102.

a partir da assimilação da cultura burguesa por parte das massas que se faz possível avançar para uma sociedade comunista.[11]

2 Educação em Lenin

2.1 O analfabetismo de massa: herança maldita dos primeiros anos da Revolução

Até o ano de 1917 a Rússia czarista apresentava uma imensurável distância em relação ao desenvolvimento em outros países da Europa, de modo a ultrapassar a simples cognição geográfica. De característica rural, sem investimentos nas indústrias, com altíssimo nível de analfabetismo e sob a tutela de um opressivo controle dos czares, a Rússia emudecida aparentava andar às cegas e com os ouvidos tapados para as reações que mudavam o mundo a partir do século XIX.

Foi neste cenário que surgiram, logo nas últimas décadas do século XIX, as primeiras manifestações populares e movimentos dos revoltosos com o regime czarista que tiveram efetividade. O caráter efetivo destes movimentos, somado ao momento afetivo que parecia despertar em parte do proletariado o desejo de mudança, despertou a eficácia sanguinária do czar, Alexandre III.[12] Era este cenário de instabilidade que serviria de arrimo para a metamorfose política na Rússia, décadas à frente. Assim, no governo do Czar Nicolau II, herdeiro de Alexandre III, os movimentos grevistas se intensificaram:

> Depois da subida ao trono de Nicolau II, a multiplicação das greves sublinhava, cada dia, pode dizer-se, os progressos da concentração

---

[11] Pode ser traçado aqui um paralelo com os conceitos de história e dialética em Hegel. Dentro do sistema filosófico do idealista alemão, "se a Filosofia é História, o verdadeiro filósofo terá de estar empenhado em estruturar, em seu sistema filosófico ou em sua compreensão da Filosofia, o conjunto das contribuições que o precedem". Não pode haver, dentro da dialética, nenhum tipo de descarte ou destruição. Logo, no que tange à cultura, nenhum momento pode ser deixado de lado, ainda que seja negado e suprassumido em um plano superior (HORTA, José Luiz Borges. Hegel, paixão e diferença. *In*: OLIVEIRA JÚNIOR, José Alcebíades de; COSTA, Renata Almeida da; HORTA, José Luiz Borges (Coord.). *Direito, estado e idealismo alemão*. Florianópolis: Condepi, 2015. p. 79).

[12] Um dos fatos objetivos desta questão é o célebre embate entre Alexandre III e Alexandre Ulianov, irmão de Lenin que, em 1887, compondo um grupo de outros revoltosos, fora condenado à morte, por tentativa de assassinar o imperador. "Alexandre Oulianof e quatro de seus cúmplices foram enforcados na fortaleza de Schlusselburg. Para Volodia, mais iniciado do que sua mãe nos pensamentos íntimos de Alexandre, tudo isso foi um choque, desses que marcam um ser para sempre" (CHASLES, Pierre. *A vida de Lenine*. São Paulo: Difel, 1979. p. 7).

industrial. E o czarismo, retardando sempre a revolução política, estava correndo o terrível risco de a fazer coincidir com uma revolução social.[13]

Em 1897, Lenin, já se destacava por participar de movimentos que questionavam o regime czarista e a situação sufocante com que sofriam seus compatriotas, foi preso e exilado. Aqui, o que nos importa neste momento é abraçar do contexto no qual a Rússia aparecia nas derradeiras fileiras do desenvolvimento, como foram necessárias as afirmações de Lenin a respeito da importância da nova educação para oferecer à nova Rússia pós-revolucionária o protagonismo de sua soberania e o desenvolvimento do país.

Lenin sabiamente defendia que da Velha Escola nem tudo poderia ser aproveitado como nem tudo poderia ser descartado. Estimulava que o processo de combate ao analfabetismo e o desenvolvimento de uma educação socialista deveria ocorrer aproveitando toda a expertise que poderia ser incorporada ao fortalecimento do socialismo: "Se nós não assimilarmos toda a cultura do passado, não poderemos avançar".[14]

A preocupação com esta questão mereceu destaque no VIII Congresso do PCR(b), principalmente quando Lenin responde ao questionamento de como, na república socialista, poderia se pagar altos salários aos especialistas burgueses que trabalhavam no exército e tocavam as indústrias e cooperativas, por exemplo. Isso serviu de ponto de partida para que Lenin reforçasse a necessidade de que os socialistas buscassem a devida formação: "só poderemos construir o comunismo quando, mediante os meios deda ciência e da técnica burguesa, o tornarmos mais acessíveis à massa. Não há outro modo de construir a sociedade capitalista".[15] No mesmo congresso, Lenin comenta a importância de que, ao não ter quadros para todos os postos, era preciso "atrair todos estes especialistas" burgueses que mostrassem interesse ao novo sistema. Era preciso, para a formação da Rússia democrática, aproveitar de todo conhecimento que os burgueses ofereciam. Era preciso atraí-los pelo convencimento:

---

[13] CHASLES, Pierre. *A vida de Lenine*. São Paulo: Difel, 1979. p. 31.

[14] LOUNATCHARSKI, A. *Lénine tel qu'il fut*. Moscou: Editions de l'Agence de presse Novosti, 1981 *apud* BITTAR, Marisa; FERREIRA JR., Amarilio. A educação na Rússia de Lenin. *Revista HISTEDBR On-line*, Campinas, p. 377-396, abr. 2011. Número especial. ISSN: 1676-2584. Acesso em: http://www.edulaica.net.br/uploads/arquivo/Educacao-RU.pdf.

[15] LENIN, Wladimir Ilitch. VIII Congresso PCR (b). *In*: LENIN, Wladimir Ilitch. *Obras escolhidas em três tomos (2)*. Organização de Instituto Marxismo-Leninismo anexo ao CC do PCUS. São Paulo: Alfa-Ômega, 1980. p. 100.

No nosso país existe uma grande camada de médicos, engenheiros, agrônomos e cooperadores burgueses, e, quando eles virem na prática que o proletariado integra nesta obra massas cada vez mais amplas, serão vencidos moralmente, e não apenas cortados politicamente da burguesia...
Então integrar-se-ão por si só a nosso sistema e tornar-se-ão parte dele.[16]

Essa questão sintomática mostra, com evidência, o quanto a classe operária estava subjugada à escuridão proporcionada pelo alto nível de analfabetismo. Para o líder bolchevique, era constante seu estímulo ao o *que aprender*: "Não tenham medo de estudar!".[17] A frase chegara como estímulo para que a classe trabalhadora buscasse as condições para se formar e como consequência pudesse, no futuro, ocupar os cargos estratégicos da administração do Estado. "Aqui temos diante de nós uma tarefa que só pode resolvida por um longo trabalho de educação".[18]

Lenin preocupava-se em demasia com o cenário do analfabetismo na Rússia, visto que, nos primeiros anos do novo governo, esse chegava a 90% (noventa por cento):

como chefe máximo da revolução, posição equivalente a de presidente de um país, se empenhou pessoalmente para que no VIII Congresso do Partido Comunista (bolchevique), realizado em de 1919, fosse aprovada a resolução que determinou: "1- Instrução geral e politécnica gratuita e obrigatória para todas as crianças e adolescentes dos dois sexos, até os 17 anos de idade; 2- Plena realização dos princípios da escola única do trabalho, com o ensino na língua materna, estudo em comum das crianças dos dois sexos, absolutamente laica, livre de qualquer influência religiosa, que concretize uma estrita ligação do ensino com o trabalho socialmente produtivo, que prepare membros plenamente desenvolvidos para a sociedade comunista".[19] Ou seja, a obrigatoriedade da escola em

---

[16] LENIN, Wladimir Ilitch. VIII Congresso PCR (b). *In*: LENIN, Wladimir Ilitch. *Obras escolhidas em três tomos (2)*. Organização de Instituto Marxismo-Leninismo anexo ao CC do PCUS. São Paulo: Alfa-Ômega, 1980. p. 102.

[17] LOUNATCHARSKI, A. *Lénine tel qu'il fut*. Moscou: Editions de l'Agence de presse Novosti, 1981 *apud* BITTAR, Marisa; FERREIRA JR., Amarilio. A educação na Rússia de Lenin. *Revista HISTEDBR On-line*, Campinas, p. 377-396, abr. 2011. Número especial. ISSN: 1676-2584. Acesso em: http://www.edulaica.net.br/uploads/arquivo/Educacao-RU.pdf.

[18] LENIN, Wladimir Ilitch. VIII Congresso PCR (b). *In*: LENIN, Wladimir Ilitch. *Obras escolhidas em três tomos (2)*. Organização de Instituto Marxismo-Leninismo anexo ao CC do PCUS. São Paulo: Alfa-Ômega, 1980. p. 102.

[19] MANACORDA, Mario Alighiero. *História da educação*: da Antigüidade aos nossos dias. São Paulo: Cortez; Autores Associados, 1989 *apud* BITTAR, Marisa; FERREIRA JR., Amarilio. A educação na Rússia de Lenin. *Revista HISTEDBR On-line*, Campinas, p. 377-396, abr.

um país com índice de analfabetismo entre 90 e 95%, foi uma conquista diretamente ligada à atuação de Lenin.[20]

O líder bolchevique "julgava necessário manter contato com as massas"[21] e, por isso, em outros discursos de mesma envergadura e importância do que o do III Congresso da Juventude de 1920, Wladimir Lenin já dava precisos acenos para a necessidade de recolocar o papel da educação na sociedade russa. Sustentava a necessidade da educação como legítima ferramenta de emancipação e como escudo para se defender dos ataques ideológicos de países capitalistas europeus que temiam o fortalecimento e o avanço do comunismo. Lenin, no Primeiro Congresso de Instrução, realizado em Moscou em 1918, afirmava: "A educação do povo é parte indivisível da luta que estamos travando; podemos opor a verdade plena e aberta à hipocrisia e à mentira".[22]

A educação, associada a uma prática social, colocaria os sovietes como protagonistas de seus futuros. Através desta premissa podemos compreender a sempre constante preocupação de Lenin com a construção de uma escola onde se lapidasse o conhecimento e que o colocasse a serviço da conscientização das pessoas para que, através da ação reflexiva, optassem pela adesão ao novo sistema:

> Os membros da União devem consagrar todas as suas horas livres a melhorar as hortas, ou a organizar em qualquer fábrica a instrução da juventude, etc. Queremos transformar a Rússia de um país pobre e miserável num país rico. E é necessário que a União Comunista da Juventude una a sua formação, o seu ensino e a sua educação ao trabalho dos operários e dos camponeses, que não se feche nas suas escolas nem se limite a ler livros e brochuras comunistas.[23]

2011. Número especial. ISSN: 1676-2584. Acesso em: http://www.edulaica.net.br/uploads/arquivo/Educacao-RU.pdf.

[20] BITTAR, Marisa; FERREIRA JR., Amarilio. A educação na Rússia de Lenin. *Revista HISTEDBR On-line*, Campinas, p. 377-396, abr. 2011. Número especial. ISSN: 1676-2584. Acesso em: http://www.edulaica.net.br/uploads/arquivo/Educacao-RU.pdf.

[21] CHASLES, Pierre. *A vida de Lenine*. São Paulo: Difel, 1979. p. 133.

[22] LENIN, Wladimir Ilitch. Del discurso pronunciado en el 1 Congreso de Instruccion publica de toda Rusia el 28 de agosto de 1918. v. I. *In*: LENIN, Wladimir Ilitch. *Acerca de la juventude*. Moscou: Progreso, [s.d.]. p. 215. "La instrucion publica es parte integrante de la lucha que haora libramos. A la hipocrisia y la falsedad podemos oponer la verdade plena y aberta".

[23] LENIN, Wladimir Ilitch. As tarefas das uniões das juventudes. *In*: LENIN, Wladimir Ilitch. *Obras escolhidas em três tomos (3)*. Organização de Instituto Marxismo-Leninismo anexo ao CC do PCUS. São Paulo: Alfa-Ômega, 1980. p. 396.

Indubitavelmente, Lenin via na "nova educação" um ambiente rico para impulsionar o fortalecimento do socialismo e, de modo bastante específico, um campo aberto para que as novas gerações fossem forjadas a partir do conhecimento formal unido a práxis. Nesse sentido, Lenin procura, através de seus discursos, através dos equipamentos do Estado e, consequentemente, de seus colaboradores mais próximos para assuntos da educação, convocar toda a juventude para que preencha seu tempo com a formação intelectual e com atividades práticas e que sejam multiplicadores deste conhecimento:

> A tarefa da União consiste ainda em, ao assimilar um ou outro conhecimento, ajudar a juventude que não pode libertar-se por si mesma das trevas do analfabetismo. Ser membro da União da juventude significa consagrar o seu trabalho, as suas forças, à causa comum. Nisto é que consiste a educação comunista. Só neste trabalho um rapaz ou uma rapariga se converterá num verdadeiro comunista. Só se tornarão comunistas se conseguirem alcançar êxitos práticos com este trabalho.[24]

2.2 Da escuridão às luzes: a experiência russa da educação transformadora

Esta preocupação com o *que aprender*, devotada em diversos momentos do pensamento do bolchevique, mostra a preocupação do político russo para com a ação dialética de não descartar o velho para se construir o novo. No artigo publicado pela Universidade Federal de São Carlos, intitulado *A educação na Rússia de Lenin*,[25] é possível perceber a riqueza de detalhes desta preocupação de Lenin a respeito do aprender vinculado à prática. Wladimir Illich pretendia, com esta indagação estrutural, chamar a atenção para a legítima formação do jovem comunista que, a seu ver, é figura fundamental e necessária para a modificação da realidade russa.

> Por isso seria extremamente incorreta a simples assimilação livresca daquilo que dizem os livros sobre o comunismo. Os nossos discursos e artigos de agora não são uma simples repetição daquilo que se disse antes sobre o comunismo, pois os nossos discursos e artigos estão ligados

---

[24] LENIN, Wladimir Ilitch. As tarefas das uniões das juventudes. *In*: LENIN, Wladimir Ilitch. *Obras escolhidas em três tomos (3)*. Organização de Instituto Marxismo-Leninismo anexo ao CC do PCUS. São Paulo: Alfa-Ômega, 1980. p. 396.

[25] BITTAR, Marisa; FERREIRA JR., Amarilio. A educação na Rússia de Lenin. *Revista HISTEDBR On-line*, Campinas, p. 377-396, abr. 2011. Número especial. ISSN: 1676-2584. Acesso em: http://www.edulaica.net.br/uploads/arquivo/Educacao-RU.pdf.

ao nosso trabalho quotidiano e multilateral. Sem trabalho, sem luta, o conhecimento livresco do comunismo, adquirido em brochuras e obras comunistas, não vale absolutamente nada, porque prolongaria o antigo divórcio entre a teoria e a prática, esse antigo divórcio que constituía o mais repugnante traço da velha sociedade burguesa.[26]

Esta ponderação expressa pela voz de Lenin sobre o *que fazer* visa alertar os jovens comunistas para não alimentar suas convicções a respeito do comunismo apenas nas palavras de ordem. Ressaltava diversas vezes que se fazia necessário vivenciar a essência do comunismo para se tornar um verdadeiro comunista. Essa essência não poderia ser obtida pura e simplesmente dos livros e brochuras que fossem oferecidos pela velha escola ou mesmo pelos intelectuais comunistas. Chega-se aqui no segundo eixo estrutural que se apresenta no *como fazer*. Aqui estaria, para Lenin, um dos pilares da sociedade que caminha rumo ao comunismo.

A habilidade de Lenin em bem situar-se em cada ambiente e nele validar a proposta socialista possibilitou que o governo soviético fosse se construindo e se refazendo com o avanço do tempo. A nova educação foi, para isso, peça fundamental, como nos alerta o Professor Edison Riuitiro Oyama,[27] em seu artigo:

No tocante à educação, destacamos as seguintes ações do governo proletário, com Lenin à frente: a) as ações para a erradicação do anal-fabetismo e para a elevação cultural da população; b) o Programa do Partido de 1919 para a educação; c) a participação da educação no plano de reconstrução econômica e social, após o fim da guerra civil e da intervenção estrangeira.[28]

Quando propusera as ações para erradicação do analfabetismo, Lenin o fez de tal forma que convocasse a todos a uma leitura situacional da Russa soviética. O imensurável número de trabalhadores analfabetos era, naquele cenário, um problema para a efetivação do socialismo e a

---

[26] LENIN, Wladimir Ilitch. As tarefas das uniões das juventudes. *In*: LENIN, Wladimir Ilitch. *Obras escolhidas em três tomos (3)*. Organização de Instituto Marxismo-Leninismo anexo ao CC do PCUS. São Paulo: Alfa-Ômega, 1980. p. 387.

[27] OYAMA, Edison Riuitiro. *A perspectiva da educação socialista em Lenin e Krupskaia*. 2014. p. 14. Disponível em: file:///C:/Users/USUARIO/Desktop/36-1-200-1-10-20140610%20(1).pdf. Acesso em: 24 jun. 2017.

[28] OYAMA, Edison Riuitiro. *A perspectiva da educação socialista em Lenin e Krupskaia*. 2014. p. 14. Disponível em: file:///C:/Users/USUARIO/Desktop/36-1-200-1-10-20140610%20(1).pdf. Acesso em: 24 jun. 2017.

barreira para o avanço do comunismo. Levando em conta o número de iletrados que o atraso educacional do regime czarista deixou, é possível perceber o desafio a que Lenin se propusera com a simples observação dos dados apresentados pelo Ministério da Educação do regime, que estimava em 1906: "na parte europeia da Rússia, toda a população só poderia ser alfabetizada dentro de 120 anos; na Sibéria e no Cáucaso, dentro de 430 anos; na Ásia Central, dentro de 4600 [...]".[29] Somado a esses fatos, havia por parte dos professores grande resistência ao novo regime. A partir daí, Lenin toma a decisão de decretar que todos que soubessem ler e escrever deveriam ajudar no processo de alfabetização da Rússia:

> Das ações implementadas para erradicação do analfabetismo, destacamos a assinatura do decreto sobre a mobilização da população dos que soubessem ler e escrever (final de 1918), no qual todos aqueles que soubessem ler e escrever deveriam se comprometer com o trabalho de alfabetização.[30]

Além disso, inovou ao abrir os equipamentos públicos como bibliotecas, escolas e teatros para que os trabalhadores pudessem se formar; ofereceu redução na jornada de trabalho sem prejuízo aos salários a quem quisesse estudar, entre outros incentivos. Enfatizamos aqui que, neste período, foi criado o Comissariado do Povo para Instrução Pública, órgão que exerceria função semelhante a um ministério.

No âmbito partidário, foi apresentado em 1919 o programa do Partido Comunista Revolucionário para a Educação, que aqui segue pela voz do texto do Professor Oyama:[31]

> 6. Garantir a todos os alunos a alimentação, os uniformes e os materiais escolares às custas do Estado.
> 7. O Estado deve incentivar firmemente os operários e os membros do campesinato que queiram se formar por si sós (criar uma rede de instituições de ensino pós-escolares, de bibliotecas, de escolas para

---

[29] BITTAR, Marisa; FERREIRA JR., Amarilio. A educação na Rússia de Lenin. *Revista HISTEDBR On-line*, Campinas, p. 377-396, abr. 2011. Número especial. ISSN: 1676-2584. Acesso em: http://www.edulaica.net.br/uploads/arquivo/Educacao-RU.pdf.

[30] OYAMA, Edison Riuitiro. *A perspectiva da educação socialista em Lenin e Krupskaia*. 2014. p. 14. Disponível em: file:///C:/Users/USUARIO/Desktop/36-1-200-1-10-20140610%20(1).pdf. Acesso em: 24 jun. 2017.

[31] Dietrich (1973, p. 214-215) *apud* OYAMA, Edison Riuitiro. Programa do Partido Comunista Russo, 1919. *In*: OYAMA, Edison Riuitiro. *A perspectiva da educação socialista em Lenin e Krupskaia*. 2014. p. 14. Disponível em: file:///C:/Users/USUARIO/Desktop/36-1-200-1-10-20140610%20 (1).pdf. Acesso em: 24 jun. 2017.

adultos, casas e universidades do povo, cursos, conferências, cinemas, casas de leitura).

8. Desenvolver amplamente a formação profissional para as pessoas com idade acima de 17 anos, necessariamente ligada aos conhecimentos politécnicos.

9. Abrir os anfiteatros das universidades a todos aqueles que têm o desejo de aprender qualquer coisa, e em primeiro lugar os trabalhadores, permitindo a todos que têm capacidade o acesso ao ensino universitário. Abolir todas as barreiras artificiais entre as novas forças científicas e a cátedra; assegurar a manutenção material àqueles que estudam para dar aos proletários e aos membros do campesinato a possibilidade real de frequentar a universidade.

10. Do mesmo modo, devem ser acessíveis aos trabalhadores todos os tesouros artísticos que foram criados graças à exploração do seu trabalho, e se encontravam até o presente momento à disposição exclusiva dos exploradores.

11. Desenvolver ampla propaganda das ideias comunistas e utilizar o aparelho e os meios do Estado para este fim.

Lenin não se esquivou de apresentar exemplos concretos. Ainda por ocasião do 3º Congresso da União da Juventude Comunista, convocou todos os jovens para se dedicarem aos estudos e, com isso, levar luz aos milhões de jovens camponeses que se encontraram na escuridão do analfabetismo. Em suas palavras:

Para vos explicar isto e abordar ao mesmo tempo a questão de como aprender, tomarei um exemplo prático. Todos sabeis que agora, a seguir às tarefas militares, às tarefas da defesa da república, se coloca perante nós a tarefa económica. Sabemos que é impossível edificar a sociedade comunista sem restaurar a indústria e a agricultura, e é preciso restaurá-las não à maneira antiga: É preciso restaurá-las sobre uma base moderna, segundo a última palavra da ciência. Vós sabeis que essa base é a electricidade, que só quando todo o país, todos os ramos da indústria e da agricultura estiverem electrificados, quando realizardes essa tarefa, só então podereis edificar para vós mesmos a sociedade comunista que a velha geração não poderá edificar. Coloca-se perante vós a tarefa do renascimento tanto da agricultura como da indústria sobre uma base técnica moderna, que assente na ciência e na técnica modernas, na electricidade. Compreendeis perfeitamente que a electrificação não pode ser obra de analfabetos e que aqui não basta uma instrução elementar. Aqui não basta compreender o que é a electricidade: é preciso saber como aplicá-la tecnicamente à indústria, à agricultura e a cada um dos ramos da indústria e da agricultura. Tudo isso temos que aprendê-lo nós próprios, e devemos ensiná-lo a toda a jovem geração trabalhadora.

Esta é a tarefa que se coloca a cada comunista consciente, a cada jovem que se considera comunista e que se dá claramente conta de que, ao ingressar na União Comunista da Juventude, assumiu a tarefa de ajudar o partido a edificar o comunismo e de ajudar toda a jovem geração a criar a sociedade comunista.[32]

Preocupado com duas escuridões que ofuscavam a Rússia de então – a do analfabetismo e a do retardo tecnológico – Lenin lança como meta aos jovens comunistas a tarefa de alfabetizar campos e indústrias e a de trabalhar para que todos proletários e camponeses se dediquem à construção de uma Rússia forte, calcada nos avanços modernos. Sua preocupação com a eletricidade do país era uma bandeira de luta que só viria com o fortalecimento da educação:

> [...] dentro de três anos estarão acesas, na Rússia, 50.000.000 de lâmpadas incandescentes. Suponho que nos Estados Unidos há 70.000.000 dessas lâmpadas, mas para um país onde a eletricidade se encontra ainda na infância, mas de dois terços desse número representam um enorme progresso. Em minha opinião, a eletrificação é a mais importante das grandes tarefas que se nos colocam. [33]

Com essa modernização, com a chegada da luz, tanto a da alfabetização, quando a da eletricidade, a Rússia teria maior facilidade para enxergar os avanços do novo sistema na mesma maneira em que poderia perceber, com detalhes, os danos causados quando da sombra do capitalismo.

Considerações finais

Neste percurso tivemos a possibilidade de escutar, ora pela voz de Lenin, ora pelas vozes de estudiosos de seu pensamento, o belíssimo som que brota da alvorada da esperança que sucedeu a longa noite russa. Seu poder de convencimento e sua presença política mudaram os olhos e os olhares do mundo, de modo que:

---

[32] LENIN, Wladimir Ilitch. As tarefas das uniões das juventudes. *In*: LENIN, Wladimir Ilitch. *Obras escolhidas em três tomos (3)*. Organização de Instituto Marxismo-Leninismo anexo ao CC do PCUS. São Paulo: Alfa-Ômega, 1980. p. 390.

[33] LENIN, Wladimir Ilitch. Conversa com o correspondente do jornal americano The World, Lincoln Eire. *In*: LENIN, Wladimir Ilitch. *Obras escolhidas*. São Paulo: Alfa-Omega, 1980. t. 3. p. 253-257; BITTAR, Marisa; FERREIRA JR., Amarilio. A educação na Rússia de Lenin. *Revista HISTEDBR On-line*, Campinas, p. 377-396, abr. 2011. Número especial. ISSN: 1676-2584. Acesso em: http://www.edulaica.net.br/uploads/arquivo/Educacao-RU.pdf.

Os primeiros resultados surgiram já nos anos que se seguiram ao fim da guerra civil. No domínio da instrução pública, por exemplo, a população alfabetizada cresceu de 32%, em 1920, para 40% nos fins de 1926. Nas aldeias funcionavam mais de 22 mil salas de aulas; o rádio e o cinema começaram a incorporar-se aos hábitos dos camponeses.[34]

O exercício histórico de observar as realizações do líder soviético em sua época destaca a importância de um projeto estatal para mudar os aspectos socioculturais de uma nação. Essa visão, por sua vez, contraria, contemporaneamente, o mantra neoliberal do declínio do Estado, de modo que apenas um Estado presente e de forte ação pública possa dar frutos tão impressionantes quanto os gerados na Rússia leninista. Ainda há muito a ser feito nas culturas ocidentais para que o desenvolvimento sociocultural alcance níveis minimamente aceitáveis. Não podemos aceitar que a máquina do Estado seja difamada com base nos interesses privados e de mercado, uma vez que somente dela poderão ser alcançadas mudanças reais. Talvez este seja o aspecto central que o exemplo histórico de Lenin nos traz.

Vinte anos depois da queda do Muro de Berlim, é a própria realidade empírica quem reabilita o Estado, sem a qual não é possível, nem foi nem será, recuperar os padrões de qualidade de vida recentemente devastados pelo *capitalismo de desastre*, corresponsável pela crise econômica global de fins dos anos de 2010 [...]. O Estado não é somente ideia, mas ideia manifestada na História; mais do que um projeto, é o *destino* da humanidade.[35]

Referências

BITTAR, Marisa; FERREIRA JR., Amarilio. A educação na Rússia de Lenin. *Revista HISTEDBR On-line*, Campinas, p. 377-396, abr. 2011. Número especial. ISSN: 1676-2584. Acesso em: http://www.edulaica.net.br/uploads/arquivo/Educacao-RU.pdf.

CHASLES, Pierre. *A vida de Lenine*. São Paulo: Difel, 1979.

CLAUDÍN-URONDO, Carmen. *Lenin y la revolucion cultural*. Barcelona: Editorial Anagrama, 1978.

---

[34] BITTAR, Marisa; FERREIRA JR., Amarilio. A educação na Rússia de Lenin. *Revista HISTEDBR On-line*, Campinas, p. 377-396, abr. 2011. Número especial. ISSN: 1676-2584. Acesso em: http://www.edulaica.net.br/uploads/arquivo/Educacao-RU.pdf.

[35] HORTA, José Luiz Borges. A subversão do fim da história e a falácia do fim do Estado. *In*: HORTA, José Luiz Borges; SALGADO, Karine. *História, Estado e idealismo alemão*. Belo Horizonte: Editora UFMG, 2017. p. 91.

HENRIQUES, Hugo Rezende; MATIAS, João Victor Barros. *Mais novo que o novo* – A lógica de Hegel e a prática revolucionária soviética. Belo Horizonte: Faculdade de Direito da UFMG, 2017. *Paper.*

HORTA, José Luiz Borges. Hegel, paixão e diferença. *In*: OLIVEIRA JÚNIOR, José Alcebíades de; COSTA, Renata Almeida da; HORTA, José Luiz Borges (Coord.). *Direito, estado e idealismo alemão*. Florianópolis: Condepi, 2015.

HORTA, José Luiz Borges; SALGADO, Karine. *História, Estado e idealismo alemão*. Belo Horizonte: Editora UFMG, 2017.

LENIN, Wladimir Ilitch. *Acerva de la juventude*. Moscou: Progreso, [s.d.].

LENIN, Wladimir Ilitch. *Cadernos sobre a dialética de Hegel*. Tradução de José Paulo Netto *et al.* Rio de Janeiro: Editora UFRJ, 2011.

LENIN, Wladimir Ilitch. *Cultura e revolução cultural*. Tradução de Lincoln Borges Jr. Rio de Janeiro: Civilização Brasileira, 1968.

LENIN, Wladimir Ilitch. *Estado, ditadura do proletariado e poder soviético*. Organização de Antônio Roberto Bertelli. Belo Horizonte: Oficina de Livros, 1988.

LENIN, Wladimir Ilitch. *Obras escolhidas em três tomos (2)*. Organização de Instituto Marxismo-Leninismo anexo ao CC do PCUS. São Paulo: Alfa-Ômega, 1980.

LENIN, Wladimir Ilitch. *Obras escolhidas em três tomos (3)*. Organização de Instituto Marxismo-Leninismo anexo ao CC do PCUS. São Paulo: Alfa-Ômega, 1980.

OYAMA, Edison Riuitiro. Programa do Partido Comunista Russo, 1919. *In*: OYAMA, Edison Riuitiro. *A perspectiva da educação socialista em Lenin e Krupskaia*. 2014. Disponível em: file:///C:/Users/USUARIO/Desktop/36-1-200-1-10-20140610%20(1).pdf. Acesso em: 24 jun. 2017.

Informação bibliográfica deste texto, conforme a NBR 6023:2018 da Associação Brasileira de Normas Técnicas (ABNT):

MIGUEL, João Batista; CASTRO, Raphael Machado de. O Estado contra o neoliberalismo: a cultura e a educação no pensamento de Lenin. *In*: ANDRADE, Durval Ângelo; MAYOS SOLSONA, Gonçal; HORTA, José Luiz Borges; MIRANDA, Rodrigo Marzano Antunes (Coords.). *A sociedade do controle?*: macrofilosofia do poder no neoliberalismo. Belo Horizonte: Fórum, 2022. p. 279-295. ISBN 978-65-5518-260-6.

PARTE V

A MORTE DA JUSTIÇA

HEGEL E O DESTINO DO ESTADO DE DIREITO: UM COMBATE À DESERTIFICAÇÃO NEOLIBERAL

HUGO REZENDE HENRIQUES
JOÃO PEDRO BRAGA DE CARVALHO

Considerações iniciais

Quando Hegel define dialeticamente o Estado no §257 da *Filosofia do direito*, o anuncia como a "efetividade da ideia ética", e segue afirmando ser ele a "vontade substancial *manifesta*, nítida a si mesma, que se pensa e se sabe e realiza o que sabe e na medida em que sabe".[1] Isso significa que para além da consciência do espírito subjetivo, isto é, o fato de que os sujeitos racionais são capazes de autocompreender-se, definindo seus objetivos e buscando trabalhar ativamente na persecução destes, também o espírito objetivo pode (e, verdadeiramente, para se efetivar como ideia ética, necessita) tomar consciência de si mesmo. O Estado precisa saber de si mesmo para ter efetividade como momento ético do espírito e deve fazê-lo pela intermediação política que constitui por meio de si a ideia de uma nação e sua posição no mundo (ou seja, tanto no tempo quanto no espaço – em termos hegelianos, na história e na cultura).

---

[1] HEGEL, Georg Wilhelm Friedrich. *Linhas fundamentais da filosofia do direito*. Tradução de Paulo Meneses *et al*. São Leopoldo: Editora Unisinos, 2010. p. 229, §257.

É dizer que, na filosofia especulativa, não apenas o *eu* se movimenta no sentido da permanente tomada de consciência de-si e para-si, no caminho de sua singularidade, mas também o *nós* se movimenta, igualmente no sentido de sua própria consciência – cujo movimento tem nas particularidades autoconscientes (os singulares) somente sua existência mediata; portanto, apenas um momento. Este movimento exprime ainda a necessidade que os sujeitos têm de interagir com os momentos do espírito objetivo para se constituírem como singulares, bem como a que o Estado tem de se expressar por meio da tradução política que os sujeitos fazem de si.[2]

Nesse sentido, do ponto de vista aqui adotado, o problema da consciência de si do Estado escapa por completo a qualquer perspectiva individualista (afinal, se o indivíduo existisse seria apenas uma particularidade, um momento da formação da vontade estatal que, ainda que importante, é sempre insuficiente), e passa a ser um problema eminentemente especulativo. Trata-se, afinal, da efetividade da ideia do Estado no mundo como uma singularidade consciente em si mesma, de forma independente – ou, diríamos mais propriamente, no caso do Estado, de forma soberana. Enfim, é justamente nesse tema que o chamado do §549 da *Enciclopédia das ciências filosóficas* resplandece de sentido:

> Esse movimento é a via da libertação da substância espiritual, o ato pelo qual o fim último do mundo nele se cumpre, [pelo qual] o espírito que primeiro só é essente *em si*, se eleva à consciência e à consciência-de-si, e assim à revelação e à efetividade de sua essência essente em si e para si, e se torna para si mesmo o espírito exteriormente *universal*, o *espírito-do-mundo*. Enquanto esse desenvolvimento é no tempo e no ser-aí, e por isso, enquanto história, seus momentos e graus singulares

---

[2] Sobre este ponto, o §260 da *Filosofia do direito* é ainda mais claro: "O Estado é a efetividade da liberdade concreta; mas a *liberdade concreta* consiste em que a singularidade da pessoa e seus interesses particulares tenham tanto seu *desenvolvimento* completo e o *reconhecimento de seu direito* para si (no sistema da família e da sociedade civil-burguesa), como, em parte, *passem* por si mesmos ao interesse do universal, em parte, com seu saber e seu querer, reconheçam-o como seu próprio *espírito substancial* e são *ativos* para ele como seu *fim último*, isso de modo que nem o universal valha e possa ser consumado sem o interesse, o saber e o querer particulares, nem os indivíduos vivam meramente para esses últimos, enquanto pessoas privadas, sem o querer, ao mesmo tempo, no e para o universal e sem que tenham uma atividade eficaz consciente desse fim" (HEGEL, Georg Wilhelm Friedrich. *Linhas fundamentais da filosofia do direito*. Tradução de Paulo Meneses *et al*. São Leopoldo: Editora Unisinos, 2010. p. 235-236, §260).

são os espíritos-dos-povos; cada um, como espírito singular e natural em uma determinidade qualitativa.[3]

Hegel impõe aqui, aos povos, uma tarefa: determinar-se de forma consciente para que se imponham no mundo como um espírito (*Volksgeist*) particular na integração da história universal. Assim, quando Hegel em seguida conclama, no comentário ao §549 da *Enciclopédia das ciências filosóficas*, que os povos se imponham no mundo como Estado, pelo reconhecimento de sua totalidade lógica enquanto nação, abre-se na teoria hegeliana espaço para se pensar o Estado na sua clássica configuração soberana, isto é, reconhece-se simultaneamente a precariedade dos povos que não se reconhecem como nação e que não se impõem no mundo (povos cuja existência com frequência se perde na história), mas também se coloca um desafio de imposição destes Estados num concerto mundial cujo direito "carece de efetividade".[4]

Assim, no espaço em que a ausência de soberania determina o esquecimento histórico e em que, ainda, para o exercício de soberania, se exige quando não a guerra, pelo menos um permanente "estado de bravura",[5] a existência em si do Estado é um esforço contínuo, e a manutenção de sua consciência, e, portanto, de sua soberania, uma necessidade.

---

[3] HEGEL, Georg Wilhelm Friedrich. *Enciclopédia das ciências filosóficas em compêndio*. A filosofia do espírito. São Paulo: Loyola, 1995. v. 3. p. 320, §549.

[4] A crítica hegeliana ao "direito político externo", ou o que denominaríamos genericamente de direito internacional, é conhecida e pode ser apreciada em HEGEL, Georg Wilhelm Friedrich. *Enciclopédia das ciências filosóficas em compêndio*. A filosofia do espírito. São Paulo: Loyola, 1995. v. 3. p. 319, §547. Sobre o tema, o comentário de Valls Plana: "Es paradójico, pero cierto, que la guerra implica un *cierto* reconocimiento mutuo de las partes contendientes como *pueblos libres individuales* (§430). [...] La firma de un armisticio y, *a fortiori*, de un *Tratado de paz* lo confirman públicamente ante los otros Estados y consolidan así el reconocimiento de los derechos particulares de los pueblos que pueden mantener entre sí relaciones que no sean de guerra y paz. [...] El *Derecho Político exterior*, que nosotros preferimos llamar *Derecho Internacional*, descansa en parte, asevera el texto, sobre estos *tratados positivos*, pero en su virtud ese Derecho *sólo contiene derechos que carecen de auténtica realidad efectiva* porque no existe una *fuerza coactiva* que los haga cumplir" (VALLS PLANA, Ramón. *Comentario integral a la Enciclopedia de las ciencias filosóficas de G. W. F. Hegel [1830]*. Madrid: Abada, 2018. p. 579).

[5] O texto da *Enciclopédia* neste ponto parece aludir ao fato de que no plano exterior a relação dos Estados soberanos não se configura em termos de paz ou de guerra, que em geral são momentos relativos e temporários. Hegel, parece-nos, então propõe perceber a situação usual de um Estado verdadeiramente soberano e consciente como um "estado de bravura", asseverando a necessidade constante da vigilância e do preparo dos Estados em determinar-se e defender tal determinação perante os demais Estados no concerto das nações. Cf. HEGEL, Georg Wilhelm Friedrich. *Enciclopédia das ciências filosóficas em compêndio*. A filosofia do espírito. São Paulo: Loyola, 1995. v. 3. p. 318, §545.

Por um Estado consciente de si

Dito de outra forma, no contexto do concerto das nações, a manutenção da soberania não é meramente uma questão de reconhecimento do *status* jurídico de Estado, como tal, no plano internacional pelos demais Estados – não é uma mera formalidade externa e, portanto, vazia de sentido próprio – a menos que acompanhada da autoconsciência do Estado sobre sua história e seu destino,[6] mas, principalmente, a menos que efetivada como imposição desta visão e desta finalidade no plano externo (afinal, o Estado, em sua relação com os demais Estados, não pode simplesmente impor sua vontade unilateralmente), deve pelo menos apresentá-la como uma posição válida ante as posições dos demais Estados (vez que, se não pode impor sua vontade unilateralmente, poderá sempre ao menos determiná-la dessa forma no momento de sua dialética interna – isto é, politicamente).

Há, portanto, um problema de soberania efetiva que se desdobra em uma questão de determinação e de tomada de consciência da vontade do Estado, em sua determinidade interna (que jamais deve perder de vistas a dinâmica real dos Estados no contexto mundial, ou seja, sua posição relativa no mundo e suas pretensões em face dela); e ainda em uma questão de efetivação desta vontade na dinâmica própria do concerto de nações. A discussão da efetivação da vontade do Estado no plano externo, entretanto, não é o foco do presente texto; trata-se, afinal,

---

[6] A controversa relação da filosofia da história de Hegel com a ideia de destino incomoda ainda hoje a historiografia e mesmo os filósofos que buscam se dedicar ao tema da história, especialmente por com frequência compreenderem a ideia de destino como algo inescapável e que tolhe toda capacidade humana de determinação. Talvez as palavras de Hegel auxiliem na compreensão do que aqui propomos, de um destino que é justamente uma determinação da vontade: "A primeira coisa que observamos [...] é a natureza geral e abstrata daquilo a que chamamos princípio, objetivo final, destino ou natureza e conceito de Espírito. Um princípio, uma lei, é algo implícito que, como tal, por mais verdadeiro que seja em si, não é totalmente real. Objetivos, princípios e similares estão inicialmente em nossos pensamentos, nossa intenção interna. Ainda não são uma realidade. O que existe em si é uma possibilidade, uma disposição. Ainda não saiu de sua condição implícita para a existência. Um segundo elemento deve ser acrescentado para que se torne realidade, ou seja, atividade, atuação, realização. O princípio disso é a vontade, a atividade do homem em geral. É somente através dessa atividade que o conceito e suas determinações implícitas ('sendo-em-si-mesmas') podem ser realizadas, efetivadas, pois, por si, elas são impotentes. A atividade que as coloca em funcionamento e em existência é a necessidade, o instinto, a inclinação e a paixão do homem" (HEGEL, Georg Wilhelm Friedrich. *A razão na história*: uma introdução geral à filosofia da história. 2. ed. Tradução de Breatriz Sidou. São Paulo: Centauro, 2001. p. 68). Para uma crítica interessante contrapondo o ponto de vista estritamente hegeliano sobre o tema da história e do destino, na introdução preparada para a tradução castelhana da filosofia da história, v. ORTEGA Y GASSET, José. La filosofia de la historia de Hegel y la historiología. *In*: ORTEGA Y GASSET, José. *Ideas y creencias y otros ensayos*. Madrid: Alianza, 2019. p. 181-212.

de uma discussão que merece atenção particular e para a qual podemos nos voltar oportunamente.[7] Ocupemo-nos, portanto, do problema da autoconsciência da soberania do Estado que ora nos toma a mente. Quando o Professor Paulo Bonavides, ao pensar o conceito de soberania, percebe a existência de duas dimensões distintas (embora conexas) desta. São elas uma dimensão de soberania interna e uma dimensão de soberania externa. Por isso, desdobra-se a questão da consciência do Estado, uma vez que este precisa pensar tanto em seu compromisso com a liberdade como esforço de garantia desta internamente, quanto em seu igualmente central compromisso com a liberdade como esforço de imposição desta externamente.[8]

A soberania interna, que implica principalmente a capacidade de auto-organização interna vertical e horizontal e de determinação de seus direitos fundamentais (isto é, nas dimensões constitucionais que o Prof. Baracho entendeu como o direito constitucional do poder e o direito constitucional da liberdade),[9] é a face mais bem estabelecida da soberania do Estado. São os desdobramentos internos da consciência estatal que define para si mesma – como poder político – os mecanismos e instituições de persecução de seus objetivos e finalidades historicamente construídos e reconstituídos como destino internamente.

Desta feita, a soberania se desdobra internamente em dois ramos principais, um ramo – o direito constitucional do poder – que cuida de estabelecer a forma de exercício do poder dentro de determinado Estado, com as eventuais divisões horizontais (separação de poderes) e verticais (federalismo) de competências e prerrogativas de seu exercício, bem como cuidando, no Estado de direito, de uma busca pelo balanceamento entre os poderes, ainda que a soberania do Parlamento seja inquestionavelmente um requisito substancial para a existência *tout court* de um Estado de direito nos moldes ocidentais. O segundo ramo

---

[7] É este, afinal, um dos grandes eixos das discussões em sede de estudos estratégicos que se desenvolvem no Brasil e no mundo, e que encontram um abrigo certo na Faculdade de Direito da Universidade Federal de Minas Gerais, sob a liderança corajosa e inovadora do Prof. Dr. José Luiz Borges Horta e com os incansáveis trabalhos do Prof. Dr. Paulo Roberto Cardoso.

[8] "A soberania, que exprime o mais alto poder do Estado, a qualidade de poder supremo (*suprema potestas*), apresenta duas faces distinta: a interna e a externa. A soberania interna significa o *imperium* que o Estado tem sobre o território e a população, bem como a superioridade do poder político frente aos demais poderes sociais, que lhe ficam sujeitos, de forma mediata ou imediata. A soberania externa é a manifestação independente do poder do Estado perante outros Estados" (BONAVIDES, Paulo. *Ciência política*. 18. ed. São Paulo: Malheiros, 2011. p. 119).

[9] BARACHO, José Alfredo de Oliveira. Teoria geral do constitucionalismo. *Revista de Informação Legislativa*, Brasília, v. 23, n. 92, p. 5-62, jul./set. 1986.

da soberania interna – o direito constitucional da liberdade –, embora intimamente conexo ao primeiro, cuida de estabelecer as garantias e liberdades (ou, mais propriamente, os direitos fundamentais) de determinado povo pertencente àquele Estado.[10]

Simplesmente estabelecer, contudo, um rol de direitos fundamentais e a organização do poder dentro de um Estado não garante que tais definições tenham eficácia interna e externa.[11] Um Estado de direito deve, como já mencionamos, impor-se no mundo em verdadeiro "estado de bravura" para garantir o respeito e a eficácia de suas autodeterminações politicamente estabelecidas no concerto mundial das nações, contra quaisquer ameaças que a tais determinações apresentem outros Estados (bem como outras entidades paraestatais que porventura se coloquem em rota de colisão com a soberania de um Estado). Portanto, ainda que não seja possível realizar a plenitude de seu destino traçado constitucionalmente, é obrigação de todo Estado defender sua posição com bravura e zelo, para que se aproxime dele o mais possível.

Por um Estado soberano

No sentido do que até aqui se expôs, a dimensão de soberania externa se desdobra, por outro lado, em uma terceira dimensão constitucional, igualmente essencial e da qual, talvez, dependa a efetivação das outras duas, e que o Prof. José Luiz Borges Horta denominou

---

[10] Em que pese uma doutrina clássica que parece perceber os direitos fundamentais como direitos dos sujeitos contra o Estado, acreditamos que o mais adequado seja percebê-los como momentos de uma dialética entre o poder e a liberdade que configuram o seio do próprio Estado de direito e que buscam garantir não os direitos dos sujeitos contra o Estado, mas os direitos de todas as particularidades (sujeitos, igrejas, administração pública, mercado, imprensa etc.) entre si dentro do Estado de direito. Para o ensaio seminal que busca estabelecer esta dialética entre poder e liberdade no Estado de direito, cf. SALGADO, Joaquim Carlos. Estado ético e Estado poiético. *Revista do Tribunal de Contas do Estado de Minas Gerais*, Belo Horizonte, v. 27, n. 2, p. 37-68, abr./jun. 1998.

[11] A despeito de uma forte corrente do constitucionalismo brasileiro que desde o estabelecimento da Constituição Federal de 1988 no Brasil busca advogar o caráter de ineficácia das normas constitucionais (v. SILVA, José Afonso da. *Aplicabilidade das normas constitucionais*. São Paulo: Malheiros, 1998), buscando compreendê-las somente como normas programáticas, nossa posição não deve ser assim compreendida. Quando tratamos da ineficácia de normas constitucionais, nunca suporíamos sua ineficácia como norma, mas tão somente a inviabilização de sua concretização por processos internos e sobretudo externos do que usualmente se denomina "guerra cultural". Sobre o tema, cf. CARDOSO, Paulo Roberto. *Dialética cultural*: Estado, soberania e defesa cultural. 2016. Tese (Doutorado em Direito) – Faculdade de Direito, Universidade Federal de Minas Gerais, Belo Horizonte, 2016.

"constitucionalismo estratégico".[12] Esta dimensão implica justamente a capacidade de que aquela autoconsciência estatal, que nossa introdução buscou demonstrar em sua essencialidade, de se autodeterminar na história mundial e, portanto, de impor na efetividade histórica tanto suas decisões internas sobre si mesmo, mantendo-as e garantindo assim a dimensão da soberania interna, quanto na capacidade de determinar sua vontade em relação ao complexo de interesses do jogo mundial, definindo os contornos efetivos de seus objetivos estratégicos e de suas pretensões de inserção no concerto das nações e trabalhando para realizá-los.

Assim, o desdobramento do chamado hegeliano à autoconsciência do Estado vai se delineando mais propriamente como uma urgência romântica de autodeterminação dos povos contra um cosmopolitismo uniformizante e a ascensão de todo tipo de ideia totalizante, como é hoje o chamado pensamento único,[13] que ousou tentar impor ao mundo uma única formulação de Estado – a assim chamada "democracia liberal" que o consenso de Washington trouxe a lume supostamente como a única forma verdadeira do Estado. Buscando, então e ainda hoje, destronar a soberania dos Estados em favor do mais puro, ainda que mais perfidamente oculto, imperialismo. É o oposto do chamado hegeliano, que é também o chamado romântico!

> O cosmopolitismo de Fergusson, Herder, Goethe é o contrário do atual 'internacionalismo'. Ele não se nutre da exclusão das diferenças nacionais, mas do inverso, de entusiasmo por elas. Busca a pluralidade de formas vitais com vistas não à sua anulação, mas à sua integração. O lema deles eram essas palavras de Goethe: "só todos os homens vivem o humano". [...] O romântico se enamorava dos outros povos precisamente porque eram outros e, no costume mais exótico e incompreensível, suspeitava mistérios de grande sabedoria.[14]

Nesse sentido, a necessidade de respeito à diferença e a consequente proclamação da autodeterminação dos povos como base do sistema-mundo é talvez a mais sublime homenagem que o idealismo

---

[12] HORTA, José Luiz Borges. Urgência e emergência do constitucionalismo estratégico. *Revista Brasileira de Estudos Constitucionais*, v. 23, p. 783-806, 2012.

[13] Para uma interessante interpretação da emergência mundial desse fenômeno, v. HORTA, José Luiz Borges; FREIRE, Thales Monteiro; SIQUEIRA, Vinicius de. A era pós ideologias e suas ameaças à política e ao Estado de Direito. *Confluências*, Niterói, v. 14, n. 2, p. 120-133, dez. 2012.

[14] ORTEGA Y GASSET, José. *A rebelião das massas*. Tradução de Felipe Denardi. Campinas: Vide, 2016.

hegeliano faz ao romantismo hegeliano, de onde veio boa parte da influência de sua formação. O romantismo é, ainda, uma fonte fértil de inspiração e coragem para que as nações do mundo sejam elas mesmas, com suas diferenças, erros e acertos. O romântico tem a certeza de que é justamente na pluralidade de formações e culturas, na busca mais diversa por soluções aos problemas comuns ao humano, que caminharemos em direção à nossa humanidade mais plena.

É igualmente nesse sentido que o constitucionalismo estratégico ganha seu relevo absoluto. Pois se uma Constituição, como leciona o Prof. Joaquim Carlos Salgado, é o *maximum* ético de uma nação,[15] é premente que se reconheça que esta não apenas organiza um Estado e reconhece seus direitos fundamentais, consoante sua história particular, mas também e talvez principalmente, se reveste de um caráter estratégico, isto é, se inscreve também no texto constitucional uma visão de mundo de determinada nação sobre sua inserção na história mundial e suas soluções particulares para si e para os demais, que é antes de tudo um projeto, uma utopia e a sua verdadeira autodeterminação. É a manifestação consciente da vontade nacional na história mundial que se positiva como projeto real e efetivo na Constituição, desvelando as pretensões, os objetivos e o destino de um Estado.

Considerações finais

Em um contexto mundial marcado por imperialismos que se esforçam ora por manter um *status quo* de uma nova ordem mundial que segrega e exclui as marginalidades que ela mesma define e contribui para criar e manter; ora por estabelecer novas configurações de poder mundial que raramente levam em conta as autodeterminações das consciências nacionais para exercer a soberania externa, mesmo em seu momento mais abstrato, da positivação constitucional,[16] se reveste

---

[15] SALGADO, Joaquim Carlos. *A ideia de justiça no mundo contemporâneo*: fundamentação e aplicação do direito como maximum ético. Belo Horizonte: Del Rey, 2007. p. 18.

[16] Buscamos diferenciar, ao longo do presente texto, os dois (ou três) momentos da soberania externa, ou do exercício do constitucionalismo estratégico: a sua positivação constitucional, ato unilateral por meio do qual um Estado define politicamente sua posição e pretensões no plano mundial; o momento conexo de tomada de consciência pelos governantes e pelo todo da nação, com participação fundamental nas forças armadas na defesa (em bravura) dos objetivos de Estado nos planos de defesa clássicos, mas também culturais; por fim, o momento de efetivação desta soberania externa pela plena participação (política, diplomática e estratégica) no jogo mundial não como uma política de governo ou de um governante, mas conscientemente como objetivo estratégico de Estado, no qual o todo de uma nacionalidade (não em sentido de uma unanimidade fática, mas de uma realidade

desde logo de um sentido estratégico fundamental e de uma forte declaração internacional das pretensões internamente definidas de um Estado ante os seus pares.

É, portanto, justamente nesse sentido que o presente trabalho visa demonstrar que somente por meio da dimensão do constitucionalismo estratégico (a consciência estratégica nacional, mediada politicamente, e positivada em seu nível mais elevado) que os Estados podem se tornar conscientes de sua resposta particular ao desafio hegeliano de que o Estado se coloque no mundo em *estado de bravura* armando o primeiro bastião de resistência efetiva às determinações externas de quaisquer imperialismos que se desejem mundiais.

A desertificação neoliberal é um processo de degradação da política, no qual as instituições construídas historicamente na cultura ocidental, como é o caso do próprio Estado de direito, anulam seu potencial e perdem sua função na sociedade. Neste entrelaçamento conexo e consciente (pelos centros de poder e decisão dos impérios contemporâneos) de deterioração política é que as ideologias, as relações públicas e a soberania são suprimidas. O neoliberalismo, como *modus operandi* de um capitalismo, já não mais industrial, mas sim global e especulativo, tende a impor unilateralmente sua visão de mundo não como projeto, mas como única possibilidade real. A perda dos espaços de relações interpessoais com interesses políticos e culturais, a degradação dos ambientes de intermediação social – especialmente dos partidos políticos – e a criminalização sistemática da representação política (e da política em si) como forma de integração nacional e como tecnologia de resolução de conflitos dão espaço à entronização do financeiro sobre todas as outras formas de valoração social, o que permite finalmente o desdobramento no descaso da população nacional em relação aos interesses brasileiros (ou de seus respectivos Estados) no plano internacional.

A eficiência do neoliberalismo em transformar o cidadão em consumidor torna nossas ideologias, crenças e tradições em areia, um verdadeiro deserto do igual[17] em que não existe uma cultura que

---

política) se empenha e se esforça graças ao reconhecimento entre a cultura do Estado e sua positivação constitucional.

[17] O termo é tomado de empréstimo à interessante e instigante macrofilosofia do tempo presente empreendida pelo filósofo Byung-Chul Han, que busca justamente vincular os diferentes momentos da cultura ocidental (que se pretende, em certo sentido, mundial) – do sujeito, passando pelos momentos das particularidades sociais, até o próprio Estado – a um paradigma de modernidade que se estabeleceu com o Iluminismo e que, se já foi enfrentado por diferentes movimentos filosóficos e políticos ao longo dos quase três séculos de sua

eleve as diferenças pessoais a uma posição de destaque na realidade ética. O cidadão, por sua vez, quando não apresenta uma cidadania edificada nos aspectos cultural, político e estratégico, se afasta de sua comunidade e cultura locais, de seu interesse público regional e, consequentemente, de seu Estado, garantidor último de todas as liberdades. Há, assim, uma necessidade de retomar o caminhar ético do Estado de direito – a construção política e parlamentar soberana, que media as consciências morais e subjetivas rumo a uma consciência política objetiva e culturalmente embasada, que subsidiam a formação de uma consciência subjetiva e objetiva estrategicamente direcionada à participação e consciência cidadã e à fortaleza e bravura do Estado –, para que seja possível combater a desertificação ética, resgatar os ideais ocidentais (inclusive e talvez, principalmente, a diversidade cultural dos povos) e garantir as liberdades democraticamente estabelecidas.

Referências

BARACHO, José Alfredo de Oliveira. Teoria geral do constitucionalismo. *Revista de Informação Legislativa*, Brasília, v. 23, n. 92, p. 5-62, jul./set. 1986.

BONAVIDES, Paulo. *Ciência política*. 18. ed. São Paulo: Malheiros, 2011.

CARDOSO, Paulo Roberto. *Dialética cultural*: Estado, soberania e defesa cultural. 2016. Tese (Doutorado em Direito) – Faculdade de Direito, Universidade Federal de Minas Gerais, Belo Horizonte, 2016.

HAN, Byung-Chul. *A agonia do eros*. Tradução de Enio Paulo Giachini. Petrópolis: Vozes, 2017.

HEGEL, Georg Wilhelm Friedrich. *A razão na história*: uma introdução geral à filosofia da história. 2. ed. Tradução de Breatriz Sidou. São Paulo: Centauro, 2001.

HEGEL, Georg Wilhelm Friedrich. *Enciclopédia das ciências filosóficas em compêndio*. A filosofia do espírito. São Paulo: Loyola, 1995. v. 3.

HEGEL, Georg Wilhelm Friedrich. *Linhas fundamentais da filosofia do direito*. Tradução de Paulo Meneses *et al*. São Leopoldo: Editora Unisinos, 2010.

HORTA, José Luiz Borges. Urgência e emergência do constitucionalismo estratégico. *Revista Brasileira de Estudos Constitucionais*, v. 23, p. 783-806, 2012.

HORTA, José Luiz Borges; FREIRE, Thales Monteiro; SIQUEIRA, Vinicius de. A era pós ideologias e suas ameaças à política e ao Estado de Direito. *Confluências*, Niterói, v. 14, n. 2, p. 120-133, dez. 2012.

---

vigência, tem ainda força e consequências perceptíveis na contemporaneidade. Sobre sua obra, especialmente para a ideia de "deserto do igual", cf. HAN, Byung-Chul. *A agonia do eros*. Tradução de Enio Paulo Giachini. Petrópolis: Vozes, 2017.

ORTEGA Y GASSET, José. *A rebelião das massas*. Tradução de Felipe Denardi. Campinas: Vide, 2016.

ORTEGA Y GASSET, José. La filosofia de la história de Hegel y la historiología. *In:* ORTEGA Y GASSET, José. *Ideas y creencias y otros ensayos*. Madrid: Alianza, 2019.

SALGADO, Joaquim Carlos. *A ideia de justiça no mundo contemporâneo*: fundamentação e aplicação do direito como maximum ético. Belo Horizonte: Del Rey, 2007.

SALGADO, Joaquim Carlos. Estado ético e Estado poiético. *Revista do Tribunal de Contas do Estado de Minas Gerais*, Belo Horizonte, v. 27, n. 2, p. 37-68, abr./jun. 1998.

SILVA, José Afonso da. *Aplicabilidade das normas constitucionais*. São Paulo: Malheiros, 1998.

VALLS PLANA, Ramón. *Comentario integral a la Enciclopedia de las ciencias filosóficas de G. W. F. Hegel [1830]*. Madrid: Abada, 2018.

Informação bibliográfica deste texto, conforme a NBR 6023:2018 da Associação Brasileira de Normas Técnicas (ABNT):

HENRIQUES, Hugo Rezende; CARVALHO, João Pedro Braga de. Hegel e o destino do Estado de direito: um combate à desertificação neoliberal. *In:* ANDRADE, Durval Ângelo; MAYOS SOLSONA, Gonçal; HORTA, José Luiz Borges; MIRANDA, Rodrigo Marzano Antunes (Coords.). *A sociedade do controle?*: macrofilosofia do poder no neoliberalismo. Belo Horizonte: Fórum, 2022. p. 299-309. ISBN 978-65-5518-260-6.

CONTRA O ABSOLUTISMO EPISTEMOLÓGICO: UMA LEITURA NIETZSCHEANO-BENJAMINIANA DO INDEPENDENTISMO CATALÃO[1][2]

FRANKY BOFFI

1 A *Jetztzeit* benjaminiana como ativismo (revolucionário)

A pergunta pelo "o que é atual" (a pergunta pela atualidade, ou nas acertadas palavras do Prof. Gonçal Mayos, um certo *ontologizar o presente*) tem sido uma constante na história da filosofia, entretanto, não havia nunca antes proliferado quase como um *monotema* nas produções dos pensadores da pós-modernidade tardia. Vindo da arte (não somente da literatura, mas também do cinema), tem-se asseverado com maior ou menor precisão acerca desta questão, ainda que pareça próprio à filosofia a tentativa de oferecer, a partir de análises que *devem ser necessariamente* criativas, propostas resolutivas ante os conflitos latentes que dinamitam nosso presente.

---

[1] Traduzido do original em castelhano por Hugo Rezende Henriques e Raphael Machado de Castro.

[2] N.T.: nos casos de citações em que há tradução previamente editada para o português dos originais citados pelo autor, procuramos utilizar tais versões, e acrescentamos a referência original, mantendo a versão utilizada pelo autor entre colchetes. Nos demais casos, as passagens foram traduzidas, mantendo-se apenas a referência original entre parênteses.

Vinte anos passados desde o começo do segundo milênio (imersos na idade da hipertecnologia ainda em seus prolegômenos – embora já estabelecida como *realidade* implacável), coexistem uma multiplicidade de vozes que configuram a partir de suas respectivas perspectivas uma infinidade de interpretações variadas e distintas sobre como ou o que é nosso presente, e, sobretudo, a quais circunstâncias deve sua origem.

A existência social do ser humano se assemelha às ondas que varrem as praias: avançam e retrocedem implacavelmente e, para além das marés, tudo parece orbitar nos limites de um mesmo espectro. Habitamos e construímos por sobre ruínas em edifícios temporais que serão as ruínas a partir das quais outros futuros construirão seus novos presentes, ainda que repetidos.

A questão sobre a possibilidade de ação e de mudança do presente é complicada enquanto se lhe conceba como um mero trânsito *efêmero* que converta em ilusória toda tentativa de sua apreensão[3] (e de possibilidade de intervenção e mudança de significação). O presente é algo além de um mero instante entre o passado e o futuro.

O problema encontra-se presente no historicismo, que entende a história com um *fato consumado*, fechado, narrado com ares irrefutáveis fundamentados em feitos *aquilatados* (que concebe tais *feitos históricos* como marcos em uma linha progressiva e reta de tipo M.R.U.).[4] Hoje, esta visão nos parece absurda. E não pelos maus hábitos de personagens de baixo estofo (seja de um *Donald Trump*, passando por todos e cada um dos presidentes populistas, de esquerda ou direita em qualquer canto do mundo, bufões da *pós-verdade*), dedicados à reescrita do passado para encaixá-lo em seus delírios presentes. A história nunca está fechada nem admite uma única e unívoca leitura, mas tampouco se trata de um *vale-tudo* no qual uma tergiversação se remedia com um novo relato acomodatício.

---

[3] "O instante, em si, nada mais é que a continuidade do tempo (*synécheia chrónou*), um puro limite que conjunge e, simultaneamente, divide passado e futuro. [...] 'Visto que o instante é, simultaneamente, fim e início do tempo, não da mesma porção dele, mas fim do passado e início do futuro, assim como o círculo é no mesmo ponto côncavo e convexo, da mesma maneira o tempo estará sempre prestes a começar e a terminar e, por esta razão, ele parece sempre outro'. A incapacidade do homem ocidental de dominar o tempo (e a sua conseqüente obsessão de «ganha-lo» e de «fazê-lo passar») tem o seu primeiro fundamento nesta concepção grega do tempo como um *continuum* quantificado e infinito de instantes pontuais em fuga" (AGAMBEN, Giorgio. *Infância e história*: destruição da experiência e origem da história. Tradução de Henrique Burigo. Belo Horizonte: Editora UFMG, 2005. p. 113-114 [ver. cast.: AGAMBEN, Giorgio. *Infancia e historia*: destrucción de la experiencia y origen de la historia. Tradução de Silvio Mattoni. Buenos Aires: Ed. Adriana Hidalgo, 2007. p. 132, 134 e 135]. As citações são de Aristóteles).

[4] N.T.: o autor provavelmente se refere a um movimento retilíneo uniforme.

Para Benjamin, a relação que temos com o passado (com *o que foi*) é sempre uma relação que requer o esforço crítico de uma *agorização*[5] (o que ele denomina *Jetztzeit*).[6] *Agorizar* (atualizar) não significa outra coisa além de ir ao passado e remexer as ruínas, até encontrar aqueles seres derrotados, aquelas culturas que se perderam no *continuum* da história e que foram sepultadas, enquanto ansiavam que, em algum futuro, os ventos mudassem e elas ressurgissem em uma reivindicação feita pelos *revolucionários do amanhã*, que lhes restituiriam e resgatariam do esquecimento. Benjamin nos diz que aqueles seres do futuro nos quais os derrotados da história puseram suas esperanças somos nós, os seres do presente. *Agorizar*, portanto, seria realizar os anseios dos derrotados, dignificando-os, devolvendo-lhes a potência de sua voz ao eco de suas reivindicações que ainda ressoam em nossos ouvidos.[7,8]

---

[5] N.T.: o autor faz uso do neologismo *ahorización*. A tradução usual do termo benjaminiano *Jetztzeit* em língua portuguesa é realizada pela expressão *tempo-de-agora*. Optamos pela manutenção do sentido do autor, isto é, pelo igual neologismo *agorização*, a buscar neologismos próprios como *tempo-de-agorização*, que privilegiaria o uso do termo canônico na comunidade benjaminiana brasileira, ou *presentificação*, que poderia conspurcar a crítica de Benjamin sobre a história.

[6] "Benjamin inverte a orientação radical para o futuro, que em geral caracteriza a época moderna, sobre o eixo do 'tempo-presente' [*Jetztzeit*], a tal ponto que ela é transferida para uma orientação, ainda mais radical, para o passado. A expectativa do novo no futuro só se cumpre por meio da reminiscência de um passado oprimido" (HABERMAS, Jürgen. *O discurso filosófico da modernidade*: doces lições. Tradução de Luiz Sérgio Repa e Rodnei Nascimento. São Paulo: Martins Fontes, 2000. p. 19-20 [ver. cast.: HABERMAS, Jürgen. *El discurso filosófico de la modernidade*. Madrid: Taurus, 1989. p. 23]); "O conceito de apropriação do passado em Benjamin supõe também respeitar a materialidade que guarda esta época que se cita, o que poderíamos denominar 'a verdade do acontecido'; mas sabendo que não há relação com o passado que não implique um gesto construtivo que o próprio presente realiza em sua viagem até os tempos pretéritos" (FORSTER, Ricardo. *Benjamin*: una introducción. Buenos Aires: Quadrata, 2012. p. 28); "O 'tempo-de-agora' [*Jetztzeit*] polariza uma dupla relação do presente com o passado e com o futuro. [...] o aspecto mais fundamental do 'tempo-de-agora' é que no presente se vive com uma reatualização permanente do passado, como tentativa sempre reiterada de devolver a vida àquilo que, em outro tempo, foi depreciado ou sacrificado" (MOSÉS, Stéphane. *El ángel de la historia*: Rosenzweig, Benajmin, Scholem. Madrid: Cátedra, 1997. p. 148).

[7] Michel Löwy, muito acertadamente considera que o Movimento Zapatista do Subcomandante Marcos atuou na forma da *Jetztzeit* benjamineana em seu levante popular contra os ultrajes dos proprietários de terras feudais do Estado de Chiapas em 1994.

[8] "Já foi descrito muitas vezes o *déjà vu*. Será tal expressão realmente feliz? Não se deveria antes falar de acontecimentos que nos atingem na forma de um eco, cuja ressonância que o provocou parece ter sido emitida em um momento qualquer na escuridão da vida passada?" (BENJAMIN, Walter. *Rua de mão única* Tradução de Rubens Rodrigues Torres Filho. São Paulo: Brasiliense, 1987. v. 2. Coleção Obras Escolhidas. p. 89 [ver. cast.: BENJAMIN, Walter. *Infancia en Berlín hacia 1900*. Tradução de Klaus Wagner. Madrid: Alfaguara, 1982. p. 45]).

2 Daqueles pós, estas lamas

Apesar de a guerra de sucessão ao trono espanhol no século XVIII entre os súditos carlistas (partidários do arquiduque Carlos III da Áustria) e os exércitos dos Bourbon (encabeçados por Felipe V, neto do Rei francês Luis XIV e antecessor – em nome – do atual rei da Espanha) ter tido a Catalunha como último território em disputa, não é nem o anseio nem a vontade de resgatar do esquecimento aos derrotados no território da cidade de Barcelona entre 1713-1714 o que se busca ao procurar executar uma *agorização* da catalanidade esmorecida.

A Catalunha celebra seu Dia Nacional (*Diada*) no dia 11 de setembro, comemorando aquele dia de 1714 em que a cidade foi sangrentamente tomada pelas tropas dos Bourbon, despojada de seus poderes e suspenso seu parlamento – um dos mais antigos da Europa, em funcionamento desde o século XI.

A perspectiva *agorizadora* se fixa mais especificamente nas centenas de milhares de catalães assassinados durante o primeiro período da ditadura franquista (1936-1975), e nas centenas de milhares de catalães perseguidos (ainda que o franquismo tenha perseguido em todo território qualquer pessoa que tivesse um histórico de participação em sindicatos, partidos políticos de esquerda ou em cargos da República destituída, se refestelou com maior avidez contra os habitantes dos territórios bascos e catalães).[9]

Na longa noite dos 36 anos de ditadura, na qual tanto familiares dos assassinados como sobreviventes das perseguições ansiaram por esse tempo futuro em que seria restabelecida a memória de seus desaparecidos – enterrados em valas e ainda impossibilitados de terem seus restos recuperados graças às oposições dos partidos de direita, herdeiros diretos do franquismo, que se contrapõem às buscas, infrutíferas, que os familiares ainda organizam –, praticamente não houve movimentos normalizadores e o anseio de restituição segue vivo e vigente.

A Guerra Civil espanhola teve por antecedentes, entre outros, o fato de que em 1934 o Presidente catalão Lluís Companys declarou o *Estado Catalão* dentro da *República Federal Espanhola* (um Estado com uma efêmera duração de 10 horas, o tempo que demorou para que o

---

[9] Na Espanha, ao fim da Guerra Civil (1936-1939), existiram 104 campos de concentração pelos quais passaram cerca de 400 mil cidadãos. Foram assassinados aproximadamente 150 mil, e outros 100 mil morreram em regime de escravidão, muitos deles erigindo o monumento fascista (e futuro mausoléu do ditador) chamado Vale dos Caídos (dados fornecidos pelo congresso *Los campos de concentración y el mundo penitenciario en España durante la guerra civil y el franquismo* ocorrido no ano de 2002).

exército – de uma *República* que não o era, menos ainda *Federal,* mas muito *Espanhola* – o encarcerasse com todo o seu governo e condenasse todos a 30 anos de prisão). A Frente Popular de Esquerdas ofereceu como promessa eleitoral o reestabelecimento da autonomia catalã e a anistia para os condenados e conquistou uma vitória arrasadora nas eleições gerais do início de 1936, quando Companys recuperou a presidência da Catalunha. Ainda em junho, Franco e outros caciques do exército espanhol já haviam executado o golpe de Estado e a Guerra Civil, se desencadeado com virulência. Hitler e Mussolini deram seu apoio ao levante, a Rússia – a conta-gotas – e os antifascistas do mundo, à República. Em pouco menos de três anos, caiu a República, Companys foi fuzilado e se instaurou a ditadura de *Paquita la culona.*[10]

3   O independentismo transversal da última década

A mobilização pró-independência começou a tomar forma no ano de 2009. Naquela primeira saída massiva às ruas, um milhão e meio de pessoas se manifestou a favor de que a Catalunha se tornasse "Um novo Estado na Europa". Um ano depois, a mesma quantidade de pessoas se manifestou sob um lema similar. Desde então, a cada ano, na *Diada* nacional, o movimento independentista seguiu sua procissão pressionando os dirigentes políticos para que declarassem a independência. Finalmente, se chegou à convocatória do Referendo de Autodeterminação no qual aproximadamente 54% do eleitorado emitiu seu voto: 82% de votos favoráveis à independência. O Referendo, declarado ilegal pelo governo espanhol, foi brutalmente reprimido a golpes de cassetete pelas tropas da Polícia Nacional, autodeclarada sem rodeios *anticatalã,* cuja partida foi ovacionada por familiares e simpatizantes na saída dos quartéis espanhóis de onde foram enviadas para impedir o ato democrático, aos gritos de "Vão em frente!".[11]

Desde setembro de 2017, com processos judiciais perseguindo o financiamento que os órgãos políticos do governo catalão haviam aportado para a celebração da votação de 1 de outubro, desde o fim de 2019 (quando se transmitiu uma pantomima judicial por rádio e televisão

---

[10]   Tal era o apelido que outro militar do levante do Exército espanhol, Gal. Gonzalo Queipo de Llano, utilizava para se referir a Franco em suas locuções radialísticas para criticar aquele que havia sido por longo período seu subordinado no Marrocos (cf. PRESTON, Paul. *Franco*: El gran manipulador. Tradução de Silvia González López, Pere Bramon Canta e Francesc Rovira Faixa. Barcelona: Base, 2008).

[11]   N.T.: no original "¡A por ellos!".

ao vivo e a cores com o objetivo de servir de exemplo, escárnio e ameaça à cidadania catalã pelo pronunciamento de um veredito exagerado contra políticos e ativistas independentistas), o processo soberanista mergulhou a sociedade catalã em uma confusão sem precedentes.

O que se passou nesses quase dois anos? Podemos interpretar de forma tão díspar acontecimentos nos quais nos vemos envoltos e dos quais fazemos parte centenas de milhares de cidadãos? Se a história era escrita pelos vencedores que a remendavam e adequavam a seus interesses, o que ocorre então em nossos dias, nos quais se pode transmitir *ao vivo* a partir da perspectiva dos olhos e dos celulares dos que dela participam? Seriam as novas tecnologias ferramentas protetoras contra o relato unívoco do *status quo*? As imagens que foram transmitidas desde as praças das primaveras árabes; ou das ruas da Turquia (onde um protesto contra o corte de árvores de um parque deu início a um levante popular em todo o país duramente reprimido pelas milícias de Erdogan); ou desde os campus de Hong Kong; ou das ruas de Santiago do Chile, Quito, Teerã ou Caracas (em um grande etc. que estes últimos anos nos mostraram disseminar-se): atuam, como o fizeram desde os colégios eleitorais da Catalunha de 1º.10.2017, como denúncia transparente da brutalidade policial encarregada de reprimir a cidadania a partir da malignidade da hierarquia política contestada pela revolta?

Tendo por base três rememorações de alguns aportes nietzscheanos cruciais no campo epistemológico, procuraremos oferecer uma explicação *a golpe de martelo* sobre a idiossincrasia do devir do presente político na Catalunha.

4 A verdade como perspectiva e como representação dóxica (identidade como constructo)

O grau zero da *temperatura elevada pretendida* pelo pensamento ocidental tem sido a busca pela verdade, uma verdade a partir da qual se possa assentar decentemente todo conhecimento. À tão idolatrada epistemologia se oporia a opinião como um oposto desdenhável e ilegítimo nos campos do saber. Se o conhecimento (a episteme, ἐπιστήμη) deveria ser universal, unívoco, e, sobretudo, objetivo, então e sem dúvidas, a opinião (δόξα, *doxa*), megafone do mundo dos *eu acho que*, *para mim* e *eu creio que*, restaria totalmente fora do jogo epistemológico porquanto subjetiva, particular e errante. Verdades só haveria algumas; opiniões, tantas quantos fossem os seres pensantes.

Nietzsche foi o primeiro filósofo a ressaltar a metáfora como centro e cetro epistêmico, como medula do saber, afirmando que a verdade não é mais que isso: uma sábia utilização de certas ferramentas de linguagem que funcionam para dar forma ao ordenamento humano. E concluiu que as metáforas, *assim como as moedas que por seu uso excessivo perdem seu troquel*, terminam por gastar-se e perder seu valor (como uma moeda que deixava de possuir um valor enquanto dinheiro e passava a ser um mero objeto de metal).[12]

Somente com isto, ele recebeu a condenação do academicismo tradicional que o expulsa (franzindo a testa) do cânon. Quando Nietzsche argumenta que a Verdade com maiúsculas é uma invenção, uma criação humana (furtando-lhe assim todo valor absoluto), é acusado, no mínimo, de niilista,[13] de disperso (por trabalhar ideias "hiper-dissimiles" entre si), de contraditório (por se arrepender no futuro do que havia escrito e afirmado no passado – paradoxalmente, como sucedeu ao *velho* Platão que irá de encontro às ideias expressas pelo *jovem* Platão), por ser tão *assistemático* (outro vírus urticante para o mundo acadêmico), dedicando-se a reelaborar suas ideias e não ter qualquer inconveniente em contradizer-se (o que seria, senão corrigir-se?), se assim fosse necessário. Por ser *humano, demasiado humano*.[14]

A grandiosa contribuição de Nietzsche, denominada *perspectivismo*, repensa o modelo epistemológico (fundamentado em verdades absolutas primordiais – desde a *mudança* em Heráclito, ao *ser que é* em Parmênides, as *ideias* em Platão, a *substância* em Aristóteles, *Deus* no cristianismo, a *razão* em Descartes, os *sentidos* nos empiristas, para nomear apenas as grandes linhas do cânone, ainda que pudéssemos seguir enumerando o *trabalho* em Marx, o *inconsciente* em Freud, o *Poder* em Foucault, com um amplo *et cetera*...), levando o conhecimento ao campo das *interpretações. Diz-me a partir de qual perspectiva constróis seu*

---

[12] NIETZSCHE, Friedrich Wilhelm. *Sobre verdade e mentira*. Tradução de Fernando de Moraes Barros. São Paulo: Hedra, 2007 [ver. cast.: NIETZSCHE, Friedrich Wilhelm. *Sobre verdad y mentira en sentido extramoral y otros fragmentos de filosofía del conocimiento*. Tradução de Luis Manuel Valdés Villanueva, Luis Enrique de Santiago Guervós, Joan Bautista Llinares Chover, Manuel Garrido Giménez e Teresa Orduña. Madrid: Tecnós, 2017] (ver nota 18 deste mesmo texto).

[13] *Nihil*, "nada" em latim: um niilista é um *nadista*, alguém que se subtrai do ser das coisas, que renuncia à linguagem ontológica configuradora da realidade *statusqüista* (N.T.: os neologismos, com pleno sentido para o português, foram mantidos idênticos ao original).

[14] Talvez isto de se contradizer e mudar e reelaborar o pensamento seja uma característica de uma minoria, sem dúvida, mas não é uma característica do academicismo tampouco dos votantes das democracias ocidentais, majoritariamente conservadores, que geralmente têm pânico da mudança e sempre parecem votar em uma mesma direção suicida.

relato e poderei entender melhor porque vai assim embrulhada sua interpretação (do conhecimento, dos feitos históricos, do presente...).

Poderíamos dizer que algo semelhante ocorre no processo soberanista catalão: o que se define como "democracia" ou "direito a decidir" na Catalunha, no Estado espanhol é chamado "golpismo" ou "sedição" ou "rebelião", e no cúmulo do cinismo, até de "nazismo" (aduzindo que se quer impor a toda a sociedade catalã o pensamento de apenas uma parte, o que só pode ocorrer – e de fato, ocorre –... em uma democracia!).

Em Nietzsche a *interpretação* é um valor agregado. Um *plus*. Se tudo é interpretação, então é normal que os mesmos acontecimentos se interpretem de maneiras tão diferentes (e a política identitária tem muito de sentimento e muito pouco de razão). A ruptura entre a Catalunha e o Estado espanhol é também uma questão identitária, de difícil resolução, uma vez que apela a interpretações, já não de acontecimentos históricos, mas identitários, sentimentais.

A identidade, como conceito *vital* para se autodefinir, necessitou de numerosas transformações até chegar a converter-se neste centro a partir do qual se autoafirma psicologicamente como indivíduo (definindo-nos como pertencentes a um segmento geográfico específico).

Entre todos os fragmentos que conformam nossa identidade, existe um que não é, nem de longe, inquestionável, unívoco nem universalizável, posto que geralmente é apresentado com o velho e caduco modelo das verdades absolutas. A identidade nacional não foi sempre igual nem tem mantido a mesma forma com que se apresentou nos últimos pouco mais de dois séculos. O nascimento dos Estados-Nação, que floresceram a partir das independências das colônias americanas, os embates das burguesias europeias por acender ao poder e a necessidade de um maior controle das massas foram construindo, não sem falta de malícia manipuladora, uma figura de aparência rochosa como é a da *identidade nacional*.

O que é ser argentino? O que é ser brasileiro? O que é ser catalão, ou o que é ser chileno? Existe uma única maneira de ser, no sentido de uma identidade nacional? É o mesmo afirmar orgulhosamente ser argentino sendo filho de desaparecidos ou sendo filho de militares? Se fala da mesma coisa quando se afirma com orgulho que se é brasileiro quando se é um *favelado* e quando se é um rico de um condomínio fechado?[15] Se faz apelo à *mesma catalanidade* quando se é filho de

---

[15] Em contato com uma agência brasileira, um familiar, arquiteto, visitou as obras de alguns arranha-céus em construção em São Paulo. Ao ver que os elevadores por onde subiam vinte andares os trabalhadores não contavam com mais que algumas barras de proteção

andaluzes e quando se tem quatro avós catalães? É igual o sentimento de *chilenidade* entre aquele que escuta Violeta Parra e Víctor Jara de coração e aquele que escuta nostálgico os discursos fascistas de Pinochet – seguramente, também, de coração?

Como fica evidente, a resposta para todos os casos é semelhante: não é o mesmo. Se a identidade nacional é um sentimento, é sabido que as maneiras com que os seres humanos experimentam seus sentimentos podem chegar a ser radicalmente distintas. No caso da identidade (nacional), este *perspectivismo* nietzschiano de amplas interpretações é onde mais bem nos parece representado.

A identidade é multiforme, possui diferentes facetas; é como uma sobreposição que às vezes transparece, às vezes solapa, às vezes entrecruza, às vezes penetra, todas e cada uma de suas camadas.[16] Como se se tratasse de um grande *patchwork vivo*, cada retalho que conforma nossa identidade provém de diferentes aspectos, de diferentes lugares desse território em transformação que somos enquanto existimos. O retalho de nossa sexualidade, por exemplo, ainda que se defina a partir de um rótulo, está longe de ser estabelecida univocamente. Autoproclamar-se hétero, homo, bi, poli ou *a*ssexual não é capaz de limitar esse retalho identitário. Não apenas porque se possa mudar a qualquer momento de rótulo, mas porque estas formas nunca são uma coisa univocamente delimitada.[17]

---

de tábua pregada – e sem a jaula regulamentar de mínima segurança exigível –, o arquiteto visitante perguntou o porquê de tal negligência, alertando seu colega do perigo ao qual se submetia o grupo de trabalhadores a cada subida ou descida do elevador. A resposta é por si só eloquente: "São macacos, se caírem, temos mais esperanto para trabalhar".

[16] "A identidade de uma pessoa não é uma justaposição de pertencimentos autônomos, não é um mosaico: é um desenho sobre uma pele retesada; basta tocar um só desses pertencimentos para que vibre a pessoa inteira" (MAALOUF, Amin. *Identidades asesinas*. Tradução de Fernando Villaverde. Madrid: Alianza, 2007. p. 34).

[17] Quem *sai do armário* muda sua sexualidade ou afirma por fim uma sexualidade que permanecia oculta e que era sua verdadeira orientação? Sobre a questão da sexualidade, a interpretação é muito díspar: desde a militância LGTBI essencialista que considera que se nasce de uma maneira univocamente definida (horrendamente semelhante ao essencialismo religioso) até as considerações mais vilipendiadas pelos extremistas de ambos os lados que consideram (dito de maneira muito reducionista) que todo ser humano é multissexual por definição, já que a sexualidade é um prazer corporal, um *desfrute de corpos* que não necessariamente remete a um ordenamento cultural definitivo nem definidor. O certo é que existem muitas e muito variadas maneiras de viver cada um desses *rótulos*: p. ex.: *butch*, *femme* e todos seus subderivados no caso das lésbicas; *pintosa* – passivo –, *discreto* – ativo – no arcaísmo homossexual masculino. O mesmo se passa com a heterossexualidade: não há uma única maneira de ser hétero em nenhum dos dois gêneros. É esta uma impossibilidade a que se aspira: nada parece imóvel nem rotulável na sexualidade – que se move e transforma tanto como nós o fazemos enquanto vivemos, e onde podemos ser um pouco de cada um desses rótulos ou todos juntos em distintos momentos de nossa existência sexuada (N.T.:

Portanto, definir-se com segurança a respeito de uma identidade nacional (como X: argentino, brasileiro, catalão, chileno etc.) não tem uma fundamentação apreensível que justifique sem questionamentos esse autoafirmar-se a partir de um selo nacional oficializado. Porque o que essa afirmação executaria, principalmente, como corolário imediato, seria uma exclusão automática de todo aquele que não se submeta ao encaixe da definição a partir da qual se emite o veredito sobre o que significa ser um *bom nacional*. Não custa conferir as leis da Alemanha hitlerista para aprender com as consequências que este tipo de visão tendenciosa pode gerar. O tratamento que o Brexit planeja dar a seus estrangeiros nascidos em sua própria ilha, similar ao que na França se faz com os milhões de filhos de africanos – árabes ou negros – ou ao que as autoridades norte-americanas dão aos latinos e aos afro-americanos descendentes de escravos, falam por si só. Não há verdade quando se afirma que se é *nativo* de um local porque esta metáfora não pode nos definir univocamente.[18]

5 Distintas interpretações libertárias

Nietzsche, é sabido, se comprazia em escrever de maneira dispersa e interpretável em variados sentidos (mas: não se passa isso com todas as pessoas, que podemos ser (mal) interpretados das maneiras mais inverossímeis?).

Tendemos a exigir imperiosamente que todo conhecimento nos seja apresentado dentro de uma coerência explicativa tranquilizadora: nem na filosofia de Nietzsche, nem nas maneiras de se sentir a sexualidade ou nas maneiras de sentir-se nacional isso se passa dessa forma. Nada há que seja terminantemente fechado, unidirecional. Para um

---

os termos originais a respeito da divisão arcaica entre homossexuais espanhóis citada pelo autor originalmente eram: *com pluma/sin pluma*).

[18] "O que é, pois, a verdade? Um exercício móvel de metáforas, metonímias, antropomorfismos, numa palavra, uma soma de relações humanas que foram realçadas poética e retoricamente, transpostas e adornadas, e que, após uma longa utilização, parecem a um povo consolidadas, canônicas e obrigatórias: as verdades são ilusões das quais se esqueceu que elas assim o são, metáforas que se tornaram desgastadas e sem força sensível, moedas que perderam seu troquel e agora são levadas em conta apenas como metal, e não mais como moeda" (NIETZSCHE, Friedrich Wilhelm. *Sobre verdade e mentira*. Tradução de Fernando de Moraes Barros. São Paulo: Hedra, 2007. p. 36-37 [ver. cast.: NIETZSCHE, Friedrich Wilhelm. *Sobre verdad y mentira en sentido extramoral y otros fragmentos de filosofía del conocimiento*. Tradução de Luis Manuel Valdés Villanueva, Luis Enrique de Santiago Guervós, Joan Bautista Llinares Chover, Manuel Garrido Giménez e Teresa Orduña. Madrid: Tecnós, 2017. p. 28]).

militante do *radicalismo sexual* ou do nacionalismo exacerbado, isto é impossível de entender ou de aceitar.

No processo soberanista tampouco parece haver uma coerência unívoca. Há muitos independentismos, há muitas maneiras de chegar à Ítaca da República Catalã. Inclusive, tomando-se caminhos opostos. A filosofia nietzscheana se avocou a demonstração disto: que a cultura (com *todas* as suas partes: ciência, crenças, política, ou seja, *tudo* aquilo que implique um posicionamento fundamentado em verdades absolutas) está estruturada como uma droga farmacológica, uma anestesia que faz mais suportável o feito de ser, de existir, dentro do devir (o que é a vida mesma) da finitude. Repete em sua obra (não sem razão e carregado de uma ironia angustiante) a ideia de que a vida, se nos achegarmos a ela a partir de uma intuição intelectual, é insuportável. Os humanos necessitam de uma ordem para sentir-se mais tranquilos. Para *des*angustiarem-se. O que Nietzsche faz em cada um de seus livros é denunciar esta dependência da ordem (o que faz magistralmente *a marteladas*): nos diz: essa ordenação cultural que ansiamos ter em nosso mundo não aparece nunca por arte de magia. Sempre há *alguém* ou *algo* que a vende ou impõe a nós, coisa que, além de absurda, nos parece terrivelmente perigosa.

O que se passa com a onda amarela do independentismo[19] catalão? O que significa essa mobilização em prol da independência de milhões de pessoas – à qual outros milhões de catalães não aderem ou desdenham? Há algo de *imposição arbitrária* por parte dos líderes políticos independentistas, como quiseram fazer crer a partir de suas perspectivas os seus detratores? Ou a militância soberanista é algo gerado a partir de um *dentro* social ao qual se viram praticamente obrigados a aderir os partidos políticos majoritários do nacionalismo catalanista – e seus desesperados dirigentes? Devemos referir-nos ao independentismo (a esse inebriante *desejo de independência* que excita a mente de quem quer caminhar sozinho, e impele a impor sua *vontade de poder* como povo como se do *connatus* spinozista se tratasse) como um ordenamento inebriante que ativa positivamente seus partidários ou como um engana-bobos *anestesiante*, que atua como tantos outros elementos hipnóticos da cultura (como o futebol ou as séries da Netflix), ante a angústia que gera em nós o nosso devir de caducidades finitas?

---

[19] O amarelo é a cor escolhida para identificar o independentismo: fitas, camisetas, balões etc., desta cor representam o sentir soberanista.

Se lemos Nietzsche – e o que interpretamos a partir da perspectiva de denúncia que irradia sua potência discursiva –, poderíamos inferir ou que a onda independentista empurrou seus políticos a levar a cabo determinadas atuações por conta da massiva mobilização cidadã, obrigando-lhes a promover a independência (e que os políticos que supostamente comandavam esta sinergia se assombraram, assustaram, ou simplesmente e como nos vêm demonstrando a algum tempo, impedidos por sua imensa inépcia, não estavam nem estão preparados para comandar a enorme tarefa implicada na geração das estruturas de país que requer a construção de um Estado), ou que não teriam capacidade para executar tal obra ante o boicote e a força feroz e reativa do Estado espanhol repressor.

Aqui sim nos vemos envoltos em um perspectivismo a partir do qual cada um interpreta feitos pontuais, vividos de dentro da história (a quem assiste há 10 anos às massivas mobilizações do independentismo, convencido de que o impulso dado por milhões de pessoas nas ruas há de frutificar em soberania nacional, não se pode chamar *cordeiro manipulado*). Os desejos de independência não são inoculados maliciosamente com um vírus, não surgem a partir de um doutrinamento promovido pelas mídias e instituições dependentes do governo autonômico catalão, como manipuladoramente pretendem fazer crer a partir do espanholismo hiperventilado da *mass media* comandada pela direita.

Quem se sente independentista tem suas próprias convicções. A independência é uma perspectiva, uma visão *dóxica*, um sentimento que pode estar bem fundamentado, mas que, nem por isso, deixa de ser um sentimento. Quem crê que a independência é a melhor saída para seu país o faz com base em argumentos que raramente podem ser modificados. Como toda crença, não admite derrogamentos de nenhum tipo. E cada ataque a agiganta, afiança e solidifica.

6 Periculosidade ou ridículo: o fanatismo radical

Assim como ocorre com Nietzsche, o soberanismo independentista catalão, quanto mais complexo é, quanto mais inacessível se torna, mais se gosta. A quem lê Nietzsche com paixão, ocorre que, quanto menos o compreendemos (e mais nos esforçamos para interpretá-lo), mais dele gostamos e mais nos apaixona. É uma grande realização, esta: ocorre tanto a nós que estudamos filosofia quanto aos seculares.

Mas com a questão da independência da Catalunha, isto se dá somente no âmbito do soberanismo, isto é: ocorre somente com os *ungidos* por seu poder de sedução, com aqueles que expressam seu convencimento produzido pela crença e fé cegas às quais se entregam em uma *entronização* cega da independência, vinculando-a necessariamente – e às vezes de maneira gratuita e ingênua – a preceitos positivos, tais como *justiça, felicidade, melhora, vitória, alegria, riqueza, liberdade* etc.

Indubitavelmente, para quem esteja convencido de que a independência significará uma melhora inquestionável para a vida prática da Catalunha, quanto menos compreender as estratégias estrambóticas e estrábicas do movimento independentista, mais se imola em defendê-lo ante todas suas torpezas. [20]

Se o maior êxito de Nietzsche foi nos mostrar que o fanatismo ante a verdade não se sustenta por nada mais que a inércia a que nos leva a angústia de sabermo-nos meros grãos de pó no grande nada – por que: o que são 2 mil anos de cultura ocidental se há 45 mil estávamos em cavernas elaborando pinturas rupestres? Ou melhor: o que são 80 anos de vida, se é que se chega a vivê-los, dentro da história deste planeta? –, mostrando-nos com insolência que a verdade eterna não existe, que todas as verdades são temporais, fruto da perspectiva própria de um tempo e uma cultura específicos, então, o que poderíamos chegar a dizer a respeito das verdades referentes à *indissolubilidade* da Espanha, ou à *intangibilidade* da Constituição de 1978, que termina em definitivo qualquer diálogo em prol de uma convocatória de referendo que seja vinculante? E, ainda assim, põe em evidência que a *univocidade* do projeto independentista é uma quimera.

Reconhece-se Nietzsche como um filósofo, mas para o desacreditar, seus detratores o denominam acusativamente com o epíteto de "poeta" (como se fosse possível desacreditar um pensador por "rebaixá-lo" a literato: então Platão e seus diálogos ou Descartes e sua autobiografia – o *Discurso* – ou seu diário pessoal – as *Meditações* –, e vários outros pilares do cânone, seriam nada mais que literatos!).

A *verdade* é apresentada como inimiga da ficção, porque se compreende mal a ficção como mentira. Se a verdade é uma metáfora,

---

[20] E mais lhes agrada *defender o indefensável* nesta desordem? (aquela frase que sentencia "jogada de mestre!" usada nos esquetes do programa político-satírico *Polonia* ante cada movimentação de peças falidas por parte da diretoria da ERC (N.T.: Esquerda Republicana da Catalunha) ou do JUNTSxCAT (N.T.: Juntos pela Catalunha) – os partidos nacionalistas independentistas – é todo um sintoma do *forte aroma nietzscheano* que exala o independentismo catalão, como um perspectivismo interpretacionista que beira o ridículo em seu radicalismo cego).

isto é, não é unívoca sendo essencialmente interpretável, então, terá muito de ficção em sua construção assertiva.[21]

Vejamos: há um ponto que não poderíamos aspirar a conectar entre o pensamento nietzscheano e o independentista catalão. Como dissemos, para Nietzsche não há essências, não há natureza humana, apenas interpretações culturais, placebos que ajudam a afugentar a angústia que gera em nós sabermo-nos dentro de um devir e que põe em primeira instância nossa mortalidade, nossa finitude, fonte do maior terror que se tem na vida – paradoxalmente, seu final, a morte mesma, que é a única coisa da qual se pode ter uma certeza.

O abrigo do guarda-chuvas étnico, religioso ou cultural, este que nos faz definir um nós ante um eles, é o que é impossível encaixar nesta busca por aproximar as ideias nietzscheanas com o movimento independentista. Tudo está em constante mutação ou mudança, mas se deve reconhecer que os nacionalismos, lamentavelmente, não mudam (e têm pânico das possíveis mudanças na autoproclamada essência nacional).

"A verdade é um exército de metáforas", diz Nietzsche com clareza provocante e desenvoltura intelectual. A verdade é uma questão estética, de beleza, é a arte do melhor convencer, do melhor metaforizar, "a verdade acaba sendo aquela mentira que não podemos descobrir como tal".[22] Palavras de ressonância nietzscheanas às quais nosso vizinho do bairro gótico barcelonês, José Manuel Chao, acabou fazendo coro quando cantava que "Todo es mentira en este mundo, todo es mentira la verdad".[23]

Em uma carta à sua irmã Elizabeth – um personagem do qual seria melhor se esquivar –, escreve um jovem Nietzsche:

> [...] a insegurança sempre acompanha à independência. [...] Acaso o que buscamos quando investigamos é somente o descanso, a paz, a felicidade? De modo algum; é somente a verdade que nos interessa. [...]

---

[21] "É impossível compreender o que foi, o que é a história humana, fora da categoria do imaginário" (CASTORIADIS, Cornelius. *A instituição imaginária da sociedade*. Tradução de Guy Reynaud. Rio de Janeiro: Paz e Terra, 1982. p. 192 [ver. cast.: CASTORIADIS, Cornelius. *La institución imaginaria de la sociedad*. Tradução de Antoni Vicens. Barcelona: Tusquets, 1983. p. 83]).

[22] NIETZSCHE, Friedrich Wilhelm. *Sobre verdade e mentira*. Tradução de Fernando de Moraes Barros. São Paulo: Hedra, 2007. Ainda que não o diga com estas palavras, é para onde se encaminha a tese do texto (N.T.: embora o autor se utilize de aspas, faz referência livre ao texto *Sobre verdade e mentira*, de Nietzsche. Provavelmente, tendo em mente a passagem da nota 18, acima).

[23] Canção *Mentira* do disco *Clandestino* de Manu Chao (1998).

E é aqui onde se separam os homens: se o que desejas é manter a paz da alma e a felicidade, então creias; se o que anseias é ser um discípulo da verdade, então investiga.[24]

Se não nos enganaram – e se não o seguem fazendo – os partidos políticos supostamente independentistas, a Catalunha deveria estar cada vez mais perto de conseguir sua independência, não apenas porque siga acumulando a cada dia mais trabalho por ela, mas também porque, dia após dia, recebe mais e mais motivos para declará-la (essa é a consequência de que a um problema político se queira resolver mediante sentenças judiciais), ainda que haja já um bom tempo que lhe sobrem motivos para separar-se de um jugo espanhol que a vilipendia e desdenha.

Talvez o *slogan* mais adequado para descrever os partidos independentistas – pelo menos os dois majoritários que não tiveram a força e a valentia de manter por mais que 8 segundos a declaração de independência –[25] a respeito da ideia em prol da soberania da Catalunha seja "uma independência para todos e para ninguém", como paráfrase do subtítulo do *Zarathustra* nietzscheano.

7 Independência sem melindres (*Jetztzeit* benjaminiana)

Poderia a independência da Catalunha *atualizar*, reinserir no fluxo histórico as vidas perdidas das centenas de milhares de catalães esmagados pela bota fascista do nacionalismo espanhol durante grande parte do século XX?[26]

---

[24] NIETZSCHE, Friedrich Wilhelm. Carta a Elizabeth Nietzsche en Colditz [11 de junio de 1865]. *In*: NIETZSCHE, Friedrich Wilhelm. *Correspondencia*: junio 1850-abril 1869. Tradução de Luis Enrique de Santiago Guervós. Madrid: Trotta, 2005. v. I. p. 336-339 (N.T.: o autor se vale de uma tradução ao castelhano desta carta distinta da presente na obra por ele referenciada acima. Optamos por manter e traduzir o texto conforme a sua utilização original pelo autor para garantir a coerência da linguagem. A versão por ele utilizada pode ser consultada em HOLLINGDALE, Reginald John. *Nietzsche*: el hombre y su filosofía. Tradução de Carmen García Trevijano e Manuel Garrido Giménez. Madrid: Ediciones Generales Anaya, 2016).

[25] Em vista da vitória do *Sim* no Referendo de 1º.10.2017, nove dias depois, o Presidente catalão Carles Puigdemont proclamou no Parlamento o estabelecimento da "República catalã como um Estado independente e soberano, de direito, democrático e social", para logo suspender sua eficácia (a independência e criação de um Estado com a duração mais curta da história: 8 segundos, rompendo assim o recorde anterior do Presidente Lluís Companys de 1934, que a manteve durante quase 10 horas). As consequências desta proclamação são conhecidas: exílio do presidente e alguns de seus ministros, prisão para os que permaneceram na Catalunha em enfrentamento às represálias.

[26] Além dos 40 anos de franquismo, houve antes uma ditadura de marcado recorte fascista anticatalanista – sob comando de Miguel Primo de Rivera, 1923-1930 – que já sinalizava o que significaria o ideário político espanhol do século XX.

Para além das especulações intelectuais que se possam executar, parece indubitável que, ao calor da *Tese II* que nos legou Benjamin, seria factível encarar o levante pacífico do independentismo catalão na teorização que entrecruza muito habilmente um messianismo particular (entendido *alla benjaminiana*, a-religioso) com o ideário marxista que contempla a mudança (revolucionária) mais que como um motor do progresso, como um freio de mão, um alarme, um aviso de incêndio que busque o redirecionamento de tanto despropósito político – com referência ao tempo de vida de qualquer geração, porque sempre se está sob perigo de que a espada de Dâmocles das forças destrutivas proveja seu fio no pescoço do presente.[27]

A *Erlösung* a que apela Benjamin – que deveria ser mais bem traduzida como *redenção* e não como *liberação* – aparece aqui como um claro caminho de abertura, uma possibilidade, um regozijo. Se a sanidade se faz finalmente presente no lúgubre panorama político espanhol e se desjudicializa o conflito político, é provável que as lutas havidas pela liberação há um século se atualizem em um desenlace pacífico, pactuado e bem-vindo. As numerosas vítimas da barbárie estarão desejosas de ser redimidas e liberadas do pesado fardo que recai, todavia, sobre suas cabeças. Cabe a nós, *os homens do futuro* nos quais aquelas vítimas puseram suas esperanças, dar os passos com seriedade e decisão na direção redentora de uma independência que, como nunca antes na história da Catalunha, segue sendo uma possibilidade tangível porque nunca antes esteve tão próxima. Para ele faria falta reeducar

---

[27] "'Entre os atributos mais surpreendentes da alma humana', diz Lotze, 'está, ao lado de tanto egoísmo individual, uma ausência geral de inveja de cada presente com relação a seu futuro'. Essa reflexão conduz-nos a pensar que nossa imagem da felicidade é totalmente marcada pela época que nos foi atribuída pelo curso da nossa existência. A felicidade capaz de suscitar nossa inveja está toda, inteira, no ar que já respiramos, nos homens com os quais poderíamos ter conversado, nas mulheres que poderíamos ter possuído. Em outras palavras, a imagem da felicidade está indissoluvelmente ligada à da salvação. O mesmo ocorre com a imagem do passado, que a história transforma em coisa sua. O passado traz consigo um índice misterioso, que impele à redenção. Pois não somos tocados por um sopro de ar que foi respirado antes? Não existem, nas vozes que escutamos, ecos de vozes que emudeceram? Não têm as mulheres que cortejamos irmãs que elas não chegaram a conhecer? Se assim é, existe um encontro secreto, marcado entre as gerações precedentes e a nossa. Alguém na terra está à nossa espera. Nesse caso, como a cada geração, foi-nos concedida uma frágil força messiânica para a qual o passado dirige um apelo. Esse apelo não pode ser rejeitado impunemente. O materialista histórico sabe disso" (BENJAMIN, Walter. Sobre o conceito de história. *In*: BENJAMIN, Walter. *Magia e técnica, arte e política*: ensaios sobre literatura e história da cultura. 3. ed. Tradução de Sergio Paulo Rouanet. São Paulo: Brasiliense, 1987. v. 1. Coleção Obras Escolhidas. p. 222-223 [ver. cast.: BENJAMIN, Walter. Tesis sobre el concepto de historia [Tesis II]. *In*: LÖWY, Michael. *Walter Benjamin*: Aviso de incendio – una lectura de las tesis sobre el concepto de historia. Tradução de Horacio Pons. Buenos Aires: FCE, 2003]).

na comunhão com a alteridade e em respeito ao distinto às hostes dos grupos em disputa e despojá-los da irracionalidade com que impregnam seus discursos nacionalistas. Ainda que isto já faça parte de um capítulo utópico entregue às quimeras.

Referências

AGAMBEN, Giorgio. *Infância e história*: destruição da experiência e origem da história. Tradução de Henrique Burigo. Belo Horizonte: Editora UFMG, 2005.

BENJAMIN, Walter. *Magia e técnica, arte e política*: ensaios sobre literatura e história da cultura. 3. ed. Tradução de Sergio Paulo Rouanet. São Paulo: Brasiliense, 1987. v. 1. Coleção Obras Escolhidas.

BENJAMIN, Walter. *Rua de mão única* Tradução de Rubens Rodrigues Torres Filho. São Paulo: Brasiliense, 1987. v. 2. Coleção Obras Escolhidas.

CASTORIADIS, Cornelius. *A instituição imaginária da sociedade*. Tradução de Guy Reynaud. Rio de Janeiro: Paz e Terra, 1982.

FORSTER, Ricardo. *Benjamin*: una introducción. Buenos Aires: Quadrata, 2012.

HABERMAS, Jürgen. *O discurso filosófico da modernidade*: doces lições. Tradução de Luiz Sérgio Repa e Rodnei Nascimento. São Paulo: Martins Fontes, 2000.

HOLLINGDALE, Reginald John. *Nietzsche*: el hombre y su filosofía. Tradução de Carmen García Trevijano e Manuel Garrido Giménez. Madrid: Ediciones Generales Anaya, 2016.

MAALOUF, Amin. *Identidades asesinas*. Tradução de Fernando Villaverde. Madrid: Alianza, 2007.

MOSÉS, Stéphane. *El ángel de la historia*: Rosenzweig, Benajmin, Scholem. Madrid: Cátedra, 1997.

NIETZSCHE, Friedrich Wilhelm. *Correspondencia*: junio 1850-abril 1869. Tradução de Luis Enrique de Santiago Guervós. Madrid: Trotta, 2005. v. I.

NIETZSCHE, Friedrich Wilhelm. *Sobre verdade e mentira*. Tradução de Fernando de Moraes Barros. São Paulo: Hedra, 2007.

Informação bibliográfica deste texto, conforme a NBR 6023:2018 da Associação Brasileira de Normas Técnicas (ABNT):

BOFFI, Franky. Contra o absolutismo epistemológico: uma leitura nietzscheano-benjaminiana do independentismo catalão. *In*: ANDRADE, Durval Ângelo; MAYOS SOLSONA, Gonçal; HORTA, José Luiz Borges; MIRANDA, Rodrigo Marzano Antunes (Coords.). *A sociedade do controle?*: macrofilosofia do poder no neoliberalismo. Belo Horizonte: Fórum, 2022. p. 311-327. ISBN 978-65-5518-260-6.

CONTROLE DE CONSTITUCIONALIDADE OU DE POLITICIDADE? SOBRE O IMPÉRIO DOS TRIBUNAIS CONSTITUCIONAIS

JOSÉ LUIZ BORGES HORTA

A democracia sem controle é,
a longo prazo, impossível.
(KELSEN, Hans. *Essência e valor da democracia*)[1]

A era das revoluções liberais[2] representou, como todos sabemos, uma ocasião especialíssima de inovações institucionais, produzindo, no contexto do Estado de direito, todo um conjunto de institutos e instituições até então imaginados, mas não ainda experienciados, em um único feixe histórico de transformações, como aquelas ali construídas.

Da Revolução Inglesa (1688), da Norte-Americana (1776) e da Francesa (1789), recebemos um imenso influxo de transformações no modo de vida política: os ingleses, ao imporem a força do Parlamento dentro (ou sobre) a monarquia, afirmavam a representação como a origem real e efetiva da democracia, inventavam o sistema parlamentar

---

[1] Cf. KELSEN, Hans. Essência e valor da democracia. *In*: KELSEN, Hans. *A democracia*. São Paulo: Martins Fontes, 1993. p. 84.

[2] Cf. HOBSBAWN, Eric J. *A era das revoluções*: Europa 1789-1848. 23. ed. Tradução de Maria Tereza Lopes Teixeira e Marcos Penchel. Rio de Janeiro: Paz e Terra, 2008; KOSELLECK, Reinhart. *Crítica e crise*: uma contribuição à patogênese do mundo burguês. Tradução de Luciana Villas-Boas Castelo-Branco. Rio de Janeiro: Contraponto, 1999; FURET, François; OZOUF, Mona (Org.). *Dicionário crítico da Revolução Francesa*. Tradução de Henrique Mesquita. Rio de Janeiro: Nova Fronteira, 1989.

de governo e mostravam ao mundo o novo (e mais que sólido) conceito de democracia parlamentar.[3]

Os norte-americanos, imersos em seus próprios sonhos de construção de um refúgio idílico e temente ao senhor – *a town on a hill* –,[4] produziram um sistema institucional complexo, no qual o poder político é totalmente fragmentado, esvaziando-se sua politicidade em recortes típicos de companhias empresarias: a eleição do *chief of executive operations* (CEO), mediante uma assembleia complexa de *shareholders* previamente eleitos em cada comunidade de fundadores,[5] a divisão vertical de poderes tomada como técnica central de articulação dos estados irmãos (federados),[6] a fortíssima concentração de poderes em um conjunto de sábios vitalícios, indicados um a um pelo CEO e intocáveis como Corte Suprema a dizer o direito com base não na lei, mas nos próprios precedentes e tradições judiciais,[7] tudo a esvaziar o político e o democrático e a transformá-los em meros indicadores nas fórmulas empiristas e utilitaristas[8] adotadas como corolários da tríade axiológica adotada: *liberdade, propriedade e prosperidade*.[9]

---

[3] Cf. LOCKE, John. *Segundo tratado sobre o governo civil*: e outros escritos. Tradução de Magda Lopes e Marisa Lobo da Costa. Petrópolis: Vozes, 1994.

[4] No fundamentalismo do *melting pot* – caldeirão cultural – norte-americano, a referência é ao Evangelho de São Mateus (5:14), onde se lê, a depender da versão, algo como "Vós sois a luz do mundo; não se pode esconder uma cidade edificada sobre um monte".

[5] Somente assim é possível compreender o complexíssimo processo de eleições "presidenciais" norte-americano, em regra mal explicado, fora de lá, como eleições indiretas. *Não se trata de um processo político, tout court*, de direito político, mas de um processo empresarial típico, de direito privado, em que as unidades federativas, base do sistema socioeconômico, detêm diferentes volumes de quotas de ações ordinárias e, no momento de definição do CEO, passam por processos, definidos por cada um dos 50 (cinquenta) *shareholders*, para indicação dos procuradores que os representarão na sessão quadrienal do Conselho da *United States Company*. Como *endeavour, o estabelecimento é um sucesso*.

[6] BONAVIDES, Paulo. *Do Estado liberal ao Estado social*. 5. ed. Belo Horizonte: Del Rey, 1993. p. 60 *et circa*.

[7] A diferença-chave entre os sistemas de *common law* e de *civil law* (ou direito romano-germânico) dirá precisamente respeito às fontes preferenciais do direito: aqui, a lei e a doutrina; lá, os costumes e a jurisprudência; cf. DAVID, René. *Os grandes sistemas do direito contemporâneo*. Tradução de Hermínio A. Carvalho. São Paulo: Martins Fontes, 1986. p. 91.

[8] Não há incoerência alguma na utilização do empirismo e do utilitarismo pela civilização extremo-ocidental: essas são suas marcas claras, ontem como hoje, a levar-lhes sempre a um modo de pensar materialista e analítico, a que muitos, no Ocidente, rejeitam reconhecer como filosofia, e que se autojacta como filosofia analítica. Sobre as distintas civilizações que coincidem no tempo (mas no espaço, em regra, colidem), cf. HORTA, José Luiz Borges; RAMOS, Marcelo Maciel. Entre as veredas da cultura e da civilização. *Revista Brasileira de Filosofia*, São Paulo, v. 233, p. 235-264, 2009.

[9] Uma civilização é reconhecível por um plexo de valores axiais, distintos dos valores axiais das demais civilizações. Assim, no Ocidente, como sutilmente nos ensinou Pedro Paulo Christóvam dos Santos em arguição à nossa tese doutoral, ainda em 2002, a tríade axial é aquela afirmada contemporaneamente pela Revolução Francesa – *liberté, egalité, fraternité* –,

Muito mais ambiciosa, porquanto universalista, o fora a Revolução Francesa, marco de uma nova era,[10] que fracassou (no calendário) e triunfou (no metro) ao trazer para a política o máximo de racionalidade (ou de racionalização) que lhes parecia possível: primado da lei, codificações lógicas, constitucionalização com declarações de direitos, separação de poderes, com alentado predomínio do Parlamento na estrutura institucional.

A viragem do século XIX ao século XX representa, para a história do direito e do Estado, um novo laboratório constitucional, de proporções equivalentes, em muitos sentidos, àquele constituído pelo conjunto da era das revoluções liberais, instituidora do sistema parlamentar de governo (e portanto da separação horizontal de poder, com os britânicos), da forma federal de Estado (a separação vertical de poder, norte-americana) e do triunfo universal dos direitos fundamentais (francês), todos eles marcas do constitucionalismo clássico[11] e do Estado liberal de direito a que deram origem.

Ingressar no século XX exigiria, em menos tempo, mais transformações institucionais. Por todo o século XIX, o Estado liberal recebera aportes críticos substanciais, ao menos desde a filosofia de Hegel, que ao consagrar o trabalho como valor fundante da justiça (como a liberdade e a igualdade, aprendemos com Joaquim Carlos Salgado).[12] Hegel abriu caminho para a ideação de um Estado social de direito, que acabaria por emergir, fruto das contradições do Estado liberal[13] evidenciadas por socialistas, comunistas e mesmo pela chamada doutrina social da Igreja católica e apostólica romana, no apagar das luzes da segunda década do séc. XX, no México de 1917 e na Alemanha de 1919.

Nesta última, derrotada já na primeira etapa do grande conflito civil europeu (1914-1945),[14] o Estado social de direito traria um sistema

---

enquanto no Extremo-Ocidente a tríade é expressão do calvinismo político: *liberty, property & prosperity*.

[10] Não por acaso, a Idade Contemporânea, na história, inicia-se com a derrubada da Bastilha, em 14.7.1789. Somos, todos, contemporâneos da Revolução (Francesa universal).

[11] Cf. HORTA, José Luiz Borges. O constitucionalismo clássico. *In*: HORTA, José Luiz Borges. *História do Estado de direito*. São Paulo: Alameda, 2011. p. 97-101.

[12] Cf. SALGADO, Joaquim Carlos. *A idéia de justiça em Hegel*. São Paulo: Loyola, 1996.

[13] Cf. HORTA, José Luiz Borges. *História do Estado de direito*. São Paulo: Alameda, 2011. p. 111-20.

[14] Fomos todos educados a enxergar duas guerras mundiais na primeira metade do século XX europeu; as profundas marcas do processo de guerra, no entanto, têm nos levado à compreensão de uma guerra civil europeia, travada em vários momentos, inclusive na Guerra Civil Espanhola, por exemplo. Cf. CASANOVA, Julián. *Europa contra Europa*: 1914-1945. Barcelona: Crítica, 2011.

jurídico bastante inovador, e ali imaginado, nos debates travados pelos pensadores e juristas do chamado constitucionalismo de Weimar.

Talvez o mais relevante debate travado no contexto de Weimar (cidade *turíngia* onde a Alemanha derrotada reuniu sua Constituinte em 1919) e dos debates gerados pela Constituição alemã de 1919 tenha sido, precisamente, aquele travado acerca do guardião da Constituição,[15] do seu protetor. Este debate foi concentrado por juristas antipodais e envenenou profundamente os seus pósteros, dada a consequência efetiva daquele debate: a *criação da jurisdição constitucional e sua lenta mas gradual transformação em jurisdição política.*

Hans Kelsen (1881-1973), judeu nascido austríaco em Praga, e Carl Schmitt (1888-1985), católico nascido na cidade alemã de Plettenberg, depreciavam profundamente a política e a democracia parlamentar, porém por ângulos diametralmente opostos: Schmitt só via politicidade no *füher*, para quem e de quem viria a decisão soberana; Kelsen pretendia um direito purificado de politicidade, cada vez mais técnico, conquanto limitado a tribunais e cortes formais. Para ambos, a política e o parlamento não podiam estar descontrolados, mas sempre submetidos a uma forma adequada de limitação "constitucional".

Submeter os atos parlamentares a controle seria fundamental, assim, para ambos. Schmitt triunfa no curto prazo, como sabemos, e até 1945 é seu modelo decisionista que embala a vida política alemã; em 1945, sem embargo, é o kelsenianismo que triunfa *manu militare*, imposto pelos vitoriosos na guerra não somente aos alemães de Bonn (e de sua "Lei Fundamental" de 1947), como, gradualmente, a todo o mundo jurídico ocidental.

A proposta kelseniana, de resto já aplicada desde a Constituição austríaca de 1920, é a criação de um tribunal constitucional, um órgão novo na estrutura do Estado, que passaria a triar os atos legislativos sob o ponto de vista de sua constitucionalidade, afastando a validade de quaisquer disposições inconstitucionais. À primeira vista, ademais para nós todos, nascidos na *era da jurisdição constitucional*, parecia, como ao gosto dos kantianos (e Kelsen é neokantiano de Marburgo, obcecado

---

[15] O embate é estudado com profundidade em: BIELSCHOWSKY, Raoni Macedo. O nascimento da teoria da Constituição: o direito sem Estado ou o Estado sem direito. *In*: BIELSCHOWSKY, Raoni Macedo. *Cultura constitucional*. Tese (Doutorado em Direito) – UFMG, Belo Horizonte, 2016; e ainda em SOLON, Ari Marcelo. *Teoria da soberania como problema da norma jurídica e da decisão*. Porto Alegre: Fabris, 1997. As obras centrais da polêmica são: SCHMITT, Carl. *O guardião da Constituição*. Tradução de Geraldo de Carvalho. Belo Horizonte: Del Rey, 2007, e KELSEN, Hans. Quem deve ser o guardião da Constituição? *In*: KELSEN, Hans. *Jurisdição constitucional*. 3. ed. São Paulo: Martins Fontes, 2013. p. 237-298.

com a *Crítica da razão pura*[16] teórica), muito lógico: leis inconstitucionais são inválidas.

Essa ideia de que juízes pudessem aplicar a Constituição e afastar a aplicação de normas que lhes parecessem inconstitucionais não era nova, já que pertencia ao *modus operandi* do direito de *common law*, aplicado nos países anglófonos, mas nestes o controle de constitucionalidade é chamado tecnicamente de *difuso*,[17] já que qualquer juiz pode aplicar a Constituição em seus julgados.

A inovação kelseniana se encontrou em concentrar esse controle em um órgão que, portanto, assume a palavra final em matéria jurídica e constitucional, tornando-se a verdadeira cabeça do Estado; deste modo, e eis a armadilha, qualquer decisão tomada pelo povo em sede de democracia parlamentar poderia ser revista ou ainda anulada pelo tribunal plenipotenciário, ao qual, *ao argumento de se conferir a guarda constitucional, se transferia a guarda da política.*

Mais: o discurso do direito constitucional gradualmente perderia o convite constituinte e ganharia tons *hermenêuticos*, transferindo o debate constitucional do povo e do parlamento para os tribunais – e para as minorias organizadas da *bürgerliche Gesellschaft* que neles exercessem *militância*, digamos, *sociojurídica.*

Com o advento do chamado Estado democrático de direito, terceira forma histórica do Estado de direito, antes liberal, depois social, os tribunais constitucionais assumem tamanho protagonismo institucional que os discursos da aplicação racional, da racionalização da política, da judicialização da política, da criminalização da política, do empoderamento dos tribunais, do ativismo judicial,[18] enfim, da despolitização, da desideologização[19] e da judicialização da vida[20] se fazem francamente hegemônicos, em escala global, e dão ocasião à formação de uma *teia jurisdicional global*, em que organismos e agentes

---

[16] Aos interessados, cf. KANT, Immanuel. *Crítica da razão pura*. 3. ed. Tradução de Manuela Pinto dos Santos e Alexandre Fradique Morujão. Lisboa: Calouste Gulbenkian, 1994.

[17] Cf. CAPPELLETTI, Mauro. *O controle judicial de constitucionalidade das leis no direito comparado*. Tradução de Aroldo Plínio Gonçalves. Porto Alegre: Fabris, 1984.

[18] Estes são, todos, *topoi* necessários do discurso jurídico das últimas décadas, e constituem o *main core* do chamado Estado *democrático* de direito, gostemos ou não.

[19] Cf. HORTA, José Luiz Borges; FREIRE, Thales M.; SIQUEIRA, Vinicius de. A era pós-ideologias e suas ameaças à política e ao Estado de direito. *Confluências*, Niterói, v. 14, p. 120-133, 2012.

[20] Cf. HORTA, José Luiz Borges. La era de la justicia: derecho, Estado y límites a la emancipación humana, a partir del contexto brasileño. *Astrolabio – Revista Internacional de Filosofia*, Barcelona, n. 11, p. 75-85, 2010.

forenses e policiais intercambiam informações e dados em flagrante desrespeito aos princípios que regem as relações internacionais.

O direito político, expressão rica e de ampla fluência na Península Ibérica, passa a estar sujeito a uma assombrosa *jurisdição política*, desprovida de legitimidade democrática, conquanto tentacular e assentada sobre um claro desapreço à democracia e à política, as quais terão que ser não somente controladas (no eufemístico "controle judicial de constitucionalidade"), mas verdadeiramente tuteladas pelos aristocratas dos tribunais.

Os inimigos da democracia vivem nos submundos forenses.

Referências

BIELSCHOWSKY, Raoni Macedo. *Cultura constitucional*. Tese (Doutorado em Direito) – UFMG, Belo Horizonte, 2016.

BONAVIDES, Paulo. *Do Estado liberal ao Estado social*. 5. ed. Belo Horizonte: Del Rey, 1993.

CAPPELLETTI, Mauro. *O controle judicial de constitucionalidade das leis no direito comparado*. Tradução de Aroldo Plínio Gonçalves. Porto Alegre: Fabris, 1984.

CASANOVA, Julián. *Europa contra Europa*: 1914-1945. Barcelona: Crítica, 2011.

DAVID, René. *Os grandes sistemas do direito contemporâneo*. Tradução de Hermínio A. Carvalho. São Paulo: Martins Fontes, 1986.

FURET, François; OZOUF, Mona (Org.). *Dicionário crítico da Revolução Francesa*. Tradução de Henrique Mesquita. Rio de Janeiro: Nova Fronteira, 1989.

HOBSBAWN, Eric J. *A era das revoluções*: Europa 1789-1848. 23. ed. Tradução de Maria Tereza Lopes Teixeira e Marcos Penchel. Rio de Janeiro: Paz e Terra, 2008.

HORTA, José Luiz Borges. *História do Estado de direito*. São Paulo: Alameda, 2011.

HORTA, José Luiz Borges. La era de la justicia: derecho, Estado y límites a la emancipación humana, a partir del contexto brasileño. *Astrolabio – Revista Internacional de Filosofia*, Barcelona, n. 11, p. 75-85, 2010.

HORTA, José Luiz Borges; FREIRE, Thales M.; SIQUEIRA, Vinicius de. A era pós-ideologias e suas ameaças à política e ao Estado de direito. *Confluências*, Niterói, v. 14, p. 120-133, 2012.

HORTA, José Luiz Borges; RAMOS, Marcelo Maciel. Entre as veredas da cultura e da civilização. *Revista Brasileira de Filosofia*, São Paulo, v. 233, p. 235-264, 2009.

KANT, Immanuel. *Crítica da razão pura*. 3. ed. Tradução de Manuela Pinto dos Santos e Alexandre Fradique Morujão. Lisboa: Calouste Gulbenkian, 1994.

KELSEN, Hans. *A democracia*. São Paulo: Martins Fontes, 1993.

KELSEN, Hans. *Jurisdição constitucional*. 3. ed. São Paulo: Martins Fontes, 2013.

KOSELLECK, Reinhart. *Crítica e crise*: uma contribuição à patogênese do mundo burguês. Tradução de Luciana Villas-Boas Castelo-Branco. Rio de Janeiro: Contraponto, 1999.

LOCKE, John. *Segundo tratado sobre o governo civil*: e outros escritos. Tradução de Magda Lopes e Marisa Lobo da Costa. Petrópolis: Vozes, 1994.

SALGADO, Joaquim Carlos. *A idéia de justiça em Hegel*. São Paulo: Loyola, 1996.

SCHMITT, Carl. *O guardião da Constituição*. Tradução de Geraldo de Carvalho. Belo Horizonte: Del Rey, 2007.

SOLON, Ari Marcelo. *Teoria da soberania como problema da norma jurídica e da decisão*. Porto Alegre: Fabris, 1997.

Informação bibliográfica deste texto, conforme a NBR 6023:2018 da Associação Brasileira de Normas Técnicas (ABNT):

HORTA, José Luiz Borges. Controle de constitucionalidade ou de politicidade? Sobre o império dos tribunais constitucionais. *In*: ANDRADE, Durval Ângelo; MAYOS SOLSONA, Gonçal; HORTA, José Luiz Borges; MIRANDA, Rodrigo Marzano Antunes (Coords.). *A sociedade do controle?*: macrofilosofia do poder no neoliberalismo. Belo Horizonte: Fórum, 2022. p. 329-335. ISBN 978-65-5518-260-6.

A MORTE DA JUSTIÇA

DURVAL ÂNGELO ANDRADE

O tema deste artigo remete-me, de imediato, a uma história contada por ninguém menos que o memorável escritor José Saramago. Ela se deu em uma pequena aldeia nos arredores da cidade de Florença, há mais de 400 anos.

Estavam os habitantes nas suas casas ou a trabalhar nos cultivos, entregue cada um aos seus afazeres e cuidados, quando de súbito se ouviu soar o sino da igreja. Naqueles piedosos tempos (estamos a falar de algo sucedido no Século XVI), os sinos tocavam várias vezes ao longo do dia, e por esse lado não deveria haver motivo de estranheza, porém aquele sino dobrava melancolicamente a finados, e isso, sim, era surpreendente, uma vez que não constava que alguém da aldeia se encontrasse em vias de passamento.

Saíram, portanto, as mulheres à rua, juntaram-se as crianças, deixaram os homens as lavouras e os mesteres, e em pouco tempo estavam todos reunidos no adro da igreja, à espera de que lhes dissessem a quem deveriam chorar. O sino ainda tocou por alguns minutos mais, finalmente calou-se. Instantes depois a porta abria-se e um camponês aparecia no limiar.

Ora, não sendo este o homem encarregado de tocar habitualmente o sino, compreende-se que os vizinhos lhe tenham perguntado onde se encontrava o sineiro e quem era o morto. "O sineiro não está aqui, eu é que toquei o sino", foi a resposta do camponês. "Mas então não morreu ninguém?", tornaram os vizinhos, e o camponês respondeu: "Ninguém que tivesse nome e figura de gente, toquei a finados pela Justiça porque a Justiça está morta".

Que acontecera? Acontecera que o ganancioso senhor do lugar (algum conde ou marquês sem escrúpulos) andava desde há tempos a mudar de sítios os marcos das estremas das suas terras, metendo-os para dentro da pequena parcela do camponês, mais e mais reduzida a cada avançada. O lesado tinha começado por protestar e reclamar, depois implorou compaixão, e finalmente resolveu queixar-se às autoridades e acolher-se à proteção da Justiça. Tudo sem resultado, a espoliação continuou. Então, desesperado, decidiu anunciar *urbi et orbi* (uma aldeia tem o exato tamanho do mundo para quem sempre nela viveu) a morte da Justiça. Talvez pensasse que o seu gesto de exaltada indignação lograria comover e por tocar todos os sinos do universo, sem diferença de raças, credos e costumes, que todos eles, sem exceção, o acompanhariam no dobre a finados pela morte da Justiça, e não se calariam até que ela fosse ressuscitada. Um clamor tal, voando de casa em casa, de aldeia em aldeia, de cidade em cidade, saltando para cima das fronteiras, lançando pontes sonoras sobre os rios e os mares, por força haveria de acordar o mundo adormecido..."

Não sei o que sucedeu depois, não sei se o braço popular foi ajudar o camponês a repor as estremas nos seus sítios, ou se os vizinhos, uma vez que a Justiça havia sido declarada defunta, regressaram resignados, de cabeça baixa e alma sucumbida, à triste vida de todos os dias. É bem certo que a História nunca nos conta tudo...

Suponho ter sido esta a única vez, em qualquer parte do mundo, que um sino, uma campânula de bronze inerte, depois de tanto haver dobrado pela morte de seres humanos, chorou a morte da Justiça. Nunca mais tornou a ouvir-se aquele fúnebre dobre da aldeia de Florença, mas a Justiça continuou e continua a morrer todos os dias.

Agora mesmo, neste instante em que vos falo, longe ou aqui ao lado, à porta da nossa casa, alguém a está matando. De cada vez que morre, é como se afinal nunca tivesse existido para aqueles que nela tinham confiado, para aqueles que dela esperavam o que da Justiça todos temos o direito de esperar: justiça, simplesmente justiça.

Não a que se envolve em túnicas de teatro e nos confunde com flores de vã retórica judicialista, não a que permitiu que lhe vendassem os olhos e viciassem os pesos da balança, não a da espada que sempre corta mais para um lado que para o outro, mas uma justiça pedestre, uma justiça companheira quotidiana dos homens, uma justiça para quem o justo seria o mais exato e rigoroso sinônimo de ético, uma justiça que chegasse a ser tão indispensável à felicidade do espírito como indispensável à vida e ao alimento do corpo.

Uma justiça exercida pelos tribunais, sem dúvida, sempre que a isso os determinasse a lei, mas também, e sobretudo, uma justiça que fosse a emanação espontânea da própria sociedade em ação, uma justiça em que se manifestasse, como um imperativo moral, o respeito pelo direito a ser que a cada ser humano assiste.[1]

O caso brasileiro

O texto anterior foi enviado pelo escritor José Saramago como contribuição para o 2º Fórum Social Mundial, realizado em Porto Alegre (RS) no ano de 2002. Passados 17 anos, penso que hoje o camponês de Florença não mais sobe à torre da igreja. Ele mora lá, pois o sino está tocando ininterruptamente, especialmente quando falamos de meu país, o Brasil.

Já no ano de 2002, em diversos artigos e pronunciamentos na Assembleia Legislativa de Minas Gerais, estado onde exercia mandato de deputado estadual, eu alertava para a "morte da justiça". Discutia-se, então, no Brasil, a necessidade de uma Reforma do Judiciário, mas o nosso entendimento era o de que as mudanças propostas por políticos e operadores do direito consistiam em uma pseudorreforma.

De nossa parte, defendíamos uma reforma estruturante, que fosse além do debate periférico e representasse uma nova visão do Judiciário, enquanto um poder que atendesse aos usuários do direito, mas, principalmente, defendesse os direitos dos cidadãos e cidadãs, sobretudo os excluídos e oprimidos, que vivem às margens da sociedade. Falávamos de um Judiciário capaz de promover a justiça de forma ágil, eficiente e sensível à dor das pessoas. Que fosse avesso às pirotecnias políticas, pautado pela real isenção e imparcialidade, despido de privilégios, regalias e "fogueiras de vaidades".

Acima de tudo, defendíamos uma proposta de Reforma do Judiciário que extrapolasse o âmbito da comunidade jurídica e fosse construída com participação social, fruto de um amplo processo de debate e deliberação pública. Enfim, uma reforma capaz de envolver a sociedade e movimentos sindicais, sociais e populares, levando as pessoas a se engajar em sua construção e concretização.

Mais do que isso, defendíamos que também o Poder Judiciário fosse submetido a alguma modalidade de controle social, ou controle externo, capaz de barrar a configuração de uma espécie de "superpoder", acima de tudo e de todos e capaz de comprometer o exercício dos demais

---

[1] SARAMAGO, José. Da justiça à democracia, passando pelos sinos. *Fórum, outro mundo em debate*, n. 4, São Paulo, 2002. Disponível em: https://www1.folha.uol.com.br/folha/brasil/ult96u29003.shtml. Acesso em: 10 out. 2019.

poderes. Pautávamo-nos por uma interpretação do controle social aos moldes da apresentada por Francisco Carlos da Cruz Silva, para quem o controle das ações do Estado abrange não somente o Executivo, mas os três poderes:

> O controle do Estado, em sentido amplo, se dá de várias formas dentre as quais se pode destacar o controle do próprio poder do Estado por meio do sistema de freios e contrapesos, concebido originalmente por Montesquieu, e consubstanciado, no nosso ordenamento jurídico, pela separação dos poderes e independência dos mesmos prevista no art. 2o da Constituição Federal de 1988. Além disso, existem diversos dispositivos constitucionais que têm o objetivo de controle das ações do Estado e dos gestores públicos, nos exercícios de suas atribuições. Esse controle abrange não apenas os atos do poder executivo, mas todos os atos dos três poderes quando exercendo atividades administrativas. A finalidade do controle é garantir que a administração atue de acordo com os princípios explícitos e implícitos na Constituição Federal que são: legalidade, moralidade, finalidade pública, motivação, impessoalidade, publicidade e, mais recentemente introduzido, o princípio da eficiência. [...] A evolução nas formas de interação ou associação entre o setor privado e público exigirá modificação desses instrumentos legais com a expansão da participação da sociedade. A descentralização das atribuições do Estado impõe a necessidade de uma participação cada vez maior da sociedade no controle da administração. É o que tem sido denominado de controle social (Loureiro e Fingermann, 1992).[2]

Preocupava-nos, ainda, a emergência de um novo "império colonial" que tentava impor a *pax americana* aos infiéis do "deus-mercado", em especial, aos países emergentes que se organizavam e discutiam uma nova ordem mundial. Constatávamos que o neoliberalismo, em seu ápice, era o carrasco da justiça, cuja morte atestávamos todos os dias, quando víamos em nosso país um terço da população vivendo abaixo da linha da pobreza, crianças morrendo de fome, milhares de vidas ceifadas pela violência, milhões de desempregados, de famílias sem-terra e sem-teto e inúmeras violações dos mais básicos direitos.

Atestávamos a morte da justiça também quando as instituições do Estado se mostravam impotentes, alheias ou omissas, diante de tão cruel realidade, ou quando, simplesmente, ignoravam os clamores por mudanças vindos dos injustiçados. No livro *A Reforma do Judiciário – Uma*

---

[2] SILVA, Francisco Carlos da Cruz. Controle social: reformando a administração para a sociedade. *Organizações & Sociedade*, v. 9, n. 24, p. 115-137, 2002.

justiça para o século XXI (2004), o qual tive a honra de prefaciar, o Professor e Juiz do Tribunal Regional do Trabalho de Minas Gerais (TRT-MG) Antônio Álvares da Silva "põe o dedo na ferida", ao apontar a ineficiência do Judiciário em trazer à vida a finada justiça.

> O Judiciário brasileiro, no seu conjunto, é uma instituição envelhecida, cara e ineficiente. Trata-se de um doente que não reage mais aos remédios burocráticos comuns. É preciso submetê-lo a uma cirurgia profunda, que lhe corte os tecidos velhos e lhe permita renascer novamente no mundo da modernidade.[3]

A fim de demonstrar o esgotamento do atual modelo do Judiciário brasileiro, Álvares também recupera comentários e opiniões de diferentes operadores do direito, alguns dos quais destaco aqui.

O Desembargador Cláudio Balbino Maciel é certeiro, ao concluir que "o Judiciário não é respeitado pela população porque funciona bem para quem não tem direito e mal para quem tem direito. O Judiciário tem processos de mais e justiça de menos".[4] Por sua vez, o Ex-Ministro do Supremo Tribunal Federal (STF) Sepúlveda Pertence reconhece que "a credibilidade não resiste à exacerbação da justa insatisfação popular com a ineficiência, o custo e a lentidão do funcionamento da justiça" e acrescenta que o atual modelo do Judiciário brasileiro "já faliu".[5]

Ao apresentar uma ousada proposta de reforma do Judiciário brasileiro, Álvares considera em seu livro que a existência de mecanismos de controle externo do Judiciário é fundamental, sobretudo no Brasil, onde a escolha dos magistrados não ocorre por voto popular.

> A questão do controle externo diz respeito à legitimidade do Poder Judiciário e torna-se cada dia mais intensa, porque tem um fundamento político relevante. A Constituição diz, no art. 1º, parágrafo único: "Todo o poder emana do povo, que o exerce por meio de representantes eleitos ou diretamente, nos termos desta constituição." [...] Ora, sendo o Judiciário um Poder do Estado, e não tendo a Constituição previsto o exercício da Justiça diretamente pelo povo através de órgãos judicantes, a não ser o caso do júri – art. 5º, XXXVIII, a via constitucional de escolha dos juízes deveria ser a da eleição, tal como se faz no Poder Executivo e no Poder

---

[3] SILVA, Antônio Álvares da. *Reforma do Judiciário*: uma justiça para o século XXI. 2. ed. Belo Horizonte: Del Rey, 2004. 284 p. p. XI.

[4] SILVA, Antônio Álvares da. *Reforma do Judiciário*: uma justiça para o século XXI. 2. ed. Belo Horizonte: Del Rey, 2004. 284 p. p. X-XI.

[5] SILVA, Antônio Álvares da. *Reforma do Judiciário*: uma justiça para o século XXI. 2. ed. Belo Horizonte: Del Rey, 2004. 284 p. p. X.

Legislativo. [...] Eleições justas e livres são o instrumento da democracia para a escolha dos representantes do povo. Então, qual a razão de se excluir o Judiciário deste processo? Membros perpétuos de um poder, sem controle periódico do cidadão e dele afastados não constituem um poder legítimo. [...] Como ainda estamos longe de permitir ao povo a eleição de seus juízes, é preciso que se seja permitida alguma forma de controle sobre a magistratura, pois não se admite que um Poder aja em nome da sociedade e não seja por ela controlado.[6]

Hoje – quase duas décadas depois daquele Fórum Social Mundial –, no Brasil, o sino toca "a finados" de forma ensurdecedora. Parafraseando o conto de Hans Christian Andersen *A roupa nova do rei*, poderíamos afirmar que "a justiça está nua". O vazamento de conversas no aplicativo Telegram, entre procuradores da força-tarefa Lava Jato e o então Juiz Sergio Moro, agora ministro da justiça, demonstra que se vive no país uma situação surreal, em que a justiça é virada do avesso para atender a interesses políticos e econômicos e projetos pessoais.

O que assistimos é à realização concreta da máxima maquiavélica de que "os fins justificam os meios". O pretenso combate à corrupção é usado como justificava para flagrantes irregularidades. Com base nos diálogos vazados, o *site* jornalístico *The Intercept Brasil* e outros veículos, como *Folha de S.Paulo*, *Veja* e *El País*, escancaram, agora, as ilegalidades cometidas pela Lava Jato. Operação que não somente abriu caminho para um golpe de Estado que retirou Dilma Rousseff da presidência do Brasil, mas levou à condenação do Ex-Presidente Lula e influenciou o resultado das últimas eleições presidenciais no país, possibilitando a vitória de Jair Bolsonaro.

Muitos foram os juristas a denunciarem tal situação, antes mesmo dos vazamentos, entre os quais Lenio Luiz Streck, para quem "a moral e o moralismo" têm sido os principais "predadores do Direito" no Brasil.

Juízes e membros do Ministério Público devem fazer a coisa certa. A coisa certa é não moralizar o Direito. Direito não é política; não é religião; não é filosofia; não é moral. Abebera-se de tudo isso. Mas depois de posto, não pode ser alterado por injunções pessoais, subjetivas ou ideológicas. A democracia não pode depender de bons ou maus juízes ou procuradores. E também não pode depender da mídia. E nem do que clamam as maiorias. Aliás, a democracia tem um lema: ela é protegida pela Constituição, que é um remédio contra maiorias

---

[6] SILVA, Antônio Álvares da. *Reforma do Judiciário*: uma justiça para o século XXI. 2. ed. Belo Horizonte: Del Rey, 2004. 284 p. p. 103-106.

eventuais. Contudo, no caso Lula, algo muito estranho ao Direito foi manifestado pela Operação Lava Jato.[7]

Streck pondera, ainda, que em função de um superdimensionamento dos poderes do Ministério Público e do Judiciário, no Brasil, o sistema de *check and balances* (freios e contrapesos), que sustenta o regime democrático e garante a limitação do poder e a defesa das liberdades, se encontra fragilizado.

> Enfim, cada Poder deve atuar a partir de um conjunto de regras que impede a ascensão de superpoderes, para que nenhum destes venha assumir uma posição autoritária de reserva moral da sociedade. Mas parece que no Brasil esta fórmula institucional ainda apresenta uma enorme dificuldade para se estabelecer. E isso pode ser observado na postura de juízes e membros do Ministério Público que, num cenário de desgaste dos políticos e seus partidos, começam a se apresentar como salvadores da pátria. Aqueles que, iluminados por uma condição quase divina, começam a acreditar que foram predestinados a salvar o país da corrupção, como se suas instituições também não fossem atingidas pelos mesmos desvios que ocorrem no Executivo e no Legislativo. [...] Ou seja, no lugar de uma racionalidade jurídica inserida na tradição do constitucionalismo, que desde o início sempre esteve baseada na ideia de defesa das liberdades e limitação do poder, o que surgiu foi uma racionalidade jurídica instrumental feita *ad hoc* conforme os interesses do momento. [...] Recentes episódios envolvendo altas autoridades demonstram que o Direito brasileiro está sendo – ou já foi – traído pela moral. O mais incrível dessa situação é que a traição ocorre pelas mãos de instituições que deveriam protegê-lo: Ministério Público e Judiciário. E o caso do ex-Presidente Lula ilustra muito bem a preocupante situação.[8]

Acrescente-se a este cenário o fato de que antes dos vazamentos das conversas entre procuradores e o então Juiz Sérgio Moro, denominados "Vaza Jato", a grande imprensa brasileira simplesmente assumira o papel de divulgadora de tudo o que convinha à Lava Jato publicizar para manipular a opinião pública. Sem questionar ou investigar, o

---

[7] STRECK, Lenio Luiz. Luz, câmera, ação: a espetacularização da operação Lava Jato no caso Lula ou de como o direito foi predado pela moral. *In*: MARTINS, Cristiano Zanin; MARTINS, Valeska Teixeira Zanin; VALIM, Rafael (Coord.). *O caso Lula*: a luta pela afirmação dos direitos fundamentais no Brasil. São Paulo: Contracorrente, 2017. p. 31-49. p. 33.

[8] STRECK, Lenio Luiz. Luz, câmera, ação: a espetacularização da operação Lava Jato no caso Lula ou de como o direito foi predado pela moral. *In*: MARTINS, Cristiano Zanin; MARTINS, Valeska Teixeira Zanin; VALIM, Rafael (Coord.). *O caso Lula*: a luta pela afirmação dos direitos fundamentais no Brasil. São Paulo: Contracorrente, 2017. p. 31-49. p. 34-35.

jornalismo brasileiro, com raras exceções, abrira mão de seu papel de *watchdog*, de cão de guarda, vigilante e fiscalizador do Poder Público, para se tornar um aliado acrítico e cordato da operação. Perdia-se, desta forma, um dos importantes instrumentos de controle social em uma sociedade democrática.

Cabe aqui considerar o papel do jornalismo estabelecido pela teoria democrática, conforme descrito por um dos mais conceituados teóricos da área, o Professor Nelson Traquina:

> A teoria democrática argumenta que o jornalismo, inicialmente identificado apenas com a imprensa, deve ser um veículo de informação para equipar os cidadãos com as ferramentas virtuais ao exercício do seu direito e voz na expressão das suas preocupações – designado como a liberdade positiva do jornalismo (Christians, Ferre e Fackler, 1993). Segundo o historiador Boyce, a imprensa atuaria como um elo indispensável entre a opinião pública e as instituições governantes (Boyce, 1978: 21). A teoria democrática, na sequência da lógica "o poder põe em xeque o poder", aponta para a afirmação também de uma liberdade negativa do jornalismo – o jornalismo como guardião dos cidadãos, em que os meios de comunicação social protegem os cidadãos de eventuais abusos de poder por parte de governantes, cuja tradição, até o início do Século XIX foi de repressão e tirania. No papel de "guardião" do poder, as relações assentam, segundo os seus teóricos da democracia, numa postura de desconfiança e claramente adversarial entre jornalismo e poder político. No "tipo ideal" esboçado, os membros desta comunidade interpretativa são pessoas comprometidas com os valores da profissão em que agem de forma desinteressada, fornecendo informação, ao serviço da opinião pública e em constante vigilância na defesa da liberdade e da própria democracia.[9]

"Jogo de cartas marcadas"

Não é preciso ser um *expert* do direito para identificar as muitas irregularidades ocorridas nos processos da Lava Jato: o juiz que investiga é também o que condena; não há separação entre Judiciário e Ministério Público; vazamentos seletivos de informações, a fim de forçar delações; grampos ilegais usados como provas; cerceamento do direito de defesa.

Enfim, um "jogo de cartas marcadas" que levou a situações absurdas, como a condenação do Ex-Presidente Lula em um processo

---

[9] TRAQUINA, Nelson. *Porque as notícias são como são*. Florianópolis: Insular, 2005. p. 29.

eivado de vícios e feito às pressas, sem sustentação jurídica e com convicções no lugar de provas, como reconheceu um procurador da Lava Jato. E – imaginem! – escolhiam até quem iriam investigar.

O Jurista Eugênio José Guilherme de Aragão, procurador da República e ex-ministro da justiça, chamou a atenção para sérios problemas conceituais na ação da Força-Tarefa Lava Jato. Além de criticar o uso de um modelo teórico na investigação – que ele chamou de "castelos teóricos" –, Aragão apontou o excesso de poderes e a falta de *accountability* por parte dos atores da força-tarefa.

> Resumindo: com atores tão poderosos, muitas vezes além do que a lei lhes garante, o processo penal, para garantir os direitos do investigado/ acusado, tem que se organizar de outra forma, criando um sistema de *"check and balances"* entre os três órgãos públicos envolvidos na persecução penal. Basicamente, se a polícia, na investigação, comete algum abuso, este pode ser prontamente corrigido pelo ministério público, que exerce o controle externo da atividade policial; se o ministério público se houver além dos limites legais, recorre-se ao juiz, que devolverá o processo ao seu leito natural; e se o juiz praticar ilegalidade, tem a segunda instância para corrigi-lo. Cada um no seu quadrado. [...] Forças-tarefas que envolvem trabalho conjunto de polícia com ministério público na montagem do castelo teórico e na sua solidificação, sob a suspeita imiscuição do juiz em todas as etapas, são, por isso, inconstitucionais. Porque se os três atores públicos se mancomunam, ao invés de se controlarem sucessivamente, o jurisdicionado fica sem ter a quem recorrer contra eventuais abusos articulados. Isso viola o princípio do amplo acesso à justiça (nenhuma lesão de direito poderá ser subtraída da apreciação do judiciário) e inviabiliza a garantia do devido processo legal. Forças-tarefas podem ser legitimamente constituídas entre órgãos da mesma administração: polícia e previdência social ou polícia e receita federal, mas jamais em atuação conjunta com órgão parajurisdicional ou jurisdicional, pois quebra a dinâmica do controle sucessivo.[10]

Não bastassem tais "esquizofrenias" da investigação e do processo, enquanto a Lava Jato vendia uma imagem de imparcialidade em sua saga implacável de combate à corrupção, nos bastidores, procuradores e o Ex-Juiz Sérgio Moro fechavam os olhos para indícios de irregularidades praticados por políticos e setores econômicos. Como

---

[10] ARAGÃO, Eugênio Jose Guilherme de. O risco dos castelos teóricos do Ministério Público em investigações complexas. *In*: MARTINS, Cristiano Zanin; MARTINS, Valeska Teixeira Zanin; VALIM, Rafael (Coord.). *O caso Lula*: a luta pela afirmação dos direitos fundamentais no Brasil. São Paulo: Contracorrente, 2017. p. 51-59. p. 57-58.

os vazamentos dos diálogos no Telegram escancararam, impedir Lula de disputar as eleições era uma obsessão; um objetivo a ser atingido a qualquer preço. Já as denúncias contra o Ex-Presidente Fernando Henrique Cardoso (FHC), do PSDB, deveriam ser tratadas com muito cuidado. A ordem foi do próprio Sérgio Moro, que recomendou a Deltan Dallagnol – coordenador da Lava Jato em Curitiba – que não prosseguisse com as investigações contra o ex-presidente, a fim de não "melindrar alguém cujo apoio é importante". E FHC não foi o único a receber um tratamento diferenciado.

O nome do senador e ex-candidato à presidência Álvaro Dias, do Podemos, partido da base aliada do atual presidente, Jair Bolsonaro, foi citado pelo menos em dois episódios, como suposto beneficiário de propinas. Ele chegou a ser ouvido por Sérgio Moro sobre a acusação de trabalhar contra a CPI da Petrobras e foi acusado pelo advogado da Odebrecht Rodrigo Tacla Durán de receber R$5 milhões. Já quando um doleiro condenado pela Lava Jato tentou, durante depoimento, apontar Álvaro Dias como padrinho político de Alberto Youssef – outro doleiro também condenado –, foi advertido pelo Juiz Sérgio Moro: "A gente não está entrando nessas identificações, doutor". Álvaro Dias jamais se tornou investigado na Lava Jato.

A força-tarefa também sabia que uma empresa do atual ministro da fazenda, Paulo Guedes, havia feito pagamento a um escritório de fachada, suspeito de lavar dinheiro destinado à distribuição de propinas. Uma denúncia sobre o caso chegou a ser apresentada, mas nem o ministro, nem ninguém de sua empresa foi denunciado. No entanto, os responsáveis por outras duas empresas que participaram do mesmo esquema foram presos.

Por falar em ministros do Governo Bolsonaro, também foi poupado o da Casa Civil, Onyx Lorenzoni, que confessou publicamente ter praticado crime de Caixa 2. Em conversa com um militante de um movimento anticorrupção, Dallagnol admitiu que Lorenzoni figurava na lista dos pagamentos de Caixa 2 da construtora Odebrecht: "Já sabia, mas tinha que fingir que não sabia, o que foi na verdade bom... rs (risos)", disse. Nenhuma denúncia contra Lorenzoni foi apresentada pela Lava Jato.

São inúmeros os exemplos. O que não dizer da recusa da Lava Jato em aceitar a delação premiada do Ex-Deputado Federal Eduardo Cunha, personagem central do *impeachment* de Dilma Rousseff? A propósito, ressalte-se que o clima de suposta "limpeza" da política criado pela Lava Jato pavimentou o processo de afastamento, em 2016, de uma presidente legitimamente eleita, sob frágeis alegações de "pedaladas fiscais", as quais não figuram entre as razões constitucionais para um *impeachment*.

As irregularidades do processo – com direito até a grampos de ligações telefônicas de uma presidente da República – foram fartamente reafirmadas por juristas e, recentemente, admitidas até entre os principais atores do *impeachment*. "Alguém acha que Dilma caiu por um problema contábil?", ironizou Janaína Pascoal – autora do pedido de *impeachment* da ex-presidente – em sua conta no Twitter em 16.9.2019. No mesmo dia, Michel Temer, que se tornou presidente com a queda de Dilma Rousseff, em entrevista concedida à TV Cultura, disse com todas as palavras que a então presidente sofreu um golpe de Estado. "Eu jamais apoiei ou fiz empenho pelo golpe", afirmou, acrescentando que tentou impedir o avanço do processo do *impeachment*, após receber um telefonema do Ex-Presidente Lula.

Há que se considerar, ainda, o ódio explícito a Lula, que guiou o então Juiz Sérgio Moro e procuradores da Lava Jato, chegando ao ponto de tripudiarem sobre as mortes da esposa do ex-presidente, de seu irmão e de seu neto. Quando da morte da esposa de Lula, Marisa Letícia, em 2017, a Procuradora Jerusa Viecili ironizou no grupo do Telegram: "Querem que eu fique para o enterro?". Já sobre a ida do ex-presidente ao velório do irmão, Vavá, em janeiro de 2019, o Procurador Januário Paludo, no *chat* com os colegas, afirmou: "O safado só queria passear". Em março, verifica-se nas mensagens a mesma postura jocosa, no episódio da morte do neto de Lula, de sete anos. A Procuradora Jerusa Viecili, mais uma vez, se manifestou: "Preparem para a nova novela ida ao velório". Quando as conversas vieram à tona, a procuradora usou o Twitter para se desculpar, confirmando a autenticidade das mensagens divulgadas pelo *The Intercept*.

Sem contar que enquanto a mulher de Eduardo Cunha, Cláudia Cruz, foi absolvida, não obstante as inúmeras provas, a esposa de Lula, Marisa Letícia, se tornou ré, o que, segundo familiares, precipitou sua morte.

Nem mesmo o Supremo Tribunal Federal (STF) escapou da sanha da Lava Jato. Os diálogos vazados apontam que os procuradores ameaçavam comprometer ministros do STF e, para tanto, utilizaram ilegalmente, sem ordem judicial, informações do Conselho de Controle de Atividades Financeiras (Coaf). As conversas no Telegram deixam transparecer a intenção de tornar os ministros "reféns".

Dois pesos e duas medidas

No setor econômico, também se verifica a adoção de "dois pesos e duas medidas" pela Lava Jato. Enquanto a indústria da construção civil foi devassada pela operação, o que acarretou seu encolhimento, com a perda de centenas de milhares de empregos, o setor bancário foi poupado, ainda que por ali circule grande parte do dinheiro da corrupção.

Pelo Telegram, procuradores comentavam as movimentações bilionárias: "O Banco, na verdade os bancos, faturaram muuuuuuito [*sic*] com as movimentações bilionárias dele", disse o Procurador Pozzobon, referindo-se, segundo o *The Intercept*, ao Banco Bradesco e às movimentações de Adir Assad, um lobista condenado por lavagem de dinheiro e envolvido em diversos casos de corrupção.

Apesar de ciente do indício de lavagem de dinheiro, a Lava Jato nada fez contra o banco. Para se ter uma ideia, na proposta de delação premiada do Ex-Ministro Palocci, entregue à força-tarefa, o Bradesco aparece 32 vezes e o Banco Safra, outras 71. No entanto, a parte da delação de Palocci que se referia ao sistema financeiro foi rejeitada pelo Ministério Público.

No que se refere aos grandes bancos, a orientação de Dallagnol não era de prisões e exposições na imprensa, como ocorreu com as construtoras. Preferia recorrer a acordos. "Fazer uma ação contra um banco pedindo pra devolver o valor envolvido na lavagem, ou, melhor ainda, fazer um acordo monetário, é algo que repercutiria muito, mas muito bem", afirmou em uma das conversas.

Já para os bancos menores, a estratégia era outra, como demonstrou a prisão de três executivos do Banco Paulista, em maio de 2019. O Procurador Pozzobon, na ocasião, afirmou no grupo da Lava Jato no Telegram: "Chutaremos a porta de um banco menor, com fraudes escancaradas, enquanto estamos com rodada de negociações em curso com bancos maiores. A mensagem será passada!".

Enquanto isso, curiosamente, o Procurador Deltan Dallagnol conciliava seu trabalho na Lava Jato com palestras para altos executivos de grandes bancos, regiamente remuneradas, contrariando as regras do Ministério Público. A título de curiosidade: o tema de suas palestras era "prevenção e combate à lavagem de dinheiro".

Como se vê, a Lava Jato não escapou da lógica do "deus-mercado", aprofundada ao extremo nos últimos anos, a ponto de contaminar as instituições democráticas. Em um artigo que publiquei em 2018 discuti o tema, ao questionar os pressupostos do combate à corrupção.

Especialmente no Brasil, tem-se a sensação de que a corrupção está relacionada somente a políticos ou agentes públicos. Mas há que se superar este senso comum. Se nas denúncias atuais já pode ser verificada a participação das grandes empresas, não faltam registros históricos a demonstrar o papel preponderante dos interesses econômicos no problema. Mais do que isso, eu diria que está aí a origem da corrupção. No Brasil, a relação entre corrupção e mercado apareceu no cenário das delações premiadas da Lava Jato, com o envolvimento de grandes empresas da construção, de prestação de serviços, ou mesmo do agronegócio. E mesmo contra a vontade da força-tarefa, com os vazamentos veiculados pelo *The Intercept*, vieram à luz os esquemas envolvendo o setor bancário, evidenciando que a corrupção configura prática antiga e generalizada do mercado, que não conhece limites para maximizar seus ganhos. Mas esta não é uma situação típica do Brasil. Trata-se de um fenômeno mundial.

O Jurista Alysson Leandro Mascaro, ao analisar as relações entre direito, política e capitalismo, aponta uma ideologia jurídica que seria o espelho da ideologia capitalista.

> Pelos espaços nacionais das periferias do capitalismo, cresce, no presente momento, a utilização de mecanismos jurídicos e judiciais para estratagemas políticos e capitalizações ideológicas. Presidentes da República, como no caso do Paraguai, são alijados do poder em razão de artifícios jurídicos. No caso mais recente e talvez mais simbólico e impactante, Dilma Rousseff sofre processo de *impeachment* e é retirada do cargo presidencial no Brasil sob a acusação de crime de responsabilidade por "pedalada fiscal", um tipo penal inexistente no ordenamento jurídico brasileiro. Tal processo irrompe após anos de sangramento dos governos Lula e Dilma, mediante investigações e julgamentos judiciais de corrupção que não se estendem a políticos de partidos mais conservadores e reacionários. O palco jurídico passa a ser exposto pela imprensa tradicional com requintes de espetáculo. O direito, jogando luzes e sombra na política do presente, faz, em alguns países periféricos do capitalismo, o mesmo que processos de insurgência popular promovem nos países da chamada Primavera Árabe ou na Ucrânia: destitui partidos, grupos, classes e facções do poder, engendrando realinhamentos institucionais e reposicionando, em patamar inferior, tais países no contexto geopolítico mundial. A compreensão do papel do direito nas políticas de cada nação e na geopolítica atual exige uma mirada tanto em relação ao que o direito é estruturalmente, como forma social necessária e inexorável do capitalismo, quanto, também, àquilo que é seu talhe e sua manifestação hoje.[11]

---

[11] MASCARO, Alysson Leandro. *Crise e golpe*. São Paulo: Boitempo, 2018. 207 p. p. 147-148.

Lógica capitalista

Relatório da Global Financial Integrity, instituição internacional que monitora os fluxos de capitais, estimou que a corrupção no setor privado envolve nada menos que 25% do produto interno bruto (PIB) mundial em recursos remetidos a paraísos fiscais. O centro dessa ilegalidade é a sonegação fiscal, responsável pela evasão, no Brasil, de nada menos que RS$220 bilhões, entre 2003 e 2012, segundo estimativa do mesmo organismo. O que nos leva a concluir que a corrupção é uma "filha dileta" do mercado. E mais ainda: que a lógica do capitalismo só se sustenta com a corrupção.

Conforme aponta o editor do jornal *Le Monde Diplomatique* (Brasil), Silvio Caccia Bava, em artigo sobre o relatório publicado em 2017, furando o bloqueio midiático, alguns escândalos internacionais de corrupção no mercado tiveram grande visibilidade. Em 2010, veio à tona a manipulação da taxa Libor (*London Interbank Offered Rate*). Referência para um mercado de US$350 bilhões em ativos e derivados financeiros, no período entre 2005 e 2010, ela foi manipulada por um grupo de 18 bancos, entre os quais UBS, Barclays, Rabobank (Holanda) e o Royal Bank of Scotland. A taxa Libor determina a recuperação dos empréstimos a bancos e precifica os juros pagos pelo setor produtivo e por consumidores, sendo que sua manipulação garantiu ganhos "astronômicos" aos grandes bancos.

Outro escândalo internacional foi a denúncia, em 2015, de fraude da Volkswagen nos resultados de controle de emissão de poluentes de motores a diesel. A fraude envolveu 11 milhões de veículos. Tanto esse episódio como o da taxa Libor foram alvos de processos judiciais, mas em nenhum dos dois casos se aventou a possibilidade de falência das empresas. Foram punidas, mas sobreviveram no mercado.

Situação bem diferente da que assistimos no Brasil, onde a pretexto de combater a corrupção, tentam quebrar empresas nacionais, ceifando inúmeros postos de trabalho e engrossando um exército de desempregados, hoje com mais de 13 milhões de brasileiros.

Em artigo publicado no *Jornal dos Economistas*, em agosto de 2019, o professor do Instituto de Economia da Universidade Federal do Rio de Janeiro (UFRJ) e Coordenador do Grupo de Estudos de Economia e Política (GEEP) do Instituto de Estudos Sociais e Políticos (Iesp), Luiz Fernando de Paula, e o doutorando de Ciências Políticas do Iesp/UERJ, Rafael Moura, apontam impactos da Operação Lava Jato no desmonte da engenharia e infraestrutura do país.

Segundo os pesquisadores, os principais efeitos da crise foram sentidos no setor da construção civil, com a drástica redução dos investimentos estatais em função da Lava Jato e a retração aguda das atividades. Entre 2014 e 2017, o setor registrou saldo negativo, entre contratações e demissões, de 991.734 vagas formais.

No setor petrolífero, as denúncias da Lava Jato, em meio a uma forte queda no preço da *commodity*, afetou os resultados financeiros da Petrobras, com prejuízos líquidos de R$26,6 bilhões no último trimestre de 2014 e de R$36,9 bilhões no último trimestre de 2015. A crise levou a uma queda brutal nos investimentos da empresa, que caíram de US$48,826 milhões em 2013 para US$15,084 milhões em 2017: uma retração de quase 70%. A redução das atividades teve como consequência o corte de postos de trabalho no Sistema Petrobras, reduzidos de 86.108 para 68.829, entre 2013 e 2016. Já no que tange aos terceirizados, a queda no mesmo período foi ainda maior: de 360.180 trabalhadores para 117.555. Ou seja, em quatro anos, a cadeia produtiva direta da empresa perdeu quase 260 mil postos de trabalho formais e informais.

A crise no setor em função do escândalo envolvendo a Petrobras soma-se à política privatista dos dois últimos governos (Temer e Bolsonaro), que acarretou a venda maciça de refinarias e ativos da estatal. Conforme apontam os economistas da UERJ, a Petrobras se desfez de 90% de seus ativos relativos a uma rede de dutos do Sudeste – Nova Transportadora Sudeste (NTS) – adquiridos pelo grupo canadense Brookfield. Também vendeu a rede de gasodutos e transportes nas regiões Norte e Nordeste – TAG – para o grupo francês Engie.

> Em síntese, o segmento de petróleo e gás foi a ponta de lança do processo de desestruturação econômica e desmonte da engenharia e infraestrutura do Brasil; acentuando uma tendência grave de desnacionalização de nossas atividades produtivas no geral. A desestruturação desses dois setores – construção civil e petróleo/gás – contribuiu sobremaneira, por um lado, para o aprofundamento da crise econômica a partir de 2015, da qual não nos recuperamos até momento; de outro, levou à desestruturação de alguns dos poucos setores em que o capital doméstico era forte e competitivo a nível internacional. Não é pouca coisa.[12]

Tudo isso para atender aos interesses de multinacionais dos chamados países desenvolvidos, liderados pelos Estados Unidos, que,

---

[12] PAULA, Luiz Fernando de; MOURA, Rafael. A Lava Jato e a crise econômica brasileira. *Jornal dos Economistas*, n. 360, p. 5-6, ago. 2019. p. 6. Disponível em: https://www.corecon-rj. org.br/anexos/C1D017FCEE732F4E1B9B4E13C46AD36E.pdf. Acesso em: 28 out. 2019.

sabe-se, é a fonte da Lava Jato. Lá ela foi planejada e de lá – da CIA e da NSA – vêm as estratégias e as informações que norteiam a operação. Nunca foi sobre combate à corrupção. Interessa, sim, internacionalizar o mercado no Brasil, deixando o campo livre para as empresas norte-americanas e de outros países do chamado primeiro mundo.

Sem controle público ou social

Neste contexto, é preciso considerar a concentração mundial do capital, a partir de 2008, nas mãos de alguns grupos econômicos, cujos faturamentos anuais são maiores que o PIB de muitos países. Conforme afirma Bava no citado artigo do *Le Monde Diplomatique* (Brasil), os 20 maiores grupos financeiros, por exemplo, manejam, em média, US$1,8 trilhão/ano. Entre eles, estão JP Morgan Chase, Bank of America, Citygroup, HSBC, Deutsche Bank, Santander, Goldman Sachs e outros, com um balanço que somou mais de US$50 trilhões em 2012, enquanto o PIB mundial foi de US$73 trilhões. Esse pequeno e seleto grupo de entidades financeiras controla no mundo algo em torno de 68% do fluxo mundial de recursos.

Em conformidade com a lógica do neoliberalismo, os grandes grupos financeiros não se submetem ao controle público ou social. Pelo contrário, são eles que acabam dirigindo as finanças e a arrecadação dos países. Não faltam exemplos disso no Brasil, onde ex-dirigentes ou ex-funcionários de grandes bancos e do mercado financeiro ocuparam cargos importantes na economia. Foi o caso de Armínio Fraga, no Governo Fernando Henrique, Joaquim Levy, no Governo Dilma Rousseff, Henrique Meirelles, nos governos Lula e Temer.

Na Europa não é muito diferente. Ajustes estruturais, como na Grécia, em Portugal e Itália, tiveram à frente dirigentes que passaram pelo Goldman Sachs, um dos mais agressivos bancos internacionais de investimentos. E nem os Estados Unidos escapam. À época da crise financeira do mercado imobiliário, em 2008, o secretário do tesouro daquele país era Henry Paulson, ex-CEO do Goldman Sachs. À frente da economia americana, ele mobilizou centenas de bilhões de dólares do tesouro nacional para salvar os grandes bancos.

No que tange ao Brasil, há que se lembrar que por trás de uma estratégia de desmonte da economia brasileira, bem como de toda a América Latina, estava uma reação à ameaça à ordem vigente. Um movimento de autopreservação do "mercado", ante uma guinada à esquerda que acontecia "no lado debaixo do Equador".

Obviamente, não seriam admitidas passivamente pelos maiores atores internacionais do capitalismo iniciativas como a criação do Mercosul e da Unasul. Ou, ainda, o protagonismo do Brasil na criação de um banco, com parceiros do Brics (grupo político de cooperação integrado por Brasil, Rússia, Índia, China e África do Sul), não interessava, pois a lógica de tais setores pressupõe a subordinação dessas nações às "regras" do mercado internacional.

Qual seria a saída? Uma renomada revista de economia inglesa, de perfil conservador, a *The Economist*, em um editorial intitulado *True progressivism*, apontou como caminho que os Estados readquiram o poder de controlar o grande capital. Posição importante, tendo em vista que não vem da esquerda e, ainda assim, contraria a doutrina neoliberal.

A *The Economist* foi além, ao considerar que o fim da corrupção passa por uma mudança radical, que inclui: o enfrentamento da desigualdade; uma legislação internacional de taxação do fluxo de capitais; o fim dos paraísos fiscais; e o fracionamento das grandes corporações transnacionais em empresas menores, passíveis de controle pelo Poder Público. Avanço ainda mais: e mais do que o controle público, penso ser necessário que se crie instrumento de controle social de tais organizações.

Quem controla o poder?

Voltando ao Brasil, o submundo da Lava Jato revelado pelas mensagens vazadas demonstra que a operação se tornou praticamente uma organização, cujo objetivo era "emparedar" o país. Hoje, pode-se constatar que a Lava Jato jamais foi imparcial, como requer o devido processo legal. Ela tinha um lado e um propósito claro: evitar a reeleição de Lula, desmontar o PT e eleger um governo de caráter conservador. Cada vez mais encurralado, o Supremo Tribunal Federal não reagiu à altura e todo o sistema jurídico brasileiro foi colocado em xeque.

O resultado nós assistimos hoje. Temos um governo de extrema direita e com traços neofascistas, que vende o patrimônio nacional "a preço de banana", pratica o nepotismo às claras, afronta líderes de outros países e, totalmente despreparado, faz do Brasil uma piada mundial. Um governo que propicia a destruição da Amazônia, e retira os direitos dos trabalhadores por meio de absurdas reformas, trabalhista e da previdência, que beneficiam somente os empresários. Vivemos no Brasil uma era de desmonte dos direitos.

Tudo isso nos leva a perguntar: quem controla os poderes no Brasil? Parece-nos que o caráter republicano do sistema de governo brasileiro corre sério risco. Montesquieu, em seu *O espírito das leis*, divide os três modelos de governo em republicano, monárquico e despótico. Para ele, se na monarquia o poder é representado por apenas uma figura, mas regrado por leis fixas e estabelecidas, e no absolutismo o déspota ignora a instituição de normas, governando por seu próprio arbítrio, na república, o povo, ou ao menos parte dele, exerce diretamente o controle do Estado.

No Brasil, pelo contrário, o povo tem sido alijado dos processos que decidem os rumos do país. Além da manipulação da opinião pública, por meio das *fake news* e da cooptação da grande imprensa, chega-se ao ponto de se decidir quem concorre às eleições. Poucas vezes no país o sistema de *check and balances* (freios e contrapesos), proposto por Montesquieu como base da teoria democrática, esteve tão fragilizado.

Montesquieu acreditava que para afastar governos absolutistas e evitar a produção de normas tirânicas, seria fundamental estabelecer a autonomia e os limites de cada poder: Executivo, Judiciário e Legislativo. O princípio apresentado por ele é o de que somente o poder controla o poder, por isso, o sistema de freios e contrapesos. Nele, cada poder é autônomo e exerce determinada função, mas deve ser controlado pelos outros poderes, a fim de que não cometa abusos e seja mantido, assim, o equilíbrio. Absolutamente, não é ao que assistimos hoje no Brasil.

Parece evidente que somente a mobilização e participação social será capaz de recuperar tal equilíbrio. É bem verdade que, desde que começou a ser articulado o golpe contra Dilma Rousseff, movimentos sociais, sindicais e populares com perfil de esquerda se mobilizaram e saíram às ruas em defesa da democracia. Na outra ponta, surgiram no país movimentos de caráter conservador, seduzidos pela proposta midiática da Lava Jato de "combate à corrupção".

Agora, no entanto, quando vêm à tona as irregularidades e desmandos da Lava Jato e o Governo Bolsonaro revela a sua verdadeira face, o que se percebe é, de um lado, entre parte dos conservadores, certa apatia, provocada pela decepção e vergonha. Do outro, entre os movimentos de esquerda, certa desorientação sobre que rumos tomar, e a descrença, diante de tamanho "desgoverno". Considere-se, ainda, que o Brasil vive um processo acelerado de militarização do setor público, que supera até o período da ditadura militar. Hoje, 150 integrantes das forças armadas ocupam cargos de proa no Executivo federal. Mesmo com o desgaste do governo, há uma direita fascista, radicalizada e homofóbica, que defende até golpe militar, como a volta do AI5 (Ato

Institucional nº 5), com uma pauta moral de costumes conservadores, e que se organiza inclusive com grupos paramilitares, como os milicianos no Rio de Janeiro, recentemente envolvidos com a morte da Vereadora Marielle Franco, do PSOL.

Ideologias à parte, o momento é de mobilização de todos os setores da sociedade, na luta pela democracia brasileira e contra os abusos de poder. Para tanto, o controle social faz-se fundamental. Como afirmou Silvio Caccia Bava no citado artigo:

> [...] a democracia que temos e suas instituições foram capturadas pelo poder econômico e deixaram de defender o interesse público. Resgatar a democracia e recuperar o controle político e democrático sobre a economia torna-se o grande desafio do presente [...]. Os sentidos da democracia continuam em disputa e as mobilizações sociais contra a destituição de direitos são cada vez mais importantes. Democracia e direitos sociais são irmãos gêmeos.[13]

Que ressoem os sinos, então; mas não mais "a finados". O toque deve ser o do despertar da sociedade e, talvez, seja isto o que começa a acontecer. O grande dilema é saber por quem esses sinos dobram insistentemente. Quais são e quais serão os sujeitos históricos que emergirão neste momento, de retomada de valores generosos e de profundo senso de justiça? O Professor Gonçal Mayos, no livro *Homo obsoletus: precariedade e desempoderamento na turboglobalização*, após apresentar o paradigma dos dois labirintos que atormentam a sociedade atual – o labirinto clássico e o labirinto do deserto –, nos aponta algumas pistas no epílogo de sua obra:

> Para isso, contornando o abismo ao qual parecemos condenados, teremos que construir novas formas sociais de vida coletiva e individual e renovar instituições políticas, ideológicas e antropológicas. Também teremos que criar novas subjetivações, mentalidades, culturas, ideais e adaptações existenciais.[14]

Precisamos apontar alternativas, caminhos, veredas, para sairmos desse labirinto de retrocessos, de intolerâncias e negação de direitos, e enfrentarmos os "minotauros" do fascismo, inimigos da democracia,

---

[13] BAVA, Silvio Caccia. Editorial. As grandes empresas e a corrupção. *Le Monde Diplomatique*, ed. 117, 3 abr. 2017. Disponível em: https://diplomatique.org.br/as-grandes-empresas-e-a-corrupcao/. Acesso em: 14 set. 2019.

[14] MAYOS, Gonçal. *Homo obsoletus*: precariedade e desempoderamento na turboglobalização. Barcelona: Linkgua, 2019. p. 112.

da liberdade e da vida em plenitude. Com o objetivo de concretizar a profecia de Amós, de "que o direito corra como a água e a justiça como um rio caudaloso" (Am, 5, 24), e ainda nos inspirando nas reflexões do professor Mayos, destacamos algumas diretrizes fundamentais: "edificar uma nova cultura comum"; "a reconstrução de velhos laços comunitários"; "aprender a viver ecológica e sustentavelmente"; "separar o viver novamente, do incessante trabalhar ou do consumo bulímico"; "recuperar atividades conduzidas pela cura e a solidariedade coletiva"; "escrutinar, seguir, confiar e deixar-se guiar pelas novas gerações". E, finalmente, como estamos aprendendo no Brasil, em um lema que se tornou refrão de todos os homens e mulheres de boa vontade que trilham este labirinto do deserto: "ninguém solta a mão de ninguém".

Referências

ANDRADE, Durval Ângelo. O sino e a Justiça. Prefácio. *In*: SILVA, Antônio Álvares da. *Reforma do Judiciário*: uma justiça para o século XXI. 2. ed. Belo Horizonte: Del Rey, 2004.

ANDRADE, Durval Ângelo. *Tempos de esperança*: escritos políticos. Belo Horizonte: Primus, 2017. 322 p.

ARAGÃO, Eugênio Jose Guilherme de. O risco dos castelos teóricos do Ministério Público em investigações complexas. *In*: MARTINS, Cristiano Zanin; MARTINS, Valeska Teixeira Zanin; VALIM, Rafael (Coord.). *O caso Lula*: a luta pela afirmação dos direitos fundamentais no Brasil. São Paulo: Contracorrente, 2017. p. 51-59.

BAVA, Silvio Caccia. Editorial. As grandes empresas e a corrupção. *Le Monde Diplomatique*, ed. 117, 3 abr. 2017. Disponível em: https://diplomatique.org.br/as-grandes-empresas-e-a-corrupcao/. Acesso em: 14 set. 2019.

CARVALHO, Jailton de. Procuradores da Lava-Jato rejeitam proposta de delação de Eduardo Cunha. *O Globo*, 15 ago. 2017. Disponível em: https://oglobo.globo.com/brasil/procuradores-da-lava-jato-rejeitam-proposta-de-delacao-de-eduardo-cunha-21708755. Acesso em: 14 set. 2019.

FILHO, João. A turma protegida pela lava jato: bancos, FHC, Guedes, Álvaro Dias e Onyx. *The Intercept Brasil*, 25 ago. 2019. Disponível em: https://theintercept.com/2019/08/25/lava-jato-fhc-guedes-alvaro-dias-onyx-bolsonaro/. Acesso em: 14 set. 2019.

MARTINS, Cristiano Zanin; MARTINS, Valeska Teixeira Zanin; VALIM, Rafael (Coord.). *O caso Lula*: a luta pela afirmação dos direitos fundamentais no Brasil. São Paulo: Contracorrente, 2017. 313 p.

MASCARO, Alysson Leandro. *Crise e golpe*. São Paulo: Boitempo, 2018. 207 p.

MAYOS, Gonçal. *Homo obsoletus*: precariedade e desempoderamento na turboglobalização. Barcelona: Linkgua, 2019.

MELLO, Igor; SABÓIA, Gabriel; RIBEIRO, Silvia; BIANCHI, Paula. Procuradores da Lava Jato ironizam morte de Marisa Letícia e luto de Lula. *UOL*, 27 ago. 2019. Disponível em: https://noticias.uol.com.br/politica/ultimas-noticias/2019/08/27/lava-jato-morte-marisa-leticia-lula.htm. Acesso em: 14 set. 2019.

PAULA, Luiz Fernando de; MOURA, Rafael. A Lava Jato e a crise econômica brasileira. *Jornal dos Economistas*, n. 360, p. 5-6, ago. 2019. Disponível em: https://www.corecon-rj. org.br/anexos/C1D017FCEE732F4E1B9B4E13C46AD36E.pdf. Acesso em: 28 out. 2019.

RODRIGUES, Douglas. 48% dos que conhecem Dallagnol acham que ele deveria ser afastado da Lava Jato. *Poder 360*, 28 ago. 2019. Disponível em: https://www.poder360. com.br/pesquisas/48-dos-que-conhecem-dallagnol-acham-que-deveria-ser-afastado-da-lava-jato/. Acesso em: 14 set. 2019.

SARAMAGO, José. Da justiça à democracia, passando pelos sinos. *Fórum, outro mundo em debate*, n. 4, São Paulo, 2002. Disponível em: https://www1.folha.uol.com.br/folha/brasil/ult96u29003.shtml. Acesso em: 10 out. 2019.

SICSÚ, João; PAULA, Luiz Fernando de; MICHEL, Renaut. Por que um novo-desenvolvimentismo. *Jornal dos Economistas*, n. 186, p. 3-5, 2005.

SILVA, Antônio Álvares da. *Reforma do Judiciário*: uma justiça para o século XXI. 2. ed. Belo Horizonte: Del Rey, 2004. 284 p.

SILVA, Francisco Carlos da Cruz. Controle social: reformando a administração para a sociedade. *Organizações & Sociedade*, v. 9, n. 24, p. 115-137, 2002.

STRECK, Lenio Luiz. Luz, câmera, ação: a espetacularização da operação Lava Jato no caso Lula ou de como o direito foi predado pela moral. *In*: MARTINS, Cristiano Zanin; MARTINS, Valeska Teixeira Zanin; VALIM, Rafael (Coord.). *O caso Lula*: a luta pela afirmação dos direitos fundamentais no Brasil. São Paulo: Contracorrente, 2017. p. 31-49.

TAJRA, Alex. Procuradora da Lava Jato pede desculpas a Lula por ironizar morte de Marisa. *UOL*, 27 ago. 2019. Disponível em: https://noticias.uol.com.br/politica/ultimas-noticias/2019/08/27/procuradora-da-lava-jato-pede-desculpas-a-lula-por-ironizar-morte-de-marisa.htm. Acesso em: 14 set. 2019.

TRAQUINA, Nelson. *Porque as notícias são como são*. Florianópolis: Insular, 2005.

Informação bibliográfica deste texto, conforme a NBR 6023:2018 da Associação Brasileira de Normas Técnicas (ABNT):

ANDRADE, Durval Ângelo. A morte da justiça. *In*: ANDRADE, Durval Ângelo; MAYOS SOLSONA, Gonçal; HORTA, José Luiz Borges; MIRANDA, Rodrigo Marzano Antunes (Coords.). *A sociedade do controle?*: macrofilosofia do poder no neoliberalismo. Belo Horizonte: Fórum, 2022. p. 337-357. ISBN 978-65-5518-260-6.

POSFÁCIO

DO HIPERCONTROLE DO ESTADO
AO DESCONTROLE PESSOAL

Ao voltar de Barcelona, como sempre reenergizados pela riqueza dos debates que, desde 2010, o encontro com Gonçal Mayos e a Facultat de Filosofia da Universitat de Barcelona nos proporciona – reputada, com justiça, uma das melhores faculdades de filosofia do mundo –, não poderíamos imaginar as experiências que 2020, esse marco único na história da humanidade, nos traria.

Pela primeira vez na história humana, o fetiche ilustrado com a ciência submete *Urbi et Orbi*, faz calar religiões no mundo todo, faz cessar a vida e a economia em todas as partes, desafiando de modo inédito todas as estruturas de poder – político, econômico, social, cultural, religioso – existentes em todas as civilizações planetárias.

As ruas abandonadas em todo o planeta representaram, paradoxalmente, a firme retomada delas pelos poderes públicos, à frente suas forças policiais, fazendo-nos lembrar, em escala global, as razões pelas quais os filósofos contratualistas queriam crer no Estado como um compromisso necessário de todos para com todos, sem o qual comunidade alguma sobreviveria. Essa retomada não foi lockeana ou rousseauneana, mas a mais seca, fria e cortante possível: em meio ao caos, é Hobbes quem pareceu ser a referência óbvia do contratualismo covideano. *Salva minha vida, Senhor meu Senhor, ainda que não a minha liberdade.*

Diante do pavor do inimigo microscópico, a relativização da liberdade conquistada foi o caminho óbvio de recuperação rápida e inequívoca do poder soberano – que os debiloides neoliberais bradaram e vociferaram morto desde a Queda do Muro, sem perceber que, mundo afora, o Estado se preparava para a volta triunfal: uma volta que não se dera nem em 2001, nem em 2008, nem com os Brics, mas que agora, francamente, só será ignorada por intelectuais ainda mais venais que os que, nestas décadas recentes, alugaram suas vozes para o mercado transnacional.

O Estado voltou. Soberano, intrépido e faceiro. De certa forma coerente com a urgência e os riscos do tempo, assumiu faceta *hipercontroladora*, invadindo sem cerimônia a vida social e abolindo os espaços públicos. Ao retrocesso imposto pelos neoliberais – que haviam feito a cidadania recuar da vida no Estado à vida no mercado – o Estado contrapôs retrocesso ainda mais duro: nem Estado, nem mercado, *seu mundo é seu lar.*

Confinar os outrora cidadãos em seres privados, cuja vida se restringe ao orbe familiar, e os limites se confundem com os da propriedade privada, teve três consequências autoevidentes. Em primeiro lugar, forçou as famílias ao convívio e à reconciliação de seus pequenos conflitos, assumidos, a partir da pandemia, como conflitos insignificantes diante do problema mundial apresentado – ou seja, trouxe a família para a sua realidade proporcional, quitando inúmeras desavenças que agora, mas só agora, soubemos serem tão menores.

Em segundo lugar, desnudou explícita e agressivamente a *desigualdade* efetiva existente no planeta e em cada nação entre ricos e pobres, especialmente na chave moradores-submoradores, verificadas as notáveis diferenças entre os meios de resistir ao contágio em uma moradia com um quarto para cada morador e uma submoradia com um cômodo único para uma família inteira. Quando metros quadrados passam a ser necessários por pessoa, a densidade habitacional de uma região degradada (ou não *gentrificada* – essa palavra demonizada, mas que quer precisamente dizer urbanizar de modo apropriado uma região) prova a crueldade da vida sub-humana que muitos e muitas levam, dependurados pelo mundo em palafitas, cavernas, favelas, beira-rios, ocupações, marquises, caixas eletrônicos, albergues de acolhimento.

Em terceiro lugar, o confinamento e o isolamento social contrariam de tal maneira a característica central do humano – a *politicidade,* a vida política – que em regra o *autocontrole,* necessário para o enfrentamento solitário ou em âmbito privado de tais circunstâncias, faltou-nos a todos e todas, em inúmeros momentos. *Sofremos, e muito, e desesperadamente.* O bálsamo religioso, sem o qual o homem jamais sobrevivera, foi proibido expressamente e insulado na fé, que sem a religião raramente se aviva. O abraço, que para brasileiros é razão de ser, método de viver e tarefa diária, foi abruptamente vedado, lançando-nos a uma solidão inédita e, sem meias palavras, *enlouquecedora.*

Como pessoas, ademais com dramas familiares sendo enfrentados e problemas econômicos brotando a todo canto, *o hipercontrole externo produziu um descontrole interno inadministrável*, em relação ao qual não temos esperanças: só programamos para o ano distopias.

Somos homens e mulheres *descontrolados da porta de casa para dentro, e hipercontrolados da porta de casa para fora*. A mediar hipercontrole e descontrole, a sempre misteriosa nuvem do virtual, em que o mercado se tornou tamanhamente hábil a ponto de intuir e induzir nossa vontade e nossos desejos a partir dos algoritmos e da *hipervigilância digital*, com a qual generosamente contribuímos, postando tudo que mais interessa sobre nós.

Bilhões de pessoas são acessíveis a nós – mas só virtualmente. Podemos até fazer o mais íntimo possível com elas – e Rita Lee nos estimula a meditar se é amor ou sexo – mas só em vídeo e áudio, e só na nuvem. Podemos fazer política e manifestações, mas somente nas vias digitais de propriedade dos magos do Vale do Silício – sair às ruas necessariamente implicará ampliar as curvas de contágio e morte. Podemos produzir intelectualmente, mas na fragmentação imposta pelo tempo, que só nos aceita desafetados uns dos outros – sem afeto, sem afeição, sem demonstrações públicas de afeto.

O Brasil comemorou há anos atrás o beijo dado, no último capítulo de uma novela das nove, entre Félix e seu carneirinho – Matheus Solano e Thiago Fragoso, em *Amor à vida*, de Walcyr Carrasco. Era o primeiro beijo gay em novelas de nossa história. Em alguns anos, comemoraremos a volta dos beijos às novelas, pelo que se anuncia hoje – não dos beijos gays, mas de quaisquer beijos. Que será de nós, sem os beijos apaixonados das novelas?

Nosso livro, construído ainda em Barcelona – e para cuja publicação concorreram tanto os pensadores que aqui se reúnem, como antes na Catalunha, aos quais agradecemos na pessoa de João Pedro Braga de Carvalho, quanto a Casa Editorial que nos acolhe, pelas mãos do Editor Luís Cláudio Rodrigues Ferreira, a quem tanto devemos –, intui muito do que a *sociedade do (des)controle* anuncia ser. Não temos as respostas: temos as dúvidas.

A cultura ocidental é, aliás, a cultura da dúvida, e é por perguntarmos que pudemos avançar tanto. Tanto, que às vezes damos aparentes passos para trás. Aparentes, sim; *enquanto nos lembrarmos de que sabemos da liberdade, da política, do carinho e dos abraços, a ausência deles é uma loucura de que vamos duvidar e contra a qual vamos lutar*, sempre.

Não devemos temer nem uma nem outra: nem a loucura da esperança na história (e na razão) nem a luta que ela nos instiga.

Nuvens da Serra do Curral das Minas Gerais,
invernos de 2020 e 2021.

Professor José Luiz Borges Horta
Professor Titular de Teoria do Estado na UFMG.

SOBRE OS AUTORES

Azula Marina Couto Marinho
Licenciada e Bacharel em Geografia – PUC Minas (2007). Especialista em Estudos sobre Segurança Pública e Criminalidade – Crisp/UFMG (2008-2010). Mestre em Ciências Sociais – PUC Minas (2012). Doutora em Ciências Sociais – PUC Minas (2016), com Pós-Doutorado em Políticas Sociais – Uenf (2017-2018).

Borja Muntadas Figueras
Doctor en Filosofía Contemporánea (UB), Licenciado en Filosofía (UB) y Graduado en Ciencias Económicas y empresariales (UPC). Profesor de Filosofía Moderna y Contemporánea en La Salle, Universidad de Barcelona y Universidad Oberta de Catalunya. Ha publicado Inmediatez. Capitalismo y vidas aceleradas. Chiado Editorial. Lisboa, 2016 y La jaula del tiempo. Aspectos sociopolíticos y jurídicos de la aceleración contemporánea. LAECC Editorial. Uberlandia, 2020, en colaboración con A. Mayos y A. Walmott. Coordina el Laboratorio Capitalismo y Temporalidad, en el que se imparten cursos y seminarios. Profesor invitado en la Universidad Federal de Uberlandia.

Carola Maria Marques de Castro
Doutoranda em Filosofia pela Universidade do Porto (2019). Mestre em Direito pela Universidade Federal de Minas Gerais, sob orientação do Prof. Dr. José Luiz Borges Horta (2017). Bacharel em Ciências do Estado pela FDUFMG (2015).

Durval Ângelo Andrade
Conselheiro-Corregedor do Tribunal de Contas do Estado de Minas Gerais (TCE-MG). Já foi deputado estadual e presidente da Comissão de Direitos Humanos da Assembleia Legislativa de Minas Gerais (ALMG). Formado em Contabilidade, graduado em Filosofia, Teologia, Pedagogia e Especialista em Educação pela UFMG, é professor aposentado das redes públicas e privada de ensino. Atua também como assessor de movimentos de base da Igreja católica e do Centro Nacional de Fé e Política Dom Helder Câmara (Cefep), e da Coordenação do MNFP (Movimento Nacional de Fé e Política). Tem também atuação destacada na FBAC (Fraternidade Brasileira das APACs). É autor de vários livros, percorrendo estilos e temas variados, como direitos humanos, política, religião, educação, cidadania, direito e participação popular.

Franky Boffi
Nascido em Buenos Aires em 1976 e residente em Barcelona desde 1999. Professor de Filosofia no ensino básico, médio e universitário. Doutorando do programa "Filosofía Contemporánea y Estudios Clásicos" da Universitat de Barcelona.

Gabriel Niquini Mota
Graduando em Ciências do Estado pela Universidade Federal de Minas Gerais. *E-mail*: gniquini@live.com.

Gilberto Pinto Monteiro Diniz
Mestre e Doutor em Direito pela Faculdade de Direito da Universidade Federal de Minas Gerais – UFMG. Conselheiro do Tribunal de Contas do Estado de Minas Gerais.

Gonçal Mayos Solsona
Professor titular de filosofia da Universitat de Barcelona e coordenador do doutorado Ciudadanía y Derechos Humanos, Ética y Política. É diretor dos grupos de pesquisa GIRCHE (Grupo Internacional de Investigación Cultura, História e Estado) e OPEN-PHI (Open Network for Postdisciplinarity and Macrophilosophy) e consultor de Humanidades da UOC. É membro do Seminário de Filosofia Política da UB e do projeto de pesquisa "Control social: politica, filosofia y nuevas culturas" (PGC2018-101145-B-I00) do Ministerio de Ciencia, Innovación y Universidades. Dirige as páginas acadêmicas http://www.ub.edu/histofilosofia/gmayos/ e http://goncalmayossolsona. blogspot.com/. Entre as publicações de Gonçal Mayos destacam os livros *Turbohumanos; La jaula del tiempo; Homo obsoletus; Interdisciplinaridade e interconstitucionalidade; Macrofilosofia della Globalizzazione e del pensiero unico; Violaciones de derechos humanos, poder y estado; Macrofilosofía de la Modernidad; Postdisciplinariedad y desarrollo humano; Hi ha una nova política?; Interrelación filosófico-jurídica multinivel; La sociedad de la ignorancia; Hegel. Dialéctica entre conflicto y razón; La Ilustración; Ilustración frente a Romanticismo; Entre lògica i empíria.*

Hugo Rezende Henriques
Professor na Faculdade de Direito da Universidade Federal de Uberlândia. Bacharel em Biologia pela Universidade Federal de Minas Gerais. Bacharel em Direito pela Faculdade de Direito de Ribeirão Preto da USP. Mestre em Biologia pela Universidade de São Paulo. Mestre em Direito pela Faculdade de Direito de Ribeirão Preto da USP. Doutor em Direito pela Faculdade de Direito da UFMG. Membro do Grup Internacional de Recerca 'Cultura, Història i Estat' (GIRCHE), coordenado pelos professores Dr. Gonçal Mayos Solsona (Universitat de Barcelona) e José Luiz Borges Horta (UFMG). Contato: hugorezende20@yahoo.com.br.

João Batista Miguel
Doutorando em Direito pela Universidade Federal de Minas Gerais, sob orientação do Professor Dr. José Luiz Borges Horta. Mestre em Direito pela Universidade Federal de Minas Gerais. Especialista em Formação Política para Cristãos pela Pontifícia Universidade Católica do Rio de Janeiro. Licenciado em Filosofia pelo Instituto São Tomás de Aquino de Belo Horizonte. Assessor do Centro Nacional de Fé e Política Dom Helder Câmara (Cefep/CNBB). Foi vereador; foi secretário de estado adjunto de Cultura de Minas Gerais; foi frade

SOBRE OS AUTORES | 365

agostiniano e secretariou o Bispo Dom Pedro Casaldáliga, no ano de 2013. *E-mail*: joaomiguel@ufmg.br.

João Pedro Braga de Carvalho
Graduando em Ciências do Estado pela Universidade Federal de Minas Gerais. Contato: joaopedrobcarvalho@gmail.com.

José Luiz Borges Horta
Professor Titular de Teoria do Estado na Faculdade de Direito da Universidade Federal de Minas Gerais (UFMG). Mestre em Direito Constitucional (UFMG, 1999). Doutor em Filosofia do Direito (UFMG, 2002), com Pós-Doutorado em Filosofia pela Universitat de Barcelona (2010-2011). Membro da Sociedade Hegel Brasileira e do Grupo de Trabalho (GT) Hegel da Anpof. Coordenador (desde 2005, ao lado de Joaquim Carlos Salgado) do Grupo de Pesquisa dos Seminários Hegelianos e (desde 2011, ao lado de Gonçal Mayos Solsona) do Grupo Internacional de Pesquisa em Cultura, História e Estado. *E-mail*: zeluiz@ufmg.br.

Leandro de Oliveira Batista
Mestrando em Direito pela Universidade Federal de Minas Gerais, sob orientação do Professor Dr. José Luiz Borges Horta. Bacharel em Direito pela Pontifícia Universidade Católica de Minas Gerais. *E-mail*: lobatista@outlook.com.

Paulo Roberto Cardoso
Professor de Ciências do Estado na Universidade Federal de Minas Gerais. Doutor e Mestre em Direito pela UFMG. Especialista em Temas Filosóficos pela UFMG. Membro da Sociedade Hegel Brasileira e do Grupo de Pesquisa dos Seminários Hegelianos (UFMG). *E-mail*: cardosopauloroberto@yahoo.com.br.

Raphael Machado de Castro
Graduando em Direito pela Universidade Federal de Minas Gerais. Contato: raphamachado97@gmail.com.

Raphael Silva Rodrigues
Doutorando em Direito pela Universidade Federal de Minas Gerais – UFMG e pela Universidad Argentina John F. Kennedy – UAJFK. Mestre em Direito pela UFMG. Especialista (pós-graduado *lato sensu*) em Direito Tributário pela Pontifícia Universidade Católica de Minas Gerais – PUC Minas. Possui Graduação em Direito pelo Centro Universitário de Belo Horizonte – UNIBH.

Renata Ramos de Castro
Mestre em Direito pela Universidade Federal de Minas Gerais (UFMG). Especialista em Direito Público Global pela Universidade Castilla – La Mancha. MBA em Gerenciamento de Projetos pelo Ibmec. Graduada em Direito pela Pontifícia Universidade Católica de Minas Gerais (2015). Advogada, parecerista e professora. Presta consultoria e assessoramento técnico para entidades públicas e privadas. Conferencista e palestrante presente no Brasil e no exterior,

sempre tratando de temas ligados ao direito público e à governança. Atua na capacitação de servidores públicos de todas as esferas de governo (União, estados, Distrito Federal e municípios), ministrando cursos e treinamentos de licitação e contratos administrativos, pregão e gestão fiscal responsável, planejamento, orçamentos e controle da Administração Pública. É sócia-diretora e consultora jurídica na plataforma eletrônica TRWeb.

Renon Pessoa Fonseca
Bacharel (2011), Mestre (2013) e Doutor (2018) em Direito pela Universidade Federal de Minas Gerais. Pós-Graduado em Altos Estudos de Política e Estratégia (Caepe) pela Escola Superior de Guerra (2017). Servidor efetivo da Câmara dos Deputados, onde atua como assessor na área política e como professor no curso de Mestrado Profissional em Poder Legislativo. Tem experiência nas áreas de Direito Constitucional, Processo Legislativo e Teoria e Filosofia do Direito e do Estado. Atualmente (2019-2020) realiza estágio pós-doutoral junto à Universidade de Barcelona.

Rodrigo Marzano Antunes Miranda
Doutorando do programa de Pós-Graduação em Cidadania e Direitos Humanos da Faculdade de Filosofia da Universidade de Barcelona (UB 2019/2020), orientado pelo Prof. Dr. Gonçal Mayos Solsona. Mestre em Direito pela Universidade Federal de Minas Gerais. Especialista em Formação Política pela Pontifícia Universidade Católica do Rio de Janeiro. Licenciado em Filosofia pela Pontifícia Universidade Católica de Minas Gerais. Membro do grupo internacional de pesquisa: Cultura, História e Estado (UFMG/UB). Sócio efetivo e colaborador da Sociedade Hegel Brasileira. Assessor do Centro Nacional de Fé e Política Dom Helder Câmara (Cefep/CNBB).

Sebastião Helvécio Ramos de Castro
Atualmente é Conselheiro do Tribunal de Contas do Estado de Minas Gerais (TCEMG) e Presidente do Instituto Rui Barbosa (IRB) – 2º mandato (2016-2017). Foi Deputado à IV Constituinte Mineira, signatário da Constituição do Estado de Minas Gerais (Constituição Compromisso) 1989; signatário da Lei Estadual nº 10.057/89, que implantou a Fundação Hemominas. Foi Secretário de Estado da Saúde (1989/1990). É Membro do Comitê Executivo de Saúde do Estado de Minas Gerais. Foi Vice-Prefeito de Juiz de Fora (2001/2002). Foi Deputado Estadual (de 1987 a 2009, seis legislaturas) e Relator das Leis do Ciclo Orçamentário na ALMG (PPAG, LDO, LOA). É Doutor em Saúde Coletiva pela Universidade do Estado do Rio de Janeiro (2003) e Professor Adjunto de Pediatria na Faculdade de Medicina da Universidade Federal de Juiz de Fora.

Vinicius de Siqueira
Bacharel em Relações Econômicas Internacionais e Mestre em Direito pela Universidade Federal de Minas Gerais. *E-mail*: siqueiravinicius@outlook.com.

Esta obra foi composta em fonte Palatino Linotype, corpo 10
e impressa em papel Pólen Bold 70g (miolo) e Supremo 250g (capa)
pela Gráfica Formato.